今日から役立つ

民法

スッキリわかる!

著者
早稲田大学法科大学院教授
鎌野邦樹

要点を丁寧に図解!

ナツメ社

はじめに

民法《みんぽう》は、1896年（明治29年）に制定（1898年（明治31年）施行《しこう》）されましたが、このたびその制定から約120年ぶりの大改正が行われ、2017年（平成29年）6月2日に公布《こうふ》され、2020年4月1日から施行されます。これを機に、筆者の旧著（『図解雑学 民法』ナツメ社）を全面的に見直し、「改正」したのが本書です。旧著は、幸い非常に多くの読者を得ることができました。

さて、民法は、まさに「民《たみ》」の「法」、すなわち、市民・国民の日常生活の法律です。私たちの衣食住や家族に関する最も身近な法律で、日用品から一生の買物、住まいや金銭等の貸し借り、結婚・離婚、親子、相続、それに交通事故など日常のほぼすべての生活領域をカバーしています。

このたびの民法の改正の目的は、「民法制定以来の社会・経済の変化への対応を図り、国民一般に分かりやすいものとする」というものでした。しかし、元来《がんらい》、民法は、分かりやすいものではありません。その理由は、3つあります。その第1は1000か条を超える膨大《ぼうだい》な条文数、第2は抽象的で難解な法律用語、第3はその規定の仕方です。ただ、これらは相互に関連しています。民法では、日常起こりうるほぼすべての法律問題を想定しなければならず、また、裁判では、民法に書かれた条文に基づいて多種多様なすべての紛《ふん》争《そう》の解決を図らなければならないため、条文数が多くならざるをえません。そして、個々の具体的な法律問題は、どれひとつとっても全く同じものはありませんが、同種の問題に対しては同じように対応しなければなりません。そこで、条文には包括的《ほうかつ》・抽象的な言葉を用いなければなりません。また、そのことと関連して、数多くの条文を整理して、個別の具体的な紛争とは切り離して、理論的に体系立てて規定する必要があります。

本書は、民法が以上のような理由から分かりにくくなっていることを前提に、第1に民法全体の規定の仕方（体系）を理解してもらった上で、第2に抽象的で難解な法律の言葉について具体例を挙げながらわかりやすく説明し、第3に重要な制度（120項目）や条文（200か条程度）を選択して、図解しつつ解説しました。本書の各項目を理解すれば平均的な大学法学部卒業生（法学士）程度の知識は身につきますが、さらに、法曹《ほうそう》、または公務員試験や各種国家試験の合格等をめざす人は、本書を読み終えた後に、さらに数冊からなる民法の教科書をお読みください。そこでは、本書を読んでいない場合と比べて、それを読むスピードや理解力に格段の差が出てくると思います。一本一本の木を明確に理解するためには、森の全体や概要を知ってから取りかかる方が近道だからです。

最後に本書の刊行にあたっては、編集に当たられたナツメ出版企画（株）編集部の斉藤正幸氏、および実際の編集作業を担当された中村俊宏氏に大変お世話になりました。この場を借りて両氏に心よりお礼申し上げます。

2018年 盛夏　　鎌野邦樹

私たちの生活の基本ルール

民法を学ぼう

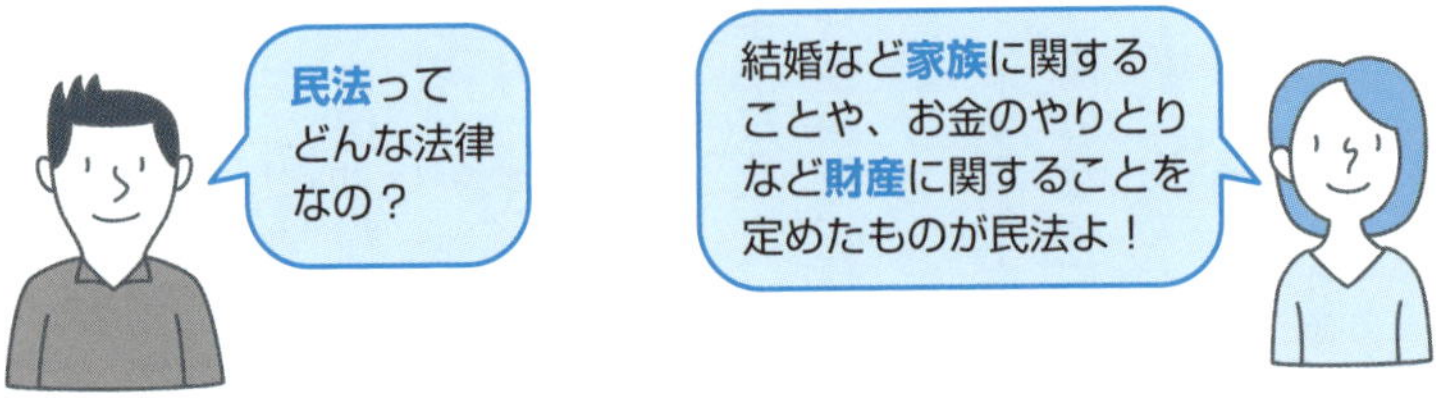
民法って
どんな法律
なの？
結婚など家族に関する
ことや、お金のやりとり
など財産に関することを
定めたものが民法よ！

結婚や離婚、親子関係、
相続など
……民法に基づく

売買
商品の売り買い
……民法に基づく

賃貸
家賃
お金や不動産の貸し借り
……民法に基づく

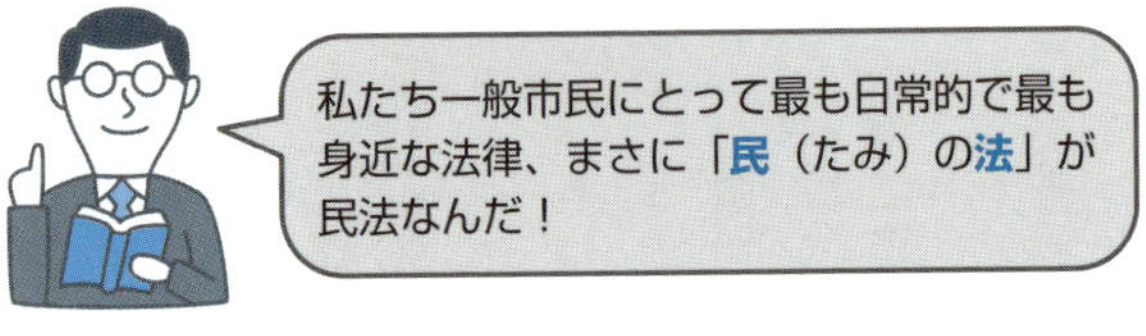
私たち一般市民にとって最も日常的で最も
身近な法律、まさに「民（たみ）の法」が
民法なんだ！

メインページの見方

重要な用語は
太字で示しています

1見開き（2ページ）で
1つの項目を説明しています

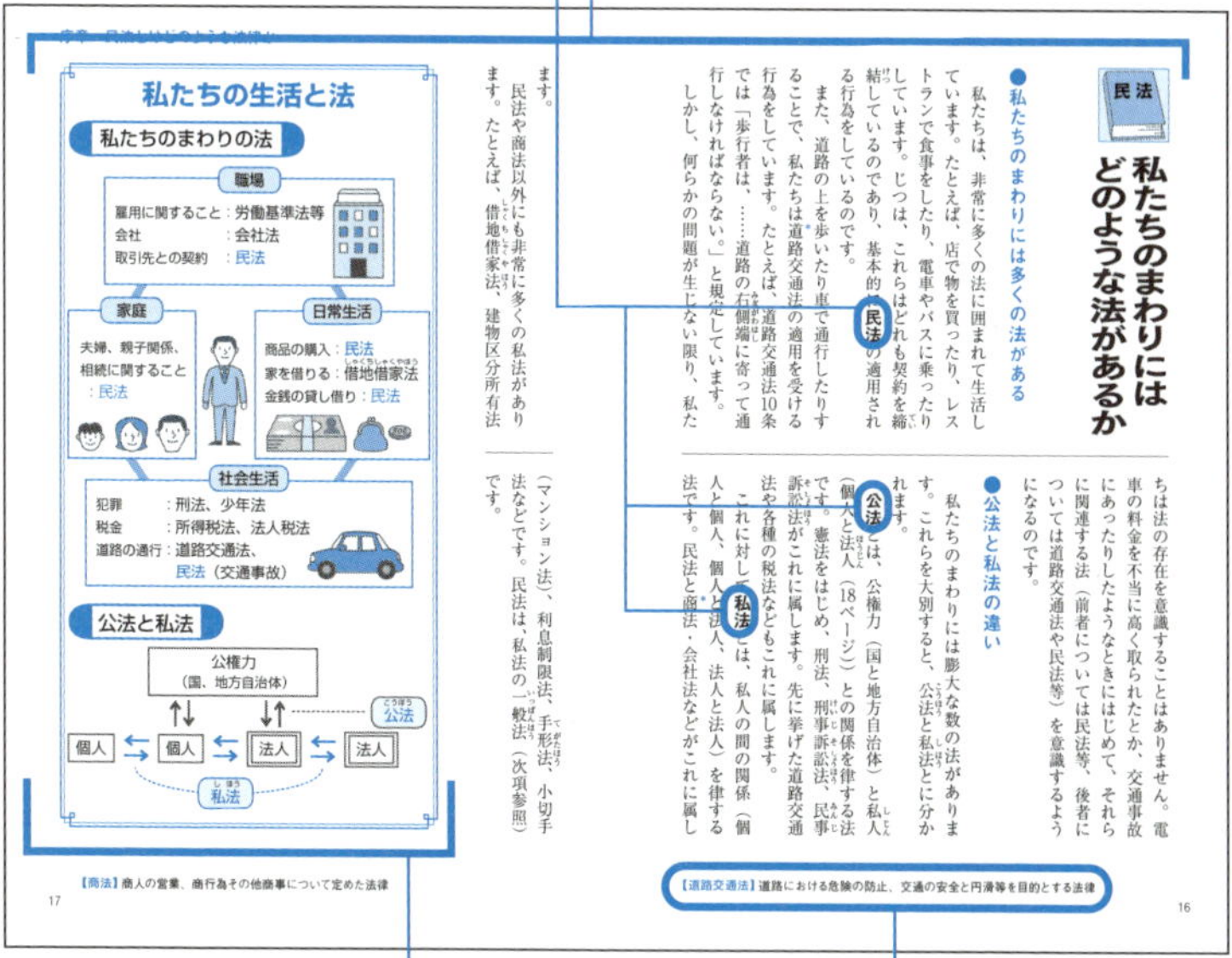
民法

私たちのまわりには
どのような法があるか

●私たちのまわりには多くの法がある

私たちは、非常に多くの法に囲まれて生活しています。たとえば、店で物を買ったり、レストランで食事をしたり、電車やバスに乗ったりしています。じつは、これらはどれも契約を締《てい》結《けつ》しているのであり、基本的に**民法**の適用される行為をしているのです。

また、道路の上を歩いたり車で通行したりすることで、私たちは道路交通法*の適用を受ける行為をしています。たとえば、道路交通法10条では「歩行者は、……道路の右側端《みぎがわはし》に寄って通行しなければならない。」と規定しています。

しかし、何らかの問題が生じない限り、私たちは法の存在を意識することはありません。電車の料金を不当に高く取られたとか、交通事故にあったりしたようなときにはじめて、それらに関連する法（前者については民法等、後者については道路交通法や民法等）を意識するようになるのです。

●公法と私法の違い

私たちのまわりには膨大な数の法があります。これらを大別すると、公法《こうほう》と私法《しほう》とに分かれます。

公法とは、公権力（国と地方自治体）と私人《しじん》（個人と法人《ほうじん》（18ページ））との関係を律する法です。憲法をはじめ、刑法、刑事訴訟法《けいじそしょうほう》、民事訴訟法《みんじそしょうほう》がこれに属します。先に挙げた道路交通法や各種の税法などもこれに属します。

これに対して**私法**とは、私人の間の関係（個人と個人、個人と法人、法人と法人）を律する法です。民法と商法*・会社法などがこれに属します。民法や商法以外にも非常に多くの私法があります。たとえば、借地借家法《しゃくちしゃくやほう》、建物区分所有法（マンション法）、利息制限法、手形法《てがたほう》、小切手法などです。民法は、私法の一般法《いっぱんほう》（次項参照）です。

【道路交通法】道路における危険の防止、交通の安全と円滑等を目的とする法律

16

私たちの生活と法

私たちのまわりの法

職場
雇用に関すること：労働基準法等
会社：会社法
取引先との契約：民法

家庭
夫婦、親子関係、相続に関すること：民法

日常生活
商品の購入：民法
家を借りる：借地借家法《しゃくちしゃくやほう》
金銭の貸し借り：民法

社会生活
犯罪：刑法、少年法
税金：所得税法、法人税法
道路の通行：道路交通法、民法（交通事故）

公法と私法

公権力（国、地方自治体）
公法《こうほう》
個人　個人　法人　法人
私法《しほう》

【商法】商人の営業、商行為その他商事について定めた法律

17

図版で、文章による説明を
さらにわかりやすく整理しています

脚注で難しい法律用語の説明をしたり、
解説を補ったりしています

司法試験　公務員試験　宅建
公認会計士試験　行政書士試験 etc.

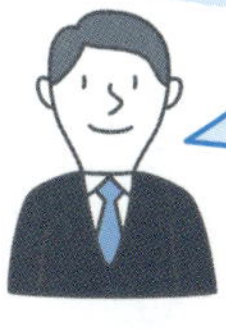

民法は多くの**資格試験等の受験科目**になっているよ。これから勉強を始める初心者にぴったりの本だよ！

「法律は、それを知っている人の味方である」とも言われるのね。私も身近な法律である民法を知りたいわ！

もくじ

第2章 物権のしくみ 82～125

第3章 担保物権のしくみ

第4章 債権(1) 契約・売買のしくみ 152〜217

第7章 家族法は何を定めているか 268～281

※本書は、２０１８年９月１日現在（未施行も含む）の法令に基づいています。

120年ぶり！

民法大改正のポイント

2017年5月に民法改正法が国会で承認され、2020年4月1日に施行されることになりました。民法の規定のうち、「債権」に関連する部分について、1896年の民法制定以来、じつに120年ぶりの大改正が行われることになります。ここでは、大改正の概要を簡単に紹介します。

POINT ① 消滅時効に関する見直し

民事上の債権《さいけん》（たとえば、貸主が借主に貸したお金を弁済期に借主から返済してもらう権利）について、従来は原則として「権利を行使することができる時から10年間行使しないとき」には、時効によって消滅するとしていました。改正法ではこれに加えて、「権利を行使することができることを知った時から５年間行使しないとき」にも、時効によって消滅することになります。 ☞80ページ参照

※また、従来の「職業別の短期消滅時効（たとえば飲食店での“ツケ”の消滅時効は１年など）」は廃止され、上記の原則のみとなります。

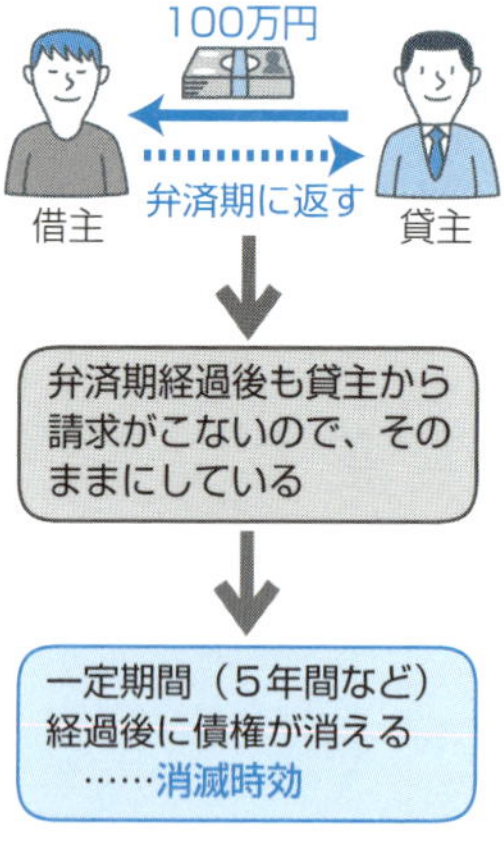
100万円
借主
貸主
弁済期に返す
弁済期経過後も貸主から請求がこないので、そのままにしている
一定期間（５年間など）経過後に債権が消える
……消滅時効

POINT ② 法定利率に関する見直し

法定《ほうてい》利《り》率《りつ》（契約時に当事者間で金利を定めなかったときに適用される金利）が、従来の年５分（5％）から年３分（３%）に引き下げられます。 ☞223ページ参照

※また、今後は実勢金利を基準にして、３年ごとに利率を見直す「変動制」が導入されます。

法定利率

5％ → 3％（変動）

POINT 3 約款（定型約款）に関する規定の新設

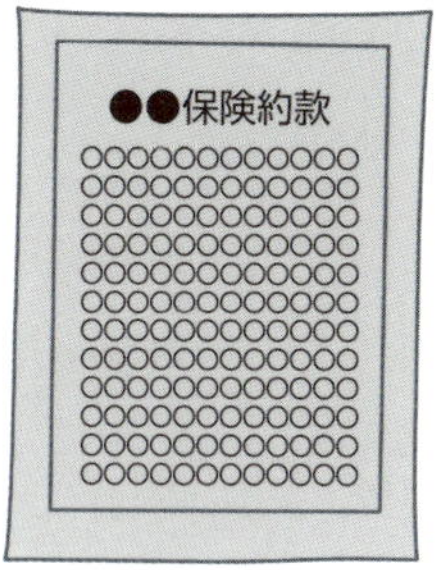

定型約款（事業者が不特定多数の顧客との間で取引をする場合に、それらの契約に共通して入れる定型的な契約条項）について、新たな規定が整備されました。
たとえば、定型約款を契約内容とする旨の表示があれば、個別の条項に合意したものとみなしますが、信義則に反して相手方の利益を一方的に害する条項は無効となります。

POINT 4 賃貸借に関する見直し

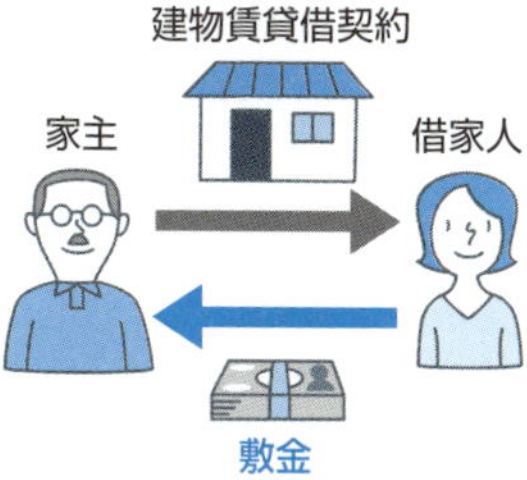

賃貸借《ちんたいしゃく》（住まいのための土地や建物の貸し借り）に関する規定を見直しました。
特に、賃貸借の終了時における敷金《しききん》の返還等について、従来の民法には規定がなく、トラブルが多発していました。改正法では、賃貸借終了時の敷金返還や原状回復に関する基本的なルールを明記しました。

POINT 5 保証に関する見直し

事業用融資の債務についての保証契約を個人事業主が結ぶときには、公正証書による保証意思の表示が必要とされるようになるなど、個人の保証人を保護するための規定が設けられます。

その他、意思能力制度の明文化（☞38ページ）、錯誤《さくご》に関する見直し（☞64ページ）、危険負担に関する見直し（☞176,178ページ）、売主の「瑕疵担《かしたん》保《ぼ》責任《せきにん》」の見直し（「契約不適合責任」への変更など。☞194,196,198ページ）など、幅広い改正が行われました。

序章

民法とはどのような法律か

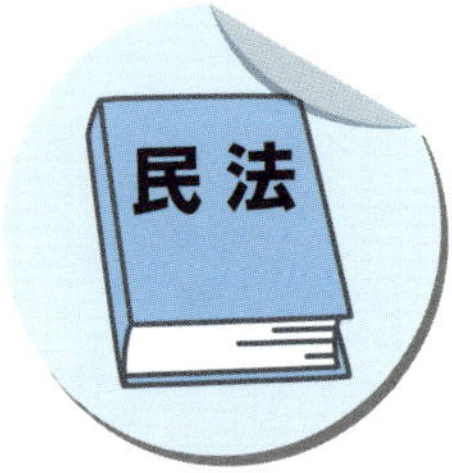

●どのような学問でも、まずは、その学問の全体を見渡して、その学問のイメージやアウトラインをつかむことが重要だといえます。法律学についても、それはまったく同じです。

●本書の序章では、まず、民法（学）の全体像を理解してもらうことにしましょう。

●具体的には「民法は、法全体の中で、また、社会全体の中で、どのような位置を占めるのか？」「民法は私たちの生活とどのように関わっているのか？」「民法はどのような体系で、どのように構成されているのか？」「民法はいつ制定されたのか？」などについて、学んでいただきます。

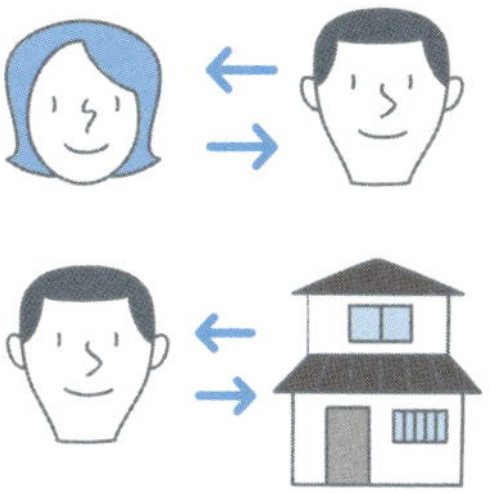

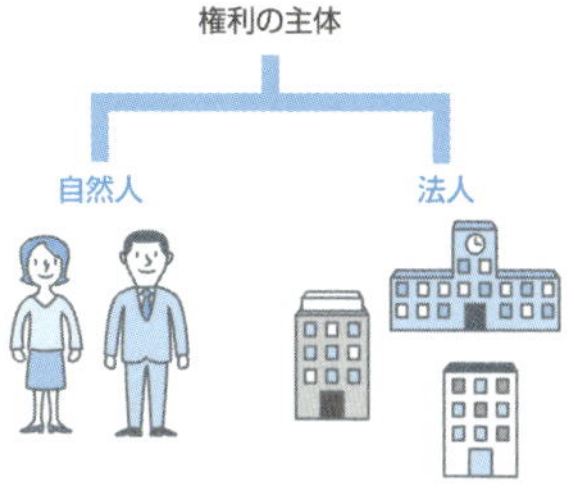

序章のキーワード

◎私法と公法　◎権利の主体
◎自然人と法人　◎財産法　◎家族法
◎財産権　◎物権　◎債権
◎総則と各則

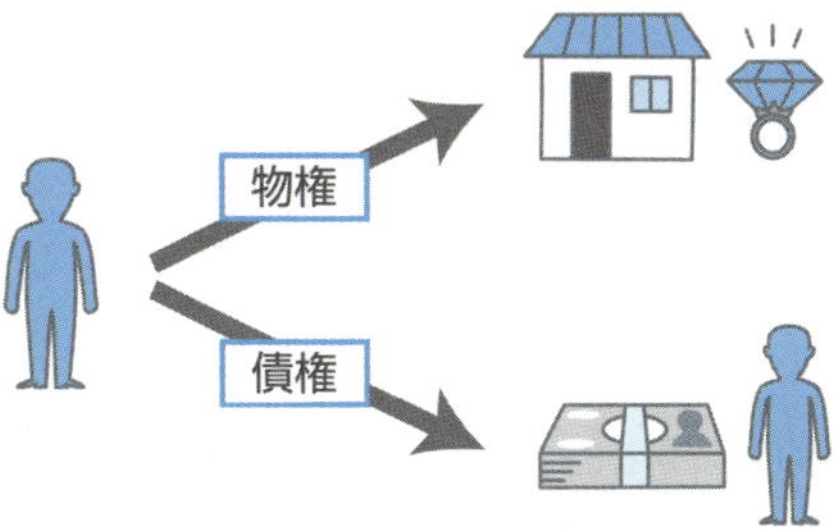

私たちのまわりにはどのような法があるか

●私たちのまわりには多くの法がある

私たちは、非常に多くの法に囲まれて生活しています。たとえば、店で物を買ったり、レストランで食事をしたり、電車やバスに乗ったりしています。じつは、これらはどれも契約を締《てい》結《けつ》しているのであり、基本的に**民法**の適用される行為をしているのです。

また、道路の上を歩いたり車で通行したりすることで、私たちは道路交通法*の適用を受ける行為をしています。たとえば、道路交通法10条では「歩行者は、……道路の右側端《みぎがわはし》に寄って通行しなければならない。」と規定しています。

しかし、何らかの問題が生じない限り、私たちは法の存在を意識することはありません。電車の料金を不当に高く取られたとか、交通事故にあったりしたようなときにはじめて、それらに関連する法（前者については民法等、後者については道路交通法や民法等）を意識するようになるのです。

●公法と私法の違い

私たちのまわりには膨大な数の法があります。これらを大別すると、公法《こうほう》と私法《しほう》とに分かれます。

公法とは、公権力（国と地方自治体）と私人《しじん》（個人と法人《ほうじん》（20ページ））との関係を律する法です。憲法をはじめ、刑法、刑事訴訟法《けいじそしょうほう》、民事《みんじ》訴訟法《そしょうほう》がこれに属します。先に挙げた道路交通法や各種の税法などもこれに属します。

これに対して**私法**とは、私人の間の関係（個人と個人、個人と法人、法人と法人）を律する法です。民法と商法*・会社法などがこれに属し

【道路交通法】道路における危険の防止、交通の安全と円滑等を目的とする法律

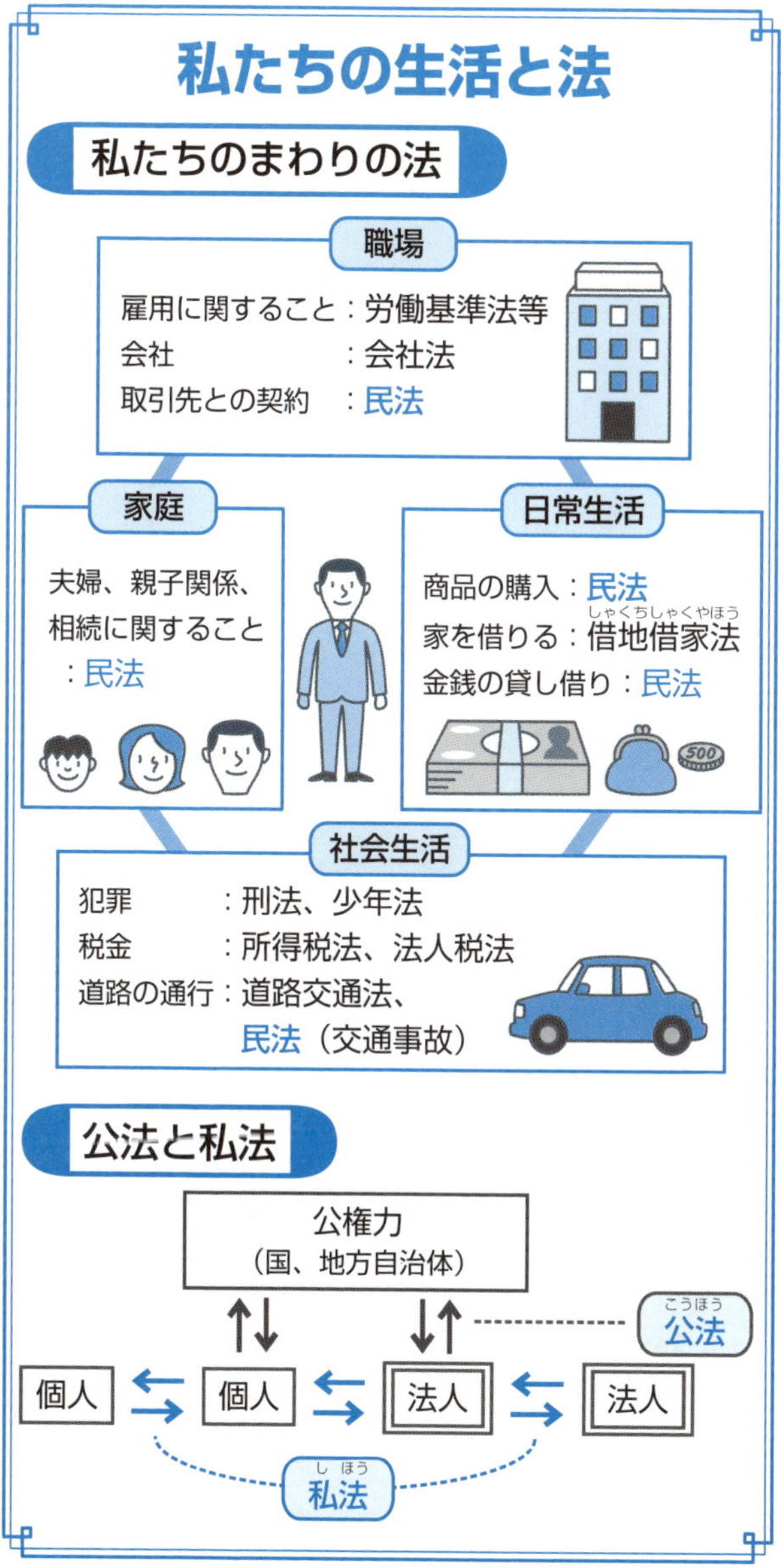

ます。

民法や商法以外にも非常に多くの私法があります。たとえば、借地借家法《しゃくちしゃくやほう》、建物区分所有法（マンション法）、利息制限法、手形法《てがたほう》、小切手法などです。民法は、私法の一般法《いっぱんほう》（次項参照）です。

【商法】商人の営業、商行為その他商事について定めた法律

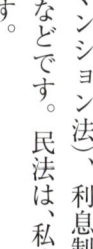

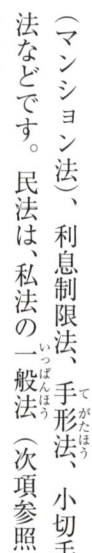

民法はどのような場面に関する法律か

●私法とは何か

まずは私法や、その一つである民法の登場する場面について考えてみましょう。

今日、個人がその生存を維持し生活をしていくためには、他の個人や団体（法人、20ページ）との関係が不可欠です。私たち一人一人は、家族と一定の関係を有し、また、店で食料品を買ったり、特定の会社との間で雇用契約《こようけいやく》を結んだりといったように、他の「人」との関係を通じて日々の生活を送っています。また、さまざまな「物」を所有し利用することによって生活しています。

このような「人」と「人」との間の関係、及び「人」と「物」との関係を律しているのが、前項で公法と対比させた**私法**なのです。

「人」と「人」との関係には、いわゆる経済的取引関係だけではなく、家族における夫・妻及び親・子の関係も含まれます。さらに、死亡した家族（被相続人《ひそうぞくにん》と言う）と相続人との関係も含まれます。

●民法と商法・会社法との関係

「人」と「人」との関係及び「人」と「物」との関係においては、まずは基本的に民法の適用が考えられます。しかし、企業の取引《とりひき》については、経済活動を通じて利益を上げることを目的とする企業に特有の問題が生じます。

そこで企業に特有の事項については**商法**および**会社法***を設け、その諸規定が民法に優先して適用されます。ただし、企業・商事に関する事項でも商法や会社法に規定がない場合には（また*商事特別法《しょうじとくべつほう》さらに商慣習がない場合には）、

【会社法】会社の設立、組織、運営及び管理の一般について定めた法律

民法が適用されます（商法1条）。
私法には、民法や商法等以外にも非常にたくさんの法があります。これらを**特**《とく》**別**《べつ》**法**《ほう》と言い、

関連の場面では、特別法が**一般法**である民法・商法等に優先します。

民法が登場する場面

私法と民法・商法

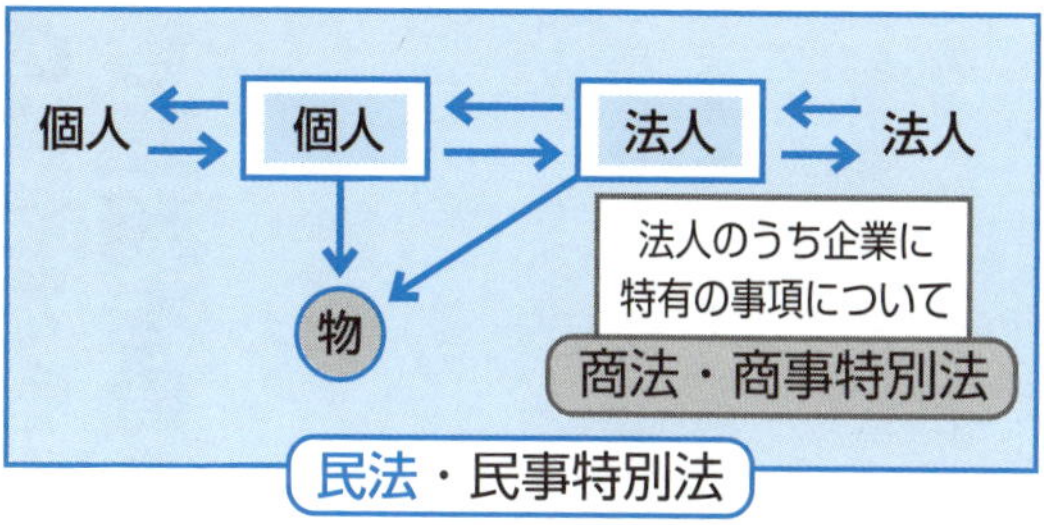

（図中矢印は支配、請求の方向を表す）

民法

①「人」と「人」との関係

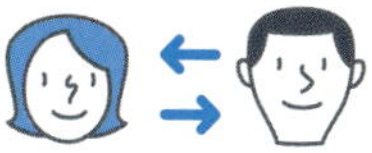

- 経済的取引関係
- 家族における関係（夫と妻、親と子）
- 死亡した家族と相続人の関係

②「人」と「物」との関係

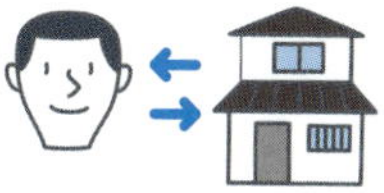

- 「物」の所有や利用について

民事特別法

具体的な場面で民法に優先して適用される法
（例）借地借家法、建物区分所有法、利息制限法等

商法・商事特別法

- 企業内の組織について
- 企業間の取引について

など

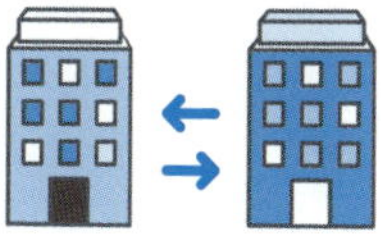

規定がない場合 → **民法**が適用される

【商事特別法】商法の規定を補充・変更するための法律。商業登記法、手形法など

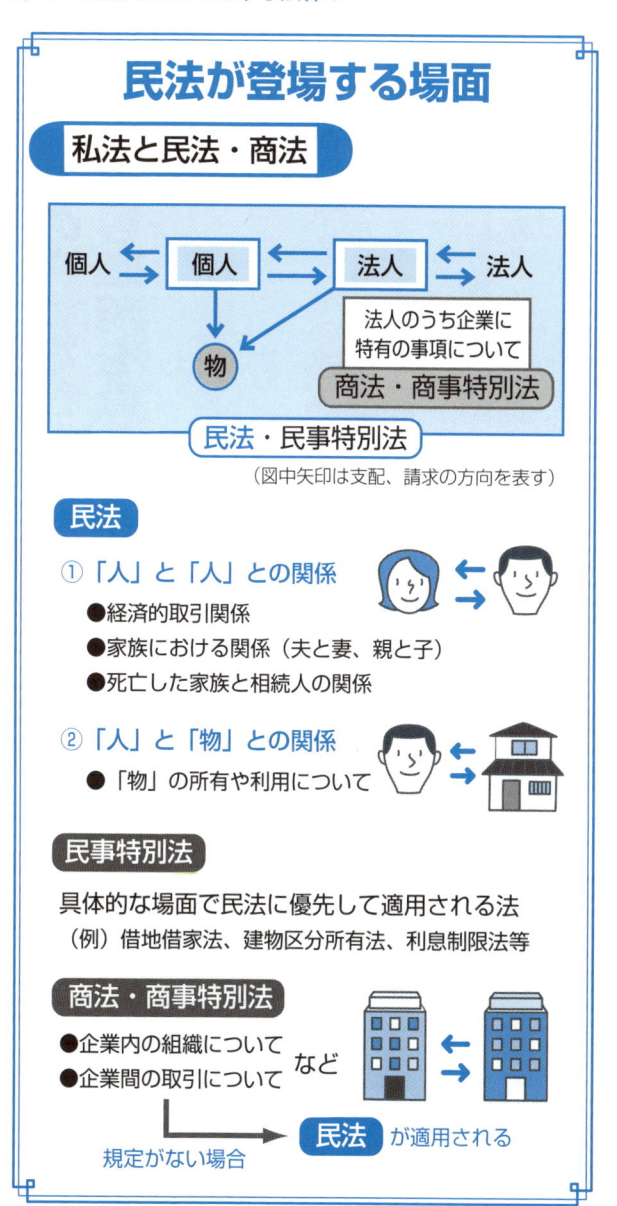

民法

どのような者が権利を有し義務を負うのか

●出生によって「人」となる「自然人」

「社会あるところに法あり」という言葉がありますが、まさに法は社会の産物です。その社会の最小の単位であり、出発点となるのは私たち一人一人の「個人」です。

ですから、法の出発点も「個人」です。私たち一人一人の「個人」が権利を有し、義務を負う「**権利の主体**」です。社会科学*においては「個人」に代えて「市民」と言うこともあります。

民法では、この「個人」や「市民」のことを「**自然人**《しぜんじん》」と言います。民法の出発点は、「権利の主体」である「自然人」です。

なぜ「自然人」と言うのかというと、次に述べる「法人」と違って、法に基づかなくても、出生《しゅっしょう》によって当然に「権利の主体」である「人」となるからです（32ページ）。

●法によって認められた「人」が「法人」

今日の社会においては、企業をはじめとして、学校、宗教団体、NPOなどのさまざまな団体が存在し、非常に重要な機能を営《いとな》んでいます。企業をはじめとするこうした団体も、「法人」として、「自然人」と並んで「権利の主体」となります。

「**法人**」とは、法によって認められた「人」という意味です（54ページ）。すなわち、会社や学校などの「法人」は、それ自体でその構成員とは独立して、不動産を所有するなどの権利を有します。また、銀行から融資《ゆうし》を受けてこれを返済するなどの義務を負う主体となります。

このような「権利の主体」となる資格ないし地位のことを「**権利能力**《けんりのうりょく》」と言います。

【社会科学】社会における人間行動を研究する経験科学の総称。法学、経済学、政治学など

権利の主体となるもの

自然人と法人

権利の主体
＝民法における「人」

自然人《しぜんじん》
（＝個人）

法人《ほうじん》
（＝法によって認められた「人」）

権利能力を有する
（＝「権利の主体」となる資格ないし地位を有する）

権利	（例）不動産の所有、売買代金の請求
義務	（例）売買代金の支払い、借金の返済

以上のように、民法では「法人」と「自然人」とをあわせて「人」とし、両者を「権利能力」——を有する「権利の主体」としています。

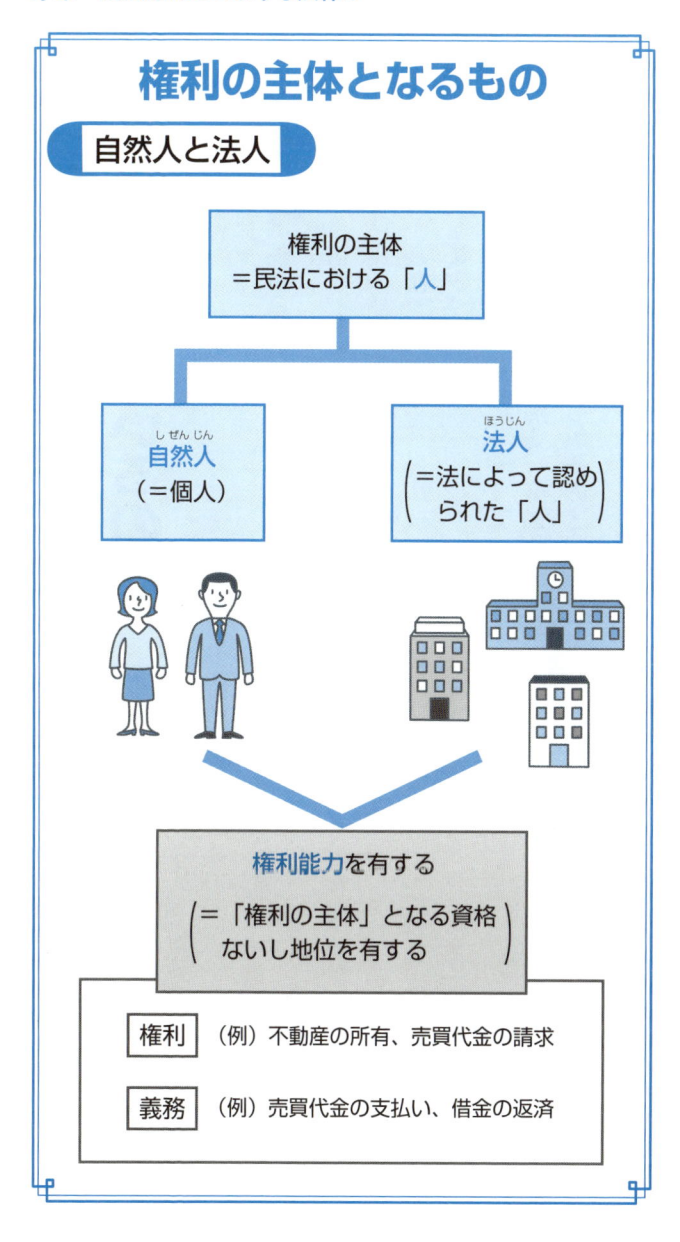

民法

民法はどのように構成されているのか

●人と財産の関係を定める財産法

私たちの日常生活は、大きく分けて、衣食住にかかわる経済活動の側面と、家族にかかわる家族関係の側面からなっています。民法は、この両面を対象とします。

まず、民法典《みんぽうてん》の第1編「総則《そうそく》*」（第1条〜第174条の2）、第2編「物権《ぶっけん》」（第175条〜第398条の22）、第3編「債権《さいけん》」（第399条〜第724条の2）は**財産法《ざいさんほう》**と呼ばれます。

財産法では、「人」（自然人と法人）が財産を有する関係を定めています。「人」は、さまざまな財産を有していますが、それらはみな、「物」（不動産・動産）に対する支配権である「物権」か、「特定人《とくていじん》の一定の給付《きゅうふ》」を求める請求権である「債権」かのどちらかに入ります（「物件」、「債券」ではありません）。

「あなたはどのような財産を持っていますか」と質問された場合に、かなり多くの日本人は、「不動産（土地・建物）と銀行預金・貯金」と答えるでしょう。このとき、不動産については、「物」に対する支配権である「物権」（所有権《しょゆうけん》等）を有しており、預貯金については、特定の金融機関に対して、一定の給付（金銭の預入れと払戻し）を請求できる「債権」を有していることになります。

●人と人との関係を定める家族法

民法の後半部分、すなわち第4編、第5編は、**家族法《かぞくほう》**と呼ばれ、家族の関係にある自然人と自然人との関係を定めています。

第4編「親族《しんぞく》」（第725条〜第881条）は、夫・妻の関係及び親・子の関係を中心に定めていま

【総則】法典の冒頭、あるいは各編、章等の冒頭に置かれる、全体に共通する規定（28ページ）

す。第5編「相続《そうぞく》」（第882条～第1044条）は、死亡した者（被相続人）と相続人（及び遺言《いごん》により相続を受ける人）との関係を定めています。

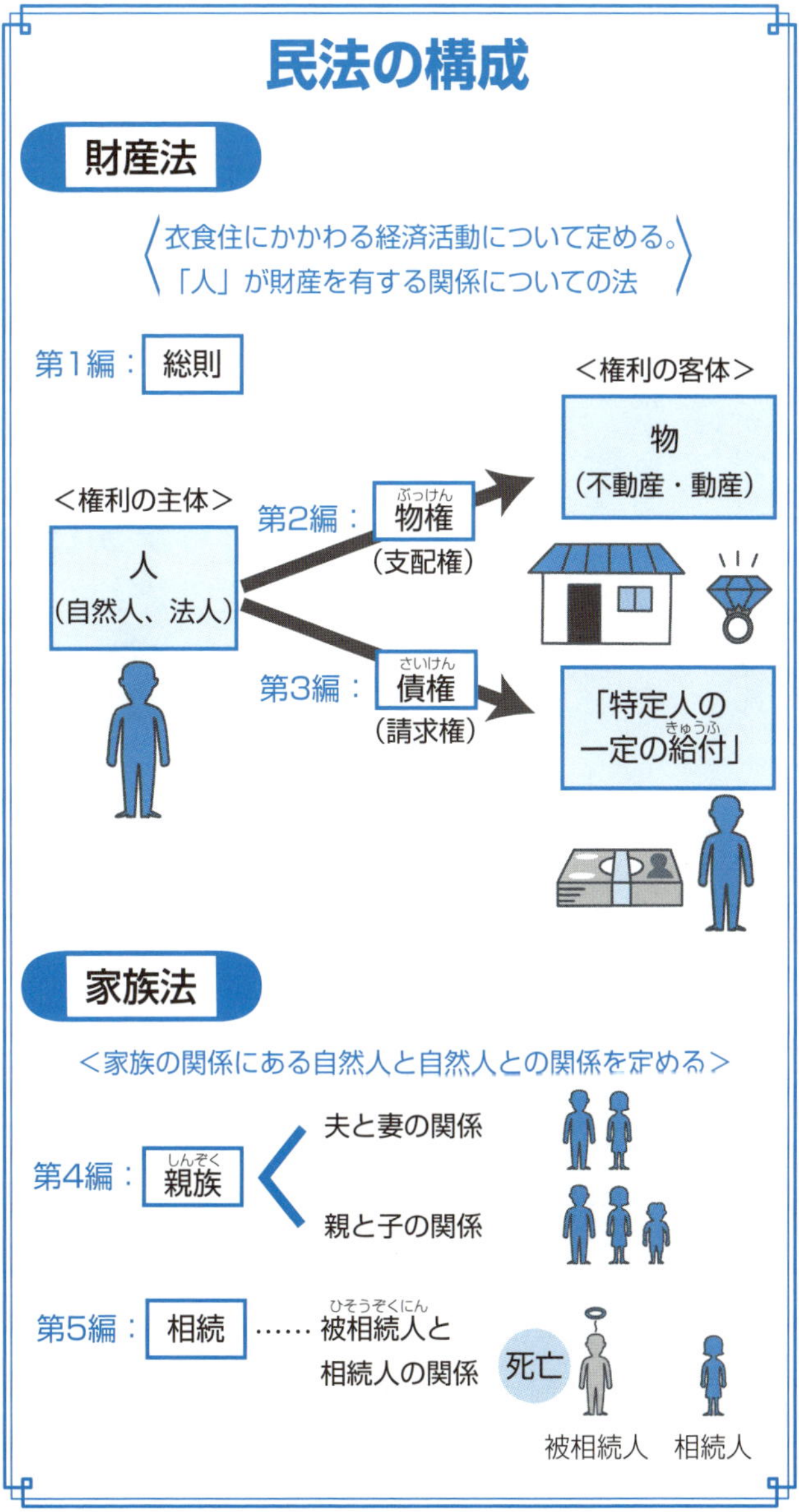
民法の構成
財産法
衣食住にかかわる経済活動について定める。
「人」が財産を有する関係についての法
第1編：総則
＜権利の客体＞
物
（不動産・動産）
＜権利の主体＞
人
（自然人、法人）
第2編：物権《ぶっけん》
（支配権）
第3編：債権《さいけん》
（請求権）
「特定人の一定の給付《きゅうふ》」
家族法
＜家族の関係にある自然人と自然人との関係を定める＞
第4編：親族《しんぞく》
夫と妻の関係
親と子の関係
第5編：相続
……被相続人《ひそうぞくにん》と相続人の関係
死亡
被相続人
相続人

民法ではどのように扱われるか

●民法が認める物権

前項で述べたように、私たちの有している**財産権**は、ほぼ物権と債権の中に入ります。これ以外にも「*知的財産権《ちてきざいさんけん》」として、著作権《ちょさくけん》、特許権《とっきょけん》、商標権《しょうひょうけん》等があり、「著作権法」等の法律が設けられています。しかし、社会の基礎にある財産権としては物権と債権があり、民法はこの2つのみを対象としています。

それでは、物権、すなわち、物に対する支配権とは具体的にどのようなもので、民法はどのようなものを物権としているのでしょうか。

左ページにあるように、民法では、所有権をはじめ10種の物権を定めています。原則としてこれ以外の物権を認めていません。それぞれの物権の意義については、第2章で述べます。

●債権はどのように発生するか

次に、債権、すなわち特定人に対する一定の給付を求める請求権については、民法はどのように規定しているでしょうか。

民法は、大きな枠組みとして債権の発生事由《はっせいじゆう》を分け、①契約《けいやく》、②事務管理《じむかんり》、③*不当利得《ふとうりとく》、④不法行為《ふほうこうい》の4つに限定しています。

たとえば、売主《うりぬし》（店員）が買主《かいぬし》（客）に対し代金の支払いを請求できるのは、①の契約（売買《ばいばい》契約）を原因とし、また、交通事故の被害者が加害者に対し損害の賠償《ばいしょう》を請求できるのは、④の不法行為を原因とします。①②③④のそれぞれについては第4章で述べます。

ところで、債権の発生事由として最も重要な①の契約については、基本的に「**契約自由の原則**」により、どのような契約も認められます。

【知的財産権】知的な創作活動による無形の成果に対して、その創作者に与えられる権利

その中から、民法では、贈与《ぞうよ》、売買、雇用《こよう》など典型的な13種類の契約についてだけ規定を設け

ました（156ページ）。

財産法の構成

物権

- 物に対する支配権
- 物権の種類は、次の10種類に限られる

① 占有権

② 所有権

用益物権《ようえき》　他人の土地の使用、収益に関する物権

- ③ 地上権《ちじょうけん》　④ 永小作権《えいこさくけん》
- ⑤ 地役権《ちえきけん》　⑥ 入会権《いりあいけん》

担保《たんぽ》物権　債権の担保となる物権

- ⑦ 留置権《りゅうちけん》　⑧ 先取特権《さきどりとっけん》
- ⑨ 質権《しちけん》　⑩ 抵当権《ていとうけん》

（それぞれの物権の意義については2章参照）

債権

- ある特定の人に一定の行為を求める請求権
- 「契約の自由の原則」により、どのような契約も認められるが、典型的な13種類の契約のみを定める

債権の発生する原因

① 契約　贈与、売買、交換、消費貸借《しょうひたいしゃく》、使用貸借、賃貸借、雇用《こよう》、請負《うけおい》、委任、寄託、組合、終身定期金、和解の13種類

② 事務管理

③ 不当利得《ふとうりとく》

④ 不法行為

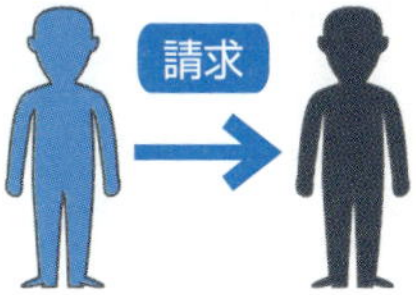

（①～④それぞれについては4章参照）

【不当利得】法律上の原因がないのに他人の財産や労務によって利益を得ること（168ページ）

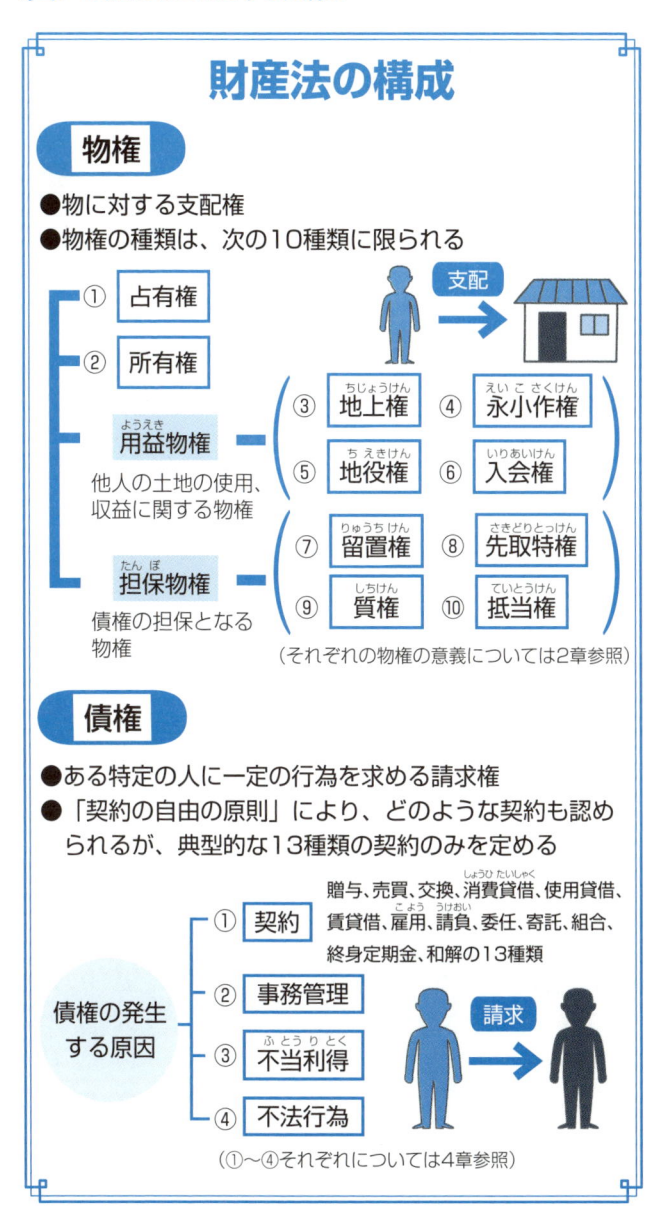

民法はいつどのように作られたか

●民法とローマ法・フランス革命

私たちが手にしている民法典の源《みなもと》は、**ローマ法**にさかのぼります。そこでは、ローマ帝国における日常生活の秩序を維持するために、その支配下にあるヨーロッパ等の各地域や各民族に共通して適用できるようなルールが必要とされました。そのようなルール（法規範《ほうきはん》）が、徐々に普遍的《ふへんてき》なローマ市民の法として形成されていきました。

その後、ヨーロッパの中世社会を経て、さらに、フランス革命などの市民革命の成果を取り入れて、「市民」の「自由」「平等」「博愛《はくあい》」を基調とした近代社会のルールへと完成させられました。これが私たちが手にしている民法典の原型であり、いわば２０００年以上にわたる人間の英知の結晶であり、歴史の産物なのです。

●日本における民法の制定

日本では、明治になって、まずフランス民法典を模範《もはん》にしました。それは、フランス革命後にナポレオンの指導のもとに１８０４年に作られたものです。明治23年（１８９０年）には**フランス民法**流の民法典が公布されましたが、これは、日本古来の*淳風美俗《じゅんぷうびぞく》の風習を壊すものであるとして批判され、結局は施行《しこう》されないまま終わりました。

そこで、今度は、日本に国情《こくじょう》がより近いとされたドイツに範を求め、起草《きそう》途中の**ドイツ民法**第一草案が主に参照されました。明治29年（１８９６年）に財産法（第１編〜第３編）が公布され、明治31年（１８９８年）に家族法（第４編、第５編）が公布され、同年から施行されま

【淳風美俗】素直で人情に厚い気風のこと

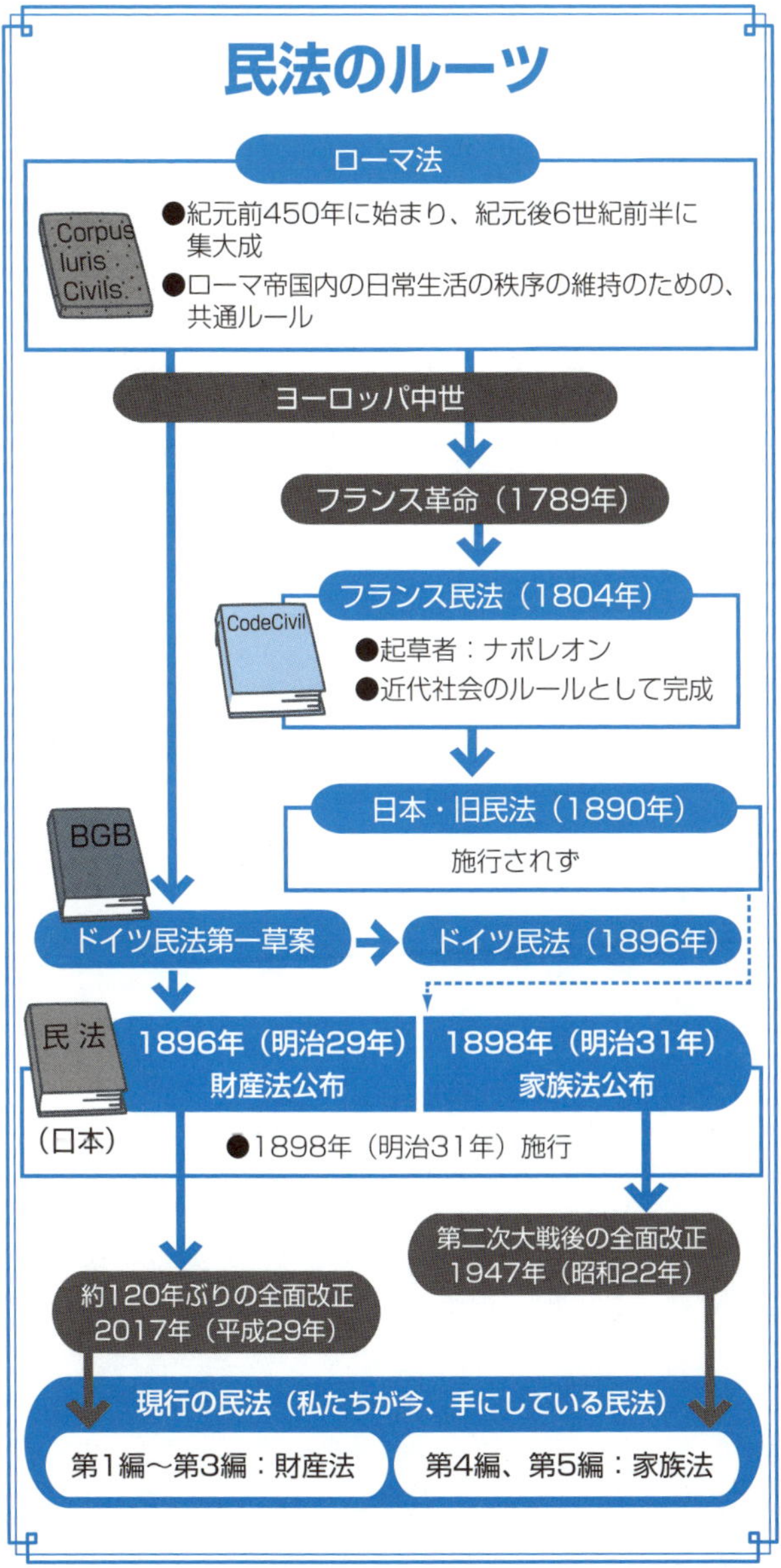
民法のルーツ
ローマ法
Corpus Iuris Civils
●紀元前450年に始まり、紀元後6世紀前半に集大成
●ローマ帝国内の日常生活の秩序の維持のための、共通ルール
ヨーロッパ中世
フランス革命（1789年）
フランス民法（1804年）
CodeCivil
●起草者：ナポレオン
●近代社会のルールとして完成
日本・旧民法（1890年）
施行されず
BGB
ドイツ民法第一草案
ドイツ民法（1896年）
民法
（日本）
1896年（明治29年）
財産法公布
1898年（明治31年）
家族法公布
●1898年（明治31年）施行
第二次大戦後の全面改正
1947年（昭和22年）
約120年ぶりの全面改正
2017年（平成29年）
現行の民法（私たちが今、手にしている民法）
第1編～第3編：財産法
第4編、第5編：家族法

した。

その後、家族法の部分は、第二次大戦後に日本国憲法のもとで、「*家制度《いえせいど》」の廃止と男女平等の考えを基礎として全面改正され、財産法（債権法）の部分は、2017年（平成29年）に全面改正されました。

【家制度】かつて民法で規定されていた家族制度。「戸主」に大きな権限を認めていた

民法はどのように組み立てられているか

●民法の体系…総則と各則

民法典は、体系的に組み立てられています。まず、「権利」を核として「権利の主体」から出発し、次に「*権利の客体《きゃくたい》」を考え、それに応じて「物権」と「債権」の枠組みを設定しています。

そして、第2編で「物権」、第3編で「債権」について規定し、これらの前の第1編で、物権、債権に共通する事項（人、法律行為《ほうりつこうい》等）を中心とした「総則」を設けています。

なお、第2編「物権」及び第3編「債権」の最初にも、10種の「物権」及び4つの「債権」の発生事由に共通する事項について、それぞれ「総則」を設けています。

民法典は、「**総則**《そうそく》」と「**各則**《かくそく》」がくり返し出てきます。「各則」の中にも、また「総則」と「各則」があります。

●どの規定を適用すべきか

民法典はきわめて理論的で精緻《せいち》に組み立てられていますが、他面、個別の具体的場面において、どの規定を適用すべきか判断することは簡単ではありません。

たとえば売買契約をした場合を考えてみると、売買特有の問題（たとえば商品の欠陥）は、「売買」の箇所（562条～564条）を見なければなりません。しかし、それが契約一般にかかわる問題である場合（たとえば契約後にその内容が実現できなくなった場合）には、「契約」の「総則」の箇所（536条）になります。

また、売主が商品を引き渡さないような場合には、債務不履行《さいむふりこう》として「債権」一般の問題と

【権利の客体】客体は主体の対義語。権利の客体とは、権利の目的物のこと

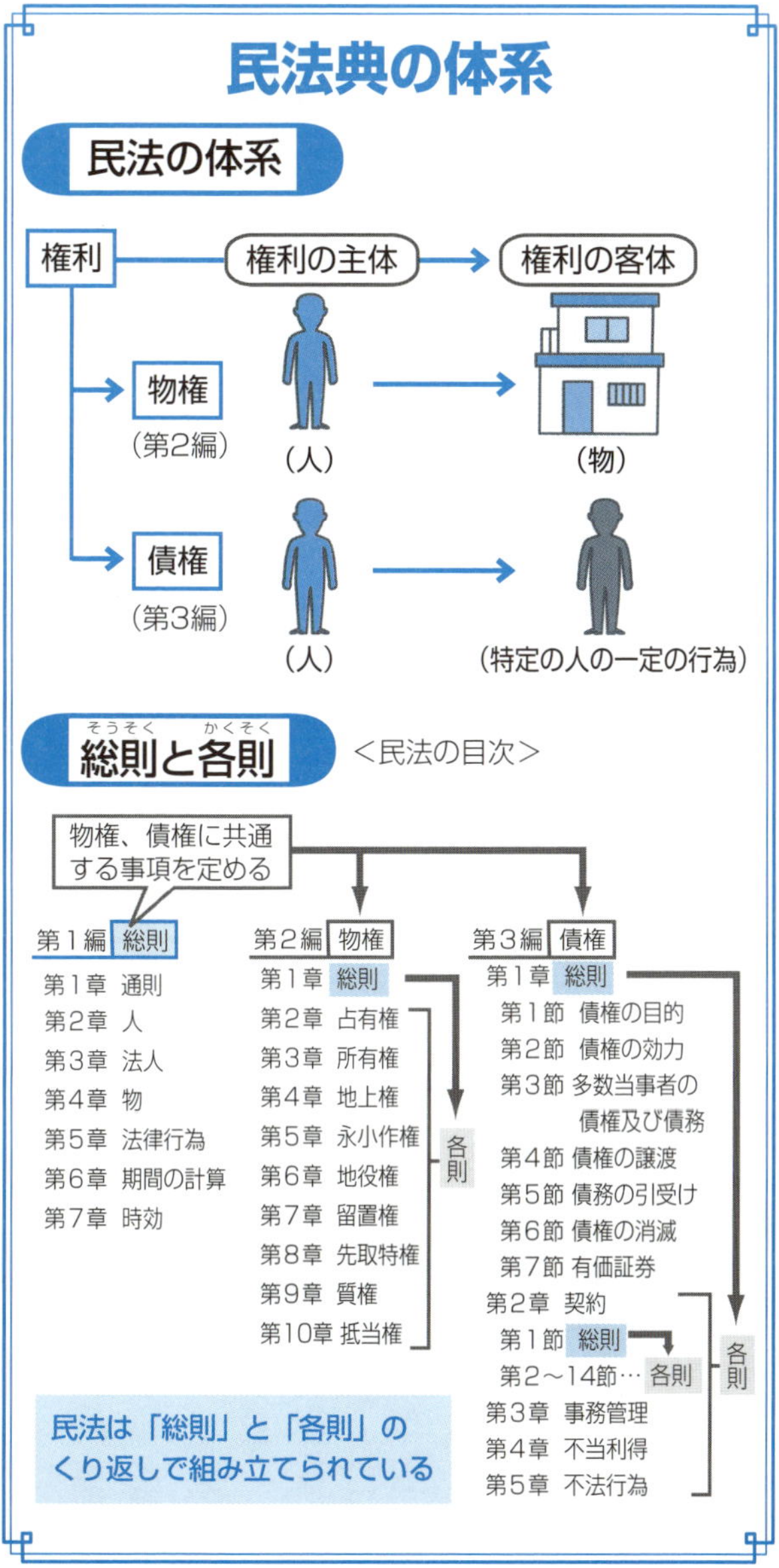
民法典の体系
民法の体系
権利
権利の主体
権利の客体
物権
（第2編）
（人）
（物）
債権
（第3編）
（人）
（特定の人の一定の行為）
総則《そうそく》と各則《かくそく》
＜民法の目次＞
物権、債権に共通する事項を定める
第１編 総則
第１章 通則
第２章 人
第３章 法人
第４章 物
第５章 法律行為
第６章 期間の計算
第７章 時効
第２編 物権
第１章 総則
第２章 占有権
第３章 所有権
第４章 地上権
第５章 永小作権
第６章 地役権
第７章 留置権
第８章 先取特権
第９章 質権
第10章 抵当権
各則
第３編 債権
第１章 総則
第１節 債権の目的
第２節 債権の効力
第３節 多数当事者の債権及び債務
第４節 債権の譲渡
第５節 債務の引受け
第６節 債権の消滅
第７節 有価証券
第２章 契約
第１節 総則
第２～14節… 各則
第３章 事務管理
第４章 不当利得
第５章 不法行為
各則
民法は「総則」と「各則」のくり返しで組み立てられている

なりますので、「債権」の「総則」の規定（415条等）を見なければなりません。さらに、売主が未成年者であったり、「＊錯誤《さくご》」により契約をした場合には、これらはすべての法律行為に共通する問題ですので、第1編「総則」の規定（4条、95条）を見なければなりません。

【錯誤】思い違い、勘違い（64ページ）

第1章

民法総則は何を定めているか

●民法（民法典）は、最初に「第1編 総則」を置いています。これは、物権（第2編）と債権（第3編）の前提となり、両者に共通する事項を中心に定めています。

●「第1編 総則」ではまず、権利の主体である「人」について定め（「第2章 人」「第3章 法人」）、物権の対象となる「物」について定めた後に（第4章）、物権や債権の最も基本的な発生要因である「法律行為」について定めています（第5章）。

●そして最後に、法律行為によらずに物権を取得したり、債権が消滅したりする「時効」について定め（第7章）、そのほかに「期間の計算」に関して若干定めています（第6章）。これらについて、本書の第1章で説明しましょう。

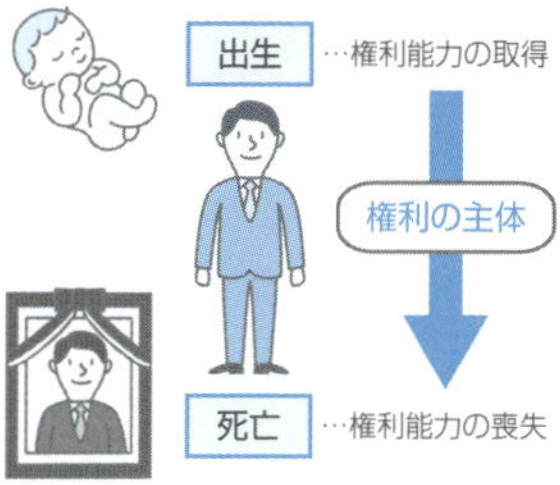

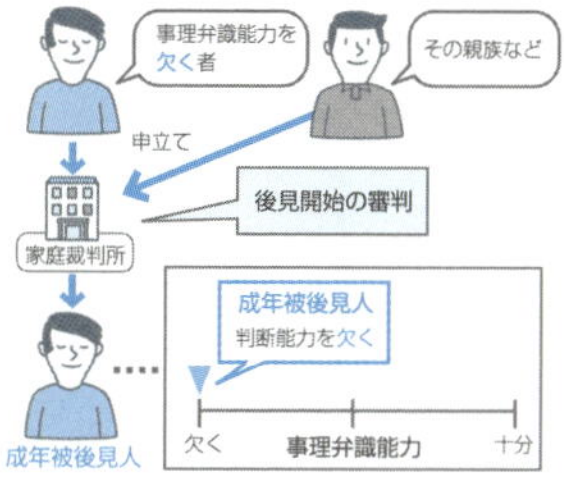

第1章の
キーワード

◉事理弁識能力　◉制限行為能力者
◉社団法人　◉財団法人　◉心裡留保
◉通謀虚偽表示　◉錯誤　◉意思表示の瑕疵
◉代理人　◉表見代理　◉無権代理
◉取得時効　◉消滅時効

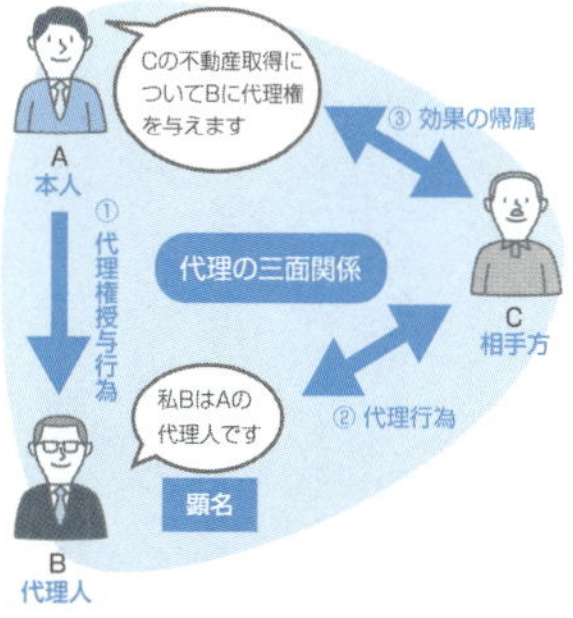

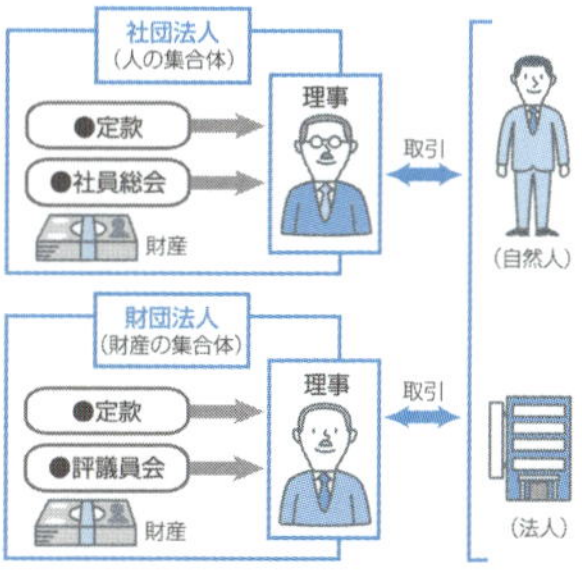

いつから「人」になり「人」でなくなるのか

● 権利能力の始期

民法は、まず、「人」から出発します。「人」とは、民法上は「権利の主体」（権利を行使したり義務を負ったりする主体、20ページ）を意味し、自然人と法人（20ページ）がこれにあたります。ただし、民法典の総則の「第1章 人」は自然人のみを意味しています。

ここにおいては、**権利能力**という概念が問題となります。権利能力とは、権利・義務の帰属《きぞく》主体《しゅたい》となることのできる資格です。自然人は、誰でも出生によって権利能力を取得し（3条）、死ぬまでこれを有しています。

今日では、このことは当たり前のことですが、近代以前の社会では、すべての人が権利能力を取得して「権利の主体」となれたわけではありませんでした。たとえば、奴隷《どれい》は「権利の客体」として「物」扱いされました。しかし、フランス革命の後に制定されたフランス民法をはじめとする近代民法は、すべての人を平等に扱ってこれを権利の主体とし、わが国の民法も明治時代にこれを受け継ぎました。

なお、非営利法人（56ページ）は、設立の登記をすることによって権利能力を取得します。

● 権利能力の終期

自然人は死亡によって権利能力を失います。民法に規定はありませんが、当然のこととしてこのように解されています。

死亡の時期については、実務上、医師等の判断に従います。すなわち、人が死亡した場合に同居の親族等は、死亡の事実を知った日から7日以内に死亡の届出を市町村長にしなければな

【戸籍法】各人の身分関係を明らかにするための戸籍制度を定める日本の法律

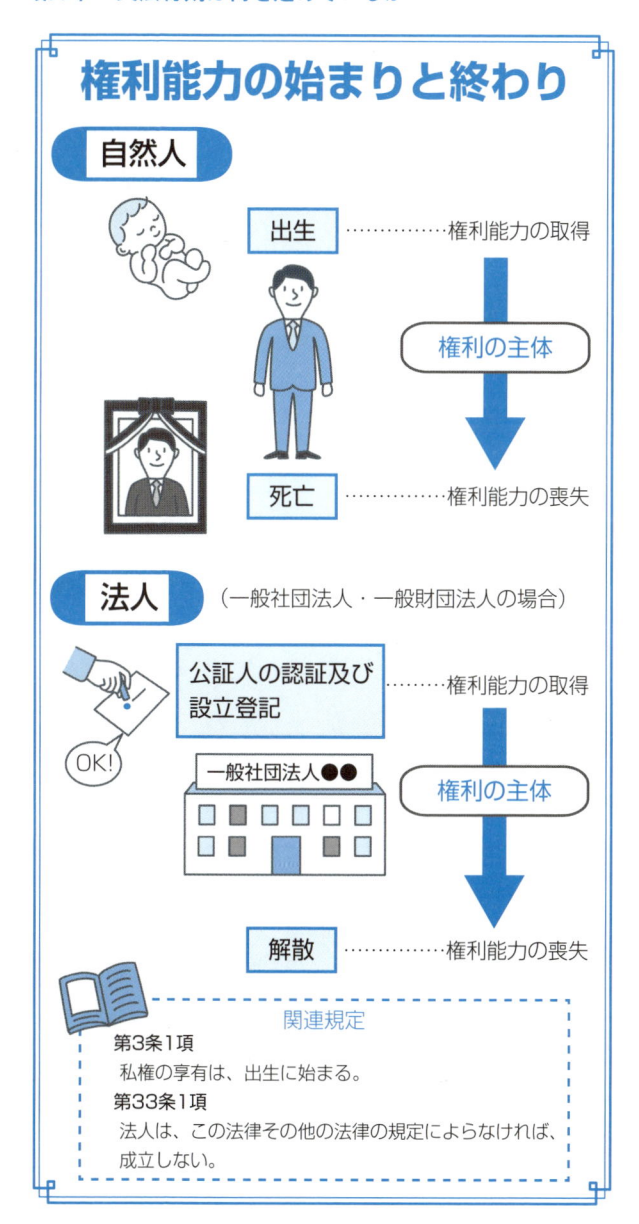

権利能力の始まりと終わり

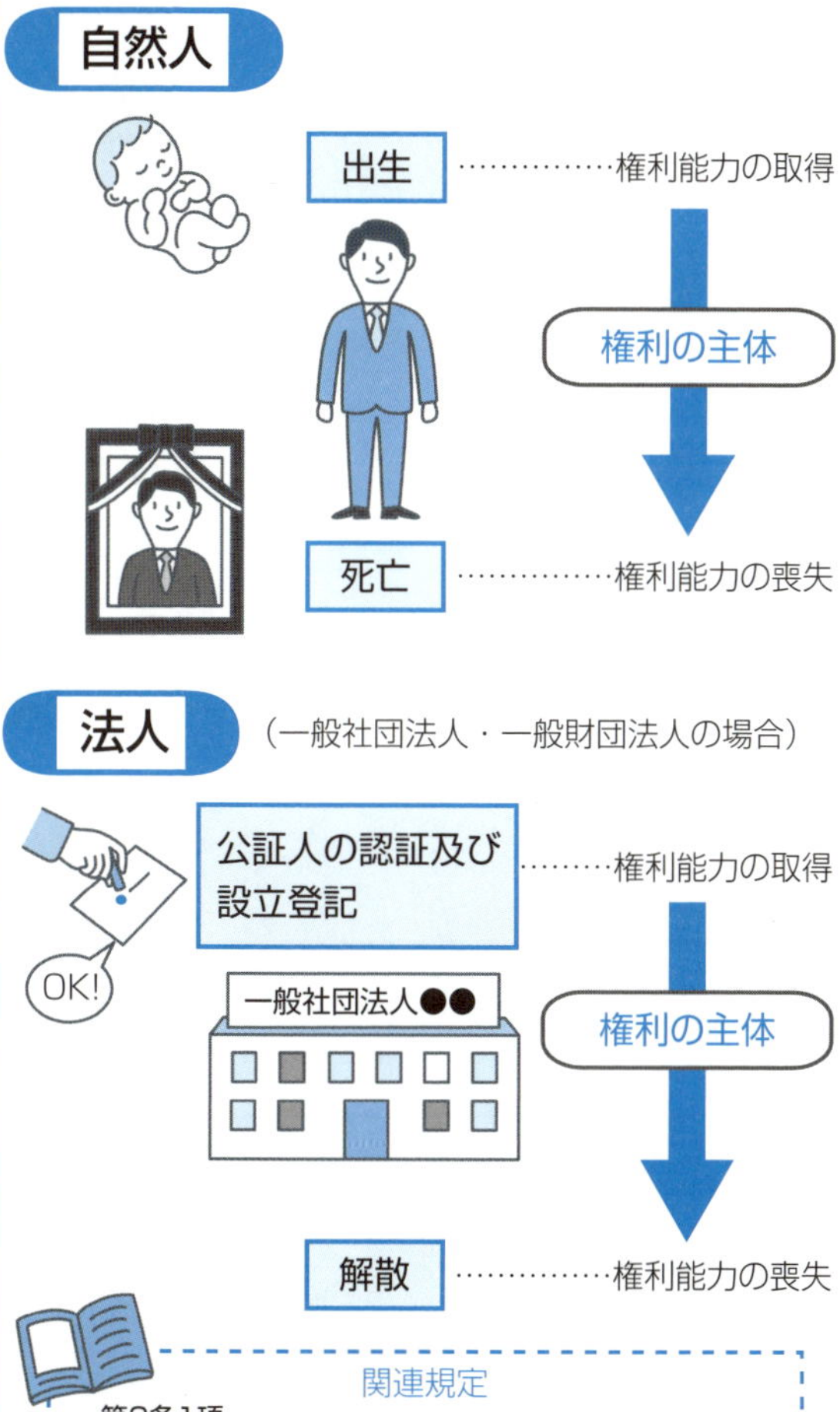
自然人
出生
……………権利能力の取得
権利の主体
死亡
……………権利能力の喪失
法人
（一般社団法人・一般財団法人の場合）
公証人の認証及び設立登記
………権利能力の取得
OK!
一般社団法人●●
権利の主体
解散
……………権利能力の喪失

関連規定

第3条1項
私権の享有は、出生に始まる。

第33条1項
法人は、この法律その他の法律の規定によらなければ、成立しない。

りませんが（＊戸籍法《こせきほう》86条）、そのさいに、死亡届に医師の記載した死亡診断書が添付されます。

なお、法人は、解散により権利能力を失います。

胎児は法律上どのような権利を有するか

●胎児の法的地位も一部認められている

　人は出生によって権利能力を得ますが、**胎児**《たいじ》は出生していませんので、原則として権利能力がありません。しかし、この原則を貫くと実際上胎児に不都合な結果となることがあります。

　たとえば、胎児の父親が交通事故で死亡した場合に、胎児は「権利の主体」ではないことから「権利能力」が認められないとすると、損害《そんがい》賠償請求権《ばいしょうせいきゅうけん》、相続権等の「権利」も認められないことになります。胎児が無事出生した後、兄や姉のように加害者に損害賠償を求めることができず、また、相続財産をもらうことができなくなってしまいます。

　そこで民法は、特別の規定を設け、損害賠償請求権や相続については、胎児を生まれたものとみなして、権利能力を認めました（721条、886条）。すなわち、損害賠償請求権及び相続のほか、遺贈《いぞう》、胎児に対して遺言を書いて自分の財産を贈与することも認めました（965条）。

　しかし、胎児に契約を締結する権利等を認める必要はありませんので、上の3つ以外の事項については、権利能力は認められません。なお、死産に終わり、結局胎児が出生しなかった場合には、胎児にはもともと権利能力がなかったものとされます。

●胎児の権利を行使するのは母親

　前述の3つの場合に限って権利能力が認められるとしても、胎児は、自らこれらの権利を行使することはできません。そこで母が「*法定代理人《ほうていだいりにん》」となり、胎児の「権利」を代理して主張することになります。なお、母が代理するため

【法定代理人】民法の規定によって代理行為を行う者（42ページ）

胎児に認められる権利

胎児の法的地位

＜胎児の父親が交通事故で死亡した場合＞

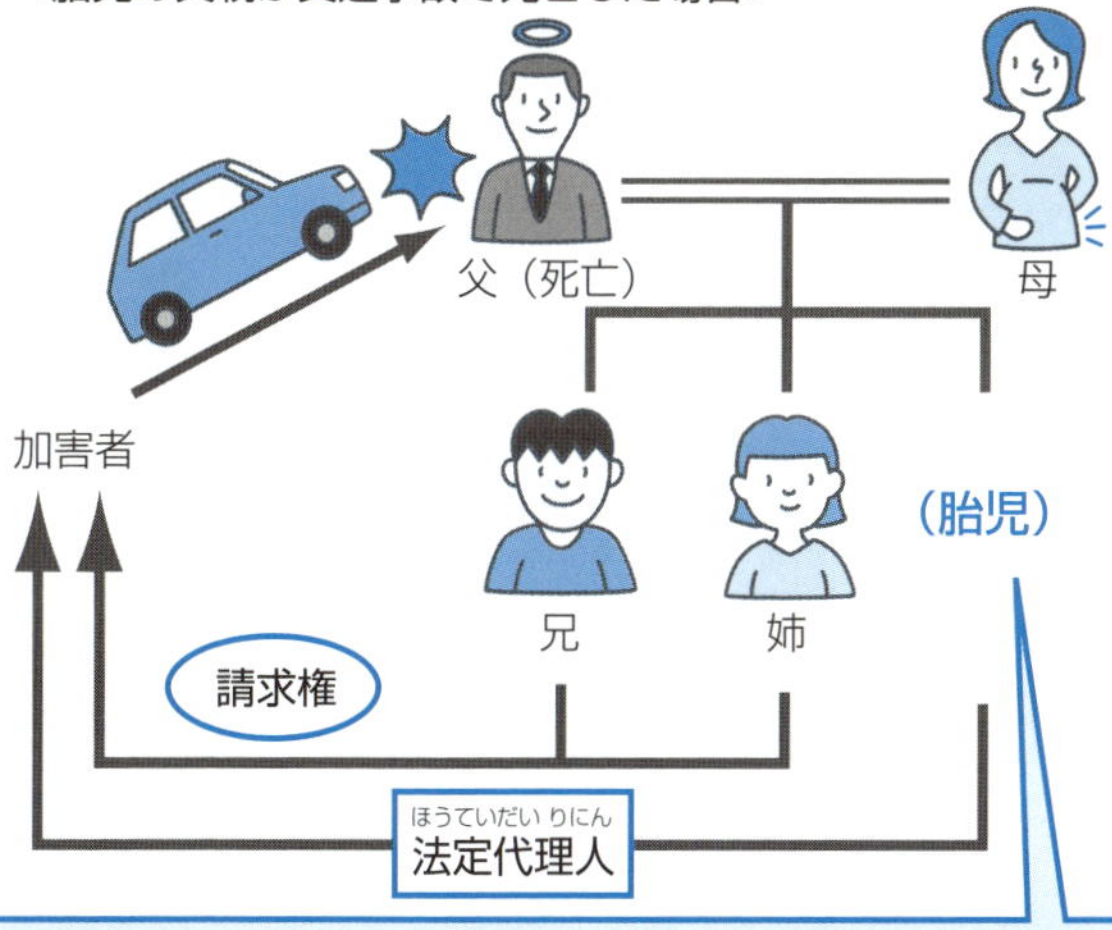

胎児を生まれたものとみなして、認められる権利能力は3つ

①**損害賠償請求権**：加害者に対して損害賠償を請求できる

②**相続権**：死亡した父の財産を相続することができる

③**遺贈《いぞう》**：父は胎児に対して遺言で自分の財産を贈ることができる

関連規定

第721条（損害賠償請求権に関する胎児の権利能力）
胎児は、損害賠償の請求権については、既に生まれたものとみなす。

第886条（相続に関する胎児の権利能力）
胎児は、相続については、既に生まれたものとみなす。
②前項の規定は、胎児が死体で生まれたときは、これを適用しない。

第965条（相続人に関する規定の準用）
第886条及び第891条の規定は、受遺者について準用する。

の基礎には胎児の「権利」がなければなりませんので、先に述べたように、胎児自身に権利・義務の帰属主体である「権利能力」を認める必要があるのです。

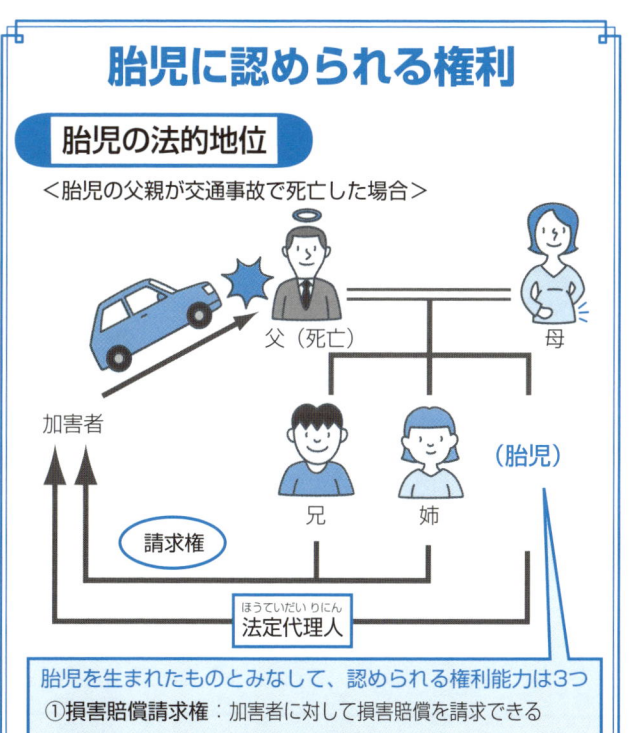

身内が失踪した場合の法律関係

●失踪者を死亡したものとみなす失踪宣告

たとえば夫が家を出て行ったきり長い期間が経過した場合に、妻は、夫との婚姻《こんいん》関係が継続しているために離婚したり再婚したりすることはできないのでしょうか。また、夫の所有する家や土地を他人に売却したり賃貸《ちんたい》したりすること等はできないのでしょうか。

このような場合には、夫の生存が明らかな限りは、法的な離婚手続（763条以下）を経なければ離婚できませんし、また、夫の財産を勝手に処分したりすることはできません。他方、夫の死亡が明らかな場合には、婚姻関係は当然に終了し、その財産は相続によって相続人に分配されます。

問題は、夫の生死が明らかでない場合です。そこで民法は、このような場合に、一定の要件を満たしたときには、裁判所に請求をすることによって失踪者《しっそうしゃ》を死亡したものとみなすことを認めました。

この**失踪宣告**《しっそうせんこく》を得ることによって、妻は、「夫の死亡」により再婚することができますし、また、不動産を相続した上で、自分の所有物として賃貸や売却が可能となります。

●普通失踪と特別失踪

民法は、不在者の生死が7年間明らかでない場合には、家庭裁判所は利害関係人《りがいかんけいにん》*の請求により失踪宣告をなすことができるとしました（**普通失踪**、30条1項）。

ただし、死亡の原因となる危難《きなん》（飛行機事故等）に遭遇《そうぐう》した場合には、その危難が去ってから1年間生死が明らかでないだけで失踪宣告が

【利害関係人】特定の事項について法律上の利害関係を有する者のこと

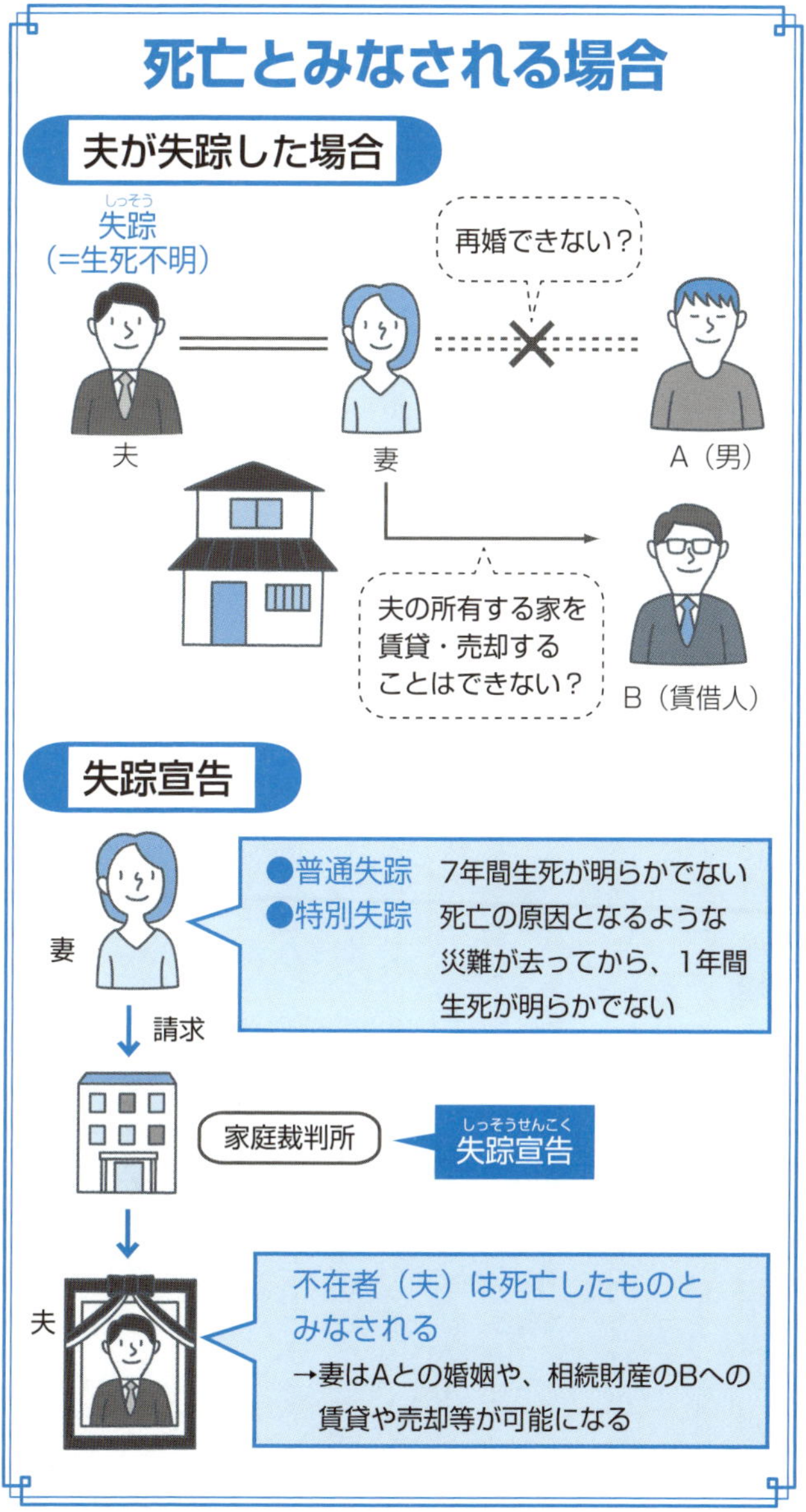
死亡とみなされる場合
夫が失踪した場合
失踪《しっそう》
（=生死不明）
再婚できない？
夫
妻
A（男）
夫の所有する家を
賃貸・売却する
ことはできない？
B（賃借人）
失踪宣告
妻
●普通失踪　7年間生死が明らかでない
●特別失踪　死亡の原因となるような
災難が去ってから、1年間
生死が明らかでない
請求
家庭裁判所
失踪宣告《しっそうせんこく》
夫
不在者（夫）は死亡したものと
みなされる
→妻はAとの婚姻や、相続財産のBへの
賃貸や売却等が可能になる

なされます（**特別失踪**、同条2項）。

なお、失踪者が生きていた場合には、失踪宣告を取り消すことができます（32条）。

幼児や認知症老人の取引は有効か

●意思能力を持たない者の法律行為は無効

すべての人に権利能力が認められるとして(32ページ)、次に問題となるのが**意《い》思《し》能力《のうりょく》**です。意思能力とは、ものごとを主体的に判断できる能力(民法では**事《じ》理《り》弁《べん》識《しき》能力《のうりょく》**と言います)のことです。

ものごとの判断ができないような幼児や認知《にんち》症《しょう》の老人が「法律行為」(売買や贈与等)をしても、これに法律上の効力を与えるわけにはいきません。たとえば、このような者が土地を買いたいと言っても、その売買契約を有効として代金の支払いを義務づけたり、ある物を贈与すると言っても、贈与契約を有効として物の引渡《ひきわた》しを義務づけたりするわけにはいきません。本人には売買や贈与の「意思」がない、と一般的には考えられますから、このような「意思の欠けた行為」を法律行為として法的効果を発生させることはできないのです。そこで、このような意思能力のない「意思無能力者」のなした法律行為は無効となります(3条の2)。

ところで、知的障害や認知症が原因で意思能力を欠く場合のほか、健常者《けんじょうしゃ》でも、泥酔《でいすい》等により意思能力を一時的に欠くことがあります。このような場合の行為も無効です。

●無効とするには意思無能力の立証が必要

ただし、いずれの場合も、無効を主張するためには、問題となった法律行為ごとに意思能力が欠けていたことを立証しなければなりません。実際上、健常者にとっては、このような立証は容易ではありません。また、知的障害や認知症が原因で意思能力を恒常的《こうじょうてき》に欠いている人にとって、1つ1つの行為についてこのような立証をすることは容易であるとしても、極めて煩雑《はんざつ》です。

そこで、「行為能力」及び「制限行為能力」という概念が必要となります（次項）。

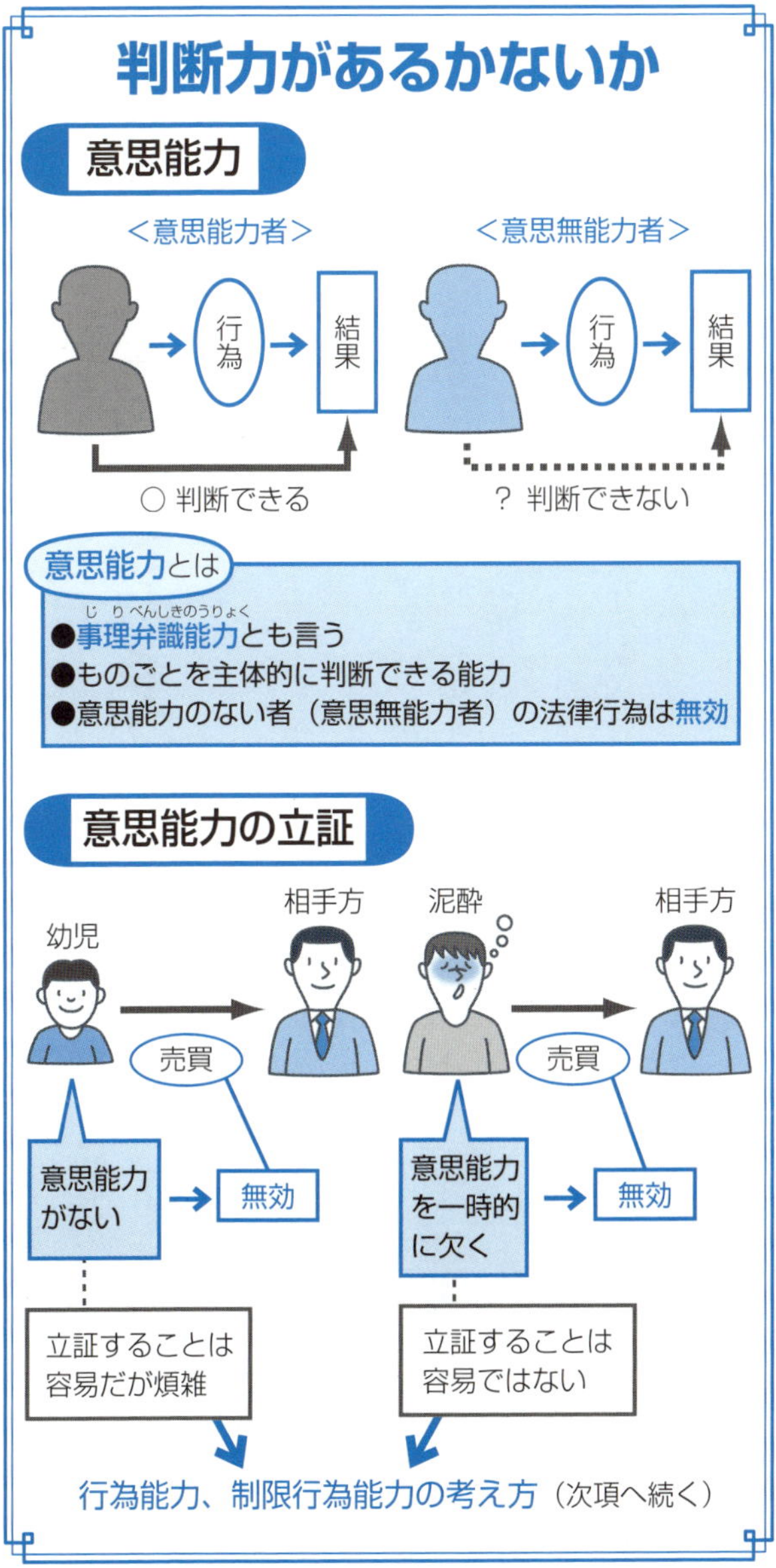
判断力があるかないか
意思能力
＜意思能力者＞
行為
結果
○ 判断できる
＜意思無能力者＞
行為
結果
? 判断できない
意思能力とは
●事理弁識能力《じりべんしきのうりょく》とも言う
●ものごとを主体的に判断できる能力
●意思能力のない者（意思無能力者）の法律行為は無効
意思能力の立証
幼児
相手方
売買
意思能力がない
無効
立証することは容易だが煩雑
泥酔
相手方
売買
意思能力を一時的に欠く
無効
立証することは容易ではない
行為能力、制限行為能力の考え方（次項へ続く）

社会的弱者の取引はどのように扱われるか

●制限行為能力者の制度

各人の個々の行為ごとに意思能力があったかどうかを判定・立証することは容易ではありません。そこで、民法は、恒常的《こうじょうてき》に事理弁識能力（意思能力）を欠いていたり不十分であったりする社会的弱者については、定型的に「**制限行為能力者**《せいげんこういのうりょくしゃ》」（単独で法律行為ができない人）として、その者に保護者を付けてその意思能力を補わせることとしました。

民法は、未成年者、成年被後見人《せいねんひこうけんにん》、被保佐人《ひほさにん》、被補助人《ひほじょにん》の4者（それぞれ次項以降で詳述）を制限行為能力者としました。4者のうち、成年被後見人、被保佐人、被補助人の制度については、従来の禁治産者《きんちさんしゃ》*・準禁治産者の制度に代わって、1999年12月の民法改正によってできた制度です（2000年4月1日より施行）。

制限行為能力者のうち、未成年者は年齢（20歳未満）によって、他の3者は、本人や親族などの申立てに基づく家庭裁判所の審判によって制限行為能力者とされます。

●制限行為能力者の取消権

制限行為能力者とされた者については、原則として、この者が単独で法律行為（売買等）をなした場合には、その時点での「意思能力」の有無を問題とすることなく、これを取り消すことができます。

もちろん、その法律行為が制限行為能力者に不利になることはないとして、取り消さないこともできます。取り消すかどうかの選択権は本人及び保護者にあります（120条1項）。制限行為能力者がなした行為について、その「意思表

来の制度は、本人の自己決定権の尊重がない等の批判により改正された

弱者保護の制度

制限行為能力者とは

恒常的《こうじょうてき》に事理弁識能力（意思能力）を欠き、単独で法律行為を行えない者のこと

→ 社会的弱者として保護

‖

制限行為能力者の規定
：保護者を付けて、意思能力を補わせる

- ●未成年者（20歳未満の者）―― 年齢による
- ●成年被後見人《せいねんひこうけんにん》（事理弁識能力を欠く者）
- ●被保佐人《ひほさにん》（事理弁識能力が著しく不十分な者）
- ●被補助人《ひほじょにん》（事理弁識能力が不十分な者）

成年被後見人・被保佐人・被補助人 ―― 家庭裁判所の審判による

制限行為能力者の取消権

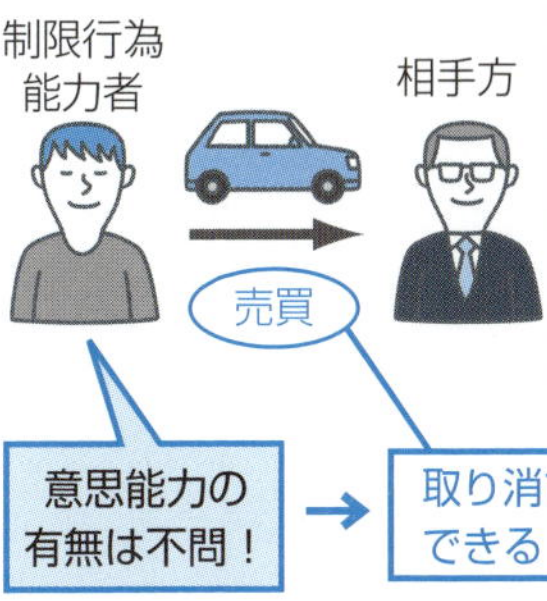

●取り消すかどうかの選択権は本人及び保護者にある
●その法律行為を取り消さず、有効とすることもできる

意思能力の有無は不問！ → 取り消すことができる

示」どおりの内容を常に実現させることは、本人を害することになると考えたのです。本人が単独でなした法律行為について本人やその保護者から取消しを認めることで、制限行為能力者を保護することにしたのです。

【禁治産者】1999年の改正前民法における、現在の成年被後見人に該当する者のこと。旧

未成年者の取引はどのように扱われるか

●代理権・同意権・取消権

民法では、満20歳に達しない者が**未成年者***です（4条）。未成年者には、保護者として**法定《ほうてい》代理人《だいりにん》**（基本的には親権者《しんけんしゃ》である父母）が付きます。

法定代理人は、未成年者の財産上の法律行為について、**同意権**と**代理権**を有します。未成年者が法定代理人の同意を得ないで法律行為をした場合には、未成年者はその法律行為を取り消すことができますし、法定代理人も**取消権**を有します（5条2項）。なお未成年者の保護のためですから、相手方《あいてがた》は取り消せません。

●未成年者の法律行為とその取消し

高校生が自転車を買う場合を考えてみましょう。まず、父母は、子を代理して自転車を購入することができます。次に、高校生がこれを購入しようとする場合に、父母の同意がないときには、高校生本人及び父母は、その売買契約を取り消すことができます（120条1項）。これは不十分な判断能力（事理弁識能力《じりべんしきのうりょく》）のもとで契約がなされたものと考えられるからです。

取り消されると、売買はもともとなかったことになります（121条）。したがって、支払った金銭は全額返却してもらえますし、未払い金は払う必要がなくなります。自転車は返還しなければなりませんが、現状（使い古していても、そのままの状態）で返せばよいのです（121条の2第3項）。盗まれた場合には、返す必要はありません。

ただし、父母があらかじめ自転車購入のため

下げられることになった（2022年4月1日施行）

の資金を与えていたり、何でも好きなものを買いなさいということで金銭を与えていたような場合には、いわば事前に同意が与えられていたと考えられるので、購入のさいに父母の同意がなくても、契約後に売買を取り消すことはできません（5条3項）。

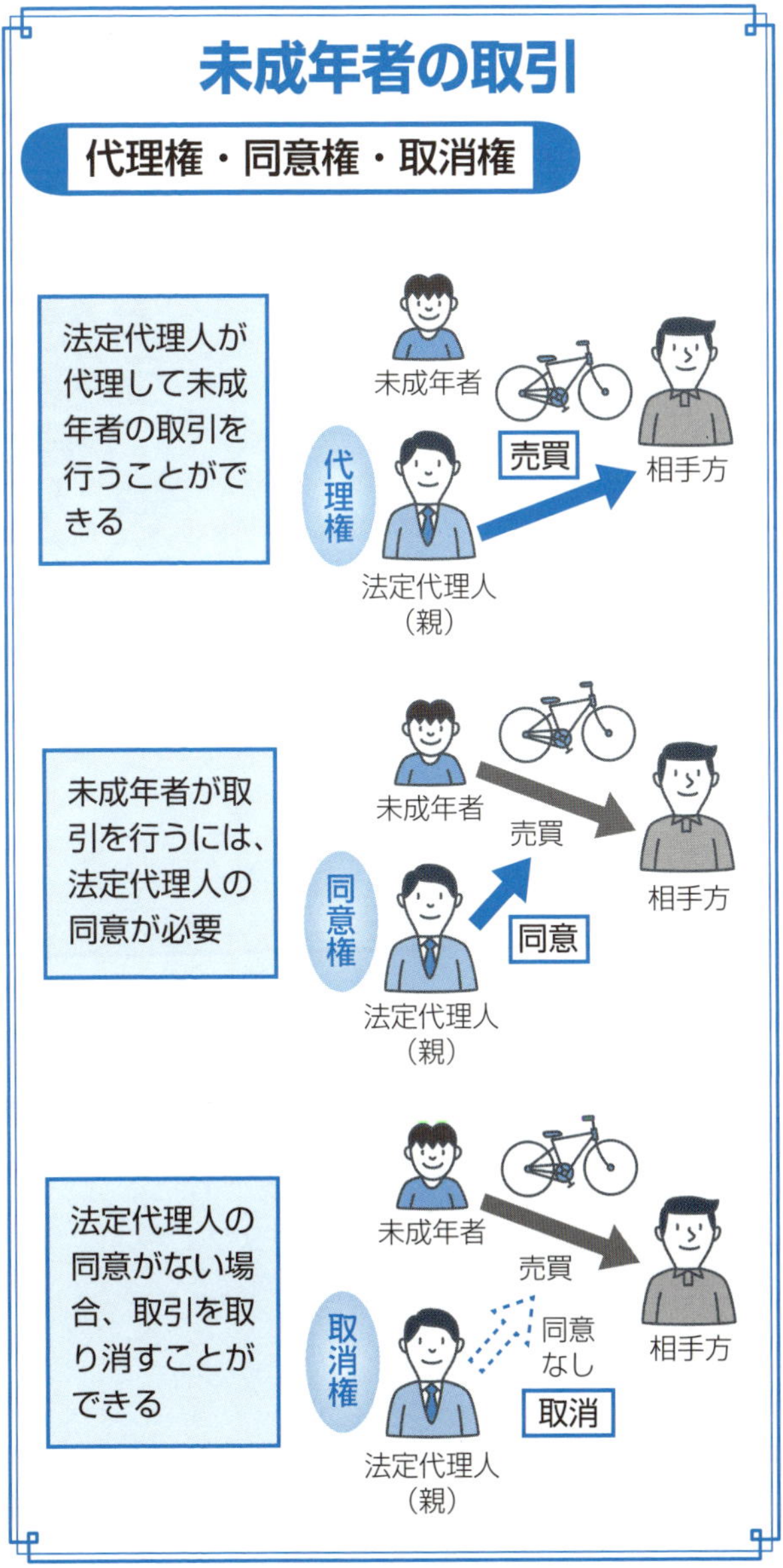
未成年者の取引
代理権・同意権・取消権
法定代理人が代理して未成年者の取引を行うことができる
未成年者
売買
相手方
代理権
法定代理人（親）
未成年者が取引を行うには、法定代理人の同意が必要
未成年者
売買
相手方
同意権
同意
法定代理人（親）
法定代理人の同意がない場合、取引を取り消すことができる
未成年者
売買
相手方
取消権
同意なし
取消
法定代理人（親）

【成人年齢の引き下げ】2018年の民法改正により、成人年齢が現行の20歳から18歳に引き

成年被後見人の取引はどのように扱われるか

●成年被後見人の法律行為は代理人が行う

成年になった場合でも、「精神上の障害により事理を弁識する能力を欠く常況《じょうきょう》*」にある者については、本人や一定範囲の親族等の請求により家庭裁判所が「**後見開始《こうけんかいし》の審判**」をすることができます（7条）。この審判を受けた者を「**成年被後見人《せいねんひこうけんにん》**」と言います。成年被後見人には、家庭裁判所の選任した「**成年後見人**」が後見開始の審判と同時に保護者として付けられます（8条）。

成年後見人は、成年被後見人の財産を管理し、財産上の法律行為を代理する、代理権をもっています。成年被後見人は、恒常的《こうじょうてき》に事理弁識能力が欠けているのですから、成年後見人が成年被後見人に代わって法律行為をしなければなりません。また、成年被後見人がなした法律行為については、成年被後見人及び成年後見人は取り消すことができます（9条本文）。

ただし、成年被後見人が日用品の購入その他日常生活に関する行為をなした場合には、取り消すことはできません（同条ただし書）。このような日常の行為については、成年被後見人の能力（残存能力《ざんぞんのうりょく》）による自由な決定を尊重したほうが本人の利益に合致すると考えられるからです。

●居住用不動産の処分に関する例外

成年後見人は、基本的には成年被後見人の財産上の法律行為を代理しますが、成年被後見人の居住用不動産の処分（売買、賃貸、抵当権《ていとうけん》の設定等）については、家庭裁判所の許可が必要です（859条の3）。生存・生活の基盤である居

【常況】ふだんの様子のこと

住用不動産は成年被後見人にとって最も重要な財産であると考えられますので、成年後見人の代理権の濫用《らんよう》を防止するために裁判所の許可を必要としたのです。

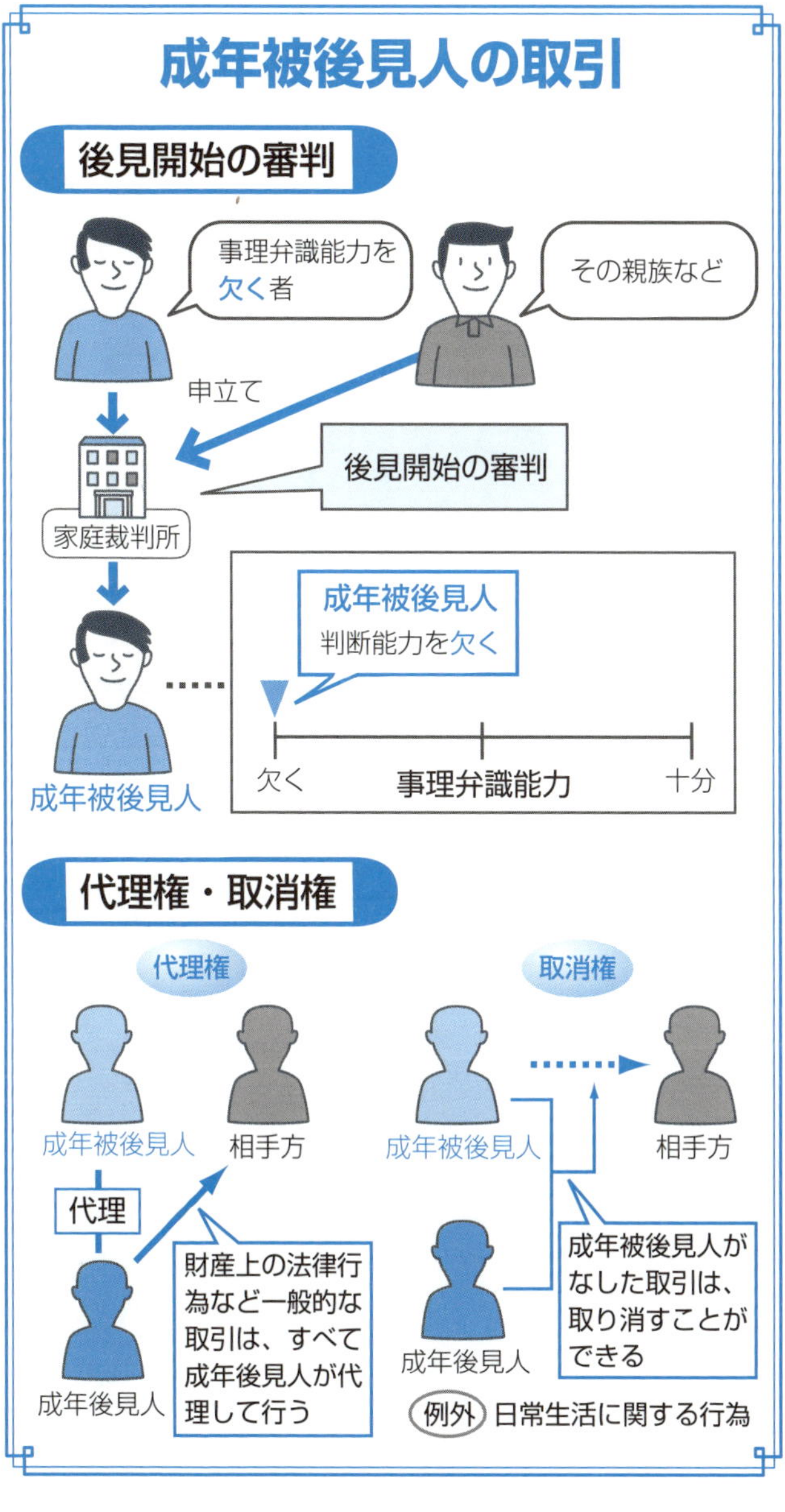
成年被後見人の取引
後見開始の審判
事理弁識能力を欠く者
その親族など
申立て
家庭裁判所
後見開始の審判
成年被後見人
判断能力を欠く
欠く
事理弁識能力
十分
成年被後見人
代理権・取消権
代理権
取消権
成年被後見人
相手方
代理
成年後見人
財産上の法律行為など一般的な取引は、すべて成年後見人が代理して行う
成年被後見人
相手方
成年後見人
成年被後見人がなした取引は、取り消すことができる
例外 日常生活に関する行為

被保佐人の取引はどのように扱われるか

●被保佐人とその保護者である保佐人

「精神上の障害により事理を弁識する能力が著しく不十分」な者については、本人や一定範囲の親族等の請求により家庭裁判所が「***保佐開始**《ほさかいし》**の審判**《しんぱん》」をすることができます（11条）。保佐開始の審判を受けた者を「**被保佐人**」と言います。被保佐人には保護者として「**保佐人**」が付けられます（12条）。

●保佐人の同意権・取消権

保佐人は、原則として、被保佐人の財産について、これを管理する権限も、財産上の法律行為を代理する権限（代理権）もありません。保佐人は、被保佐人の、日用品の購入その他日常生活に関する行為を除いた、一定の重要な行為（左ページ）に対して、同意する権限を有するにすぎません（同意権、13条1項・2項）。

被保佐人には、著しく不十分ではあるけれども事理弁識能力（判断能力）があるので、基本的には、単独で法律行為ができるものとしました。そして、複雑で重要な法律行為についてだけ、保佐人の同意を得させて不十分な判断能力を補充することとしたのです。

保佐人の同意が必要な行為について、その同意を得ていないときには、被保佐人及び保佐人は、その法律行為を取り消すことができます（取消権）。

●保佐人が例外的に有する代理権

例外的に、保佐人に代理権が与えられる場合があります（876条の4）。たとえば、被保佐人が賃貸アパートを所有していて、建物の賃貸借《ちんたいしゃく》

断力の不足を補うこと

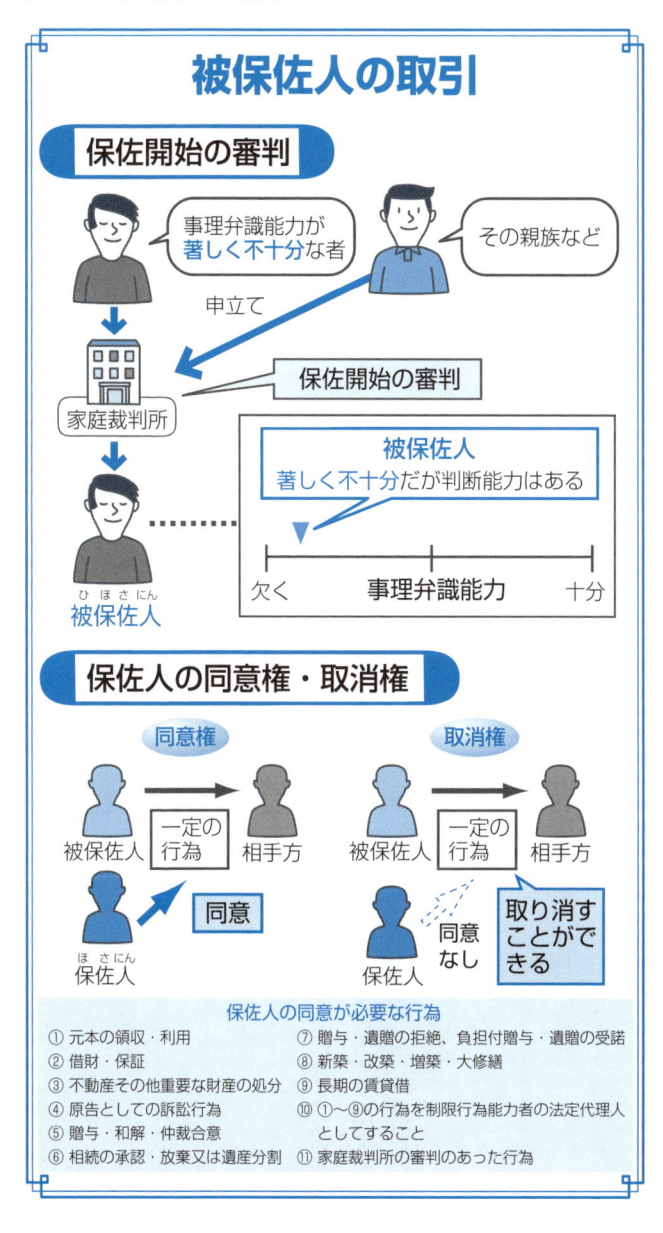

被保佐人の取引

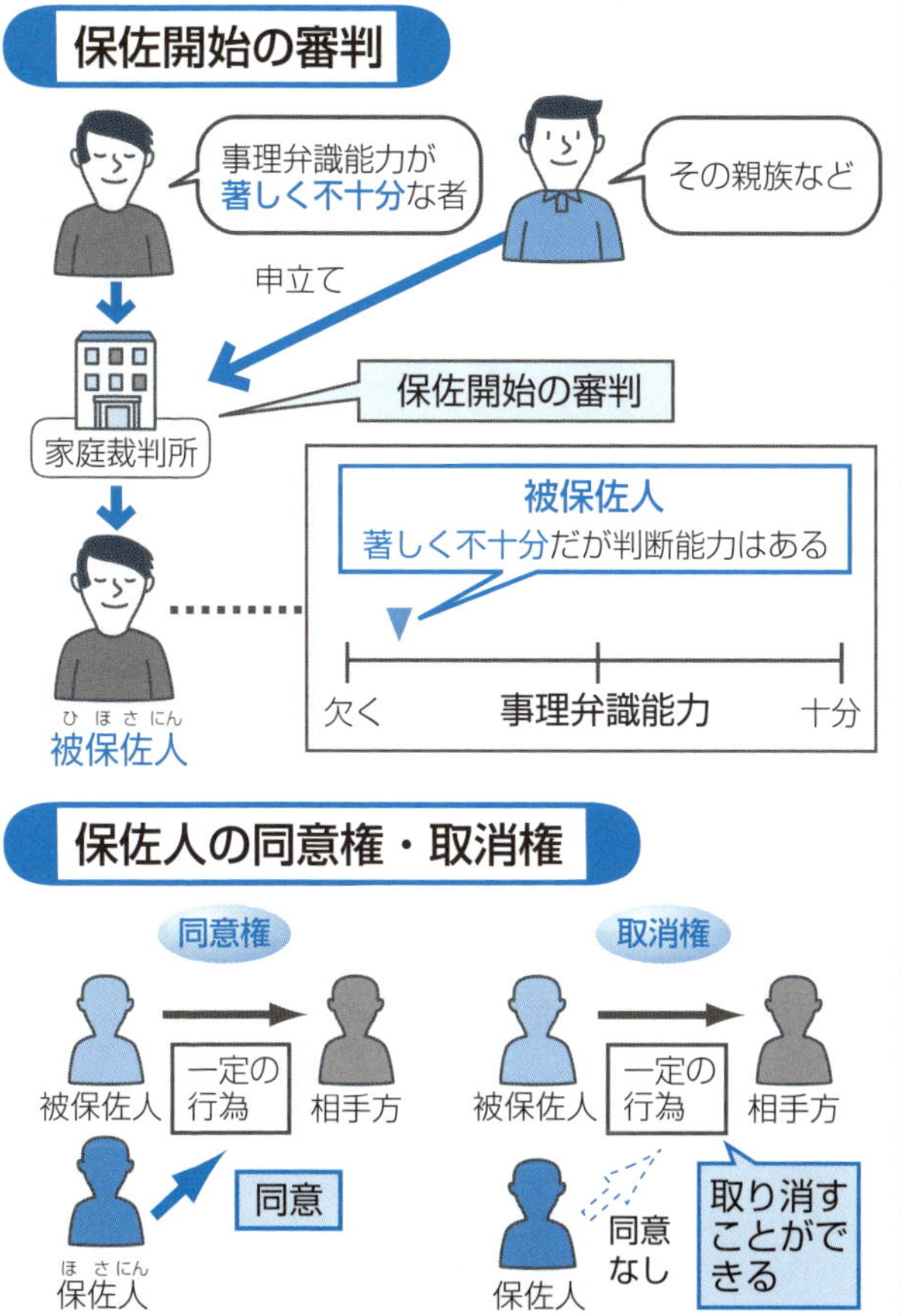
保佐開始の審判
事理弁識能力が
著しく不十分な者
その親族など
申立て
家庭裁判所
保佐開始の審判
被保佐人
著しく不十分だが判断能力はある
欠く
事理弁識能力
十分
被保佐人《ひほさにん》
保佐人の同意権・取消権
同意権
取消権
被保佐人
一定の
行為
相手方
同意
保佐人《ほさにん》
被保佐人
一定の
行為
相手方
同意
なし
保佐人
取り消す
ことがで
きる

保佐人の同意が必要な行為

① 元本の領収・利用
② 借財・保証
③ 不動産その他重要な財産の処分
④ 原告としての訴訟行為
⑤ 贈与・和解・仲裁合意
⑥ 相続の承認・放棄又は遺産分割
⑦ 贈与・遺贈の拒絶、負担付贈与・遺贈の受諾
⑧ 新築・改築・増築・大修繕
⑨ 長期の賃貸借
⑩ ①〜⑨の行為を制限行為能力者の法定代理人としてすること
⑪ 家庭裁判所の審判のあった行為

契約《けいやく》を締結する場合（アパートの管理）等です。
家庭裁判所の審判により保佐人に代理権が与えられると、アパートの管理については、保佐人が被保佐人を代理して行うことができます。

【保佐】 精神上の障害により事理を弁識する能力が著しく不十分である者について、その判

被補助人の取引はどのように扱われるか

●「補助」と「保佐」の違い

「精神上の障害により事理を弁識する能力が不十分」な者については、本人や一定範囲の親族等の請求により家庭裁判所が「**補助開始**《ほじょかいし》**の審判**」をすることができます（15条1項）。

前項の保佐開始の審判の場合との違いは、本人以外の者の請求によって補助開始の審判をするには、本人の同意がなければならないことです（同条2項）。補助開始の審判を受けた者を「**被補助人**《ひほじょにん》」と言います。被補助人には、家庭裁判所の選任した「**補助人**」が補助開始の審判と同時に保護者として付けられます（16条）。

被補助人は、事理弁識能力は不十分ではありますが備わっていますので、一般には単独で法律行為をなすことができます。

しかし、たとえば、不動産の処分など、被補助人の特定の法律行為についてだけは、補助人の同意を必要として慎重に対処したほうが被補助人の保護になる場合があります。

そこで民法は、家庭裁判所は、本人、一定範囲の親族、補助人等の請求によって、被補助人が特定の法律行為（47ページの表の一部）をするにはその補助人の同意を要する旨の審判をすることができる、としました（17条1項）。

●補助人の取消権・代理権

補助人の同意を得ることを要する行為で、その同意を得ないでした被補助人の行為は、取り消すことができます（17条4項）。被補助人、補助人ともに取り消すことができます（120条1項）。

また、保佐人の場合と同様に、補助人が代理

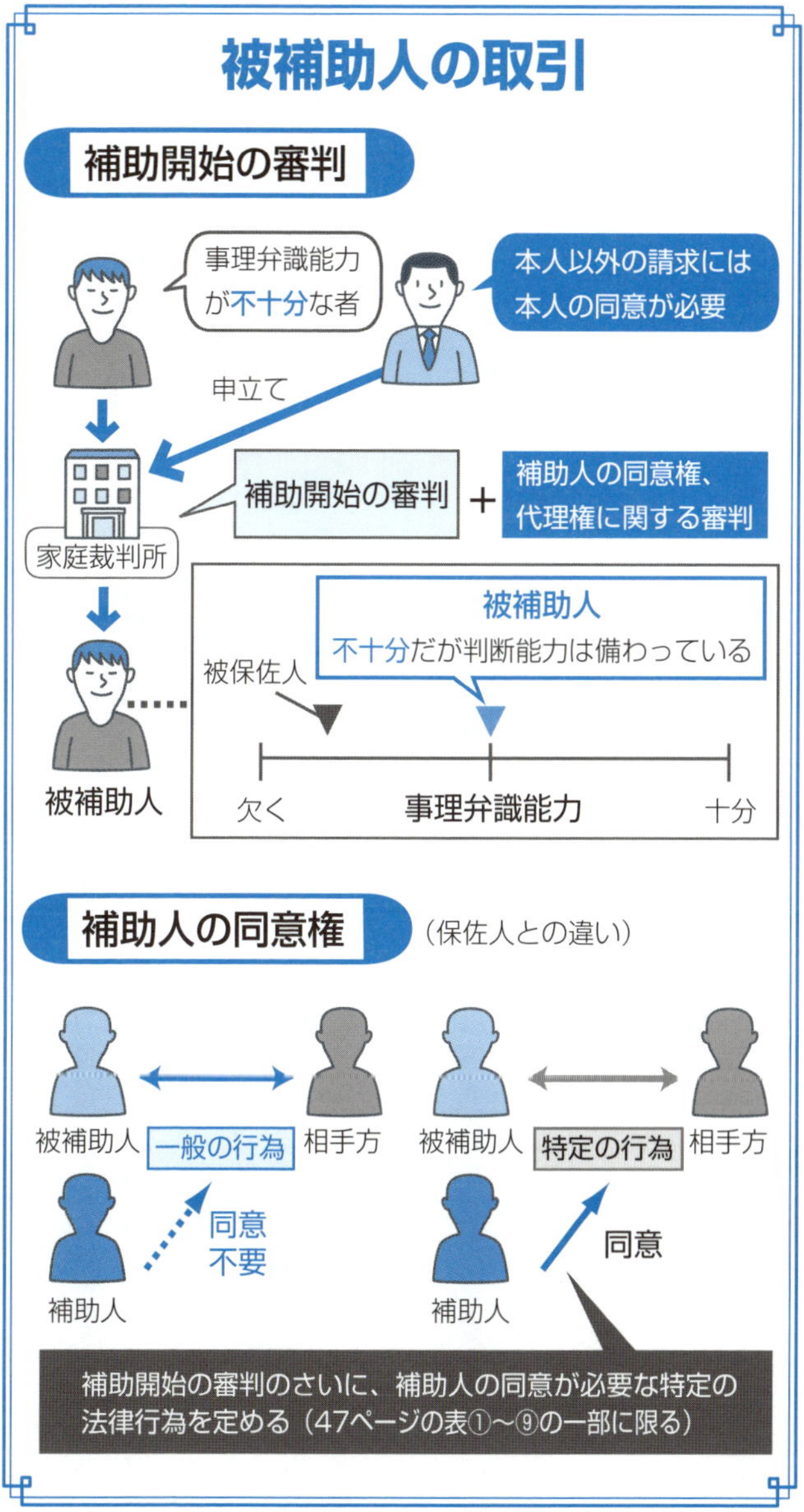
被補助人の取引
補助開始の審判
事理弁識能力が不十分な者
本人以外の請求には本人の同意が必要
申立て
家庭裁判所
補助開始の審判
＋
補助人の同意権、代理権に関する審判
被補助人
不十分だが判断能力は備わっている
被保佐人
欠く
事理弁識能力
十分
被補助人
補助人の同意権
（保佐人との違い）
被補助人
一般の行為
相手方
補助人
同意不要
被補助人
特定の行為
相手方
補助人
同意
補助開始の審判のさいに、補助人の同意が必要な特定の法律行為を定める（47ページの表①～⑨の一部に限る）

権を有する場合があります。特定の行為についての代理権の付与は、家庭裁判所の審判により

ます（876条の9第1項）。

制限行為能力者の取引の相手方の保護

●制限行為能力者の取引の相手方の保護

制限行為能力者の行った取引は、取り消される可能性があります。このため、制限行為能力者と取引をした者は、制限行為能力者の法律行為について適切な代理や同意がなかった場合には、5年の時効期間が経過するまで（126条）、その行為がいつ取り消されるかわからない不安定な立場に立たされます。

　そこで民法は、取引の相手方の保護のために**催告**《さいこく》の制度を認めました。たとえば、制限行為能力者と取引をした後、未成年者が成年となったり、被補助人の事理弁識能力が回復して制限行為能力者が行為能力者となったとします。催告とは、このような場合に、相手方が、もともと制限行為能力者だった者に対して、その者がなした法律行為について、これを**追認**《ついにん》（＝取消権の放棄。すなわち事後承認）をするかどうかの＊確答《かくとう》を求めることです。

　追認するか否かの確答があればそのとおりになりますが、確答がない場合には、その行為を追認したものとみなされます（20条1項）。

●制限行為能力者のままであるとき

制限行為能力者がいまだ行為能力者とならないときには、法定代理人（親権者、成年後見人）、保佐人、補助人に対して催告します。本人に催告しても本人にはそれに応じるだけの十分な判断能力がないからです。この場合も、確答がないときには、制限行為能力者のなした行為を追認したものとみなされます（20条2項）。

　被保佐人や被補助人は不十分ながらも能力があるので、保佐人または補助人の追認（事後同

【確答】はっきりとした返答

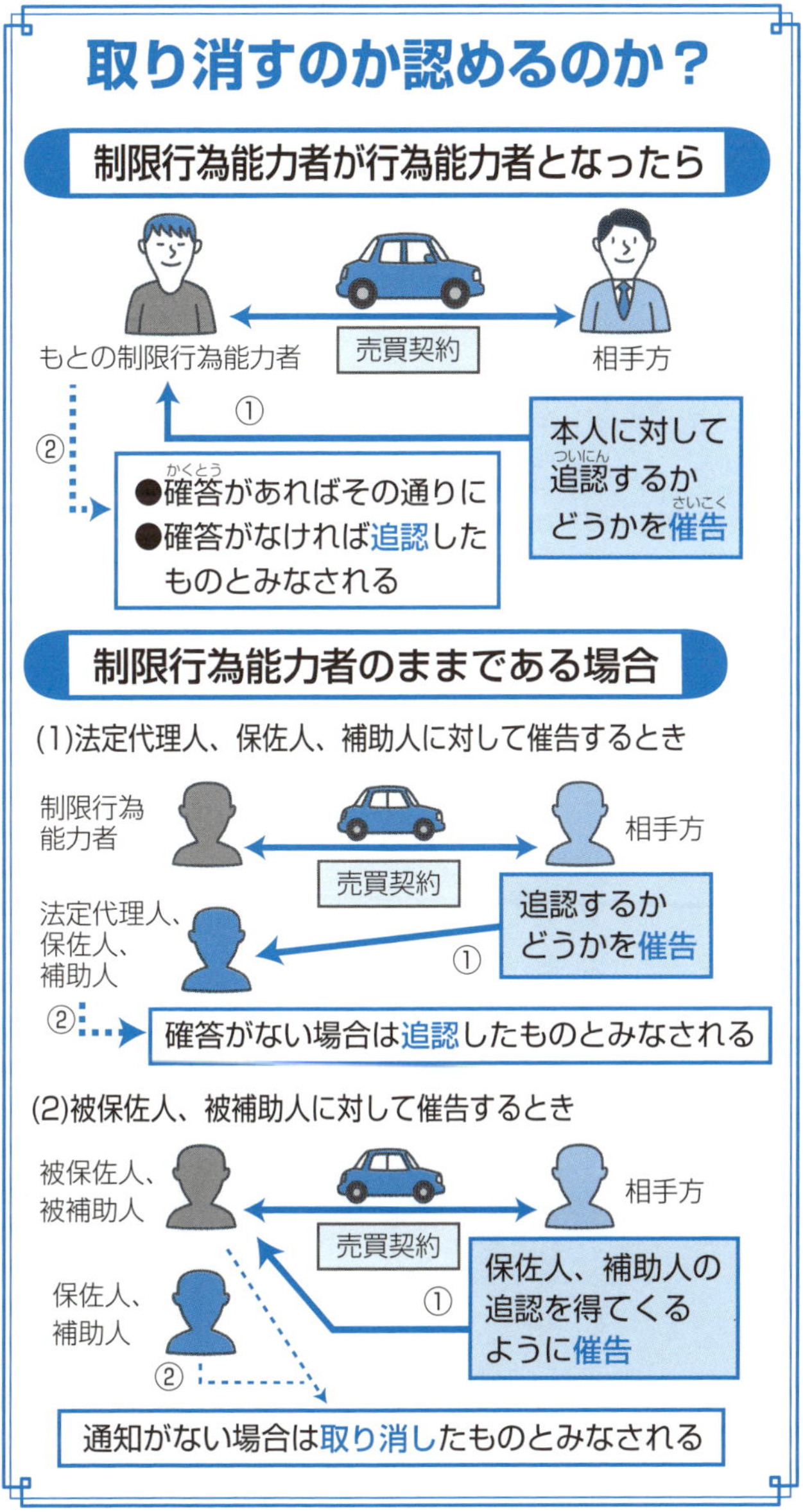
取り消すのか認めるのか？
制限行為能力者が行為能力者となったら
もとの制限行為能力者
売買契約
相手方
①
本人に対して追認《ついにん》するかどうかを催告《さいこく》
②
●確答《かくとう》があればその通りに
●確答がなければ追認したものとみなされる
制限行為能力者のままである場合
(1)法定代理人、保佐人、補助人に対して催告するとき
制限行為能力者
売買契約
相手方
法定代理人、保佐人、補助人
①
追認するかどうかを催告
②
確答がない場合は追認したものとみなされる
(2)被保佐人、被補助人に対して催告するとき
被保佐人、被補助人
売買契約
相手方
保佐人、補助人
①
保佐人、補助人の追認を得てくるように催告
②
通知がない場合は取り消したものとみなされる

意）を得るべき旨を催告することもできます。もし被保佐人または被補助人が追認を得た旨の通知を発しないときには、取り消したものとみなされます（同条４項）。

老後における財産管理等の委託

●任意後見契約もある

すでに述べた後見・保佐・補助の制度は、民法に定められた成年後見制度であり、**法定後見**《ほうていこうけん》と呼ばれます。

一方、高齢者等は、認知症《にんちしょう》になった場合にも自己の財産の管理や自分に対する療養看護《りょうようかんご》がしっかりとなされることを望みます。そのため、自己の事理弁識能力《じりべんしきのうりょく》（意思能力）が十分なうちに、あらかじめ信頼のおける特定の人に一定の事項を*委任《いにん》しておくことができます。これを**任意後見**《にんいこうけん》と呼びます。

本人（**委任者**）は、公正証書《こうせいしょうしょ》による任意後見契約によって（任意後見契約法3条。以下、本頁の条文は同法）、**任意後見受任者**《にんいこうけんじゅにんしゃ》との間で、精神上の障害により事理を弁識する能力が不十分な状況における自己の生活、療養看護及び財産の管理に関する事務の全部または一部を委託《いたく》し、その委託に係る事務について代理権を付与することができます（2条）。

この契約は*登記《とうき》することができ、登記された場合、精神上の障害により本人の事理を弁識する能力が不十分な状況にあるときは、家庭裁判所は、「**任意後見監督人**《にんいこうけんかんとくにん》」を選任します（4条1項）。任意後見監督人が選任された後は、任意後見受任者が「任意後見人」として委任事務を行い（2条）、任意後見監督人がその事務を監督します（7条）。

●任意後見の優先

家庭裁判所は、任意後見監督人を選任する場合において、本人（委任者）が成年被後見人、被保佐人または被補助人であるときは、本人に

【委任】当事者の一方が自分の権利や権限に属する事項の決定や執行を他者に委ねること

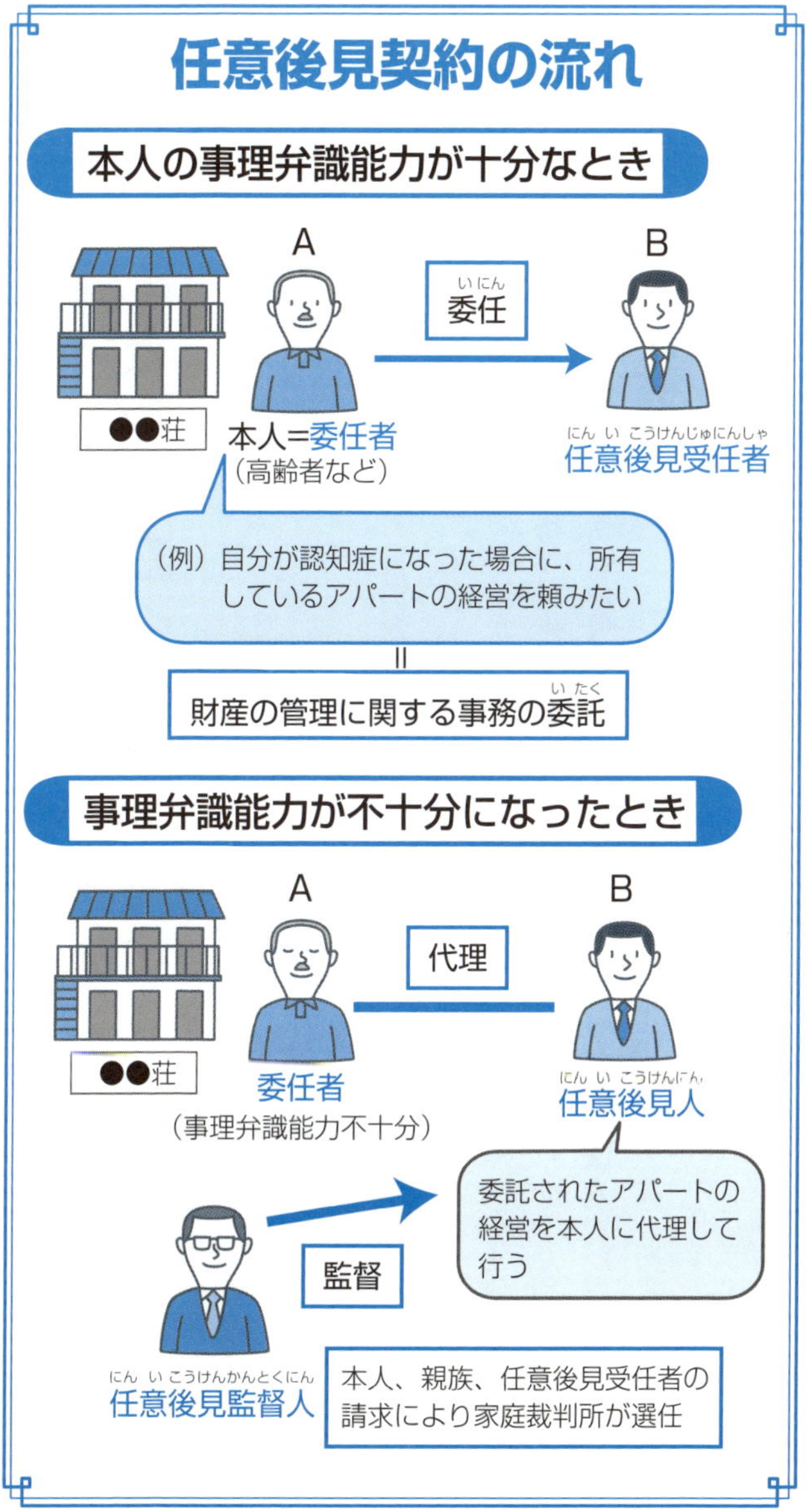
任意後見契約の流れ
本人の事理弁識能力が十分なとき
A
B
委任《いにん》
●●荘
本人＝委任者
（高齢者など）
任意後見受任者《にんいこうけんじゅにんしゃ》
（例）自分が認知症になった場合に、所有しているアパートの経営を頼みたい
＝
財産の管理に関する事務の委託《いたく》
事理弁識能力が不十分になったとき
A
B
代理
●●荘
委任者
（事理弁識能力不十分）
任意後見人《にんいこうけんにん》
委託されたアパートの経営を本人に代理して行う
監督
任意後見監督人《にんいこうけんかんとくにん》
本人、親族、任意後見受任者の請求により家庭裁判所が選任

係る後見、保佐または補助の開始の審判を取り消さなければなりません（4条2項）。これは本人の自己決定を尊重して、任意後見のほうを法定後見に優先させたのです。

【登記】権利関係等を公示するため、一定の事項を法務局の登記簿に記載すること（112ページ）

団体はどのように「人」となるか

●法人の意義

法《ほう》人《じん》とは、すでに述べたように、自然人と並んで、権利・義務の主体となるものを言います（20ページ）。「法人」は、団体そのものが、その構成員からは独立して権利・義務の主体となって財産関係を形成しているという社会現象を基礎として認められるものです。

たとえば大学や会社は、その学長や社長などとは独立して、その大学や会社自体が、土地や建物を所有したり銀行と取引をしたりしています。誰も、大学や会社の姿を見たものはいませんが、これらは社会的に権利・義務の帰属主体と認められます。

そこで、「法」によって、一定の団体を所定の手続のもとに「人」（権利・義務の主体）とすることにしたのです（33条）。団体が「法人格」を取得する根拠となる法律は、その団体の性質によって異なります。たとえば学校法人は私立学校法*により（同法3条）、会社は会社法により法人格が認められます（同法3条）。

●社団法人と財団法人

法人には、一定の組織を有する人の集団である**社団法人**と、一定の目的のために捧《ささ》げられた財産の集合である**財団法人**とがあります。

財団法人とは、たとえば、ある慈善家や企業が環境保護の目的で自らの財産を支弁《しべん》*するような団体を設立しようとする場合に設立される法人です。その団体の財産は慈善家や企業の財産とは独立のものとされます。

財産の集合であるその団体自身に法人格を認めないと、その団体は活動の拠点である建物を

【私立学校法】私立学校に関する教育行政と学校法人について定めた法律

所有したり借りたりすることができず、また、広く国民から集めた募金の帰属先が不明瞭になってしまいます。このため「法人」には、社団だけでなく、財団も認められるのです。

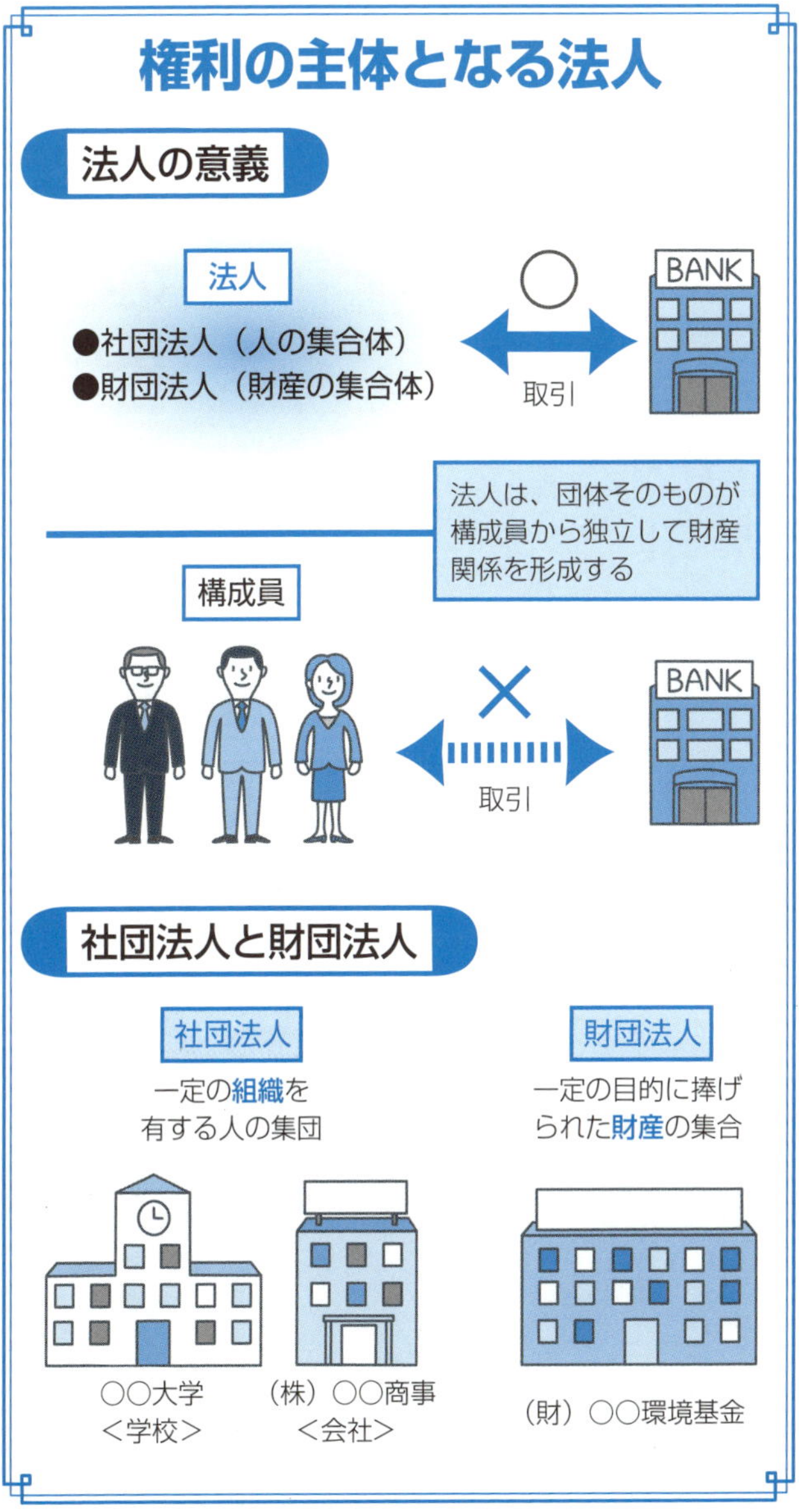
権利の主体となる法人
法人の意義
法人
●社団法人（人の集合体）
●財団法人（財産の集合体）
○
取引
BANK
法人は、団体そのものが構成員から独立して財産関係を形成する
構成員
×
取引
BANK
社団法人と財団法人
社団法人
一定の組織を有する人の集団
財団法人
一定の目的に捧げられた財産の集合
○○大学
<学校>
（株）○○商事
<会社>
（財）○○環境基金

【支弁】金銭を支払うこと

法人とはどのようなものか

●営利法人と非営利法人

法人《ほうじん》には、その目的によって会社のように営利を目的とする**営利法人**と、営利を目的としない**非営利法人**とがあります。

「営利」「非営利」の区別の基準は、社員（社団の場合）または設立者（財団の場合）に剰余金*または残余財産の分配が認められるかどうかにあります。これが認められるのが営利法人で、その典型が株式会社であり、会社法がその根拠法です。

これに対して、社員または設立者に剰余金または残余財産の分配を認めないのが非営利法人で、その典型が**一般社団法人**、**一般財団法人**であり（社団と財団の区別は前項）、その根拠法は、**一般社団法人・一般財団法人法**です。同法は、それまでの民法の法人に関する規定（公益法人に関する規定）を基本的に削除し、また、中間法人法を廃止して（中間法人は廃止）、2006年6月に制定（公布）されました（2008年12月施行）。

一般社団法人・一般財団法人は、設立時の定《てい》款《かん》*について公証人の認証を受け、その後、設立の登記をすることによって成立します。

●公益法人とはなにか

一般社団法人、一般財団法人は、その行う事業の公益性の有無にかかわらず認められますが、これらの法人が公益事業を目的とするものである場合には、公益認定を内閣総理大臣または都道府県知事から受けることによって、**公益社団法人**、**公益財団法人**（両者を合わせて**公益法人**という）となることができます。公益とは、

【剰余金】純資産から、資本金、資本準備金を控除した金額

学術、技芸、慈善など不特定・多数の者の利益の増進に寄与するものを言います。この点に関する法律として、上記の一般社団法人・一般財団法人法と共に、**公益法人認定法**が制定されました。

法人法制の体系と各種の法人

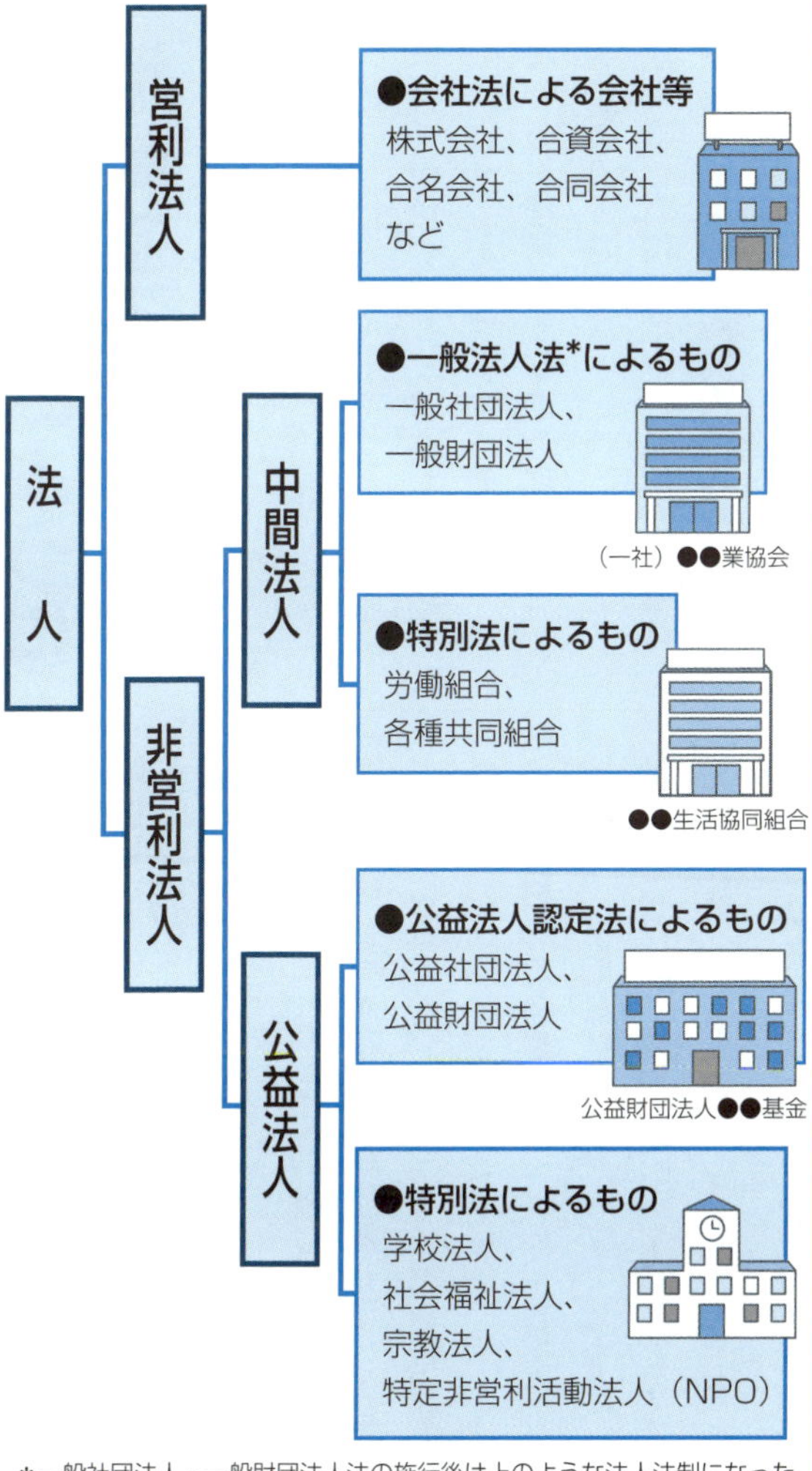
法人
営利法人
非営利法人
中間法人
公益法人
●会社法による会社等
株式会社、合資会社、合名会社、合同会社など
●一般法人法*によるもの
一般社団法人、一般財団法人
（一社）●●業協会
●特別法によるもの
労働組合、各種共同組合
●●生活協同組合
●公益法人認定法によるもの
公益社団法人、公益財団法人
公益財団法人●●基金
●特別法によるもの
学校法人、社会福祉法人、宗教法人、特定非営利活動法人（NPO）

＊一般社団法人・一般財団法人法の施行後は上のような法人法制になった

【定款】法人の目的、組織、活動等を定めた根本規則（58ページ）

法人はどのように活動するのか

●法人の理事・定款・総会

法人自体には、手足がありませんから、法人の行為を実際に行う者が必要です。それが、法人の代表機関である**理事**です。この理事のなした行為が法人の行為とされます。

もちろん法人の行為には理事の私的な行為は含まれず、法人の「目的の範囲内」の理事の行為が、法人の行為となります（民法34条）。何が「目的の範囲内」の行為であるかは、基本的に、**定款**《ていかん》（設立時に作成されるその法人の根本規則）その他の基本約款《やっかん》*の定め、**社員総会***の決議（社団の場合）によって決まります。

財団の場合は、財産の集合体であることから社員は存在せず社員総会はありませんが、**評議員**・**評議員会**が設けられ、これが理事を選任・解任し、理事の行為を監督します。

●権利能力なき社団

社団の中には、多くの構成員からなり定款・理事・総会等が存在し社団としての実質を備えているにもかかわらず、法人格を取得していないものがあります（同窓会等）。このような団体を**権利能力なき社団**と言い、判例は、その債権者は、構成員個人に対してではなく、社団に対してのみその債務を請求することができるとしています。

●NPO法人とはなにか

今日、NPO《エヌピーオー》と呼ばれる公益・非営利の団体が、福祉、環境、国際交流等の場面で広く活躍しています。活動にあたって法人格がないと、社会的信用を得るのに不利であったり、活動者

【約款】定款に相当する文書

法人のしくみと活動

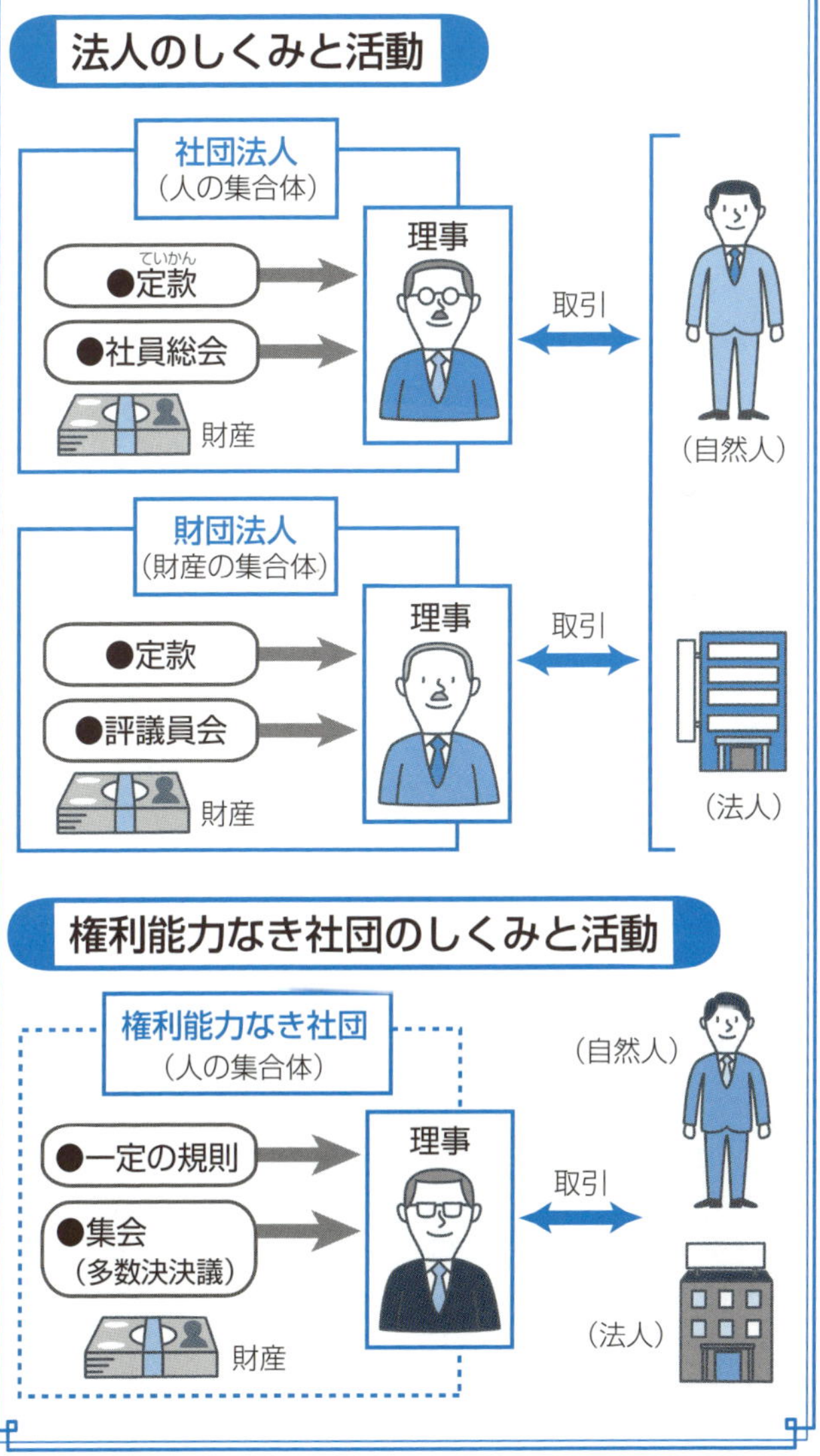
法人のしくみと活動
社団法人
（人の集合体）
理事
●定款《ていかん》
●社員総会
財産
取引
（自然人）
財団法人
（財産の集合体）
理事
●定款
●評議員会
財産
取引
（法人）
権利能力なき社団のしくみと活動
権利能力なき社団
（人の集合体）
理事
●一定の規則
●集会
（多数決決議）
財産
取引
（自然人）
（法人）

個人と団体の財産関係が曖昧になったりします。1998年に制定された**特定非営利活動促進法**により法人格を取得することが可能となりました。

【社員総会】社団の構成員（社員）全員によって構成される最高意思決定機関

冗談で約束をした場合義務は生ずるか

●心裡留保とはなにか

心裡留保と、次項で取り上げる通謀虚偽表示《つうぼうきょぎひょうじ》においては、「表示」に対応する「意思」が存在しません（「**意思の不存在**」ないし「**意思と表示の不一致**」）。民法は、元来は、「表示」があっても「意思」が欠けている場合には、その法律行為は無効であるとしています。

それでは、たとえば、AがBに対して冗談で「私の所有する自動車をあげるよ」と言い（**意思表示**）、Bがこれを承諾《しょうだく》した場合に、贈与契約は有効に成立するのでしょうか。民法は、「意思の不存在」や「意思と表示の不一致」の場合であっても、冗談や嘘《うそ》のように「**心裡留保**《しんりりゅうほ》」（心の内に真意を留保していること）のときには、意思表示は有効であるとしました（93条1項本文）。したがって、契約は成立しAはBに自動車を贈与しなければなりません（なお、550条参照）。

ただし、BがAの贈与の意思表示は真意ではないことを知り、または知ることができたときは、Aの贈与の意思表示は無効です（93条1項ただし書）。

●善意の第三者に対する効力

前述の例で、BがAの贈与の意思表示は真意ではないことを知り、または知ることができたときは、Aは、Bに対し自動車の引渡しを否定できます。しかし、AとBとの当事者間での無効は、***善意**《ぜんい》**の第三者**に*対抗することができません（93条2項）。

したがって、このような事情の下で、Bが、Aから受け取った物をCに売却する旨の契約を

【善意の第三者】 当事者間（A・B間）の行為や特定の事情を知らない第三者（C）

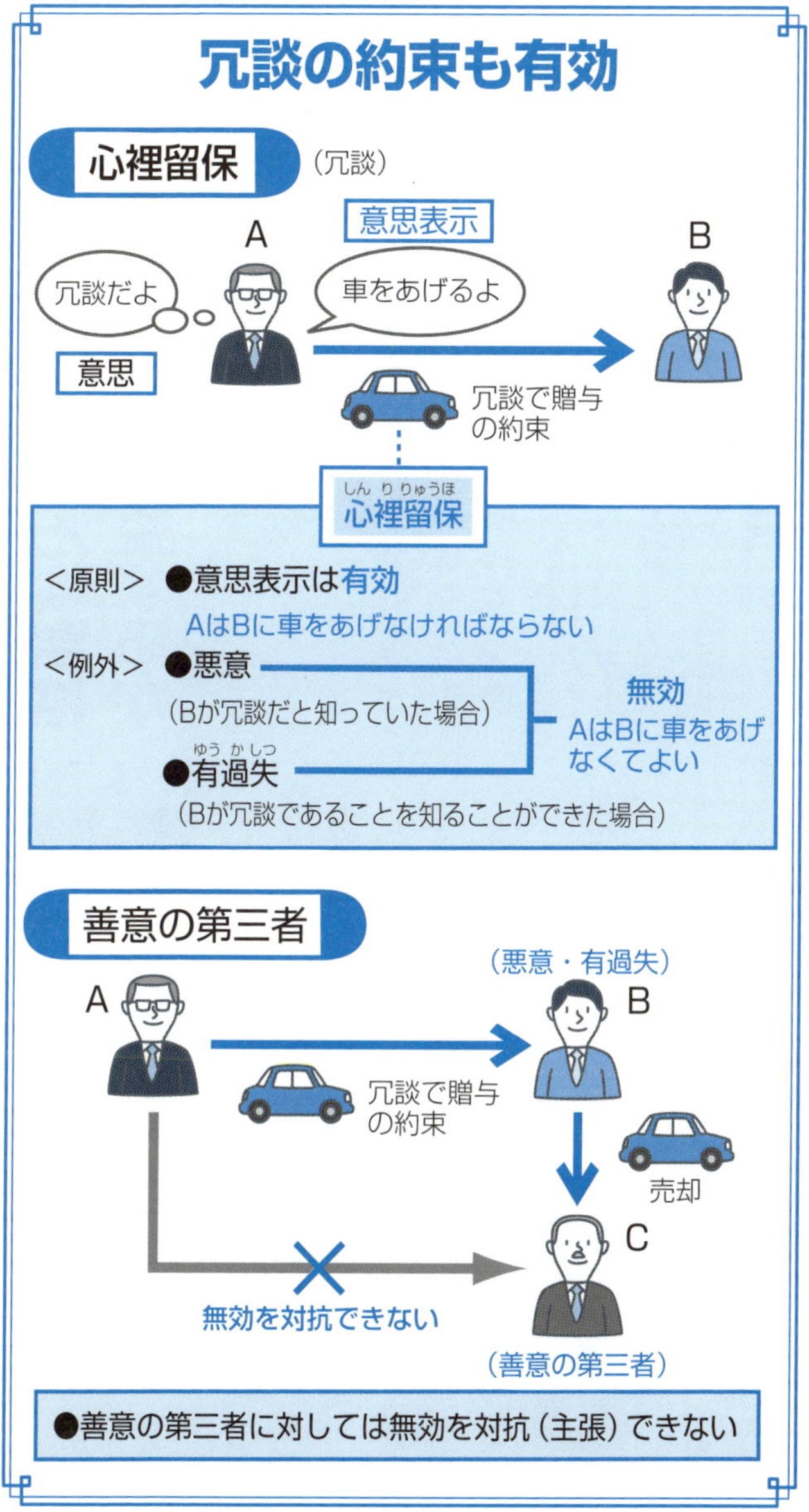
冗談の約束も有効
心裡留保
（冗談）
意思表示
A
B
冗談だよ
車をあげるよ
意思
冗談で贈与の約束
心裡留保《しんりりゅうほ》
＜原則＞ ●意思表示は有効
AはBに車をあげなければならない
＜例外＞ ●悪意
（Bが冗談だと知っていた場合）
●有過失《ゆうかしつ》
（Bが冗談であることを知ることができた場合）
無効
AはBに車をあげなくてよい
善意の第三者
（悪意・有過失）
A
B
冗談で贈与の約束
売却
C
無効を対抗できない
（善意の第三者）
●善意の第三者に対しては無効を対抗（主張）できない

したときにおいて、Cが、AB間の事情を知らないときには、Aは、Cのその物の売買による権利の取得を否定することはできません。

【対抗】当事者間で効力の生じた法的関係を第三者に主張すること

仮装売買をした場合はどんな効果が生ずるか

●通謀虚偽表示は無効

相手方と謀《はか》って真意と異なる意思表示をすることがあります。たとえば、Aが、債権者のAの財産（不動産）に対する執行（差押《さしおさ》え等。182ページ）等を逃れるために、知人Bに頼んでAの不動産につき売買があったかのように仮装してBに登記（112ページ）を移転する場合です。これは、Aの債権者をあざむくために、AとBとが虚偽《きょぎ》の外観を作り出したのです。

このことを「**通謀虚偽表示**《つうぼうきょぎひょうじ》」と言い、このようなAB双方の意思表示は無効であり、契約は成立しません（94条1項）。したがって、たとえ登記がBに移転していても、不動産の所有権はBに移転せず、Aの債権者は、Aが所有者であるとして権利を主張できます。

●善意の第三者への対抗

ただし、AB間の通謀虚偽表示の後に、Bが、自分に登記があることを利用して、Aに無断で不動産を第三者Cに売却した場合には問題が生じます。つまり、AB間の契約は無効なのでBは無権利者です。無権利者Bから不動産を買っても「無から有」は生じないのだから、第三者Cは権利を取得できないとすると、AB間の事情を知らないCに酷な結果になります。

そこで民法は、AB間の通謀虚偽表示の無効を、善意の第三者（この場合、AB間の通謀、Bの虚偽の登記を知らない第三者）には対抗できないとしました（94条2項）。したがってCが善意ならば、Bから有効に不動産を買ったものとして、その所有権をCは取得できることになります。Aは結局不動産の所有権を失います

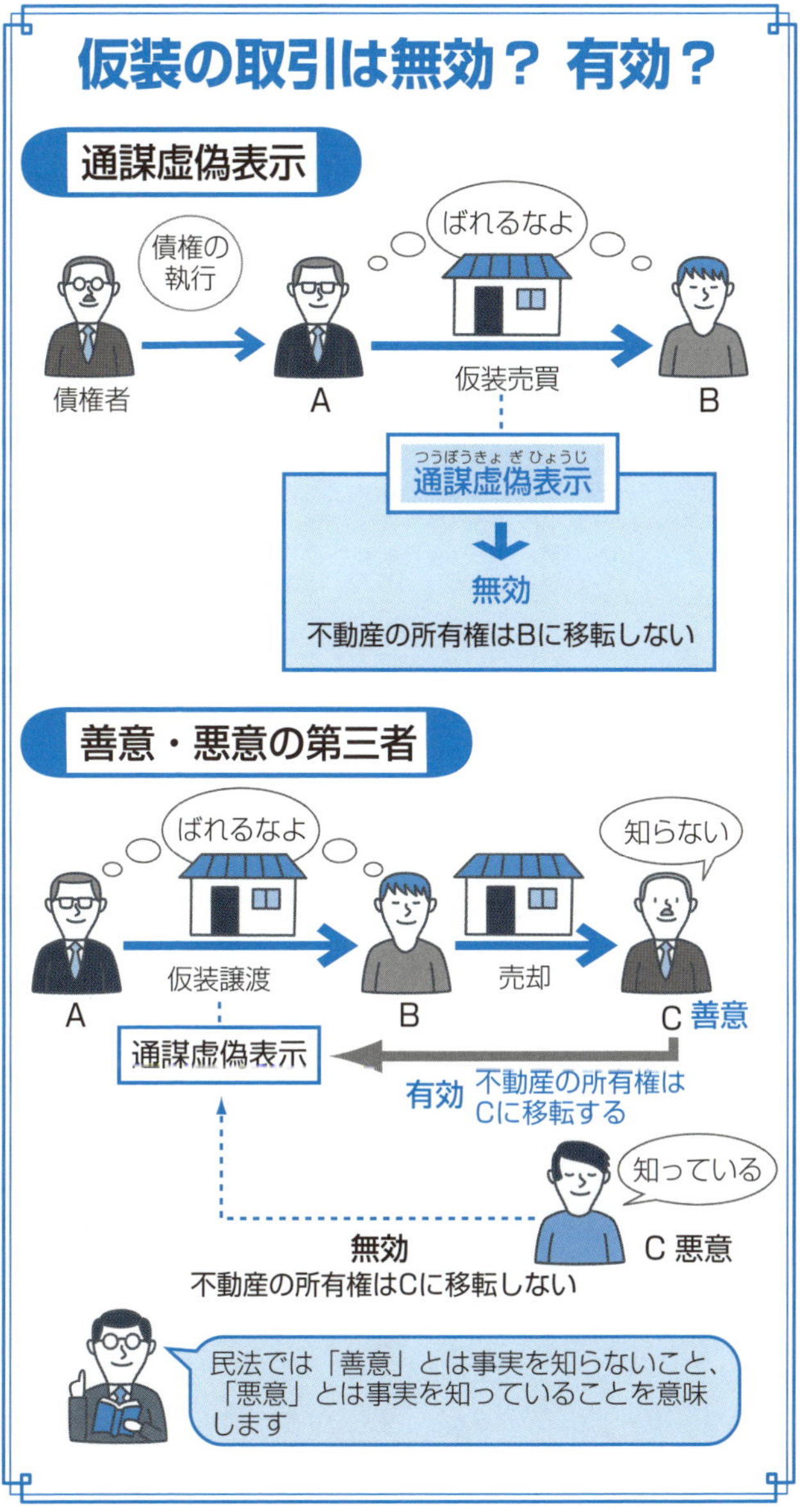
仮装の取引は無効？ 有効？
通謀虚偽表示
債権の執行
ばれるなよ
債権者
A
仮装売買
B
通謀虚偽表示《つうぼうきょぎひょうじ》
無効
不動産の所有権はBに移転しない
善意・悪意の第三者
ばれるなよ
知らない
A
仮装譲渡
B
売却
C 善意
通謀虚偽表示
有効 不動産の所有権はCに移転する
知っている
無効
不動産の所有権はCに移転しない
C 悪意
民法では「善意」とは事実を知らないこと、「悪意」とは事実を知っていることを意味します

が、自業自得で仕方ありません。他方、Cが悪意《あくい》の場合（先の事情を知っていた場合）は、Cは所有権を取得できません。

錯誤により契約をした場合はどうなるか

●錯誤とはなにか

先に述べた心裡留保《しんりりゅうほ》や通謀虚偽表示《つうぼうきょぎひょうじ》の場合には、意思表示をした人は、意思と表示の不一致を自分で知っています。しかし、意思表示をした本人が意思と表示の不一致に気付かない場合があります。「思い違い」や「勘違い」の場合で、法律上、「**錯誤**《さくご》」と言います。

　AがBから土地を購入する場面で考えてみましょう。Aが土地を購入するにあたり、①意思表示に対応する意思を欠く場合（たとえば、甲地を乙地だと思って買った場合）、または②法律行為の基礎とした事情についての認識が真実に反する場合（たとえば、近く駅ができると思ってその土地を買ったがそのような事実はなかった場合）に、そのような錯誤が売買の目的及び取引上の社会通念に照らして重要なものであるときは、Aは、その売買契約を取り消すことができます（95条1項）。②の錯誤は、動機の錯誤と言われていますが、その売買の基礎とされていることがAからBに表示されていたときに限り、取り消すことができます（95条2項）。

●錯誤した者に重大な過失があった場合

錯誤をした者に「重大な過失」があった場合には、次の(ア)および(イ)のときを除き、錯誤による取り消しをすることはできません（95条3項）。重大な過失（**重過失**《じゅうかしつ》）とは、著しい不注意のことを言い、先の例の場合にそのように認定されることが少なくないと思われます。

　ただし、(ア)BがAに錯誤があることを知り、または重大な過失によって知らなかったとき、または(イ)BがAと同一の錯誤に陥っていたとき

勘違いした取引は有効？ 無効？

錯誤による取引

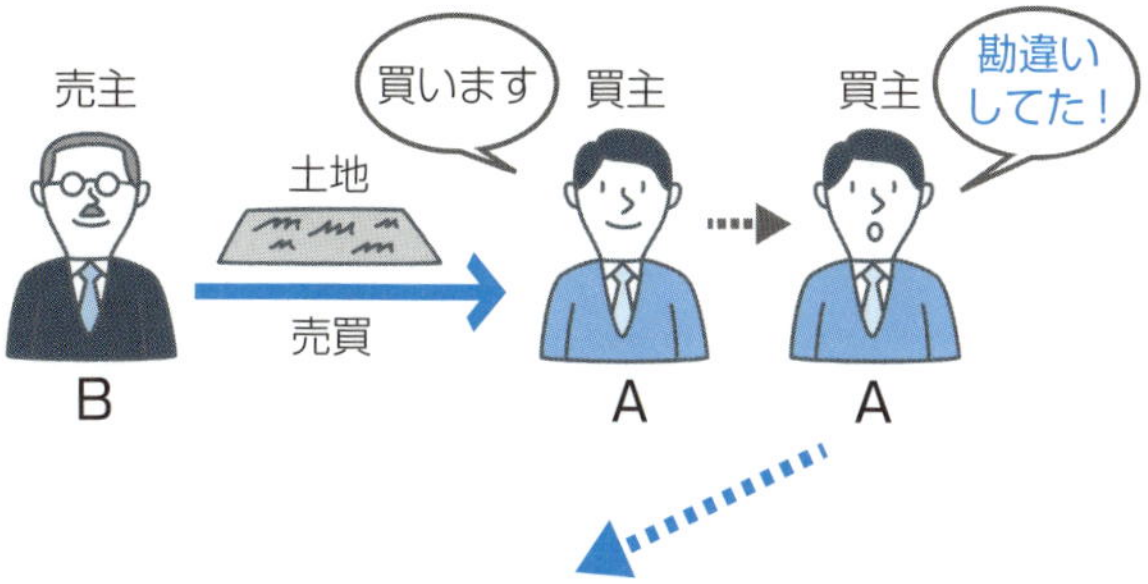
売主
買います
買主
買主
勘違いしてた！
土地
売買
B
A
A

Aが錯誤《さくご》取消しできる場合

Ⅰ．① 意思表示に対応する意思を欠く場合、または
　　② 基礎事情の認識が真実に反する場合
Ⅱ．● 上記①、②の錯誤が重要なものであること
　　● ②につき表示されていること
Ⅲ．次の（ア）、（イ）のときを除き、Aに重過失《じゅうかしつ》がないこと
　（ア）BがAの錯誤につき悪意・重過失のとき
　（イ）BがAと同一の錯誤に陥っていたとき

民法では「過失」とは一般的な注意を欠くことを意味します。さらに「重過失」とは、著しい不注意のことを言います

は、前述のように、Aは取り消すことができます。なお、錯誤による取消しは、善意・無過失の第三者に対抗することはできません（95条4項）。

詐欺・強迫によって契約をした場合

●詐欺・強迫による意思表示

AがBに物を売るときに、だまされたり（**詐欺**《さぎ》）、脅《おど》されたり（**強迫**《きょうはく》）した場合に、その契約はどうなるのでしょう。

詐欺・強迫による意思表示については「意思の不存在」（60ページ）はありません。Aは、だまされたにしろ、脅されたにしろ、「売る」意思で「売る」旨の表示をしたのです。意思と表示は一致しており、表示に対応する意思は存在します。

問題なのは、意思が外部からの圧力によって形成されたことで、この点に「**意思表示の瑕疵**《かし》（欠陥）」があります。民法は、瑕疵はあっても意思は存在したのだから、はじめから無効としないで、ただ、詐欺や強迫を受けて意思表示をした者は、その意思表示を取り消すことができるとしました（96条1項）。

●詐欺・強迫と第三者

BがAをだまして不動産を買い、後にBがそれをCに売った場合に、Aは、詐欺を理由にAB間の契約を取り消してCから不動産を取り戻すことができるでしょうか。詐欺ではなく、強迫だったらどうでしょうか。

民法は、詐欺を理由とする取消しは、**善意・無過失**の第三者（Bが詐欺により不動産を取得した事実を知らず、かつ、そのことに過失がない第三者C）には対抗できないとしました。

一方、強迫の場合には、Aは、強迫による取消しを善意・無過失の第三者Cにも対抗でき、Cから不動産を取り戻すことができるとしました（96条3項）。

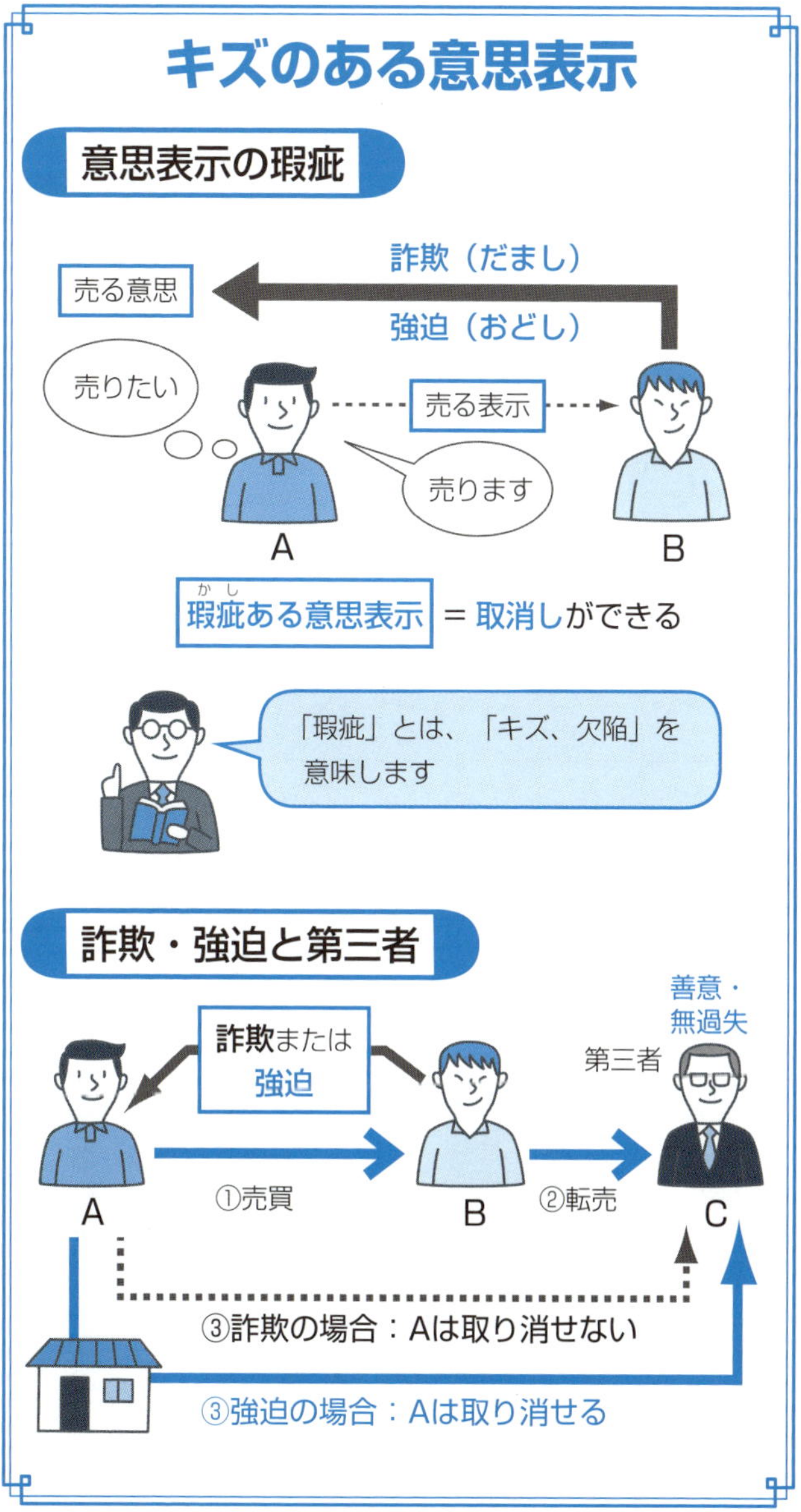
キズのある意思表示
意思表示の瑕疵
詐欺（だまし）
強迫（おどし）
売る意思
売りたい
売る表示
売ります
A
B
瑕疵《かし》ある意思表示 ＝ 取消しができる
「瑕疵」とは、「キズ、欠陥」を意味します
詐欺・強迫と第三者
詐欺または強迫
善意・無過失
第三者
①売買
②転売
A
B
C
③詐欺の場合：Aは取り消せない
③強迫の場合：Aは取り消せる

民法は、詐欺の場合は「だまされたA」よりこのようなCの保護を優先させる一方で、強迫の場合は「脅されたA」を絶対的に保護すべきであるとしてAの保護を優先させています。

代理人によって契約がなされた場合

●代理の三面関係*

この項からは、取引の間に**代理人**が入る場合について見ていきましょう。

たとえば、AがCの不動産を取得するとき、不動産取得のためにCとの交渉から売買契約締結までをBに委託した場合、その法律関係はどうなるのでしょうか。これが代理（**任意代理**《にんいだいり》）の問題です（法定代理については42ページ等）。この場合、Aを本人、Bを代理人、Cを相手方または第三者と言います。

代理関係は、まず、本人が代理人に**代理権**を授与することから始まります。これを**代理権授与行為**または**授権行為**《じゅけんこうい》と言います。次に、代理人が相手方と交渉して契約を締結することになります。これを**代理行為**と言います。

●代理行為における顕名主義

ここで注意しなければならないのは、代理人Bが相手方Cと取引をする際には、「私BはAの代理人です」というように、必ず自分が本人の代理人であることを相手方に示さなければならないことです。

これを**顕名**《けんめい》と言い、これによって代理人と相手方との間で締結された契約の効果がすべて本人に帰属することになるのです。実際に契約をしたのは代理人Bですが、その法律上の効果は、ことごとく本人Aに帰属し、結局は、Aが買主、Cが売主となり、A・C間に権利・義務関係が発生します（99条1項）。

代理人Bが本人Aのためにすることを示さないで行為をした場合には、相手方Cとしては、当事者（買主）をBと考えるのが普通ですので、

行為、法律効果の帰属）のこと

この場合には、原則としてBが当事者（買主）となり、その責任を負わなければなりません（100条1項）。Bは、自らがCから不動産を買って代金を支払わなければなりません。

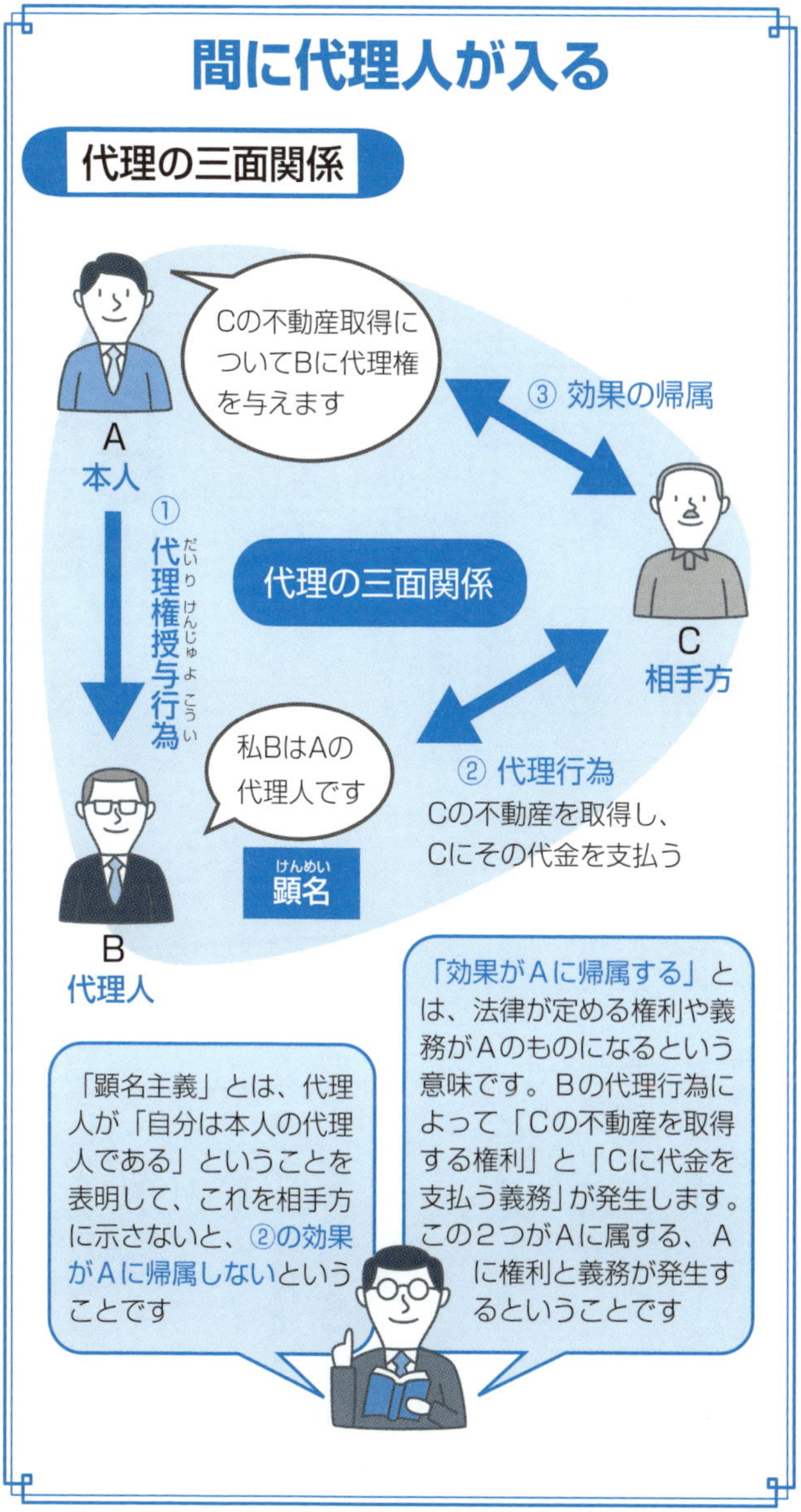
間に代理人が入る
代理の三面関係
Cの不動産取得についてBに代理権を与えます
A
本人
① 代理《だいり》権授与《けんじゅよ》行為《こうい》
代理の三面関係
③ 効果の帰属
C
相手方
私BはAの代理人です
顕名《けんめい》
② 代理行為
Cの不動産を取得し、Cにその代金を支払う
B
代理人
「顕名主義」とは、代理人が「自分は本人の代理人である」ということを表明して、これを相手方に示さないと、②の効果がAに帰属しないということです
「効果がAに帰属する」とは、法律が定める権利や義務がAのものになるという意味です。Bの代理行為によって「Cの不動産を取得する権利」と「Cに代金を支払う義務」が発生します。この2つがAに属する、Aに権利と義務が発生するということです

【三面関係】 代理制度における、本人・代理人・相手方の法律関係（代理権授与行為、代理

代理権限を越えてなされた契約

●代理権があるように見える表見代理

本人Aが代理人Bに、「自分の建物を賃貸《ちんたい》したいので適当な借家人を見つけて契約をしてほしい」という依頼をしていましたが、不動産売買までは依頼していませんでした。ところが、Bは相手方Cとこの建物について売買契約を締結してしまった場合を考えてみましょう。

Cは、契約が有効だとしてAに対し不動産の引渡しを請求できるでしょうか。この場合、BはAから全く代理権を与えられていないわけではありません。このため、Cからすると、AからBに正式な売買の代理権まで与えられていたと思う場合もあります。

このように正式な代理権の授与がないにもかかわらず、代理人には正式な代理権限があったように見えることを**「表見《ひょうけん》代理《だいり》」**と言います。これは、表《おもて》から見ると（外観上）、代理権があるように見えるという意味です。

民法は、左ページのような3種類の表見代理を認めました（109条、110条、112条）。先ほどの例は、**「権限《けんげん》外の行為の表見代理」**（110条）の場合です。

●表見代理の要件と効果

先ほどの事例については、Bには実際には売買契約をする代理権限がないにもかかわらず、Cが「Bには代理権がある」と信じるだけの**「正当な理由」**があれば、表見代理が成立し、B・C間の行為の効果は本人Aに帰属します（110条）。

「正当な理由」とは、Bに代理権がない事実について、Cが、これを知らず（善意）、かつ、

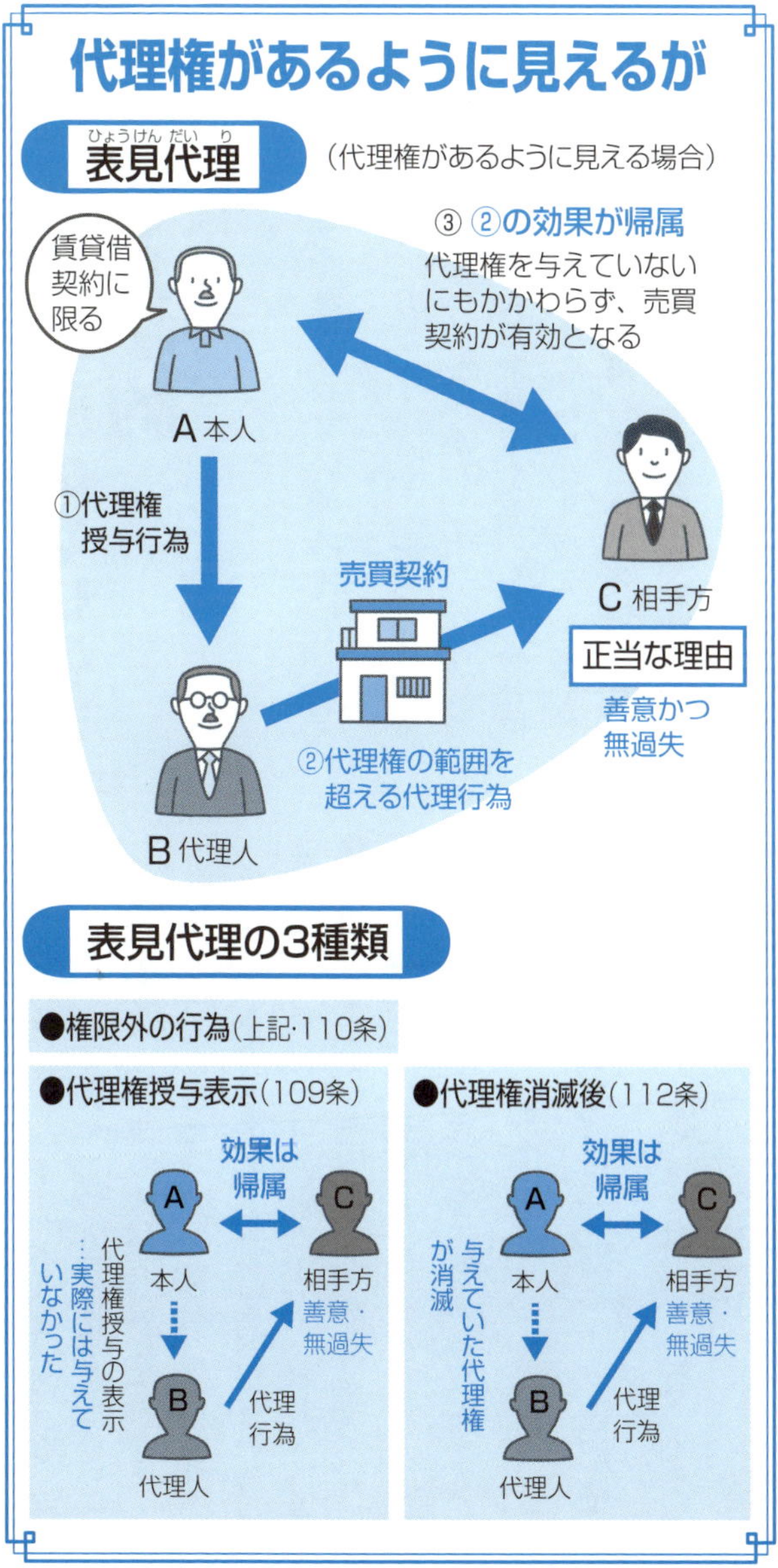
代理権があるように見えるが
表見代理《ひょうけんだいり》
（代理権があるように見える場合）
賃貸借契約に限る
A 本人
③ ②の効果が帰属
代理権を与えていないにもかかわらず、売買契約が有効となる
①代理権授与行為
売買契約
C 相手方
正当な理由
善意かつ無過失
B 代理人
②代理権の範囲を超える代理行為
表見代理の3種類
●権限外の行為（上記・110条）
●代理権授与表示（109条）
効果は帰属
A
C
本人
相手方
善意・無過失
B
代理人
代理行為
代理権授与の表示…実際には与えていなかった
●代理権消滅後（112条）
効果は帰属
A
C
本人
相手方
善意・無過失
B
代理人
代理行為
与えていた代理権が消滅

その点につき不注意がなかった（無過失《むかしつ》）ということです。たしかに本人Aには酷な結果となりますが、第三者Cの信頼のほうを保護したのです。本人は、第三者が信頼をするような何らかの原因を与えたのですから、不利益を受けても仕方ありません。

代理権限のない者とした契約

●代理権が全く存在しない無権代理

前項の事例で、Bが本人Aから何らの代理権も与えられていないにもかかわらず、代理人と称して勝手にCにAの不動産を売却した場合はどうでしょう。このように自称代理人に全く代理権が存在していない場合を「**無権代理**《むけんだいり》」と言い、このような代理人のことを「**無権代理人**」と言います。

たとえば、子Bが父Aの代理人を装い、Aの不動産を売却したりAの不動産を担保に融資を受けたりする場合が典型例です。この場合、本人AからBへの代理権の授与が一切ありませんので、Bの取引行為の効果が本人Aに帰属することはありません。Bから不動産を買ったり、融資のために不動産につき担保権を取得したりした相手方Cは、この権利取得を本人Aに主張することはできません。

つまり、不動産売買も不動産担保権の設定も無効です。Cには気の毒ですが、本人Aは全く代理権を与えていないのですから、第三者Cよりも本人Aの利益が尊重されるのです。Cとしては、Bに対して責任を追及するしかありません（117条1項）。

●無権代理を事後に有効とする追認権

しかし、本人にとっては、Bの行った無権代理を無効としないで有効なものとして、その行為の効果を本人に帰属させることが好都合な場合もあります。そこで民法は、本人の**追認権**《ついにんけん》を認めました（113条1項）。追認というのは事後《じご》承諾《しょうだく》のことです。本人Aが追認をすれば、最初から代理権がBに与えられていたように扱わ

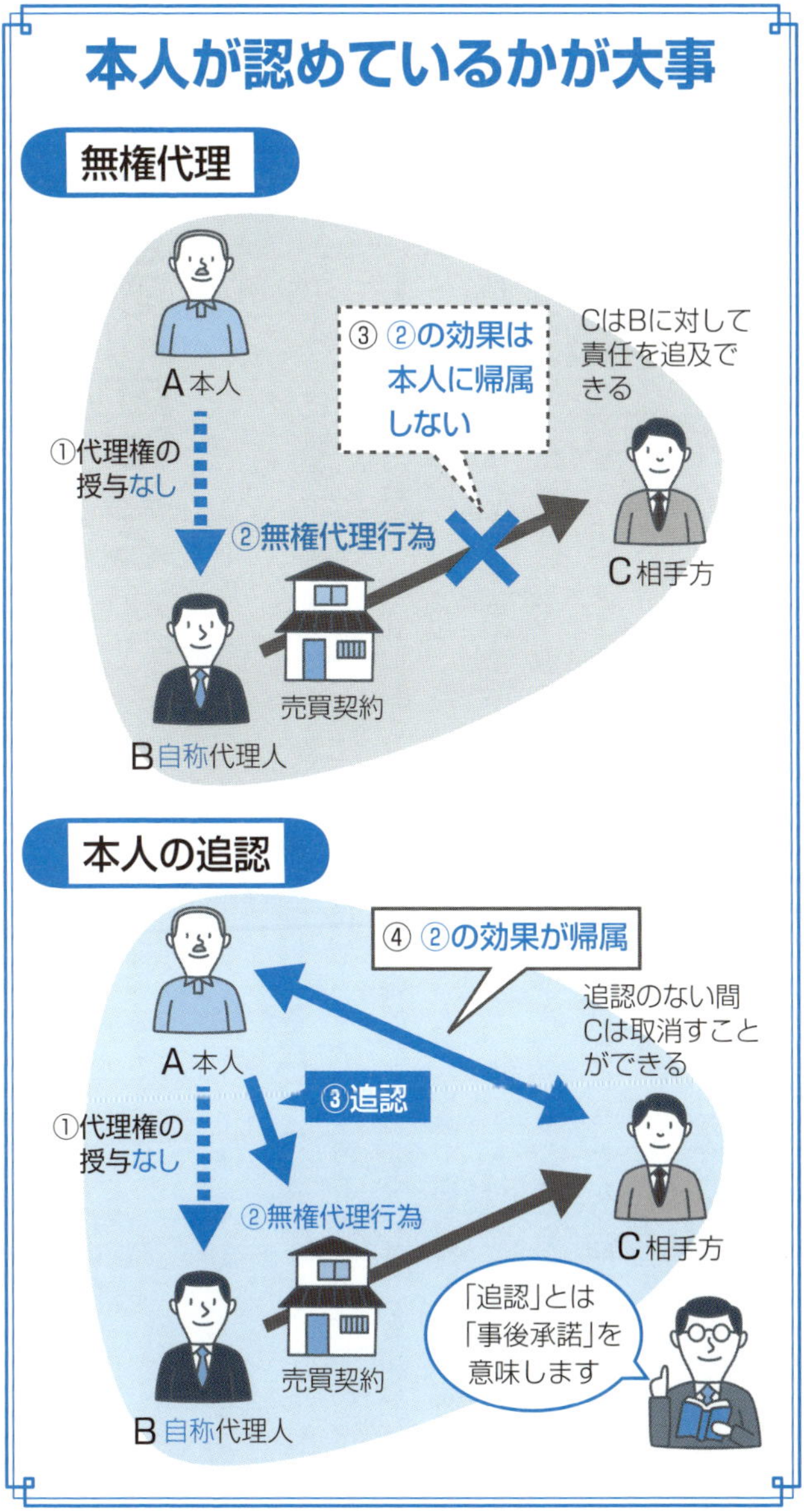
本人が認めているかが大事
無権代理
A本人
①代理権の授与なし
②無権代理行為
③ ②の効果は本人に帰属しない
CはBに対して責任を追及できる
C相手方
売買契約
B自称代理人
本人の追認
④ ②の効果が帰属
追認のない間Cは取消すことができる
A本人
③追認
①代理権の授与なし
②無権代理行為
C相手方
売買契約
B自称代理人
「追認」とは「事後承諾」を意味します

れ、その効果が本人Aに帰属します（116条）。

なお、相手方Cは、本人Aの追認のない間は、Bとの取引を取り消して、法律関係を早期に安定させることができます（115条）。

他人の物を「自分の物」にできる制度はあるか

●取得時効はどのように成立するか

この項からは、時間の経過と権利の関係について見ていきます。たとえば隣地に越境《えっきょう》して建物を増築した場合に、隣地の所有者は土地所有権の侵害を理由に増築部分の撤去《てっきょ》を請求することができます（妨害排除請求権《ぼうがいはいじょせいきゅうけん》、96ページ）。

しかし、隣地の所有者が長年何らの請求もしてこなかったときには、その土地を時効により取得できる可能性があります。

それでは、どのような要件を満たせばこうした「**時効取得**《じこうしゅとく》」が可能なのでしょうか。民法は、*占有《せんゆう》をはじめる時点で、その人が善意かつ無過失のときは10年間、悪意または有過失のときは20年間、「所有の意思」をもって、「平穏《へいおん》に、かつ公然と」占有を継続すれば時効取得が完成するとしています（162条）。

●占有権限についての善意・悪意と過失の有無

民法では、「**善意**《ぜんい》」とは無知であることを言い、ここでは、占有者の「所有の意思」のある占有が、正当な*権原《けんげん》に基づかないことを知らないことです（186条1項）。占有者が善意であることは推定されます。推定とは「その事実（ここでは占有者が善意であること）を真実と考えるが、それが真実ではないことが証明されると、その事実は認められない」ということです。

「**無過失**《むかしつ》」とは不注意な点がないことを言い、ここでは知らなかったことについて占有者に不注意な点がなかったことです。占有者が無過失であることは推定されませんので、占有者は占有のはじめに過失がなかったことを立証しなければ10年の取得時効を主張できません。

【占有】自分の利益のために物を所持すること（92ページ）

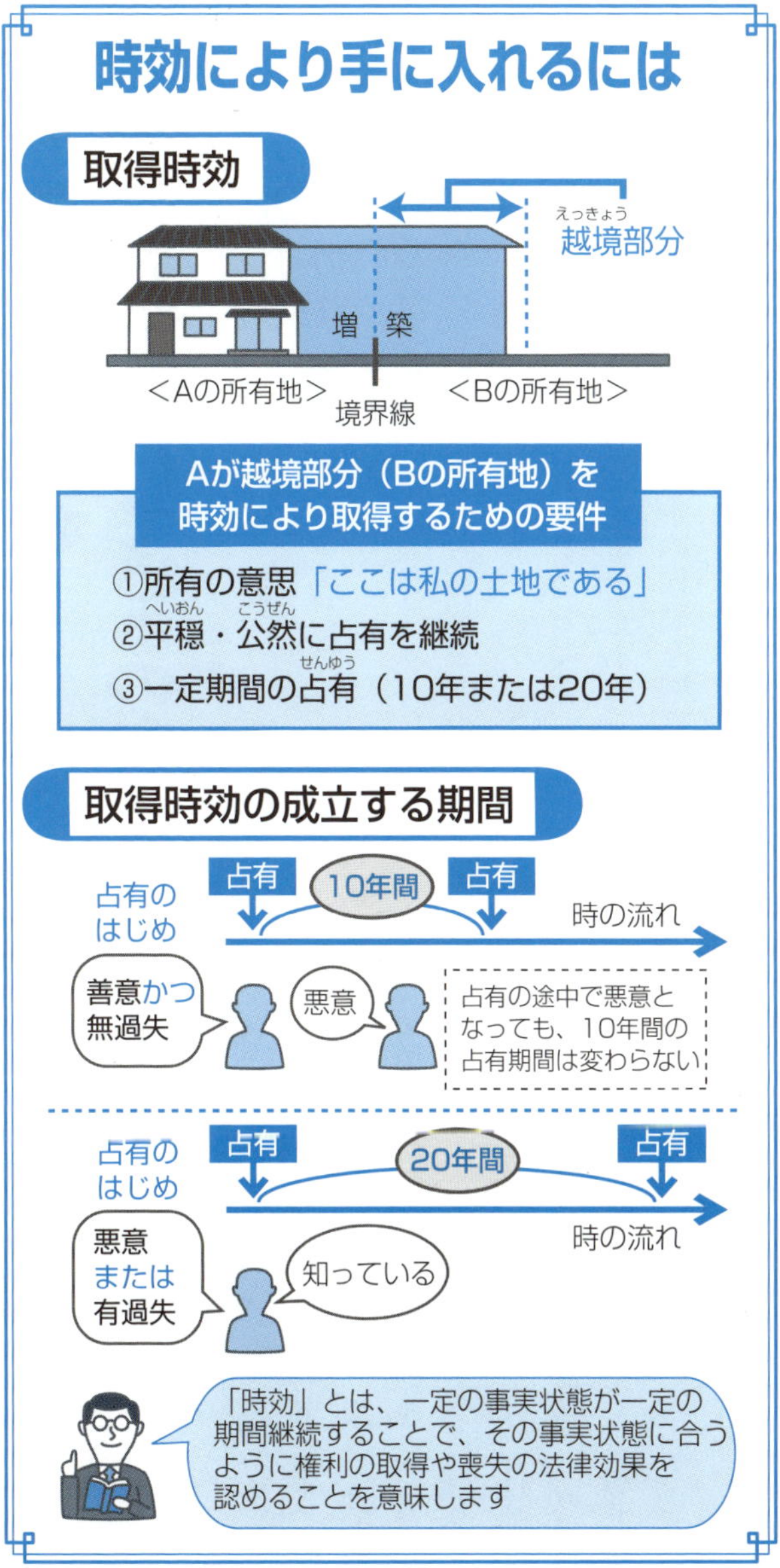
時効により手に入れるには
取得時効
越境《えっきょう》部分
増　築
＜Aの所有地＞
境界線
＜Bの所有地＞
Aが越境部分（Bの所有地）を
時効により取得するための要件
①所有の意思「ここは私の土地である」
②平穏《へいおん》・公然《こうぜん》に占有を継続
③一定期間の占有《せんゆう》（10年または20年）
取得時効の成立する期間
占有のはじめ
占有
10年間
占有
時の流れ
善意かつ無過失
悪意
占有の途中で悪意となっても、10年間の占有期間は変わらない
占有のはじめ
占有
20年間
占有
時の流れ
悪意または有過失
知っている
「時効」とは、一定の事実状態が一定の期間継続することで、その事実状態に合うように権利の取得や喪失の法律効果を認めることを意味します

また、占有者の善意・無過失は、占有をはじめる時点において問題とされるので、その後に悪意となっても占有期間に影響を及ぼしません。そして、占有の継続は前後2つの時点で占有が行われたことが立証されれば、その間は占有が継続したものと推定されます（186条2項）。

【権原】法律上の根拠のこと。「権限」との区別のために口頭では「けんばら」ともよばれる

なぜ他人の物を「自分の物」にできるのか

●時効の2つの存在根拠

そもそも時効制度は何のために設けられているのでしょうか。なぜ他人の物の所有権を取得できるのでしょうか。

それは、一方では社会の取引の安全を保護するためです。たとえば、買った土地が売主の所有ではなかったような場合に買主の保護を図るのです。

他方では、永続した事実関係をそのまま保護しようという趣旨があります。これは、年月の経過にともなう証拠関係の不明瞭性を避け、権利の上に眠っていた者に法の保護を拒むということです。一般的には永続した状態が真実に合致することが多いので、当事者間で争いが生じた場合には、永続した状態のほうを尊重するとしたのです。

●時効の援用・放棄を主張する

時効の効力が生ずるためには、時効によって利益を受ける者（前項の事例では、増築して他人の土地に越境した者）が、時効の成立したことを主張しなければなりません。すなわち占有から10年なり20年なりが経過しただけで自動的に権利の得喪《とくそう》（取得時効の場合は権利の取得、後述の消滅時効の場合には権利の喪失）が生じるわけではありません。

時効によって権利の得喪が生じた旨を主張することを「**時効の援用《えんよう》**」*と言います。民法は、当事者が時効を援用しなければ、裁判所は時効によって裁判をしてはならないとしています（145条）。

したがって、前項の例で、増築部分の敷地の

【援用】ある事実を自己の利益のために主張すること

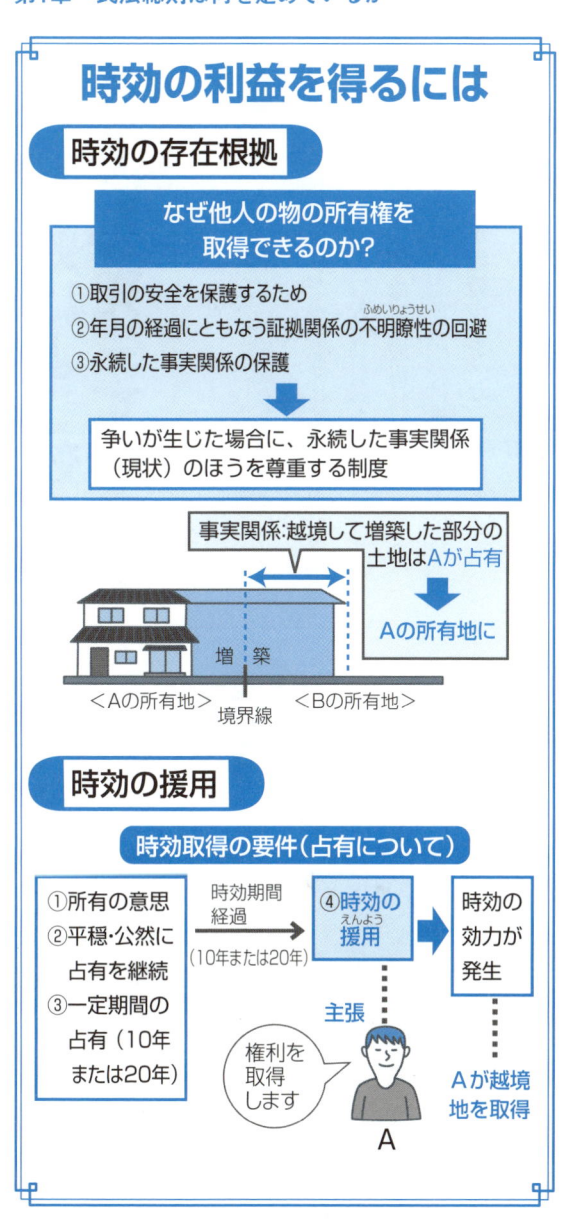

時効の利益を得るには

時効の存在根拠

なぜ他人の物の所有権を取得できるのか?

①取引の安全を保護するため
②年月の経過にともなう証拠関係の不明瞭性《ふめいりょうせい》の回避
③永続した事実関係の保護

↓

争いが生じた場合に、永続した事実関係（現状）のほうを尊重する制度

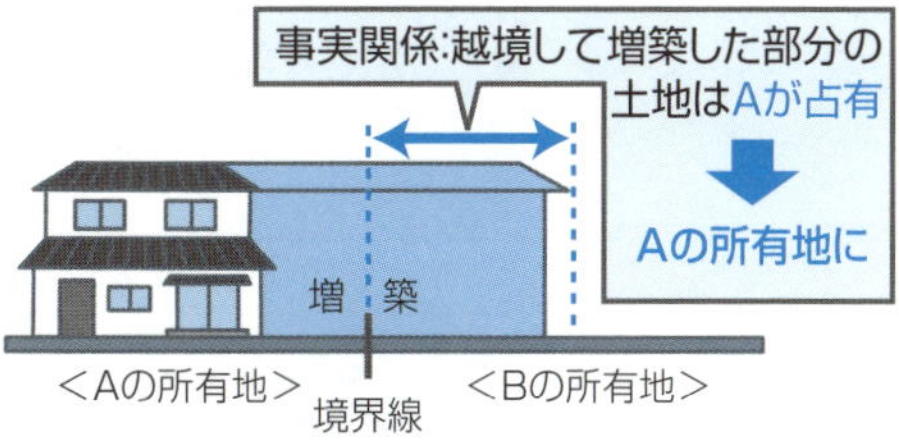

事実関係:越境して増築した部分の土地はAが占有
Aの所有地に
増
築
＜Aの所有地＞
境界線
＜Bの所有地＞

時効の援用

時効取得の要件（占有について）

①所有の意思
②平穏・公然に占有を継続
③一定期間の占有（10年または20年）

→ 時効期間経過（10年または20年）→ ④時効の援用《えんよう》 → 時効の効力が発生

主張

権利を取得します
A

Aが越境地を取得

所有権の帰属が争われた場合に、増築した者が時効を援用しなかったときには、敷地の所有権はもともとの隣地所有者にあるとの判決が出されます。時効を援用するかどうかは、時効により利益を得る者の自由です。時効完成後（時効期間経過後）に、時効を放棄することもできます（146条）。

時効による効力はいつ発生するのか

●起算日にさかのぼる時効の遡及効

時効が完成しこれが援用されて権利の得喪が生ずると、その効力は起算日《きさんび》にさかのぼります（時効の**「遡及効《そきゅうこう》」**＊、144条）。取得時効については、占有を開始した時点（前例では越境する増築がなされた時点）が**起算点**となり、そのときから目的物（増築部分の敷地）を、原始的に（はじめから）取得していたことになります。

もし10年なり20年なりの時点ではじめて所有権を取得したとなると、それまでの期間は他人の土地を不法に占有していたことになり、地代相当額の不当な利得の返還をしなければならないことになります。このことは、前項で述べた時効制度を認めた趣旨に反することになってしまいます。

●時効の完成猶予・更新

時効は、占有などの一定の事実状態が継続するものですから、この事実状態を覆《くつがえ》すような当事者の一定の行為があれば、時効は進行しないことになります。その行為としては、権利者の「裁判上の請求」（147条1項1号）や、時効により利益を受ける者の「承認」（152条）などがあります。

たとえば、先ほどの例において20年で取得時効が完成するところ、19年10か月目で隣地所有者が裁判により増築部分の撤去及び土地《とち》明渡《あけわたし》請求をした場合には、時効は完成せず（**「完成猶《ゆう》予《よ》」**）、それまでに進行した時効期間（19年10か月）は一切効力を失い、判決が確定した時に新たにゼロから時効の進行を始めます（**「更新」**）。

また、隣地所有者の裁判上でない事実上の請

訴求（相手に働きかけること）との混同に注意

求（口頭または文書での請求）であっても、増築部分の所有者が越境の事実を認めれば、その「承認」の時から新たに進行を始めます（「更新」）。

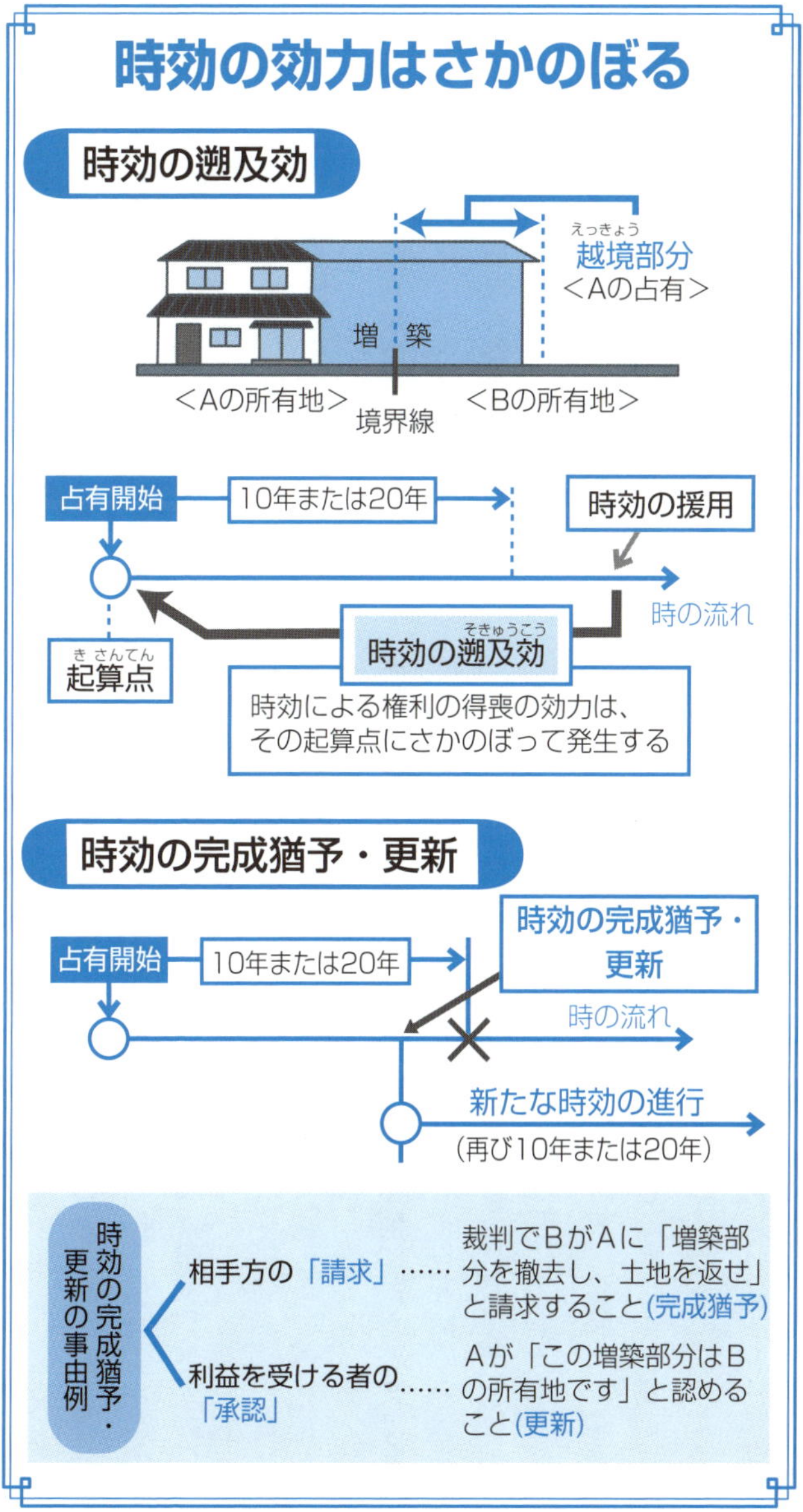

時効の効力はさかのぼる
時効の遡及効
越境部分《えっきょう》
＜Aの占有＞
増築
＜Aの所有地＞
境界線
＜Bの所有地＞
占有開始
10年または20年
時効の援用
時の流れ
起算点《きさんてん》
時効の遡及効《そきゅうこう》
時効による権利の得喪の効力は、
その起算点にさかのぼって発生する
時効の完成猶予・更新
占有開始
10年または20年
時効の完成猶予・更新
時の流れ
新たな時効の進行
（再び10年または20年）
時効の完成猶予・更新の事由例
相手方の「請求」……裁判でBがAに「増築部分を撤去し、土地を返せ」と請求すること（完成猶予）
利益を受ける者の「承認」……Aが「この増築部分はBの所有地です」と認めること（更新）

【遡及】さかのぼって効力が及ぶこと。遡求（手形で裏書人にさかのぼって請求すること）や

時効により債務が消滅するための要件

●権利が消えてしまう消滅時効

この項では、権利が消えてしまう時効（**消滅**《しょうめつ》**時効**《じこう》）について見ていきます。たとえば金銭を借りて返済日経過後も貸主から請求がこないのでそのままにしていたり、売買代金の支払日経過後もそのまま放っておいたりした場合に、その債務が時効により消滅することがあります。

民事上の債権*は、権利を行使することができることを知った時から5年間行使しないとき、また、それを知らなくても権利を行使することができる時から10年間行使しないときには、時効によって消滅します（166条1項）。

先ほどの借金や代金の債務については、通常は、弁済《べんさい》*期が当事者で定められていますので、その弁済期から5年間が経過した時点で時効が完成し、すでに述べたように、債務者が時効を援用することにより、債務が最初にさかのぼって消滅します。

●消滅時効の完成猶予・更新

しかし、時効が完成する前に（たとえば弁済期から4年目に）、債権者から弁済の「裁判上の請求」等があったり、債務者が債務を「承認」するなどがあれば、残りの年月（1年間）が経過しても時効は完成しません。債務者が債務の弁済の延期を債権者に頼むことも、債務の「承認」に該当します。「裁判上の請求」の場合には確定判決があった時から（147条2項）、「承認」の場合にはその時から（152条1項）時効は新たに進行を始めます（「更新」）。なお、確定判決後の時効期間は10年です（169条1項）。

それでは、消滅時効が完成した後に、債務者

【民事上の債権】私法における債権のこと。公法上の債権の時効とは異なる

が時効の完成を知らずに弁済の延期を申し出るなど債務の承認をした場合はどのようになるのでしょう。判例は、この場合に、債務者が完成した消滅時効を援用するのは信義則《しんぎそく》に照らして許されないとしています。

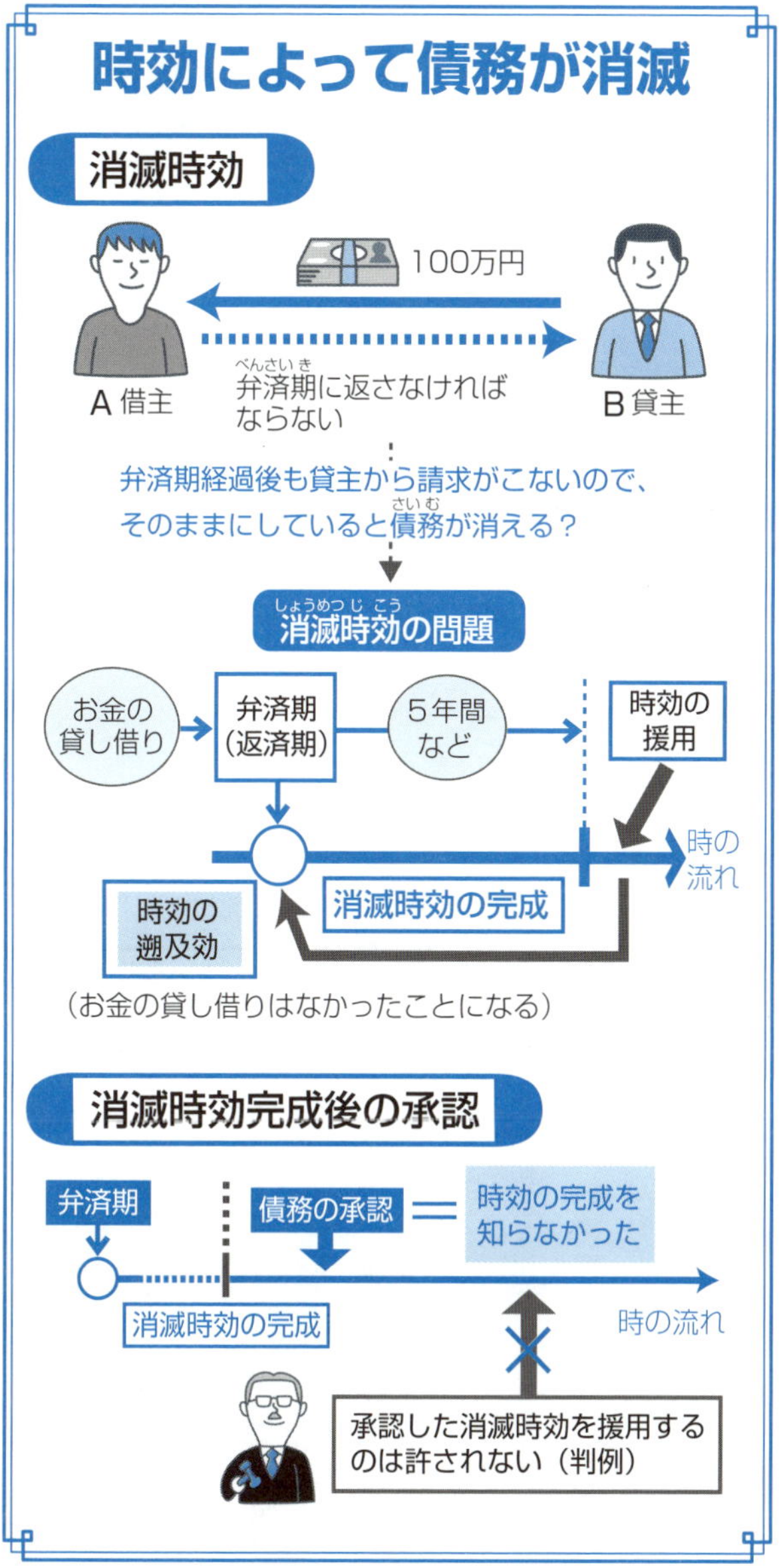
時効によって債務が消滅
消滅時効
100万円
A 借主
B 貸主
弁済期《べんさいき》に返さなければならない
弁済期経過後も貸主から請求がこないので、そのままにしていると債務《さいむ》が消える？
消滅時効《しょうめつじこう》の問題
お金の貸し借り
弁済期（返済期）
5年間など
時効の援用
時の流れ
時効の遡及効
消滅時効の完成
（お金の貸し借りはなかったことになる）
消滅時効完成後の承認
弁済期
債務の承認
時効の完成を知らなかった
消滅時効の完成
時の流れ
承認した消滅時効を援用するのは許されない（判例）

【弁済】債務を履行して債権を消滅させること、すなわち代金の支払や返済のこと(238ページ)

第2章

物権のしくみ

● 物権とは、物に対する直接的・排他的な支配権です。物権は、法で定められたものしか認められていません。

● 民法の「第2編 物権」では、10種類の物権を定めています。同編では、最初にこれらの物権の設定や移転に関する事項を定め（「第1章 総則」）、その後に9種類の物権を各章ごとに規定しています（第2章から第10章まで、占有権・所有権・地上権・永小作権・地役権・留置権・先取特権・質権・抵当権の順）。残る入会権は263条と294条に規定されています。

● 本書の第2章では、総則、占有権、所有権、そして土地に対する物権である用益物権（地上権・永小作権・地役権・入会権の4つ）について説明しましょう。

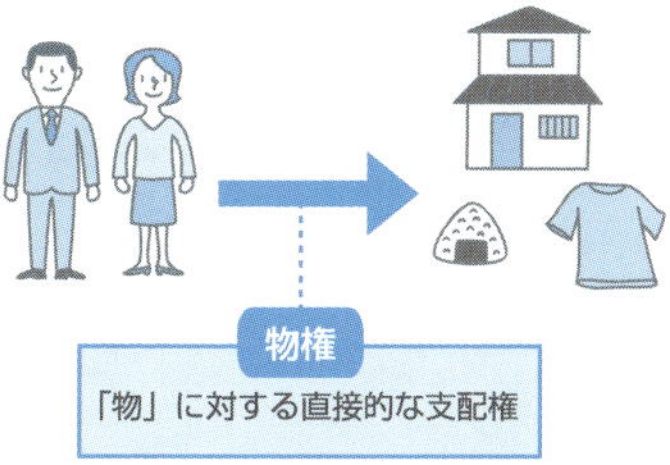
物権
「物」に対する直接的な支配権

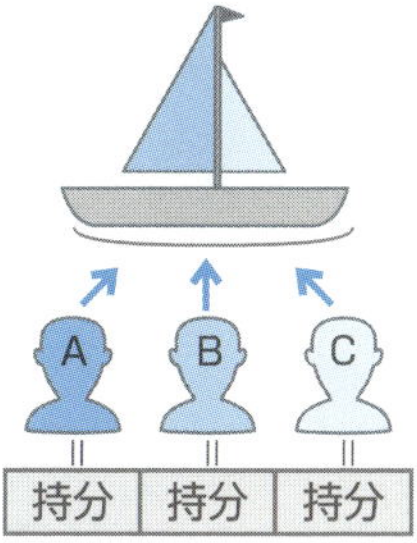
A
B
C
持分
持分
持分

第2章のキーワード

◉動産と不動産　◉物権と債権
◉物権法定主義　◉本権と占有権
◉所有権と他物権　◉用益物権と担保物権
◉物権的請求権　◉共有　◉登記
◉対抗要件　◉公信力　◉即時取得

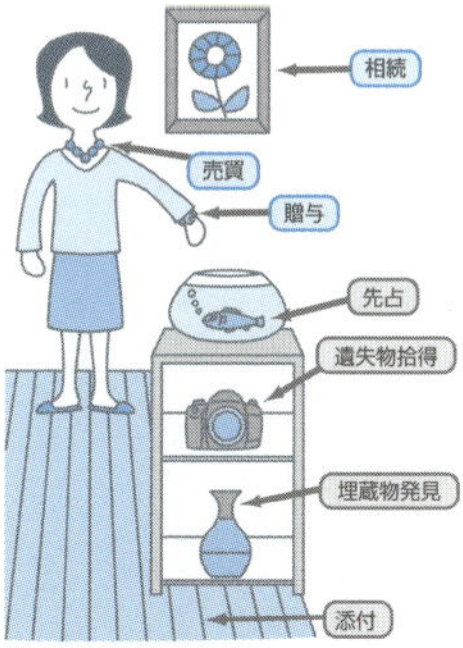
相続
売買
贈与
先占
遺失物拾得
埋蔵物発見
添付

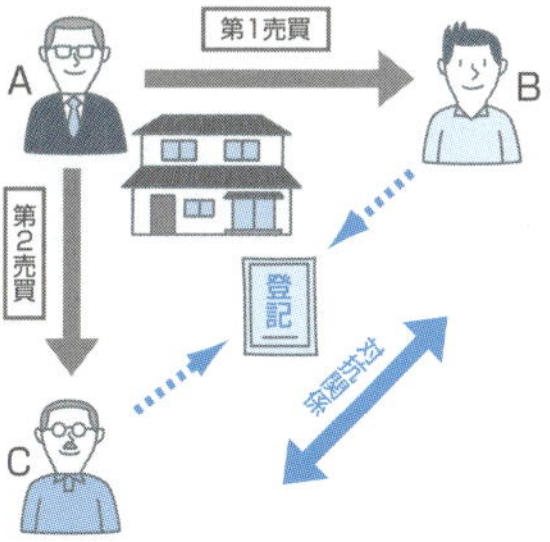
第1売買
A
B
第2売買
登記
対抗関係
C

物権の対象としての「物」とは

●「人」の間の「物」に関するルール

民法の出発点は、「権利の主体」である「人」ですが、人が生き、生活していくためには「物」が必要です。衣類も食糧も住居も物です。ここで「人」と「物」との関係が問題となります。「物」が十分にあり、それを誰もが自由に取得し利用できれば別段問題は生じませんが、おそらく人類の誕生以来そのようなことはなかったと思います。

そこで「人」の間の「物」に関するルールが必要になります。法の領域ではすべての関係は権利（及び義務）に還元されます。「人」の間の「物」に関するルールは、法的には、主として**物権《ぶっけん》***（「物」に対する直接的な支配権）という形で表されます。

●物権の客体としての「物」の種類

物権の客体*としての「物」は、さまざまな角度から分析・分類できますが、民法では、「物」について、第1編・総則の第3章（85条〜89条）で規定を設け、**「主物《しゅぶつ》」**・**「従物《じゅうぶつ》」**、**「元物《げんぶつ》」**・**「果《か》実《じつ》（天然果実・法定果実）」**及び**「動産《どうさん》」**・**「不《ふ》動産《どうさん》」**の分類を掲げてその関係を定めています（これらの意味については85ページの図を参照）。このうち最も社会的に重要な分類は「動産」・「不動産」です。最初に挙げた衣・食・住にかかわる物のうち、衣類と食糧は「動産」で、住宅は「不動産」です。これらについては次の項目で説明します。

ところで、民法の対象とする「物」は**有体物《ゆうたいぶつ》**です（85条）。すなわち、目に見える「形の有る物」です。これに対し、形のない物（無体《むたい》

【物権】「物件」（物品のこと。あるいは契約対象の動産・不動産のこと）との混同に注意

物《ぶつ》）を対象とする権利は無体財産権《むたいざいさんけん》（知的財産権）と言います。著作権や工業所有権（特許権、実用新案権等）がこれに含まれ、個別の特別法（著作権法、特許法等）が存在します。

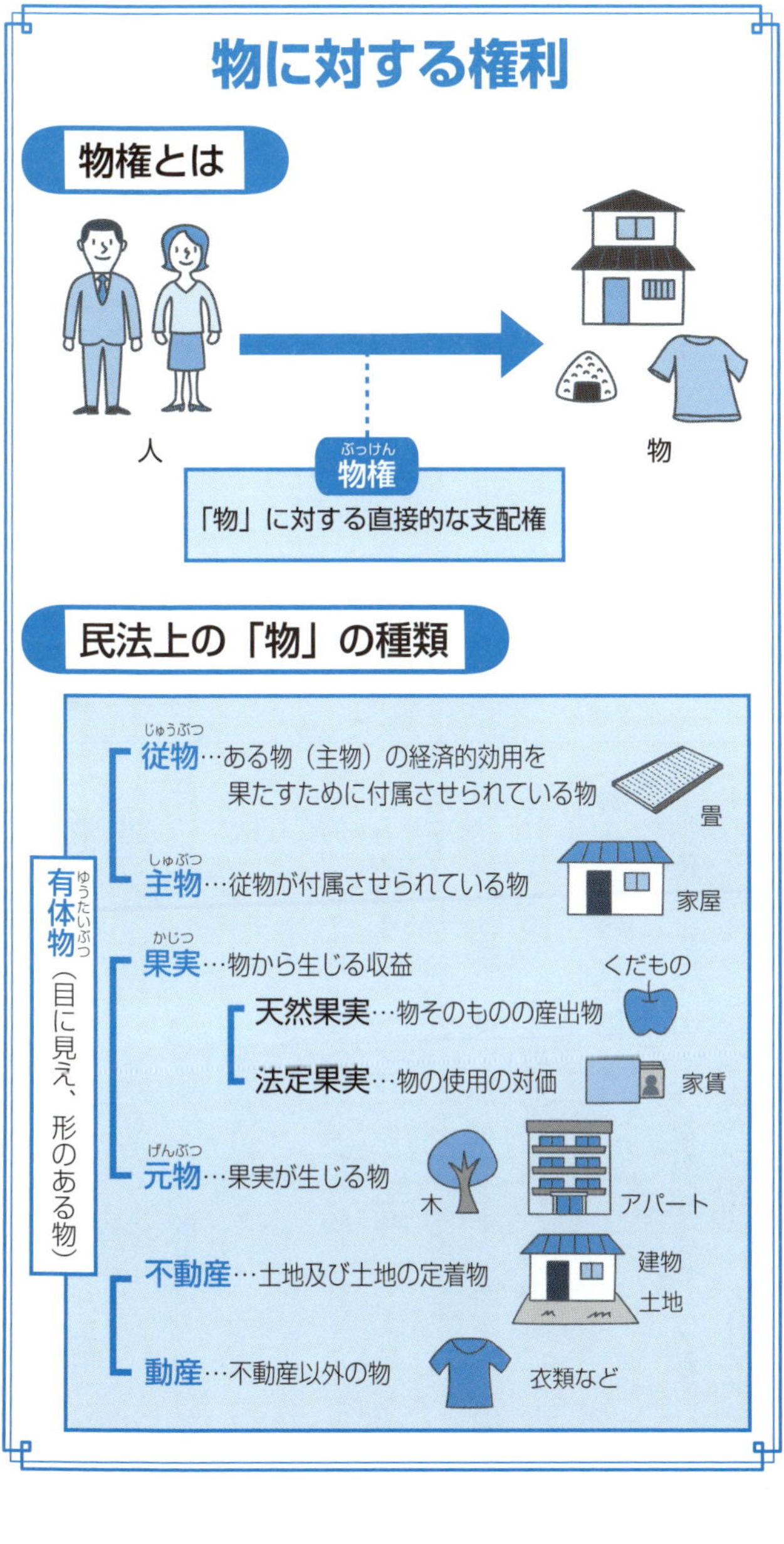
物に対する権利
物権とは
人
物
物権《ぶっけん》
「物」に対する直接的な支配権
民法上の「物」の種類
有体物《ゆうたいぶつ》（目に見え、形のある物）
従物《じゅうぶつ》…ある物（主物）の経済的効用を果たすために付属させられている物
畳
主物《しゅぶつ》…従物が付属させられている物
家屋
果実《かじつ》…物から生じる収益
くだもの
天然果実…物そのものの産出物
法定果実…物の使用の対価
家賃
元物《げんぶつ》…果実が生じる物
木
アパート
不動産…土地及び土地の定着物
建物
土地
動産…不動産以外の物
衣類など

【客体】権利の対象となるもの

「不動産」「動産」とはどのようなものか

●不動産とは「土地及びその定着物」

「不動産」とは、「土地及びその定着物」(86条)を言います。文字どおり、「動かない財産」です。不動産以外の物が「**動産**」です。

土地の「定着物」とは、土地にくっついていて動かせない物、すなわち、建物、樹木、鉄塔などを言いますが、私たちの日常生活では建物が特に重要です。したがって、「不動産」とは、ほぼ土地と建物のことと考えてよいでしょう。

ところで、ここで注意しなければならないのは、わが国では、土地と建物とは別個独立の不動産なのです。外国では、ほぼどの国でも、土地の上に建物がある場合には、土地と建物とは一体で一個の不動産です。しかしわが国では、土地と建物とは*登記簿《とうきぼ》も別ですし(土地登記簿と建物登記簿)、これらのうちどちらか一方だけを売ることもできますし、*抵当《ていとう》に入れることもできます。

すなわち、土地付きの家屋を買った場合も、法的には土地と建物の2つの物を買ったことになるのです。不動産に関する税金(固定資産税等)も土地と建物で別々にかかります。ただし、消費税は建物だけにかかります。建物は「消費」されますが、土地は消費されないからです。

●不動産と物権法

物権《ぶっけん》とは、このような不動産または動産に対する支配権のことですが、法的にも社会的にも不動産(土地及び建物)に対する関係のほうがより重要であり複雑です。そこで、本章でも不動産を中心に物権法を見ていくことにし、動産については必要な限りで見ていくことにしま

【登記簿】土地または建物の登記記録が電磁的に記録されている帳簿(112ページ)

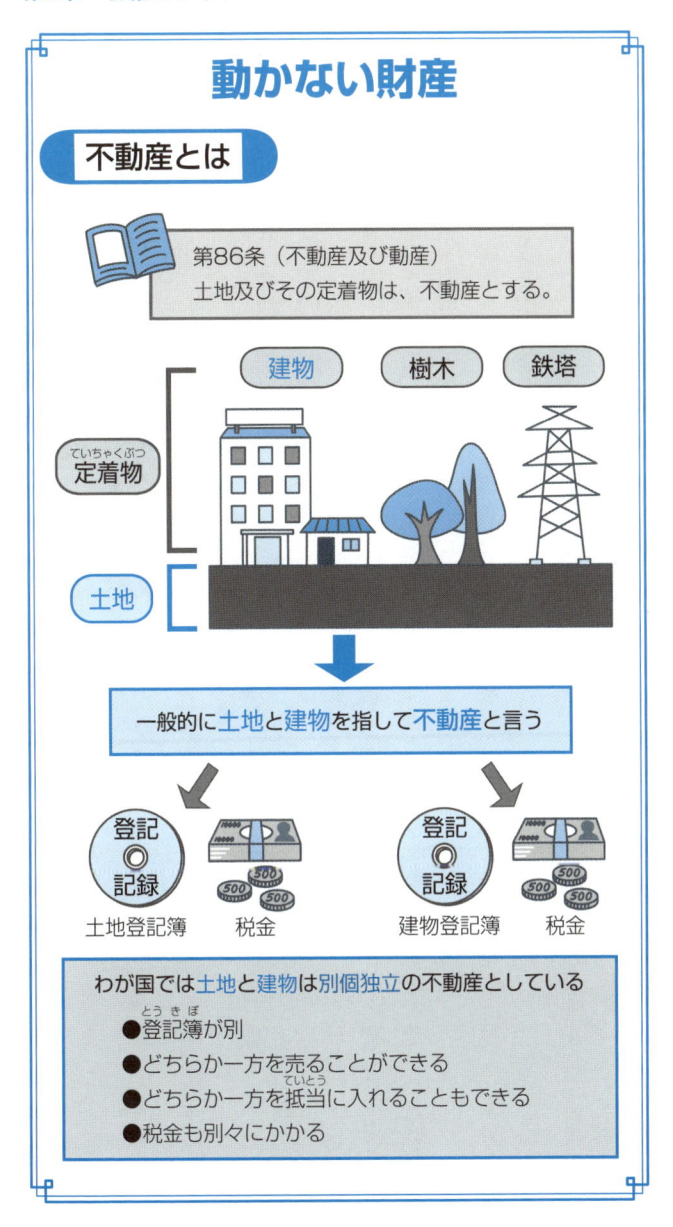

す。なお、不動産に関する法律はたくさんありますが、その基本は民法（物権法）と言ってよいでしょう。

動かない財産

不動産とは

第86条（不動産及び動産）
土地及びその定着物は、不動産とする。

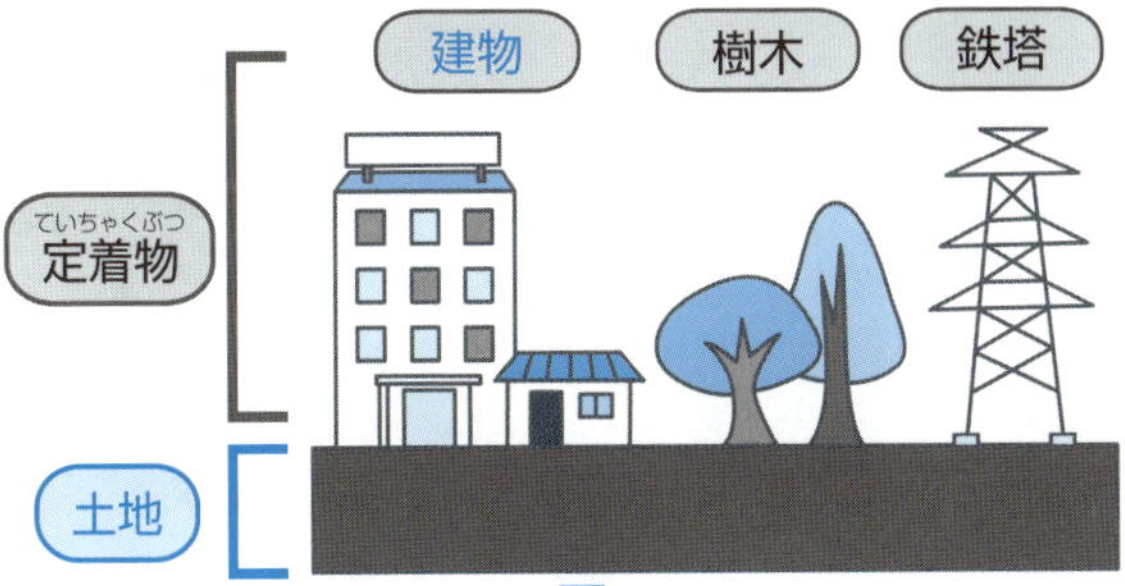
建物
樹木
鉄塔
定着物《ていちゃくぶつ》
土地

一般的に土地と建物を指して不動産と言う

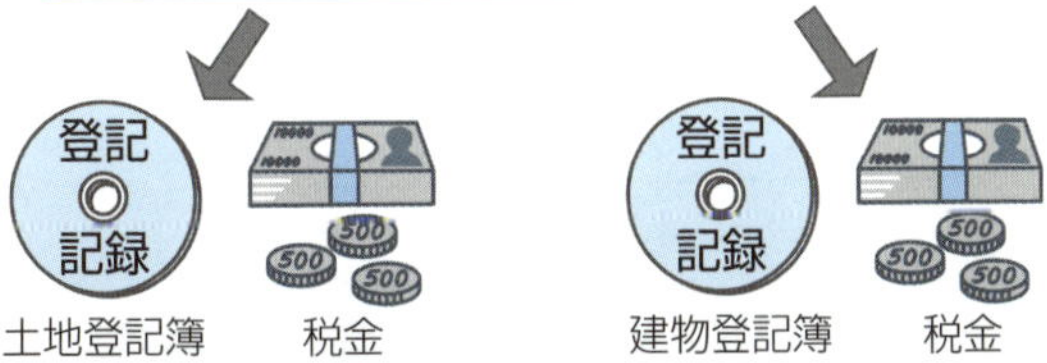
登記
記録
土地登記簿
税金
登記
記録
建物登記簿
税金

わが国では土地と建物は別個独立の不動産としている

- 登記簿《とうきぼ》が別
- どちらか一方を売ることができる
- どちらか一方を抵当《ていとう》に入れることもできる
- 税金も別々にかかる

【抵当】借金等債務の担保に不動産をあてること（94ページ）

物権と債権はどのように違うのか

●「物権としての物の支配」と「債権としての物の支配」

物を支配する権利としては、物権《ぶっけん》だけではなく**債権《さいけん》**もあります。たとえば、私たちが電気製品（動産）を買って使用したり、マイホーム（不動産）を購入して居住したりする場合、それらの支配権は物権（所有権）です。これに対して、レンタルDVDを鑑賞したり、アパート（建物）を借りて居住したりする場合、それらに対する支配権は債権（賃借権《ちんしゃくけん》）です。

両者の違いは、物を直接に支配する権利（物権）なのか、または特定の人に対する請求権（債権）を通して物を支配する権利なのかということです。「その物を所有者に返す必要があるかないか」が両者の違いではないことに注意してください。

●土地を借りる際の物権と債権の違い

もう1つ例をあげましょう。地主（土地所有者）から土地を借りてその土地の上に建物を建てた場合において、借地人《しゃくちにん》は、物権（この場合は地上権《ちじょうけん》）を有するときと、債権（賃借権）を有するときとがあります（それぞれの権利については後述します）。

どちらになるかは、土地を借りるときの契約（権利の設定）によります。そしてどちらの場合も、借地人は、最後には土地を地主に返さなければならないので、「所有者に返す必要があるかどうか」は違いになりません。両者の違いは、物を直接支配できる権利かどうかにあります。

このことが端的に表れるのが、その権利を第

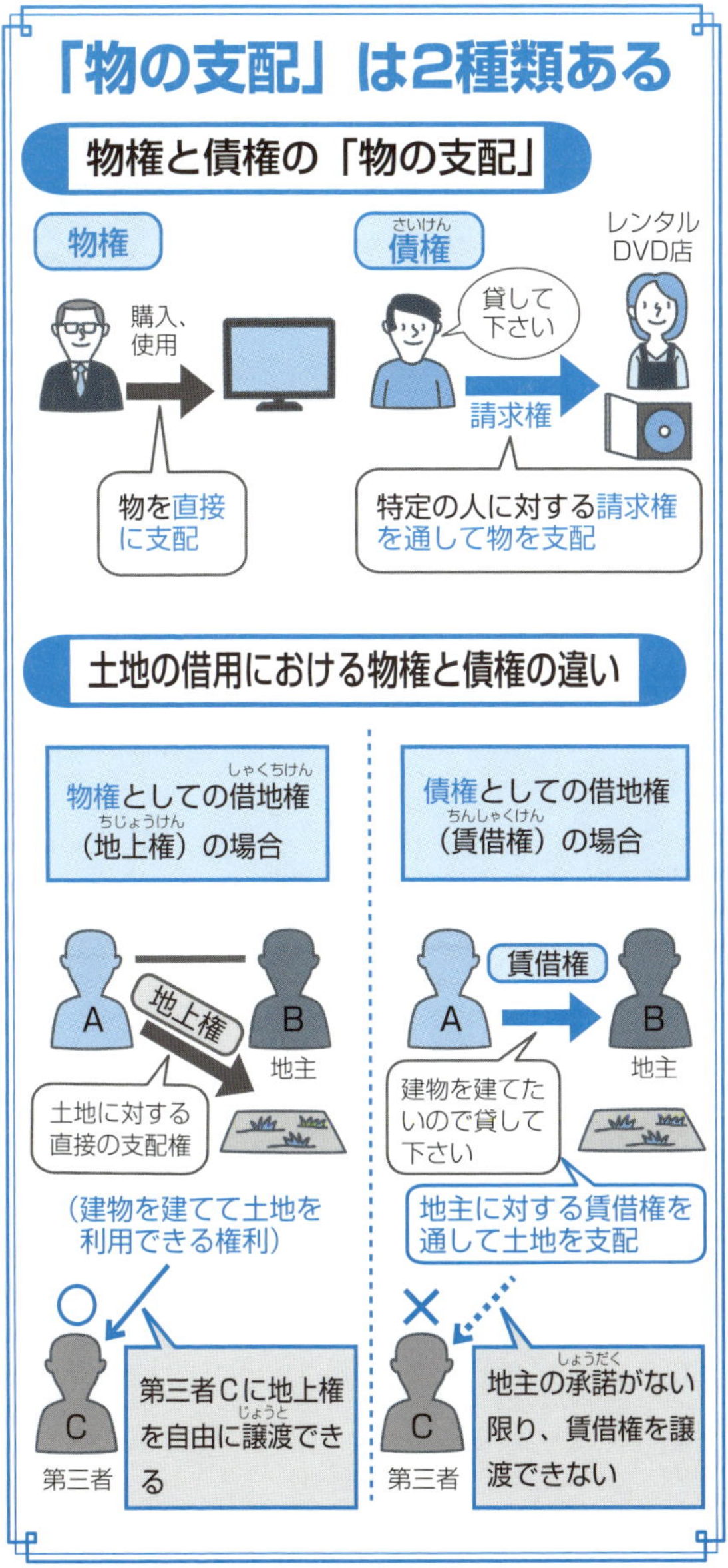
「物の支配」は2種類ある
物権と債権の「物の支配」
物権
債権《さいけん》
レンタルDVD店
購入、使用
貸して下さい
請求権
物を直接に支配
特定の人に対する請求権を通して物を支配
土地の借用における物権と債権の違い
物権としての借地権《しゃくちけん》（地上権《ちじょうけん》）の場合
債権としての借地権（賃借権《ちんしゃくけん》）の場合
A
B
地上権
地主
土地に対する直接の支配権
（建物を建てて土地を利用できる権利）
○
C
第三者
第三者Cに地上権を自由に譲渡《じょうと》できる
賃借権
A
B
地主
建物を建てたいので貸して下さい
地主に対する賃借権を通して土地を支配
×
C
第三者
地主の承諾《しょうだく》がない限り、賃借権を譲渡できない

三者に自由に譲渡できるかどうか、という点です。地上権は「物に対する直接の支配権」ですから、地上権者は地主の承諾《しょうだく》なく地上権を第三者に譲渡《じょうと》できます。これに対して、賃借権は「特定の人に対する請求権（債権）を通して物を支配する権利」ですから、地主の承諾がない限り、その権利を第三者に譲渡できません（通常は譲渡を認めてくれないでしょう）。

物権は法律に定められた10種類

●民法に定められた物権とそれ以外の物権

物を直接に支配する権利、すなわち物権は、民法その他の法律で定めたもの以外は認められず、勝手に物権を作り出したり、その内容を決めたりすることはできません。このことを**物権**《ぶっけん》**法定主義**《ほうていしゅぎ》と言います。

民法は、すでに述べたように所有権をはじめ10種類の物権を認めています（24ページ）。しかし、社会経済上の多様な取引の中では、民法等の法律に規定されている物権だけでは不十分です。

そこで、判例上、旧来の流水使用権*や温泉専用権*（湯口権《ゆぐちけん》）等を慣習上の物権として認め、また、金融取引上での仮登記担保《かりとうきたんぽ》（特別法あり）や譲渡担保《じょうとたんぽ》等も物権として認めてきました（仮登記担保や譲渡担保については134ページ）。

●物権法定主義の根拠

それでは、なぜ物権を法定する必要があるのでしょうか。それは、1つの物に対しては同一内容の支配権は1つしか成立しないという考え方、**一物一権主義**《いちぶついっけんしゅぎ》と関連します。

つまり、ある物についてAが所有者であったら、同時にBが所有者となることはなく（ただし、AとBで共有することはできます）、また、Aが使用者であったらそれと全く同一の内容の使用権をBが有することはありません。そこで、物の支配について関係者の間で衝突が起こらないように、また、起こっても優劣が決まるように、あらかじめ権利の種類と内容を決めておいて、それを公示しておくことが必要になります。

公示をするためにはその権利の種類を限定

【流水使用権】流水（川の水など）を上流で独占させず、下流でも利用できるなどの権利し、また、それぞれの権利の内容を同一にしておく必要があります。このことから、物権についてはそれを法定する必要があるのです。

物権は法律で認められる必要がある

物権法定主義の根拠

一物一権主義《いちぶついっけんしゅぎ》

1つの物に対しては、同一内容の支配権は1つしか成立しないという考え方

所有権

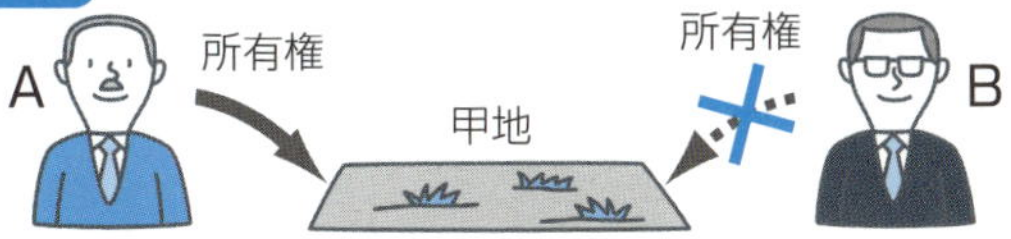

Aが甲《こう》地の所有者である場合、Bは甲地の所有者となることはできない

土地の使用権

Aが甲地を使用する権利（地上権など）を有する場合、Bは同一の使用権を有することはできない

↓

権利の公示が必要

第三者（B）とのトラブルを避けるためには、Aの甲地に対する権利の種類を限定し、内容を同一にしておく必要がある

物権法定主義《ぶっけんほうていしゅぎ》

【温泉専用権（湯口権）】温泉源を排他的に利用できる権利

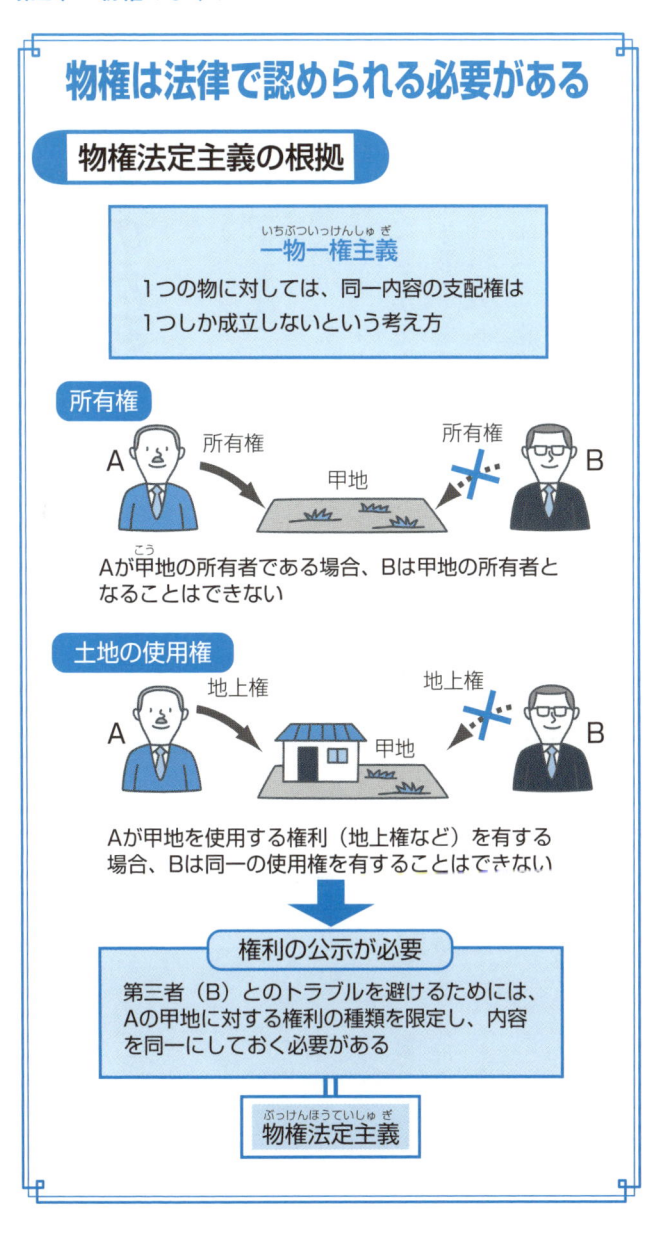

物権にはどのようなものがあるか(1)

●「本権」と「占有権」

24ページで述べたように、民法上認められている物権は10種類です。その10種類の物権は、どのように分類できるのでしょうか。

まず、私たちが物を「もっている」場合に、**権原**《けんげん》（法律上の根拠）があるときとないときとがあります。たとえば六法全書を購入して「もっている」場合は権原がありますが、六法全書をどこかで拾って「もっている」場合は権原がありません。

私たちが物を「もっている」場合の大部分は、権原に基づいています。これを**本権**《ほんけん》**としての物権**（単に**本権**とも）と言います。

これに対して、権原の有無とは無関係に認められる、事実上の支配権が**占有権**《せんゆうけん》です。占有権がなぜ物権として認められるのかについては後に（98ページ）説明します。

●物権の中心となる所有権と他物権（制限物権）

先の例で、六法全書を「もっている」のも、物権か債権かの権原（本権）に基づいています。六法全書を他の者から借りている場合の本権は債権（使用貸借《しようたいしゃく》または賃貸借《ちんたいしゃく》、第6章）です。特別の場合（船舶、航空機等の貸借）を除いて、書物のような動産の貸借については、物権は認められず債権しか認められません。

さて、六法全書を購入して「もっている」場合の本権は、**所有権**《しょゆうけん》です。物権の中心は、この所有権になります。そして占有権を除く所有権以外の他の8種類の物権は、常に他人の所有権と対をなしています。すなわち、他人の所有物に対する権利です。したがって、所有権以外の権利ということで**他物権**《たぶっけん》、または、他人の所有権を制限するという意味で**制限物権**《せいげんぶっけん》と言います

（他物権については次の項目で説明）。

「もっている」にも色々ある

物権の体系・種類

権原《けんげん》（法律上の根拠）があるかどうか？

- NoまたはYes → ① **占有権**：権原の有無とは無関係に、事実上の支配によって認められる権利
- Yes → **本権としての物権**
  - ② **所有権**：物権の中心。最も強い物権
  - ③〜⑩ **他物権（制限物権）**：他人の所有物に対する権利。8種類ある（25ページ）

例「六法全書をもっている」場合の権利

物権
- ●拾った、または盗んだ場合…（権原がない）**占有権**
- ●購入した場合…**所有権**

債権
- ●タダで借りている場合…**使用貸借**《しようたいしゃく》
- ●お金を払って借りている場合…**賃貸借**《ちんたいしゃく》（244ページ）

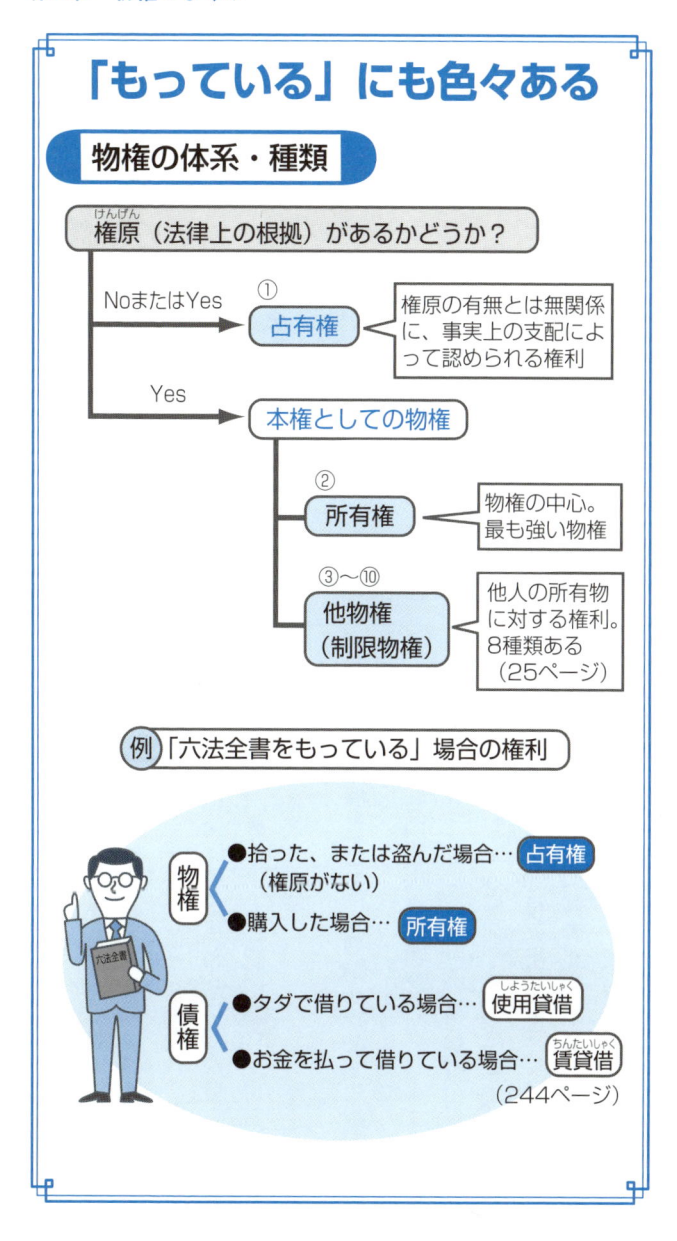

物権にはどのようなものがあるか(2)

●用益物権の対象は土地に限る

　所有権と対をなす物権である**他物権**《たぶっけん》（制限物権）は、大きく2つのグループに分かれます。第1のグループは、**用益物権**《ようえきぶっけん》です。これは、他人の土地を「使用・収益」する物権です。その対象となる「物」は、土地に限られます。

　ここでは4つの用益物権のうち、**地上権**《ちじょうけん》の意義のみを説明しておきましょう（他の永小作《えいこさく》権《けん》、地役権《ちえきけん》、入会権《いりあいけん》は後に述べます）。たとえば、Aの所有する土地を、Bがその上に建物を建てる目的で借りる場合に、その土地に対する権利が「地上権」です。地上権をもつBは、Aとの間で約束した期間（期間についての約束がないときには30年間）、その土地を建物の敷地として使用することができます。一般的にはBからAに地代が支払われます（ただし、無償の地上権も認められます）。Aは、地上権が存続する期間、地代を受け取る代わりに、A自らの所有権はBの地上権によって制限され、自ら使用することはできません。

●債権の担保として他人の物を支配する担保物権

　他物権（制限物権）の第2のグループは、**担**《たん》**保物権**《ぼぶっけん》です。これは、自己の債権の担保として他人の物を支配する権利です。たとえば、住宅ローンにおける担保権（**抵当権**《ていとうけん》）では、債権者（金融機関）は、債務者（住宅ローンの借手《かりて》）の所有している不動産を抵当にとり、自己の貸金（債権）の担保として支配しているのです。

　担保物権は、一定の状況の下で当然に成立する法定担保物権（法で定めた担保物権）と、当事者（多くは債権者と債務者）の約束によって

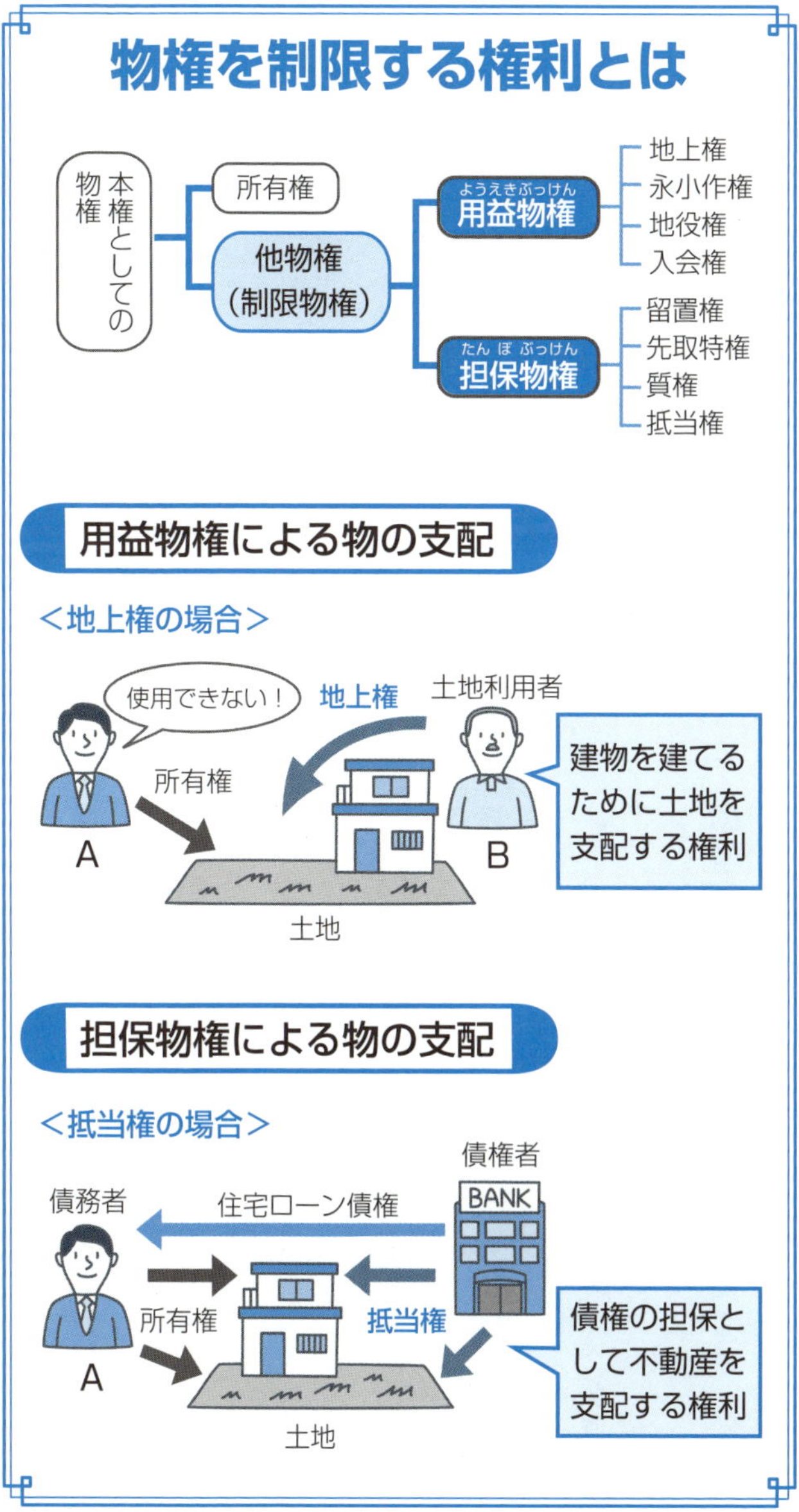
物権を制限する権利とは
本権としての物権
所有権
他物権（制限物権）
用益物権《ようえきぶっけん》
地上権
永小作権
地役権
入会権
担保物権《たんぽぶっけん》
留置権
先取特権
質権
抵当権
用益物権による物の支配
＜地上権の場合＞
使用できない！
地上権
土地利用者
所有権
A
B
建物を建てるために土地を支配する権利
土地
担保物権による物の支配
＜抵当権の場合＞
債権者
BANK
債務者
住宅ローン債権
所有権
抵当権
A
債権の担保として不動産を支配する権利
土地

成立する約定担保物権《やくじょうたんぽぶっけん》とがあります。留置権《りゅうちけん》と先取特権《さきどりとっけん》が前者にあたり、質権と抵当権が後者にあたります（各担保物権については後述）。

物権が侵害された場合に可能な請求

●物権的請求権とはなにか

「物権」は物の直接的支配の権利ですから、その円満な支配状態が妨げられたり、そのおそれがあるときに、その侵害の除去または予防を請求することができます。

このような請求権を**物権的請求権**《ぶっけんてきせいきゅうけん》と言います。物権が物を直接支配する「物権」であるためには物権的請求権が必要不可欠です。

●物権的請求権の3種類

物権的請求権には、返還《へんかん》請求権、妨害排除《ぼうがいはいじょ》請求権、妨害予防《ぼうがいよぼう》請求権の3種類があります。

①**返還請求権**とは、たとえば動産を奪われたり土地を不法に占拠されたりして物の支配を全面的に奪われた場合に、その物の返還を請求する権利です（200条参照）。

②**妨害排除請求権**とは、たとえば隣家の木が倒れてきた場合など物権が妨害されたときに、妨害の除去・停止を請求する権利です（198条参照）。

③**妨害予防請求権**とは、たとえば隣家の木が倒れてきそうな場合など物権を妨げられるおそれがあるときに、妨害予防の手段を講ずることを請求できる権利です（199条参照）。このようにまだ現実に物権の侵害がない場合でも請求ができるのです。

●侵害者の故意や過失は必要ない

先の3つのどの場合も、請求の相手方は、現に物権の侵害をなしているか、これをなそうとしている者です。侵害者に故意（「わざと」）や過失（不注意）は必要ありません。

【占有訴権】占有を侵害されたときなど、その侵害の排除などを請求できる権利

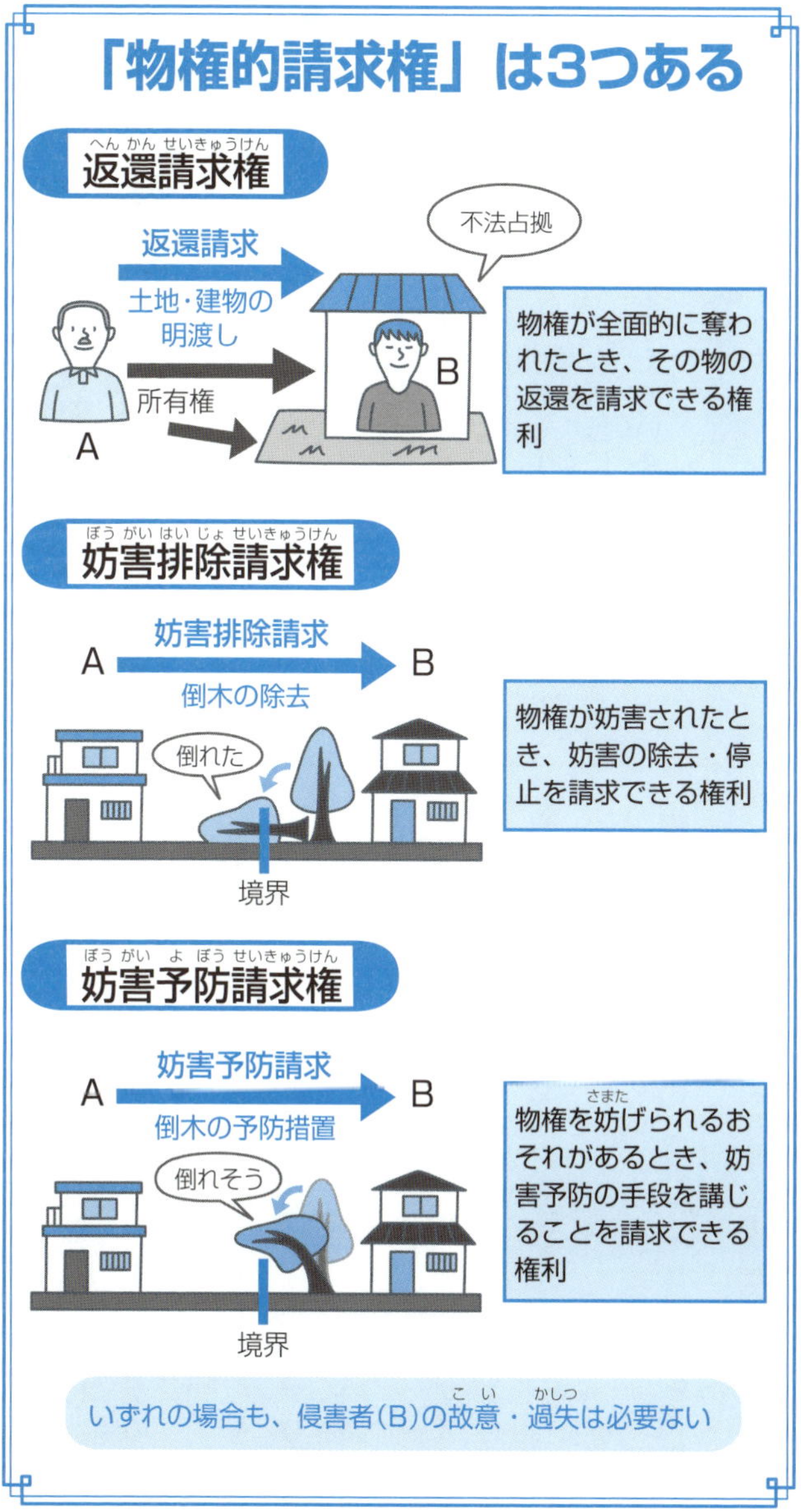
「物権的請求権」は3つある
返還請求権《へんかんせいきゅうけん》
返還請求
土地・建物の明渡し
所有権
不法占拠
A
B
物権が全面的に奪われたとき、その物の返還を請求できる権利
妨害排除請求権《ぼうがいはいじょせいきゅうけん》
妨害排除請求
A
B
倒木の除去
倒れた
境界
物権が妨害されたとき、妨害の除去・停止を請求できる権利
妨害予防請求権《ぼうがいよぼうせいきゅうけん》
妨害予防請求
A
B
倒木の予防措置
倒れそう
境界
物権を妨《さまた》げられるおそれがあるとき、妨害予防の手段を講じることを請求できる権利
いずれの場合も、侵害者(B)の故意《こい》・過失《かしつ》は必要ない

民法では、占有権についてのみ物権的請求権の規定を設けています（197条以下の*占有訴権《せんゆうそけん》）が、所有権や地上権などの本権についても物権的請求権が認められます。

泥棒にも盗品について権利が認められる理由

●「物をもっている」ことの保護

すでに述べたように、私たちが「物をもっている」場合に、所有権などの権原《けんげん》がないときにも**占有権**《せんゆうけん》という権利（物権）が認められます。

民法では、拾ったり盗んだりしたような、法律上の根拠のない不法な所持《しょじ》にも、占有権を認めて法律上の保護を与えています。

●占有権取得に必要な要件

ただし、占有権を取得するためには、「自己のためにする意思をもって物を所持」しなければなりません（180条）。すなわち、自分に利益を帰属させる「意思」をもって「所持」することが必要であって、偶然に自分の支配下にあるというだけでは占有権は認められません。

たとえば、ある物が自分の机やカバンの中に誰かによって入れられた場合には、ここで言う「意思」はありません。そして「しばらく預かっておこう」という意思など、「意思」は必ずしも「所有しよう」という意思である必要はありません。

また、「所持」は、客観的にその人の支配領域内にあればよく、現実に手にしている必要はありません。留守宅にある物も「所持」していることになります。

●盗人にも三分の「利」（「理」）の根拠

泥棒《どろぼう》も自己のためにする意思をもって所持していますので占有権が認められます。

泥棒に占有権を認めないと、現にその物を支配している泥棒には物に対する権利がないということになって、泥棒の物（盗品）については

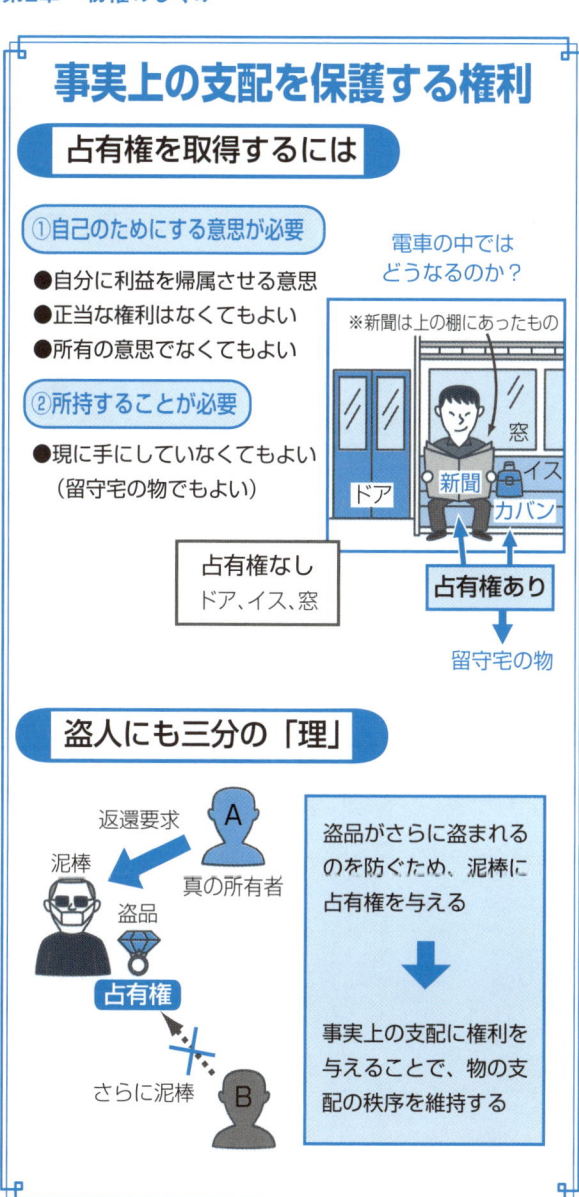

誰でも盗んだりしてよいということになります。これでは、物支配の秩序が維持できなくなってしまいます。

もちろん、泥棒は、泥棒された者（真の権利者）からの返還請求には応じなければなりません。

事実上の支配を保護する権利

占有権を取得するには

①自己のためにする意思が必要

- 自分に利益を帰属させる意思
- 正当な権利はなくてもよい
- 所有の意思でなくてもよい

②所持することが必要

- 現に手にしていなくてもよい
（留守宅の物でもよい）

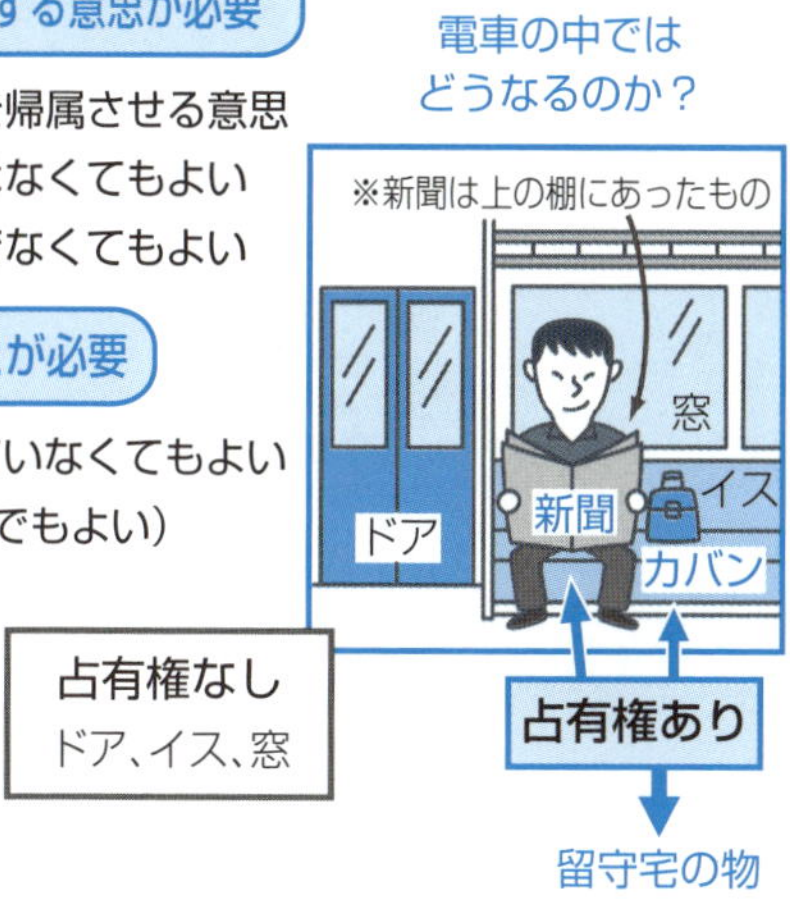
電車の中では
どうなるのか？
※新聞は上の棚にあったもの
窓
イス
新聞
カバン
ドア
占有権なし
ドア、イス、窓
占有権あり
留守宅の物

盗人にも三分の「理」

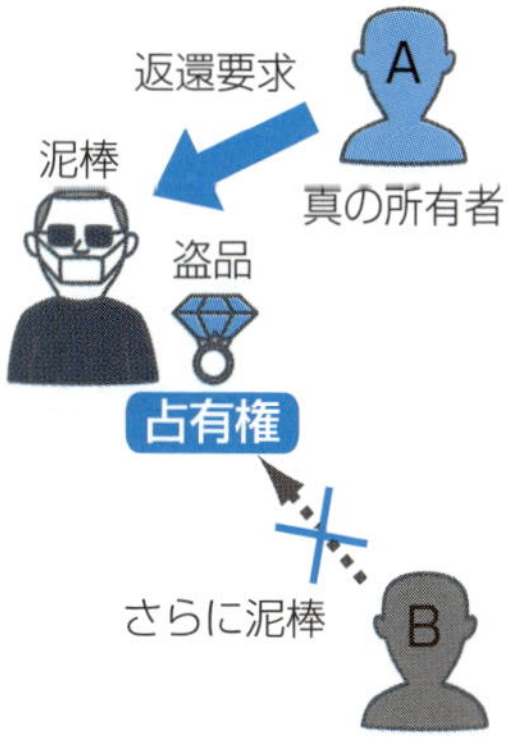
返還要求
A
真の所有者
泥棒
盗品
占有権
さらに泥棒
B

盗品がさらに盗まれるのを防ぐため、泥棒に占有権を与える

↓

事実上の支配に権利を与えることで、物の支配の秩序を維持する

1つの物を複数で共有する場合の法律関係

●民法上の共有とは

私たちは、複数の者（友人間、夫婦間等）で1つの物を所有（**共有**）することがあります。この場合、各共有者は、目的物につき**持分権**《もちぶんけん》を有し、その持分権を自由に処分できます。また、いつでも目的物の**分割**を請求することができます。

たとえばA・B・Cの3人で同額の資金を出してヨット1艘《そう》を購入した場合、特約のない限り、各自は3分の1ずつの持分権を有しています。Aは、その持分権を自由に第三者Dに譲渡して共有関係から離脱することができます。その後はB・C・Dの共有となります。

また、Aは、B及びCに対して分割請求ができます（256条）。分割とは、持分について自分だけの所有とすることを言います。分割の方法としては、ヨットを売却して金銭で分けたり、B・Cの共有としてAにはその分の金銭を給付する等があります。この方法について協議が調《ととの》わない場合には、裁判所に請求して、裁判所が相当な分割方法を決定します（258条）。このように、民法上の共有関係はいつでも分割される可能性のある暫定的《ざんていてき》な関係です。

●共有物の使用及び管理・変更

各共有者は、その持分の割合に応じて共有物の全部を使用できます（249条）。先のA・B・Cの場合は、単独でヨット1艘全体を平等に使用できます（どのような日割りで使用するかは協議によります）。

共有物の管理・変更については、①**保存行為**（修繕等）は各共有者が単独でできますが（負

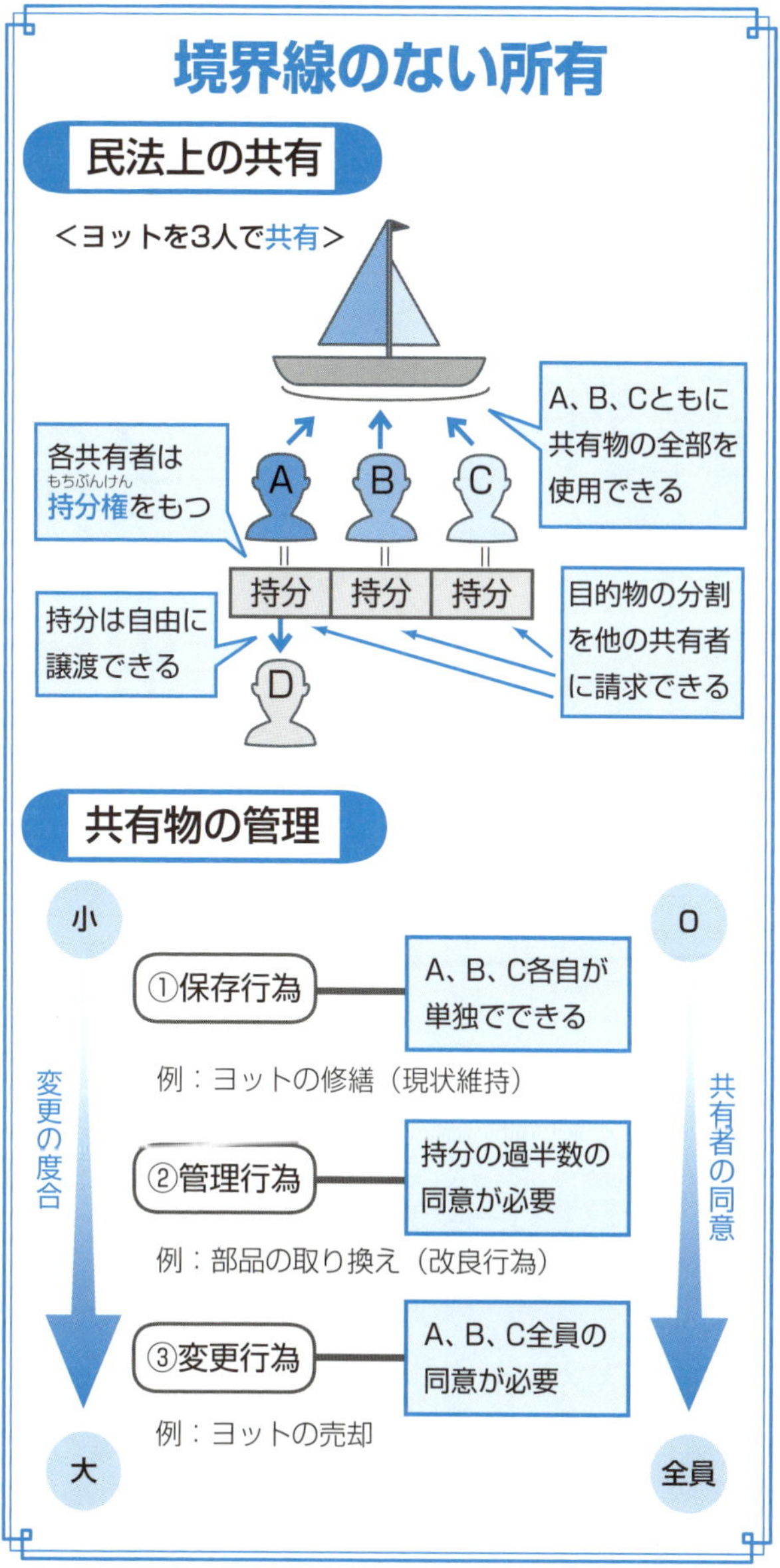

担した費用を他の各共有者にその持分の割合に応じて求償できます）、②通常の**管理行為**（部品の取り替え等）は持分の過半数での決定が必要とされ（252条）、③共有物の**変更**（ヨットの売却等）には全員の合意が必要とされます（251条）。

借地の法律関係はどのようなものか

●用益物権であり債権ではない借地権

用益物権《ようえきぶっけん》ついてはすでに簡単に述べました（94ページ）。ここではまず、用益物権のうち**地**《ち》**上権**《じょうけん》と**永**《えい》**小**《こ》**作権**《さくけん》について述べます。

両者とも地主（土地所有者）から土地を借りてそれを使用する権利（**借地権**《しゃくちけん》）で、物権です。

借地権には、ほかに債権である賃借権と使用《しよう》借権《しゃくけん》もありますが（物権と債権の違いについては88ページ）、現実には賃借権が多く利用されています。賃借権については第6章で説明します。

●地上権

地上権とは、地上権者が、他人の土地において工作物*または竹木*《ちくぼく》を所有するためにその土地を使用する権利です（265条）。

地上権の多くは、建物の敷地としての借地権です。地代の支払いがなされるのが通常ですが、無償の地上権も認められます（266条）。

なお、地下鉄やモノレールを敷設《ふせつ》する場合には、地下または空間の上下の範囲を定めて工作物を所有するために、これを地上権の目的とすることができます（区分地上権、269条の2）。たとえば地下鉄を敷設するためには、土地所有者から土地の一定範囲の地下部分のみを借りればよいわけですから、「地下」の「地上権」の設定をすれば足りるのです。

●永小作権

永小作権とは、耕作または牧畜のために他人の土地を使用する権利で、小作料の支払いがなされます（270条）。

稲、野菜、桑《くわ》、茶、果樹などのようにその植

【（土地の）工作物】建物・塔・道路・橋・トンネル等を指す

栽が耕作と見られるものは、地上権（竹木の所有を目的）ではなく、永小作権の目的となります。しかし実際には、わが国の小作関係のほとんどは賃貸借《ちんたいしゃく》であり、賃貸借の小作関係（賃借小作権）には農地法の適用があります。永小作権はごくわずかです。

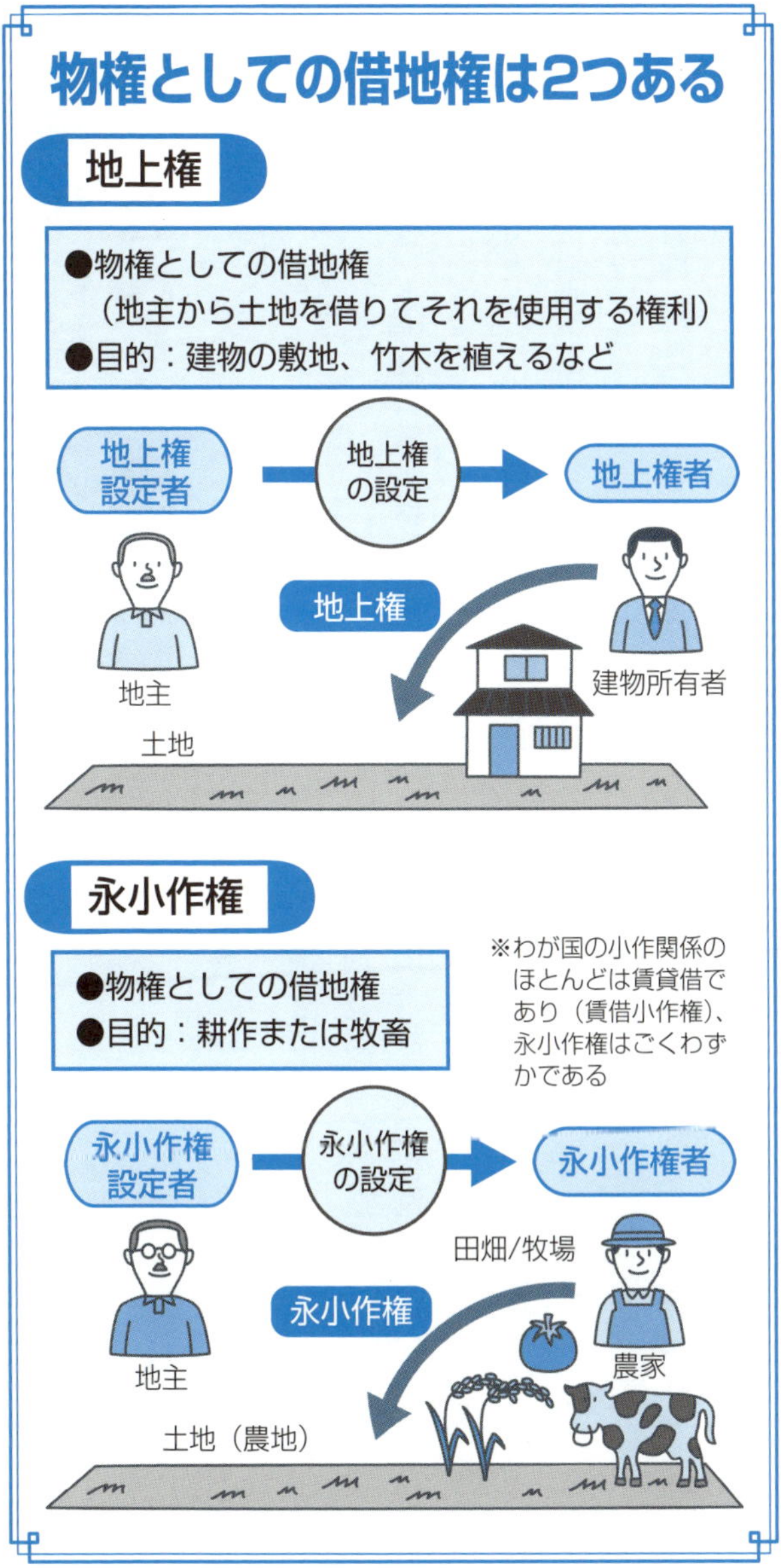
物権としての借地権は2つある
地上権
●物権としての借地権
（地主から土地を借りてそれを使用する権利）
●目的：建物の敷地、竹木を植えるなど
地上権設定者
地上権の設定
地上権者
地上権
地主
建物所有者
土地
永小作権
●物権としての借地権
●目的：耕作または牧畜
※わが国の小作関係のほとんどは賃貸借であり（賃借小作権）、永小作権はごくわずかである
永小作権設定者
永小作権の設定
永小作権者
田畑/牧場
永小作権
地主
農家
土地（農地）

【竹木】竹と樹木（竹は木か草かで意見が分かれるため、竹を含める場合に使う語）

地役権や入会権はどんな土地利用権か

土地の便益を増すための地役権

用益物権には、地上権、永小作権のほか、**地《ち》役《えき》権《けん》**と**入《いり》会《あい》権《けん》**があります。

地役権とは、たとえば、A地の所有者がB地を通行したり、B地の所有者にA地の日照や眺望を妨げるような建物を建てさせないというような、一定の目的に従ってある土地（A地）の便益《べんえき》のために他人の土地（B地）を使用する権利です（280条）。

便益を受ける土地（A地）を**要役地《ようえきち》**と言い、便益を与える土地（B地）を**承役地《しょうえきち》**と言います。

地役権は、「土地」の便益を増すための権利であって、要役地の「所有者」の個人的便益（他人の土地での動植物の採取等）のためのものではありません。地役権の設定は、両当事者の合意によります。

村落共同体の住民全体に認められた入会権

わが国では民法制定以前から、村落の住民が一定の山林原野等を、たとえば肥料・*薪炭《しんたん》・きのこ・山菜の採取、狩猟等といった、各自の生産や生活のために共同で利用してきました。民法でも、これを入会権として認めました。

*入会地《いりあいち》の地盤が入会権者に帰属しているか否かによって、「共有の性質を有する入会権」（263条）と「共有の性質を有しない入会権」（294条）とに分け、その内容は各地の慣習に委ねるものとしました。

入会権者は当該村落の住民であり、この者が他の地域に転出するなどして当該村落の住民でなくなった場合には、その者の入会権は消滅します。

【薪炭】薪（まき、たきぎ）と炭

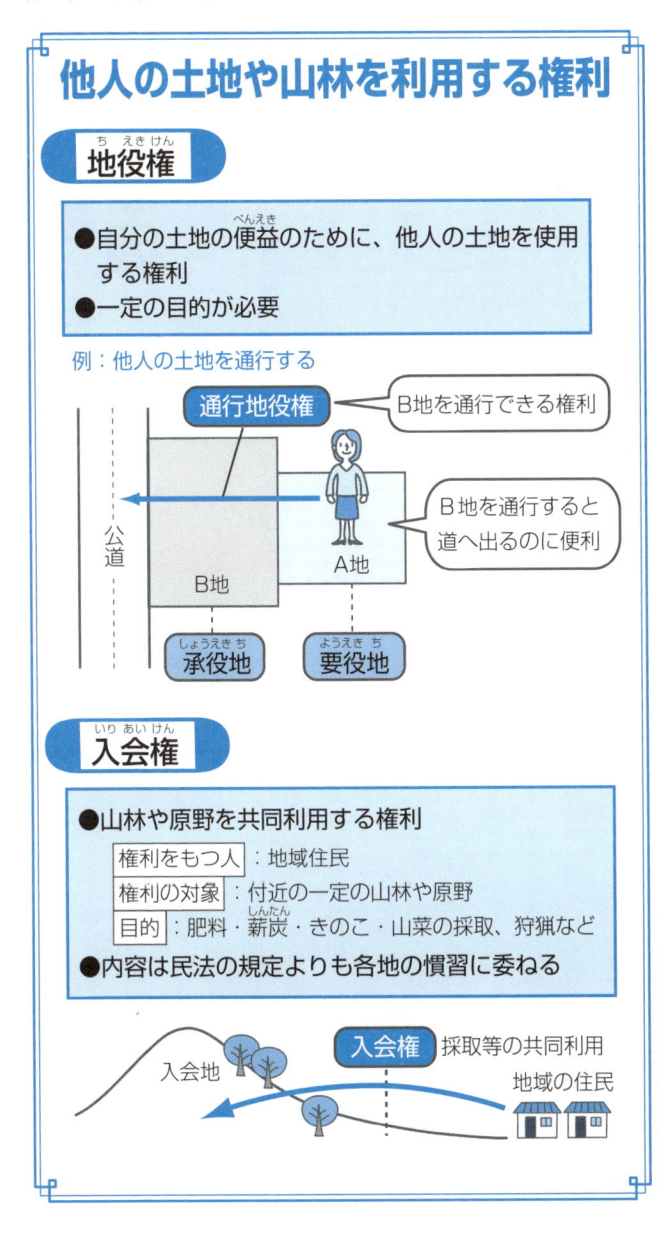

また入会権は、当該村落の構成員全員に帰属しており、100ページの共有関係とは異なり、各構成員は、自己の権利を譲渡したり、入会地の分割を請求したりすることはできません。

他人の土地や山林を利用する権利

地役権《ちえきけん》

- 自分の土地の便益《べんえき》のために、他人の土地を使用する権利
- 一定の目的が必要

例：他人の土地を通行する

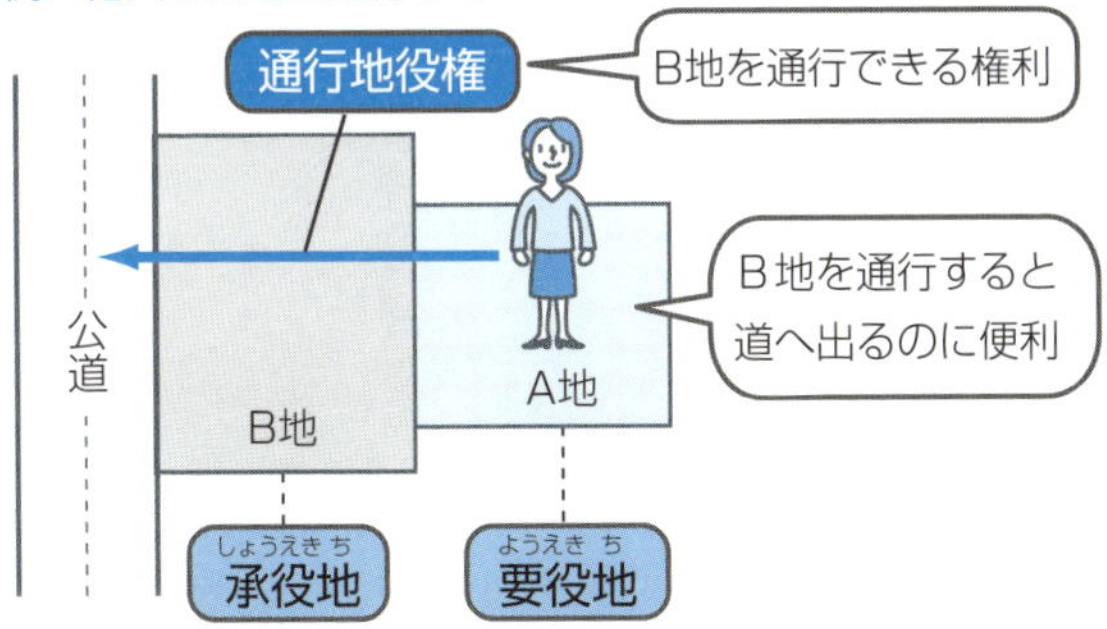
通行地役権
B地を通行できる権利
B地を通行すると
道へ出るのに便利
公道
B地
A地
承役地《しょうえきち》
要役地《ようえきち》

入会権《いりあいけん》

- 山林や原野を共同利用する権利
  - 権利をもつ人：地域住民
  - 権利の対象：付近の一定の山林や原野
  - 目的：肥料・薪炭《しんたん》・きのこ・山菜の採取、狩猟など
- 内容は民法の規定よりも各地の慣習に委ねる

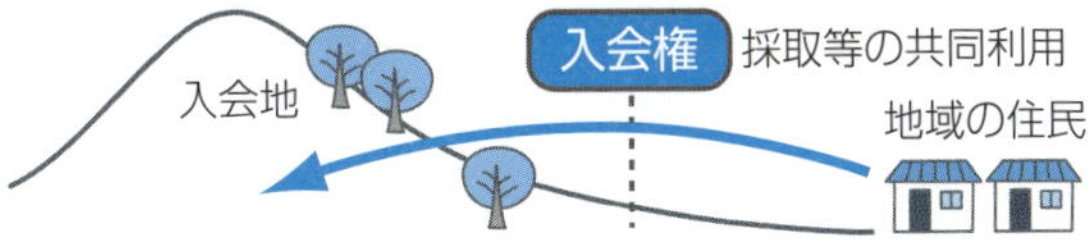
入会地
入会権
採取等の共同利用
地域の住民

【入会地】入会権の対象となる山林原野等のこと

「物をもっている」原因

●前の持ち主から受け継ぐ「承継取得」

私たちは、どのような原因で「物をもつ」に至ったのでしょうか。

今日、その大部分は、売買契約と、被相続人の死を原因とする相続によるものです。これらの場合には、自分より前にその物をもっていた者（前主《ぜんしゅ》）がいて、この者から受け継いで自分の物となります。これを**承継取得**《しょうけいしゅとく》と言います。売買などを原因とした「物権の変動」については、次の項目以下で詳しく述べます。

●はじめから自分のものとなる「原始取得」

しかし、私たちは、承継取得ではなく、**原始取得**《げんししゅとく》によって「物をもつ」に至ることもあります。原始取得とは、前主から受け継いだもの（承継取得）としてではなく、原始的に（はじめから）自分の物であったものとすることです。

そのうち、最も重要なものは時効による場合です（74ページ）。時効以外の原始取得として、民法は①**先占**《せんせん》*（239条）、②**拾得**《しゅうとく》（240条）、③**埋蔵**《まいぞう》**物発見**《ぶつはっけん》（241条）及び④**添付**《てんぷ》（242条〜248条）を定めています。

すなわち、たとえば、①野生動物を捕まえた場合（先占。所有者がいない「無主物《むしゅぶつ》」については「早い者勝ち」です）、②遺失物《いしつぶつ》を拾得して警察に届けた後に3か月が経過した場合（拾得）、③埋蔵物を発見して公告をした後に6か月が経過した場合（埋蔵物発見）、④自分が所有している建物に壁紙等が他人（借家人《しゃくやにん》等）によって付着された場合（添付のうちの**付合**《ふごう》）に、それぞれ、野生動物、拾得物、埋蔵物、壁紙等の所有権を原始的に取得することができます。

【先占】無主物（所有者のない動産。野生の鳥獣、魚類など）を人よりも先に占有すること

承継取得と原始取得

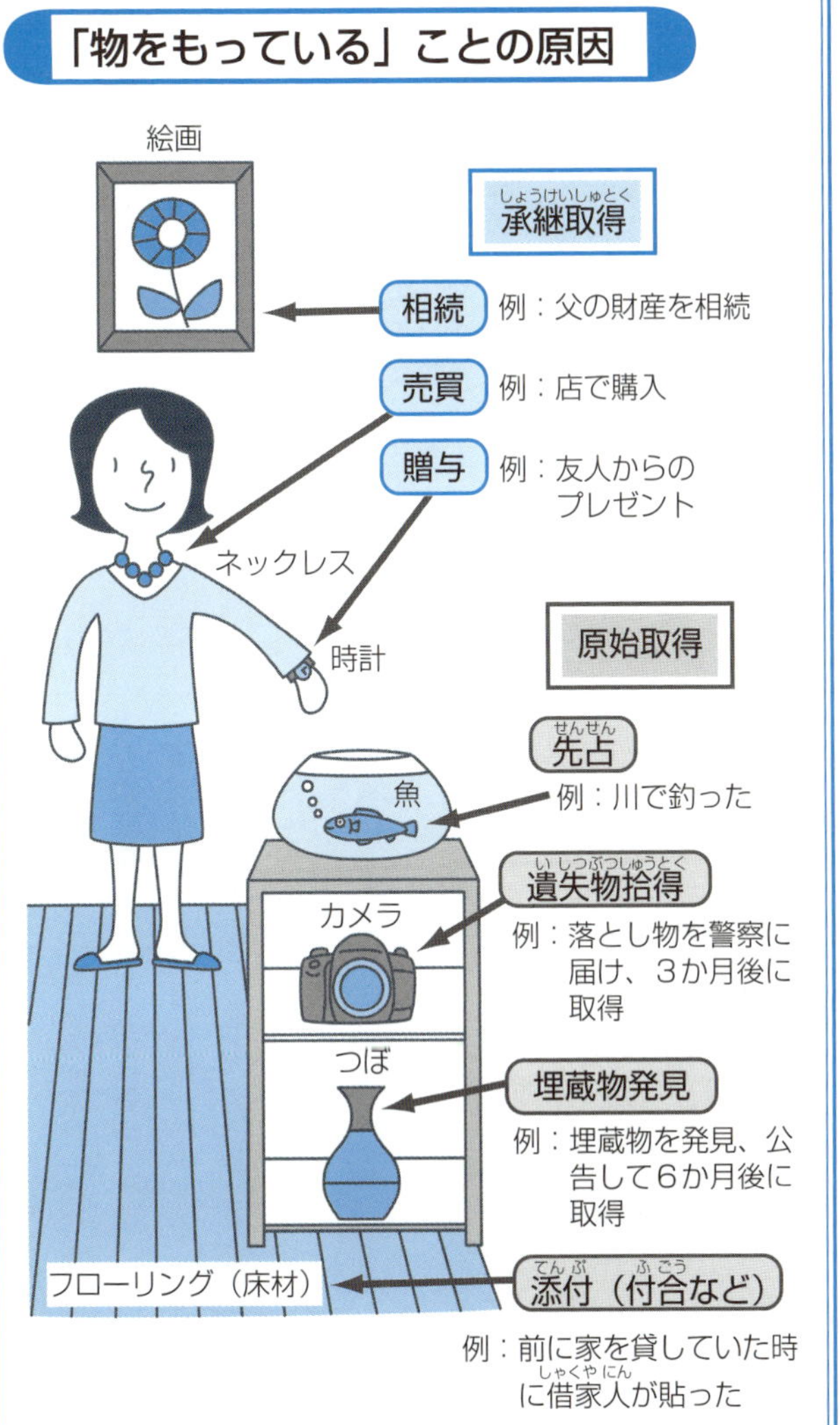
「物をもっている」ことの原因
絵画
承継取得《しょうけいしゅとく》
相続　例：父の財産を相続
売買　例：店で購入
贈与　例：友人からのプレゼント
ネックレス
時計
原始取得
先占《せんせん》
魚
例：川で釣った
遺失物拾得《いしつぶつしゅうとく》
カメラ
例：落とし物を警察に届け、3か月後に取得
つぼ
埋蔵物発見
例：埋蔵物を発見、公告して6か月後に取得
フローリング（床材）
添付《てんぷ》（付合《ふごう》など）
例：前に家を貸していた時に借家人《しゃくやにん》が貼った

なお、③の場合に、埋蔵物を他人の土地の中で発見したときには、それを土地所有者と折半《せっぱん》することになります。

不動産の取得と法律関係

●マイホームの取得をめぐる法律

今日、特に東京圏や大阪圏などでマイホームを獲得することは至難のことです。これら大都市の圏内では、地価が依然として高いのです。

以下しばらくは、一生のうちの大事業であり、人生最大の買物であるマイホーム（住宅及びその敷地）の取得を念頭において、不動産の取得をめぐる法律問題を見ていきます。

●「売買」（債権）と「所有権の移転」（物権）

不動産すなわち土地及び建物の所有権を取得する方法は、売買、贈与、相続による方法などがあります。そのうち一般的な所有権取得の方法は**売買**です。以下では、売買を念頭において考えます。不動産の取得には、物権と債権の両方が関係します。売買契約という債権的行為（債権を発生させる行為）によって、所有権という物権が売主から買主に移転し、買主が不動産を取得するのです。

●不動産取引のプロセス

不動産取引は、通常、特定の不動産についての売買契約の締結から始まり、売主から買主への不動産の引渡しと登記《とうき》の移転、買主から売主への代金全額の支払いによって終了します。

実際には、買主の代金支払いについては、金融機関からの借金（住宅ローン）によって多くがなされます。借金をした買主が代金全額を売主に支払えば、買主の売主に対する代金債務は完了します。その後、買主には、金銭の借主として、金融機関等の貸主に対する借金返済債務（ローン）が残ります。そして一般的には、取

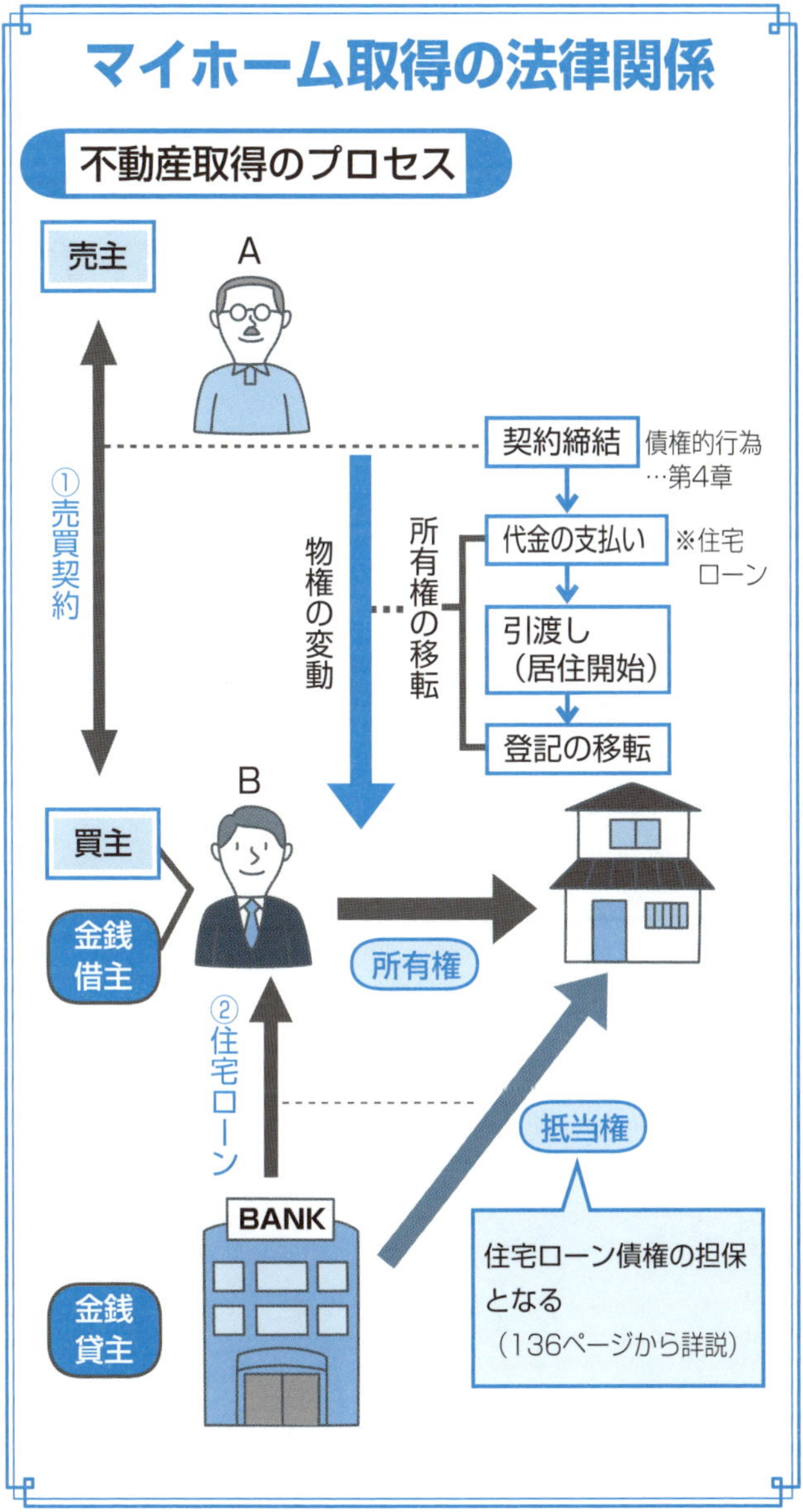
マイホーム取得の法律関係
不動産取得のプロセス
売主
A
①売買契約
物権の変動
所有権の移転
契約締結
債権的行為
…第4章
代金の支払い
※住宅ローン
引渡し（居住開始）
登記の移転
B
買主
金銭借主
所有権
②住宅ローン
BANK
抵当権
金銭貸主
住宅ローン債権の担保となる
（136ページから詳説）

得した土地・建物は貸主の担保（抵当権等）としての支配を受けます。この関係については、第3章で説明します。売買一般については、第4章で述べます。

不動産はいつから自分の所有になるか

●所有権の移転時期

Bが A から不動産を買った場合に、所有権はどの時点で移るでしょうか。前項で説明した、契約締結、代金支払い、引渡し、登記の移転のいずれの時点でしょうか。

民法176条は、物権の移転は「当事者の意思表示のみによって、その効力を生ずる」としています。「意思表示のみ」とあるので、契約の時に所有権も買主に移転しそうです。判例や伝統的な学説は基本的にそのように解しています。

●所有権の移転時期をめぐる学説と実務

ただし、今日の多くの学説の考え方は少し違います。その根拠は、現実の取引に照らして考えた場合に、A・Bの売買契約の意思表示だけでBが直ちに所有者となるとはAもBも考えないだろう、という点にあります。それでは、このような学説は、「意思表示のみによりてその効力を生ず」との規定をどのように説明するのでしょうか。

なお、判例も、所有権の移転時期について当事者間に特約《とくやく》がある場合（たとえば、契約書に「所有権は、代金全額の振込みがあり次第買主に移転する」との特約がある場合）には、それに従うものとしています。

そこで、別段の明示の特約がない場合でも、売買契約の後に、①代金の支払い、②不動産の引渡し、③登記の移転があったりした場合、これら3つのうちいずれか1つでもあれば、所有権を移転させる旨の「意思表示」があったと考えるべきではないか、と解するのです。つまり、①②③のいずれか1つがあった時点で所有権が移転すると考えるのです。ここで重要なことは、登記の移転とは無関係に所有権は移転することです。この点については学説・判例でまったく争いはありません。

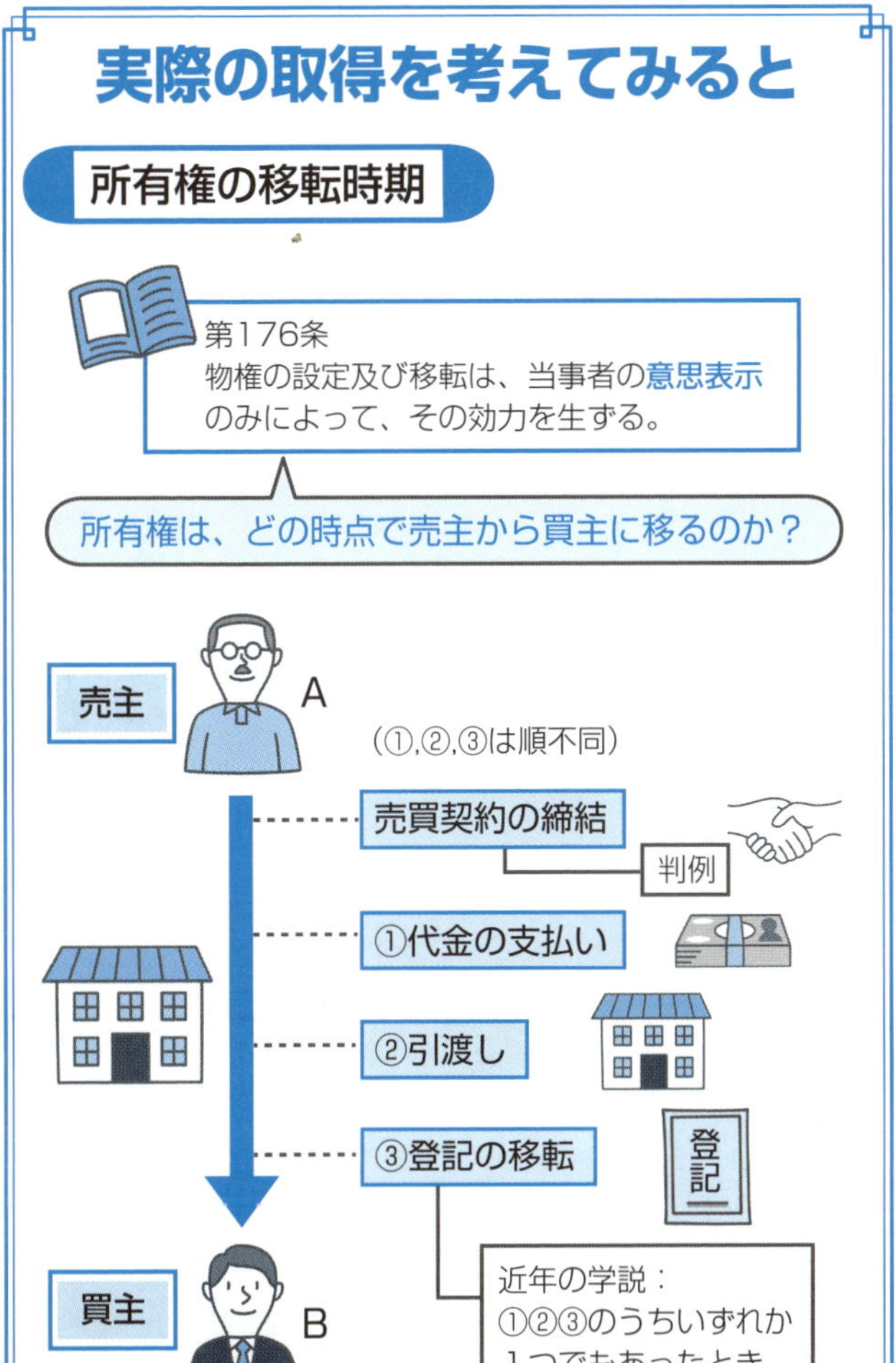
①②③のうちいずれか1つでもあったとき
※判例・学説とも、登記の移転があってはじめて所有権が移転するわけではないとしている

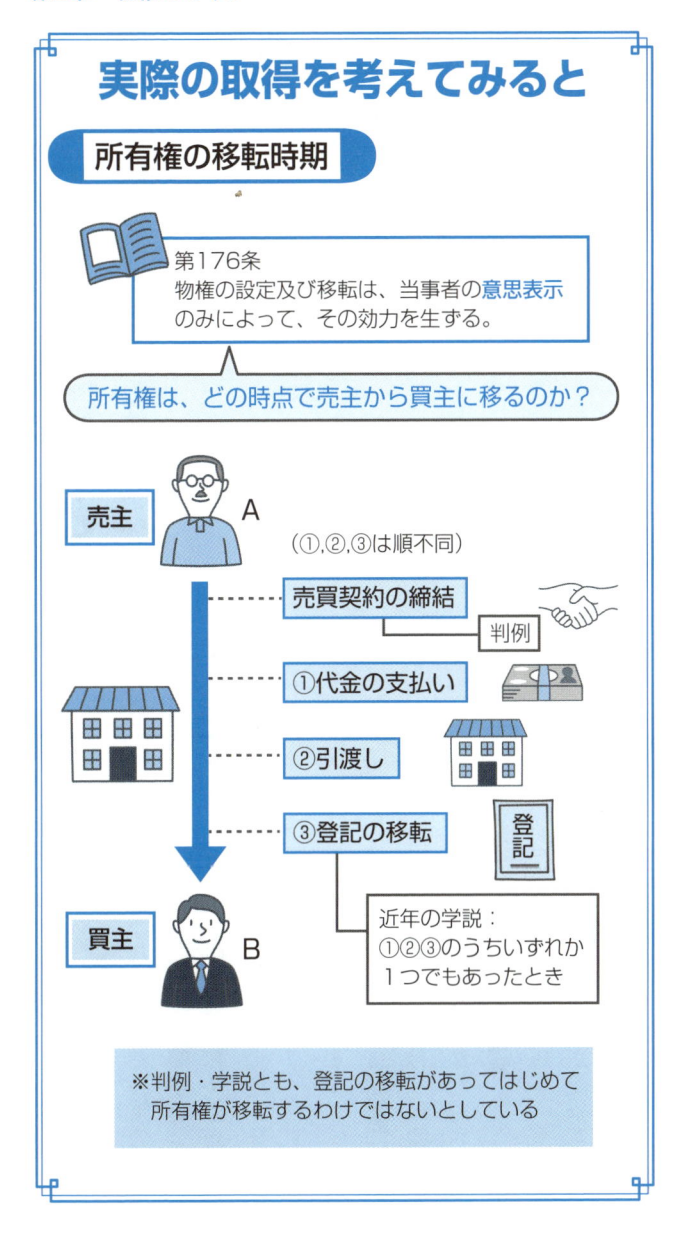

不動産の登記とはどのようなものか

●物権の権利関係の公示

物権には、その物を自分だけで独占して支配できるという**排他性**《はいたせい》があります。そこで、物権の取引の安全を図るためには、その目的物について誰がいかなる種類の物権をもっているかが外部に公示される必要があります。このような公示方法として民法は、動産については**占有**、不動産については**登記**《とうき》としました。

●不動産登記の方法

不動産の権利関係の公示は、不動産登記法の定める手続きにしたがい**登記簿**によってなされます。登記簿は、2004年の不動産登記法（以下、不登）の改正によって、すべて磁気ディスクをもって調製する帳簿になりました。一筆*の土地または一個の建物ごとに、**表示に関する登記**と**権利に関する登記**がなされます（不登2条）。

たとえば、Aの所有する一筆の土地（登記簿上1つとして登記されるものが一筆の土地です）については、次のようになります。

表示に関する登記が記録される**表題部**には、土地の所在する市町村、地番、地目、地積等が記録されます。権利に関する登記が記録される**権利部**には、登記の目的（所有権移転等）、申請の受付年月日、登記原因（売買等）、登記に係る権利の権利者の氏名・住所等が記録されます。

登記される権利は、所有権、地上権《ちじょうけん》、永小作権《えいこさくけん》、地役権《ちえきけん》、先取特権《さきどりとっけん》、質権《しちけん》、抵当権《ていとうけん》、賃借権《ちんしゃくけん》及び採石権*《さいせきけん》の9種であり、登記されるべき権利の変動は、これらの権利の得喪《とくそう》及び変更です（不

【(一)筆】土地の個数を表す言葉。1区画の土地

登3条）。

登記は、登記権利者（買主等）と登記義務者（売主等）の共同申請が原則です（不登60条）。

実際には、売買契約等のさいに、双方が一人の司法書士に登記申請を委任することが少なくありません。

物権の公示方法

物権の権利関係の表示

物権の排《はい》他《た》性《せい》 …その物を自分だけで独占して支配できる

↓

物権の公示の必要性 …その物について、誰が、いかなる物権をもっているのか？

↓

公示方法　動産…**占有**　不動産…**登記**

不動産登記のしくみ

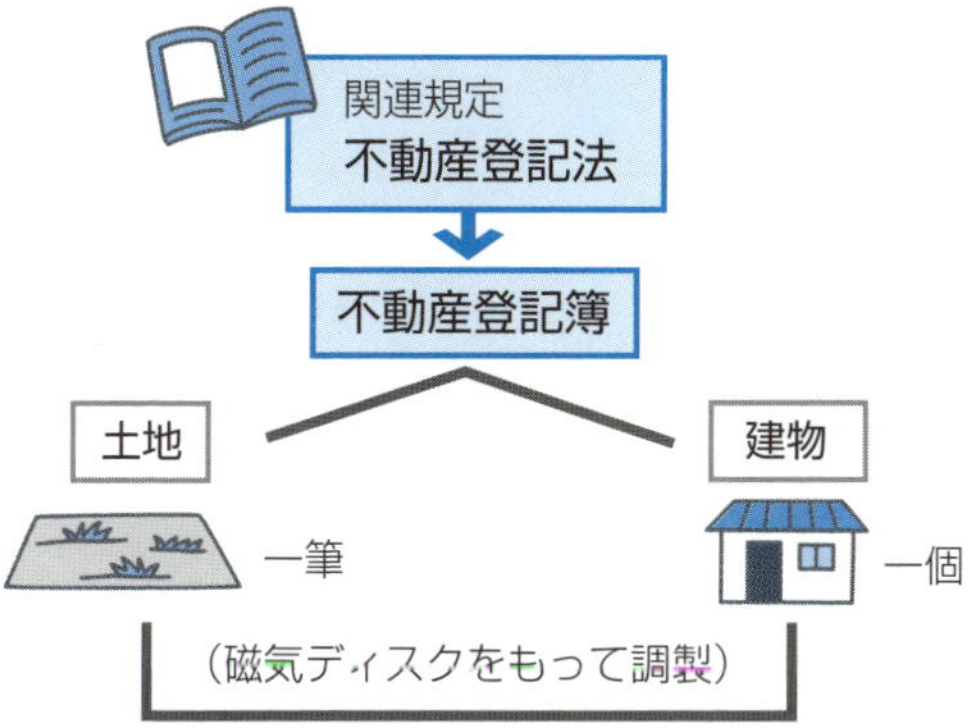

表題部 … 土地の所在地、面積等/建物の所在地、種類、構造、面積等

権利部 … **所有権**について（移転の年月日、原因、権利者の氏名等）

… **所有権以外の権利**について（設定年月日、原因、内容、権利者の氏名等）

【採石権】 他人の土地において岩石や砂利等を採取する権利のこと（採石法4条1項）

二重に売買がなされた場合の法律関係

●二重売買が起こりうる可能性

110ページで述べたように、AからBが不動産を買った場合に、登記の移転がなくても、代金の支払いか、または同不動産の引渡しがあれば、Bに所有権は移転します。

しかし、第三者Cから見ると、Bに所有権が移転したことがはっきりとわからない場合もあります。そこで、Bへの権利移転を知らずにCがAから同不動産を買ってしまうことが考えられます。特に登記がAにあるような場合にはこのようなことが起こり得ます。

このようなAによる**二重売買**は、実際には全体の不動産取引から見ればわずかですが、全くないわけではありません。それでは、この場合にA・C間の売買は無効となるのでしょうか。

●二重売買の効力

A→Bという第1売買とA→Cという第2売買がなされた場合に、第2売買のほうは無効になるのでしょうか。

民法上はどちらの売買契約も有効です。双方の売買契約とも有効に債権・債務関係が生じます。買主のB及びCは、各自売主Aに対して引《ひき》渡請求権《わたしせいきゅうけん》を有し、Aは、Bに対してもCに対しても不動産の引渡債務を負います。

しかし、売買の目的物である不動産は1つしかありませんので、Bが所有権を取得したらCは所有権を取得できないことになり、逆に、Cが所有権を取得したらBは所有権を取得できないことになります。

BとCとで話し合って優劣を決めるべきであるとか、折半すべきであるといった考えも浮か

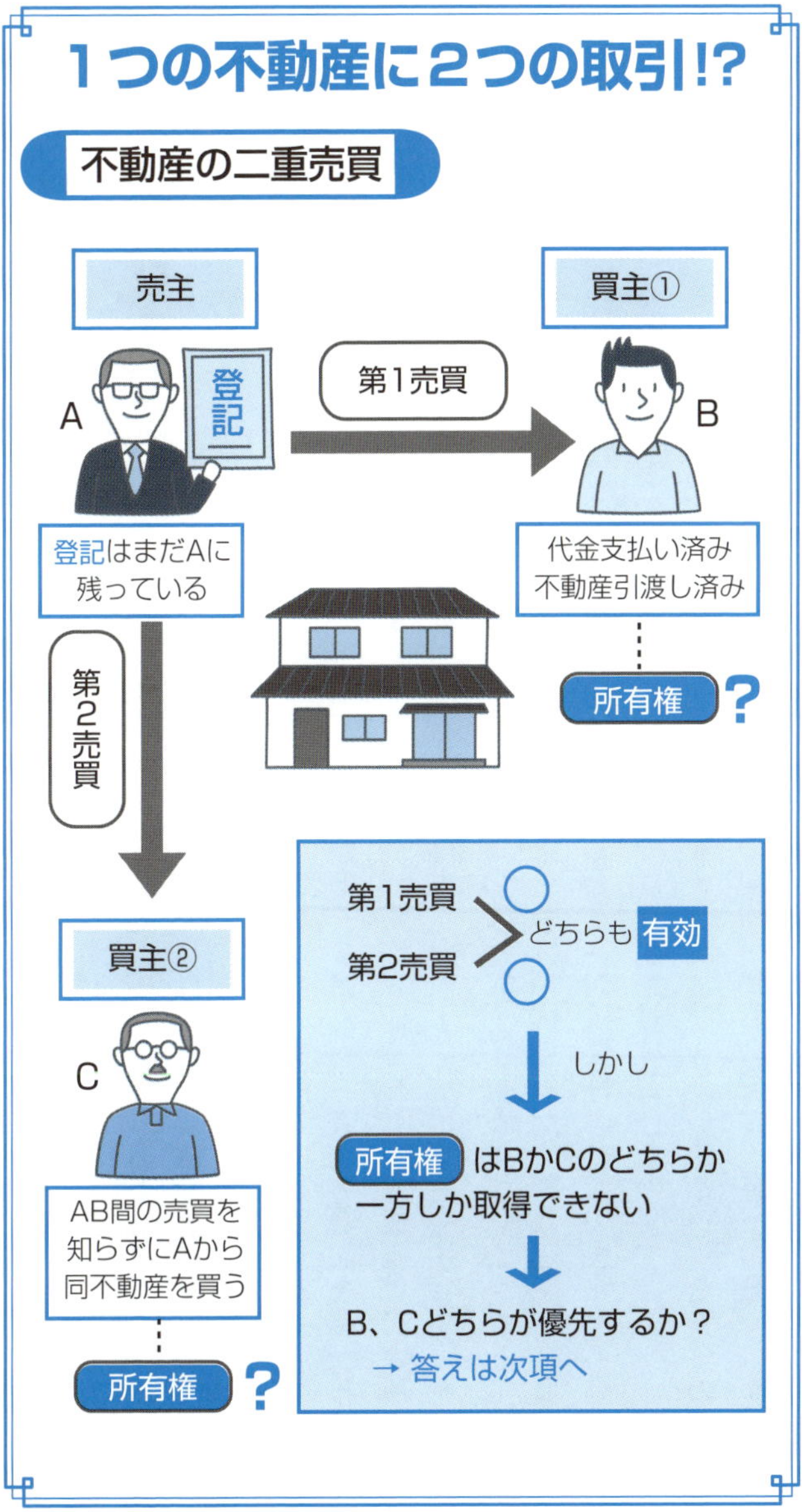
1つの不動産に2つの取引!?
不動産の二重売買
売主
買主①
A
登記
第1売買
B
登記はまだAに残っている
代金支払い済み
不動産引渡し済み
所有権？
第2売買
買主②
C
AB間の売買を知らずにAから同不動産を買う
所有権？
第1売買〇
第2売買〇
どちらも有効
しかし
所有権はBかCのどちらか一方しか取得できない
B、Cどちらが優先するか？
→答えは次項へ

びますが、これらは法律論ではありません。それでは、法律論としては、BとCの優劣をどのように考えるのでしょうか。次の項目で述べます。

登記は何のために必要か

●不動産取引における登記の効力

110ページで見たように、AとBとの不動産売買において、買主Bは、登記《とうき》の移転とは無関係に所有権を取得します。

つまりわが国の民法では、登記は権利の発生のための要件（効力要件）ではないのです。それでは、何のために登記が必要なのでしょうか。

●対抗要件としての登記

前項で見たA→Bという第1売買とA→Cという第2売買があった場合に、買主のBとCとの優劣の決め手になるのが**登記**です。

民法177条は、不動産に関する物権の得喪《とくそう》及び変更は、登記法の定める所に従ってその登記をなさなければ、第三者に対抗することができないと規定して、BもCも登記をしない限り、他の者に対し自己の所有権の取得を主張できないとしました。

したがって、第1買主Bが登記をしていれば問題ありませんが、Aから登記を移転していない間にCが登記を移してしまえばCが所有権を取得するのです。

このように、不動産取引において自らの権利を第三者に対抗するためには登記が必要で、このことを「**対抗要件**《たいこうようけん》」と言います。不動産については登記が対抗要件なのです。

A・B間及びA・C間といった売買の「当事者の関係」においては、買主のBやCが自らの所有権（の移転）を主張するのに登記は必要ありません。「買ったのであるから引き渡せ」ということだけでよいのです。

これに対しB・Cの関係のように、どちらも

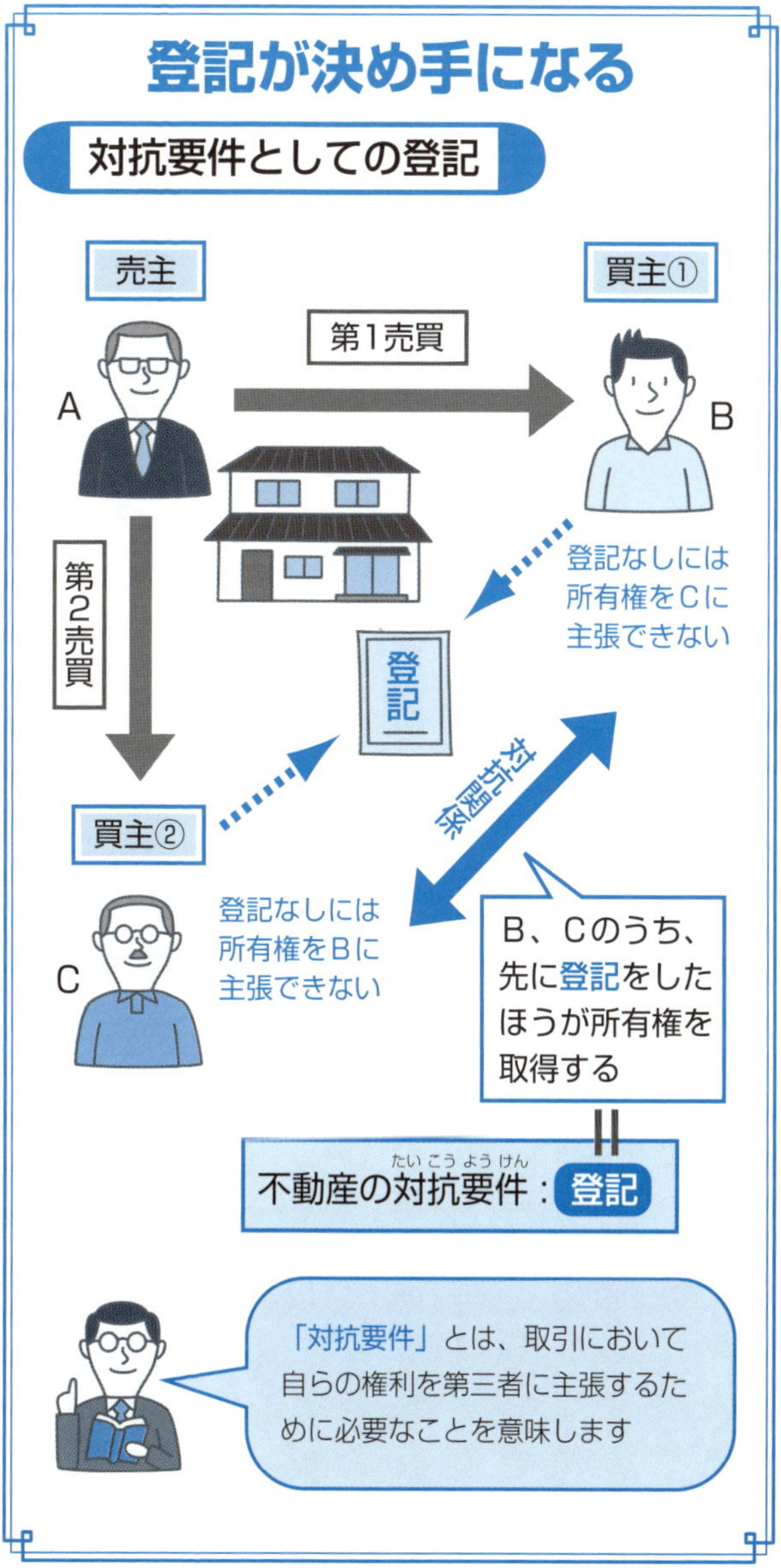
登記が決め手になる
対抗要件としての登記
売主
買主①
第1売買
A
B
第2売買
登記なしには所有権をCに主張できない
登記
対抗関係
買主②
C
登記なしには所有権をBに主張できない
B、Cのうち、先に登記をしたほうが所有権を取得する
不動産の対抗要件《たいこうようけん》：登記
「対抗要件」とは、取引において自らの権利を第三者に主張するために必要なことを意味します

「我こそが所有者である」といった「食うか食われるかの関係」にある者どうしの決着を登記によってつけるのです。なお、このような関係にない不動産の不法占拠者に対しては、登記なくして所有権に基づく返還請求（96ページ）が可能です。

登記を先にすれば常に勝てるか

●「悪意の第三者」は勝てるか

前の項目の場合において、第2買主Cが、すでにA・B間で売買契約がなされたことや、第1買主Bがその不動産の引渡しを受けて占有していることを知っているとき（「悪意」のとき）でも、Cは、登記さえ備えればBに対抗できるのでしょうか。

判例は、これを肯定的に解しています。民法177条は、第1買主Bは、登記をしていないと「第三者に対抗することができない」とだけ言っており、「善意の第三者」に対抗できない（つまり悪意の第三者には対抗できる）とは書いていないからです。

それでは、第三者である第2買主Cは、どのような場合でも登記さえ先にすれば、第1買主Bに勝つのでしょうか。

●背信的悪意者は「第三者」に当たらない

判例は、上で述べたように第三者Cが悪意でも登記を備えれば勝つのだという立場ですが、ただ、Cが「**背信的悪意者**《はいしんてきあくいしゃ》」である場合には登記があっても負けるとしています。

不動産登記法は、詐欺《さぎ》または強迫によって登記の申請を妨げた第三者（不登5条1項）、及び他人のために登記を申請する義務のある者（不登5条2項）は民法177条の「第三者」から除外すると定めています。判例は、さらに、これらに準ずる者を背信的悪意者として同様に扱っています。

背信的悪意者かどうかは、民法1条2項の*「**信義誠実**《しんぎせいじつ》**の原則**《げんそく》」すなわち「**信義則**《しんぎそく》」を根拠としています。たとえば、第1買主が登記をしてい

ければならない。」に基づく

ないのを利用して、この者に対し高値で売りつけて暴利を得る目的のみで山林を買った第2買主について、この者を「背信的悪意者」として

民法177条の「第三者」には当たらないとしました。

登記によって対抗できるとき

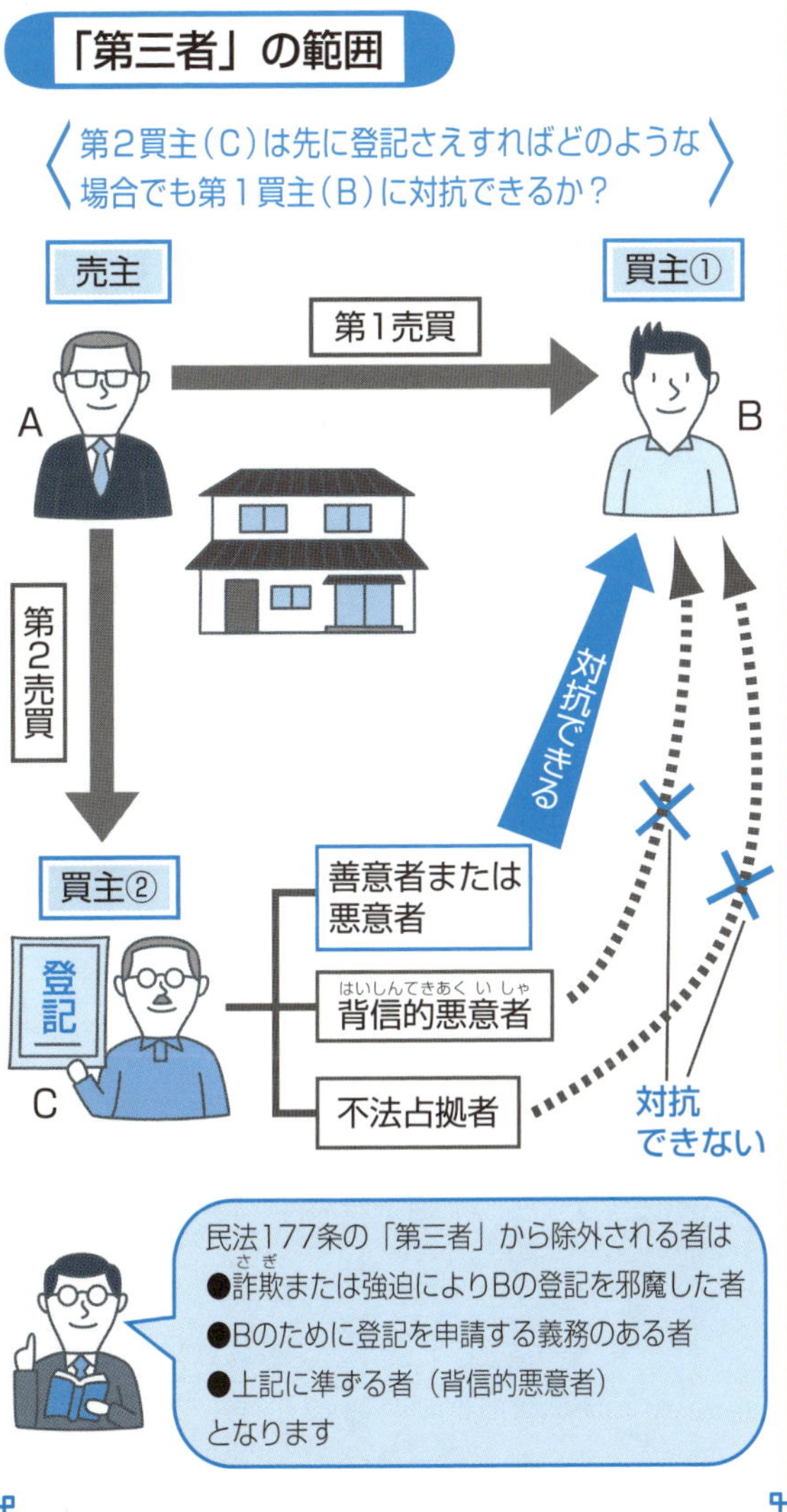
「第三者」の範囲
第2買主（C）は先に登記さえすればどのような場合でも第1買主（B）に対抗できるか？
売主
買主①
第1売買
A
B
第2売買
対抗できる
買主②
登記
C
善意者または悪意者
背信的悪意者《はいしんてきあくいしゃ》
不法占拠者
対抗できない
民法177条の「第三者」から除外される者は
●詐欺《さぎ》または強迫によりBの登記を邪魔した者
●Bのために登記を申請する義務のある者
●上記に準ずる者（背信的悪意者）
となります

【信義誠実の原則】 民法1条2項「権利の行使及び義務の履行は、信義に従い誠実に行わな

登記を全面的に信頼してよいか

●登記を信頼した者は保護されるか

116ページで見たように、Aから不動産を買い受けたBは、登記を備えておかないと第三者（第2買主C）に対抗できず、権利を取得できません。権利を取得できない場合には、Bは、Aに対し債務不履行を理由に損害賠償請求をして、金銭による賠償でがまんするしかありません。

それでは、Bが登記を備えていたところ、後日、その不動産の真の所有者Dが現れて、Bに対し、「あなたがAから買った不動産は私のものなので、Aが勝手に登記をしたものだ」と言って返還を求めてきた場合はどうでしょう。この場合、Aの登記を信じて同不動産を買い、登記の移転も済ませたBは保護されるでしょうか。

●登記に公信力なし

民法上、実体関係と一致しない登記を信頼して取引をしても、そのとおりの利益を受けることはできません。したがって、Bは、Dの請求に応じ、不動産を返還しなければなりません。その責任追及は、結局、売主Aに対してするほかありません（561条）。

この場合とは反対に、実質的な権利をともなわない空虚なものであっても、その信頼は保護されるという原則を「**公信《こうしん》の原則《げんそく》**」、その効力を「**公信力《こうしんりょく》**」と言います。不動産取引における登記には、公信力はないのです。

たしかに、先ほどの例においてBは気の毒ですが、別の面から見れば、もし登記の公信力を認めてBを保護したとすると、Dは、自己所有の不動産について毎日のように登記簿を点検しなければならないことになってしまいます。わ

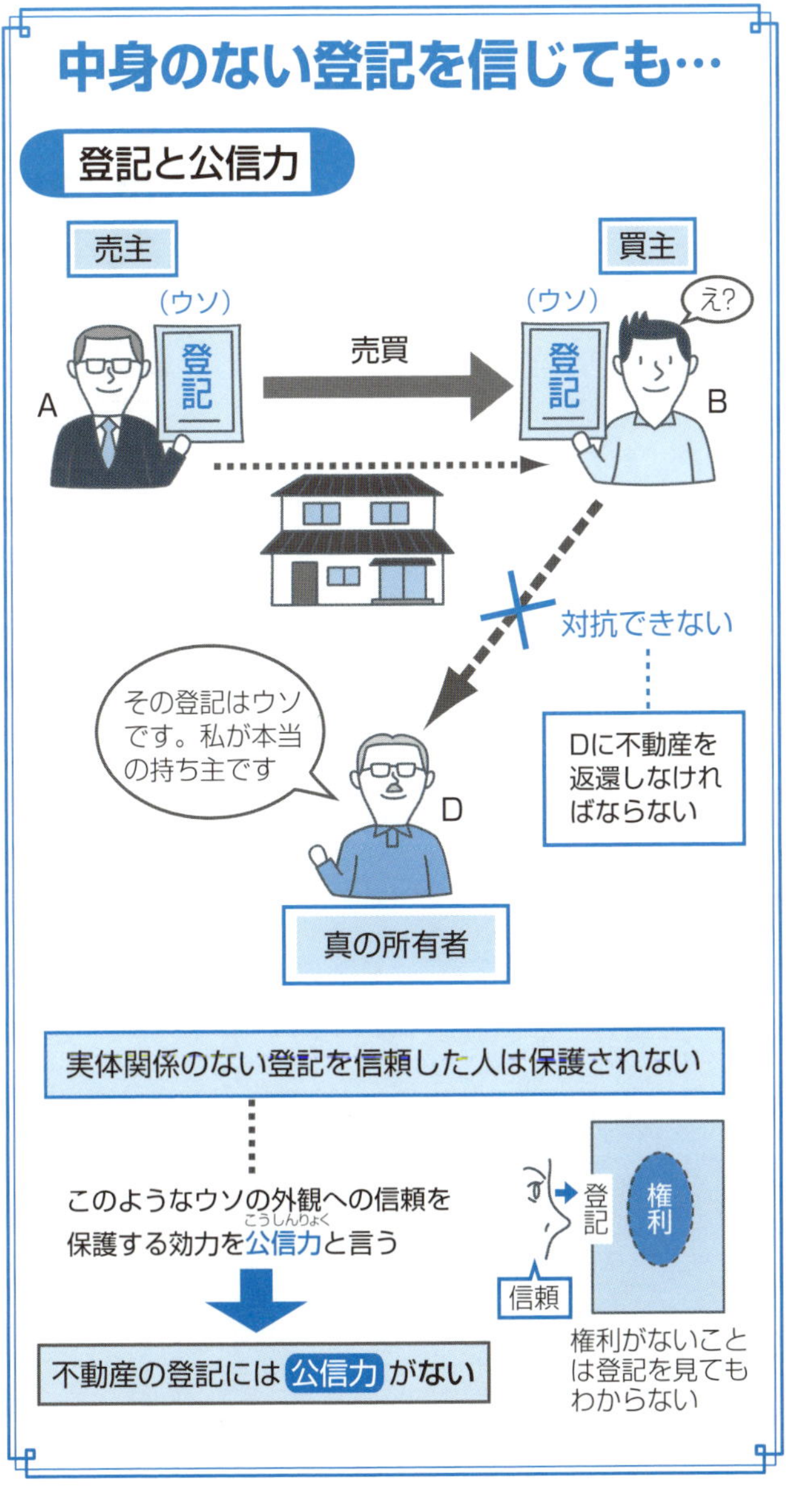

中身のない登記を信じても…
登記と公信力
売主
買主
（ウソ）
登記
（ウソ）
登記
え?
売買
A
B
対抗できない
Dに不動産を返還しなければならない
その登記はウソです。私が本当の持ち主です
D
真の所有者
実体関係のない登記を信頼した人は保護されない
このようなウソの外観への信頼を保護する効力を公信力《こうしんりょく》と言う
不動産の登記には公信力がない
登記
権利
信頼
権利がないことは登記を見てもわからない

が国に数千万いるといわれている不動産所有者にこのような手間をかけず、不動産の所有秩序を維持するためには、やむを得ないところでしょう。

動産が二重に売買された場合の法律関係

●動産の対抗要件としての引渡し

不動産が二重に売買された場合とくらべて、動産が二重に売買された場合はどうなるでしょう。たとえば、BがAから中古のパソコンを買って代金を支払ったが、引渡しを受けないうちにAがさらにこれをCにも売った場合、BとCのどちらが所有権を取得できるのでしょう。

民法178条は、動産に関する物権の譲渡《じょうと》とは、その動産の引渡しがなければ、第三者に対抗することができないと規定し、動産については**引渡し**を対抗要件（116ページ）としています。したがって、B、CのうちAからいち早く引渡しを受けたほうが所有権を取得します。

●引渡しの方法

上の「引渡し」は、占有の移転を言いますが、その方法として次の4種があります。

①第1は「**現実の引渡し**」（182条1項）で、現実にAからBへ物の引渡しが行われることです。

②第2は「**簡易の引渡し**」（同条2項）で、たとえばAからBがすでに借りて所持している物をBが買う場合に、占有を移転する旨の合意だけで占有の移転があったことになるものです。

③第3は「**占有改定《せんゆうかいてい》**」（183条）で、たとえばAが所有している物をBに売りますが、所有者となったBから借りて引き続きAが所持する場合に、Aが今後はBのために占有する旨の意思表示をしたときは、AからBへの占有の移転があったことになるものです。

④第4は、「**指図《さしず》による占有移転**」（184条）で、

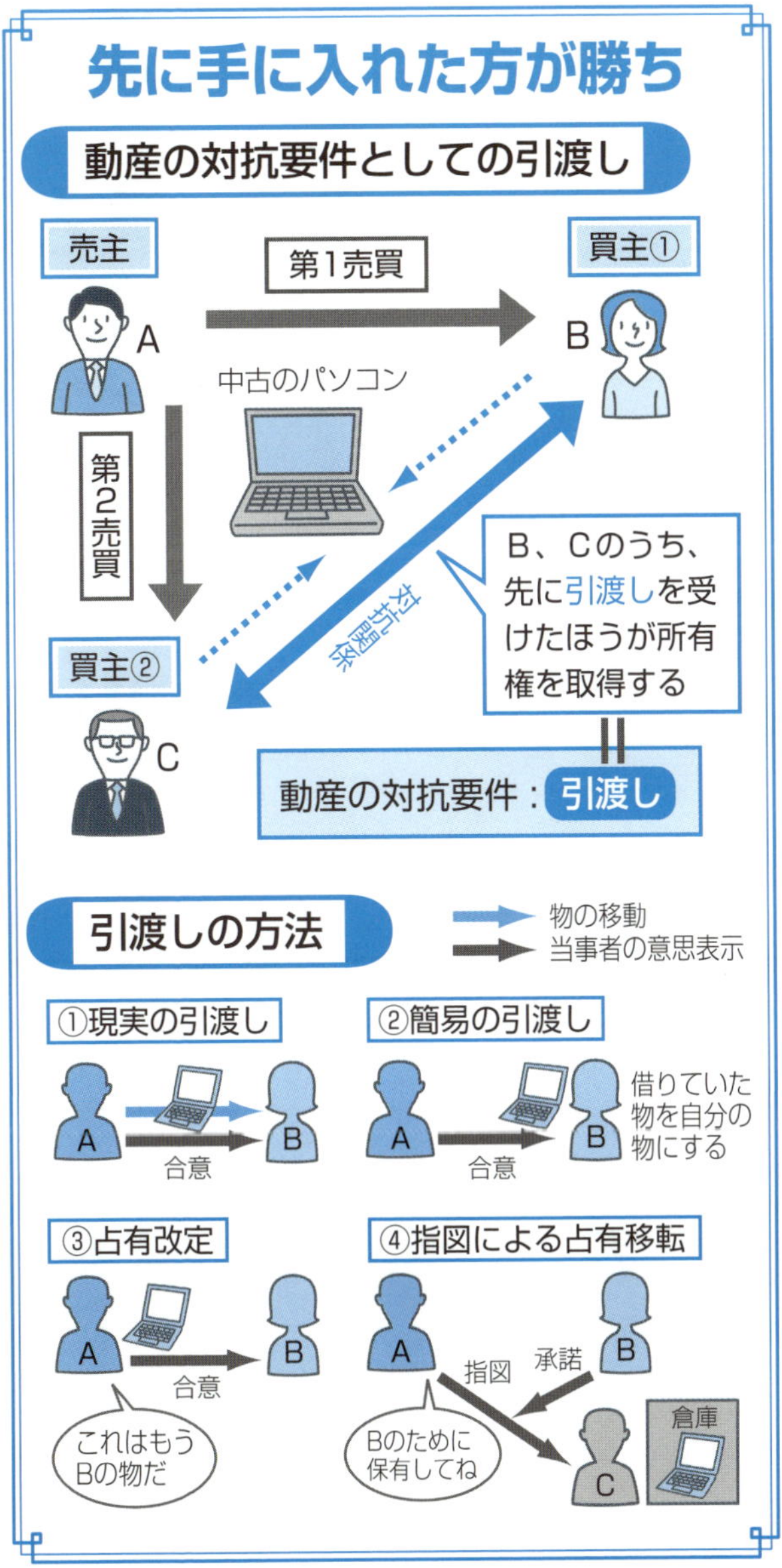
先に手に入れた方が勝ち
動産の対抗要件としての引渡し
売主
第1売買
買主①
A
B
中古のパソコン
第2売買
対抗関係
B、Cのうち、先に引渡しを受けたほうが所有権を取得する
買主②
C
動産の対抗要件：引渡し
引渡しの方法
物の移動
当事者の意思表示
①現実の引渡し
A
B
合意
②簡易の引渡し
A
B
合意
借りていた物を自分の物にする
③占有改定
A
B
合意
これはもうBの物だ
④指図による占有移転
A
B
指図
承諾
Bのために保有してね
C
倉庫

たとえばAがC（倉庫）に預けてある物をBに売った場合に、AがCに対し今後はBのために占有する旨を命じ、Bがこれを承諾したときにはBに占有が移転するものです。

①～④のすべてが、動産の対抗要件である「引渡し」にあたります。

占有を全面的に信頼してよいか

●占有による動産の即時取得

Aが、Bから借りているパソコンを自分の物としてCに売ってしまった場合に、Cは、そのパソコンの所有権を取得できるでしょうか。それともBからの返還請求に応じなければならないでしょうか。

民法192条は、動産については、取引の安全を保持するために動産の占有に公信力を認め、Cに一定の要件のもとで所有権を取得させることとしました。すなわち、「Aが占有しているから、Aにはそれを処分する正当な権限があるのであろう」というCの信頼を保護することとしました。

不動産と異なり、動産はまさに「動く物」ですから、真実の権利者（B）の保護よりも取引の時点での占有の状態を重視し、取引の安全を保護することにしたのです。

これを、占有の取得によって「即時に」所有権等の権利を取得できるため、「**即時取得**《そくじしゅとく》」と言います。または、次に述べるように「善意・無過失」が要件であるため「**善意取得**《ぜんいしゅとく》」と言います。

●即時取得の要件

即時取得が認められるためには、次の5つの要件が必要です。

すなわち、①取引の客体が動産であること、②A・C間が売買や贈与のような取引によるものであること、③譲渡人《ゆずりわたしにん》Aが無権利・無権限であること、④譲受人《ゆずりうけにん》Cの取得が「平穏かつ公然」（盗んだり拾ったりしたものでなく一般的な取引によりなされたこと）、さらに、譲受人Cが「善

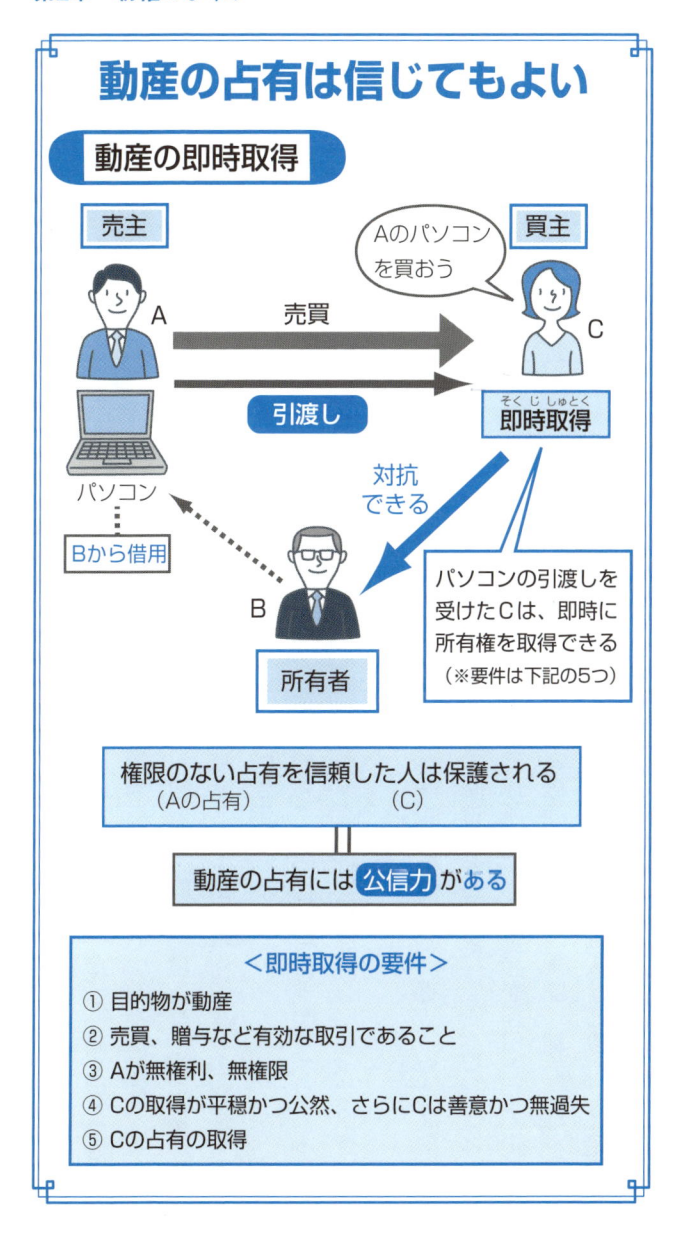

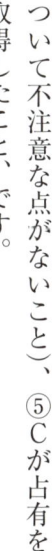

動産の占有は信じてもよい

動産の即時取得

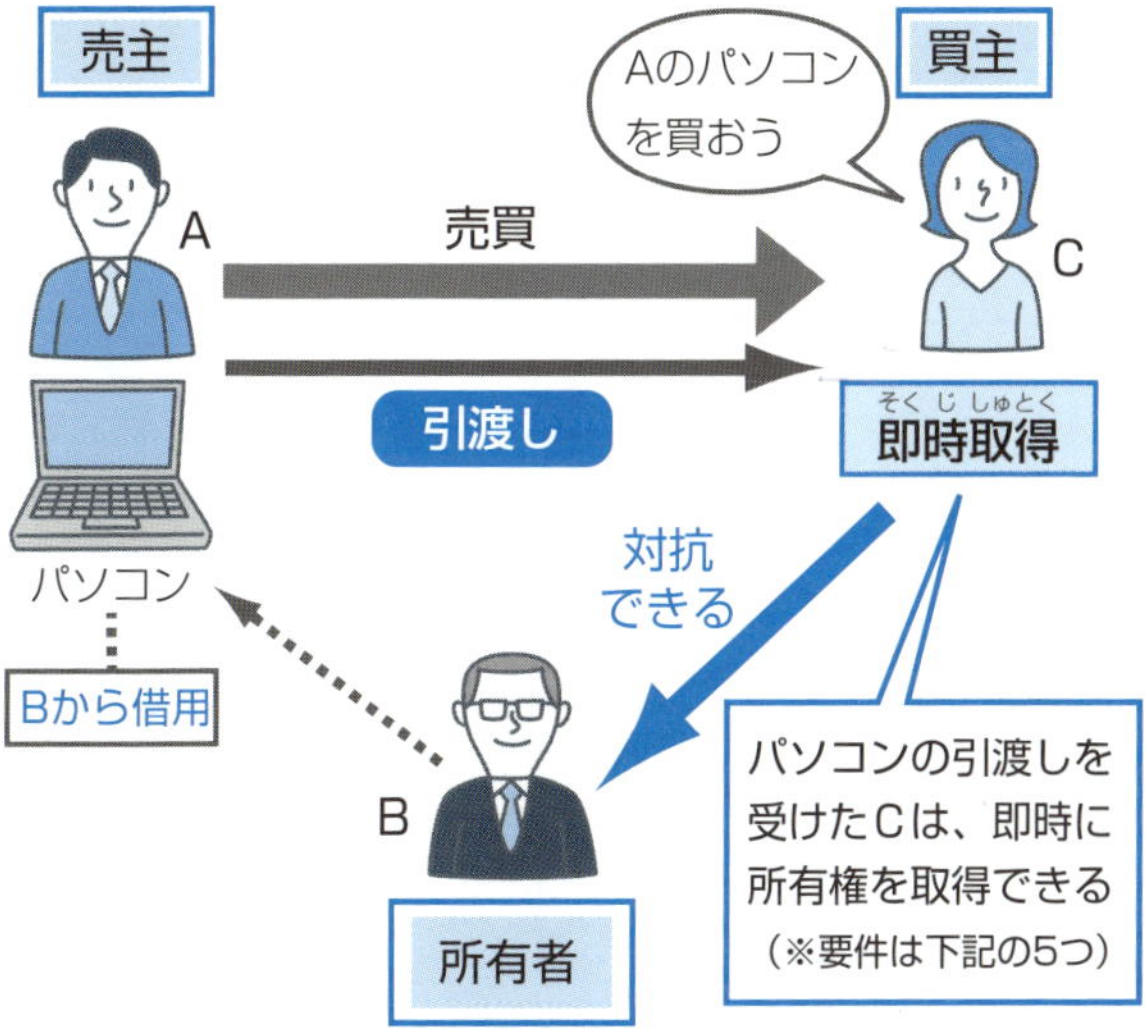

売主
買主
Aのパソコンを買おう
A
売買
C
引渡し
即時取得《そくじしゅとく》
パソコン
Bから借用
対抗できる
B
所有者
パソコンの引渡しを受けたCは、即時に所有権を取得できる
（※要件は下記の5つ）

権限のない占有を信頼した人は保護される
（Aの占有）　（C）

‖

動産の占有には**公信力**がある

＜即時取得の要件＞

① 目的物が動産
② 売買、贈与など有効な取引であること
③ Aが無権利、無権限
④ Cの取得が平穏かつ公然、さらにCは善意かつ無過失
⑤ Cの占有の取得

意かつ無過失」であること（Aに権利・権限がないことを知らず、かつ、知らなかったことについて不注意な点がないこと）、⑤Cが占有を取得したこと、です。

第3章

担保物権のしくみ

●本書の第3章では、民法「第2編 物権」の後半に定められている担保物権、すなわち留置権・先取特権・質権・抵当権（第2編第7章〜第10章）の４つの物権を見ていきます。

●中でも、抵当権は特に重要であり、本書でも、この抵当権を中心に述べていきます。

●抵当権は、社会において、一方では企業が事業資金を金融機関から得るために、企業が所有する不動産を担保として提供する場面で利用されます。他方では、市民がマイホームを購入する際に、住宅ローンの担保として、そのマイホームを金融機関に提供する場面で利用されます。

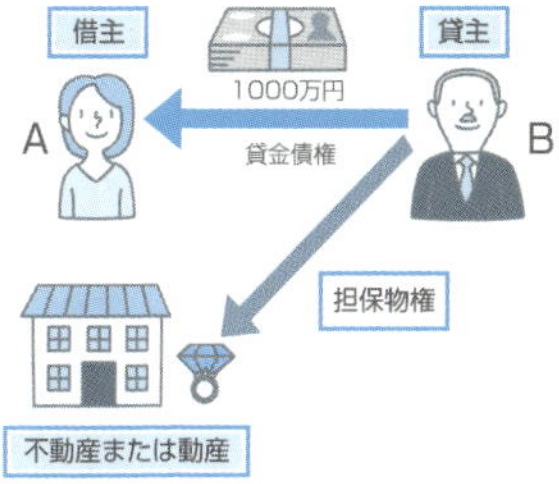

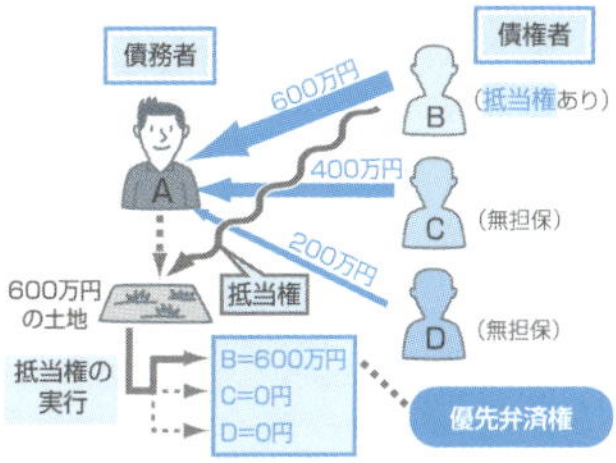

第3章の キーワード

◉人的担保と物的担保　◉優先弁済権
◉債権者平等の原則　◉法定担保物権
◉約定担保物権　◉抵当権　◉一番抵当
◉競売　◉付加物　◉物上代位
◉建物明渡猶予制度　◉法定地上権

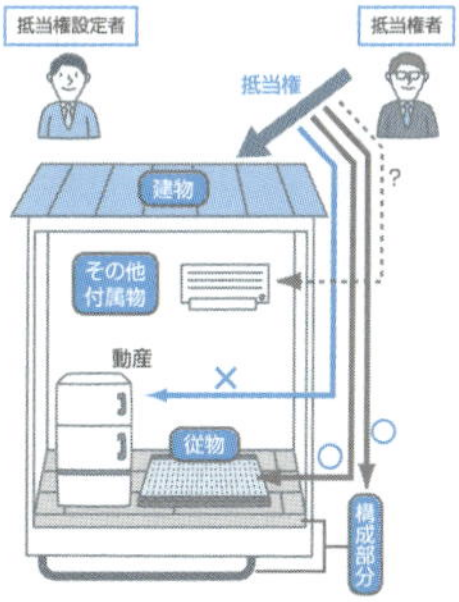

金銭の貸し借りにはなぜ担保が必要か

●貸金を回収するための担保

親族間や友人間での金銭の貸し借りにおいては、一般的に金額が少ないこともあり、また、お互いに信頼関係があることから、無担保《むたんぽ》での貸し借りも多くあります。また、消費者金融等から借りる場合でも小額のときは、簡単な審査を通れば無担保で融資を受けられます。

しかし、融資額が大きくなれば、無担保でお金を借りられることはまずありません。貸主《かしぬし》が確実に返済を受けられる保証がないからです。

貸主としては、借主《かりぬし》からの返済がない場合には、最終的に借主の不動産などの財産を、司法手続を踏んで差し押さえて、強制的に売却して、その売却代金を貸金《かしきん》の弁済《べんさい》にあてることができます。しかし、他に債権者《さいけんしゃ》がいるようなときには、他の債権者とこれを分けなければならず、自分の貸金額の全額を回収できる保証はないのです。

そこで貸主としては、借主から任意に返済が受けられない場合に、他に優先して貸金全額を回収できるよう担保を要求し、これを条件に融資を行うことになります。

●人的担保と物的担保

担保には、**人的《じんてき》担保《たんぽ》**と**物的《ぶってき》担保《たんぽ》**があります。

人的担保とは、借主（債務者）が返済しない場合に他の人に返済させるものです。保証や連帯保証がこれにあたります（226ページ）。

これに対し、物的担保とは、不動産や価値のある動産を担保として提供させるものです。借主からの返済がない場合には、担保の目的物を裁判所の関与のもとで競売《けいばい》*し、その売却代金か

【競売】法律用語では「きょうばい」ではなく「けいばい」と読む（140ページ）

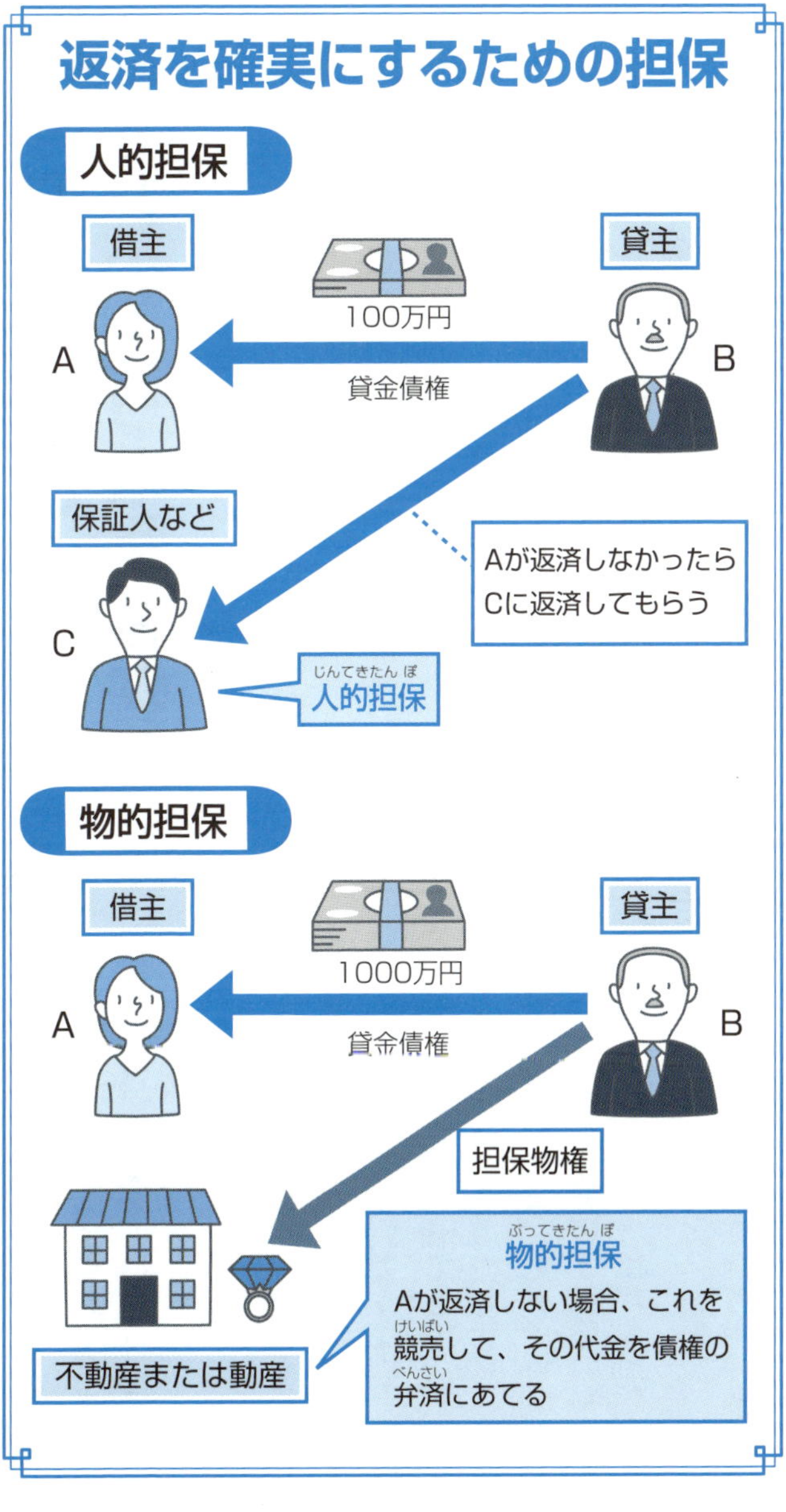
返済を確実にするための担保
人的担保
借主
貸主
100万円
A
B
貸金債権
保証人など
Aが返済しなかったら
Cに返済してもらう
C
人的担保《じんてきたんぽ》
物的担保
借主
貸主
1000万円
A
B
貸金債権
担保物権
物的担保《ぶってきたんぽ》
Aが返済しない場合、これを
競売《けいばい》して、その代金を債権の
弁済《べんさい》にあてる
不動産または動産

ら優先的に弁済を受けることができます。

一般的には、後者のほうが担保として確実で、多額の融資の際には物的担保（**担《たん》保《ぽ》物《ぶっ》権《けん》**）が利用されます。

担保物権とはどのような物権か

●優先弁済権のための担保物権

前項で述べたように、担保物権《たんぽぶっけん》とは、債権者《さいけんしゃ》（金銭の貸主等）が、担保として提供された債務者《さいむしゃ》（金銭の借主等）等に属する財産から優先的に弁済を受けるために、その財産を支配する権利を言います。

つまり、その債務者が複数の債権者から借金をしていても、債務者等の財産が担保として提供されていれば、担保物権者となった債権者は、他の債権者を排除して優先的に、その担保となっている財産から（それを裁判所の関与のもとに売却して）貸金の返済を受けることができるのです。これを**優先弁済権**《ゆうせんべんさいけん》と言います。

担保物権における「物に対する直接の支配権」の目的は、その物を使用収益することにあるのではなく、債権を担保することにあるのです。

●債権者平等の原則と担保物権の意味

たとえば、ＡがＢ、Ｃ、Ｄからそれぞれ６００万円、４００万円、２００万円の借金をしましたが、これらを返済できないような場合を考えます。Ａの唯一の財産が時価６００万円の土地であるようなときには、その売却代金６００万円から債権者Ｂ、Ｃ、Ｄは、それぞれ３００万円、２００万円、１００万円と平等の割合で弁済を受けることになります。このことを**債権者平等の原則**と言います。

しかし、ここでＢがＡに６００万円の融資をするさいに、Ａのこの土地を担保（抵当権《ていとうけん》または質権《しちけん》等）として提供させていれば、その売却代金（競売代金）６００万円をＢ１人で独占できることになるのです。

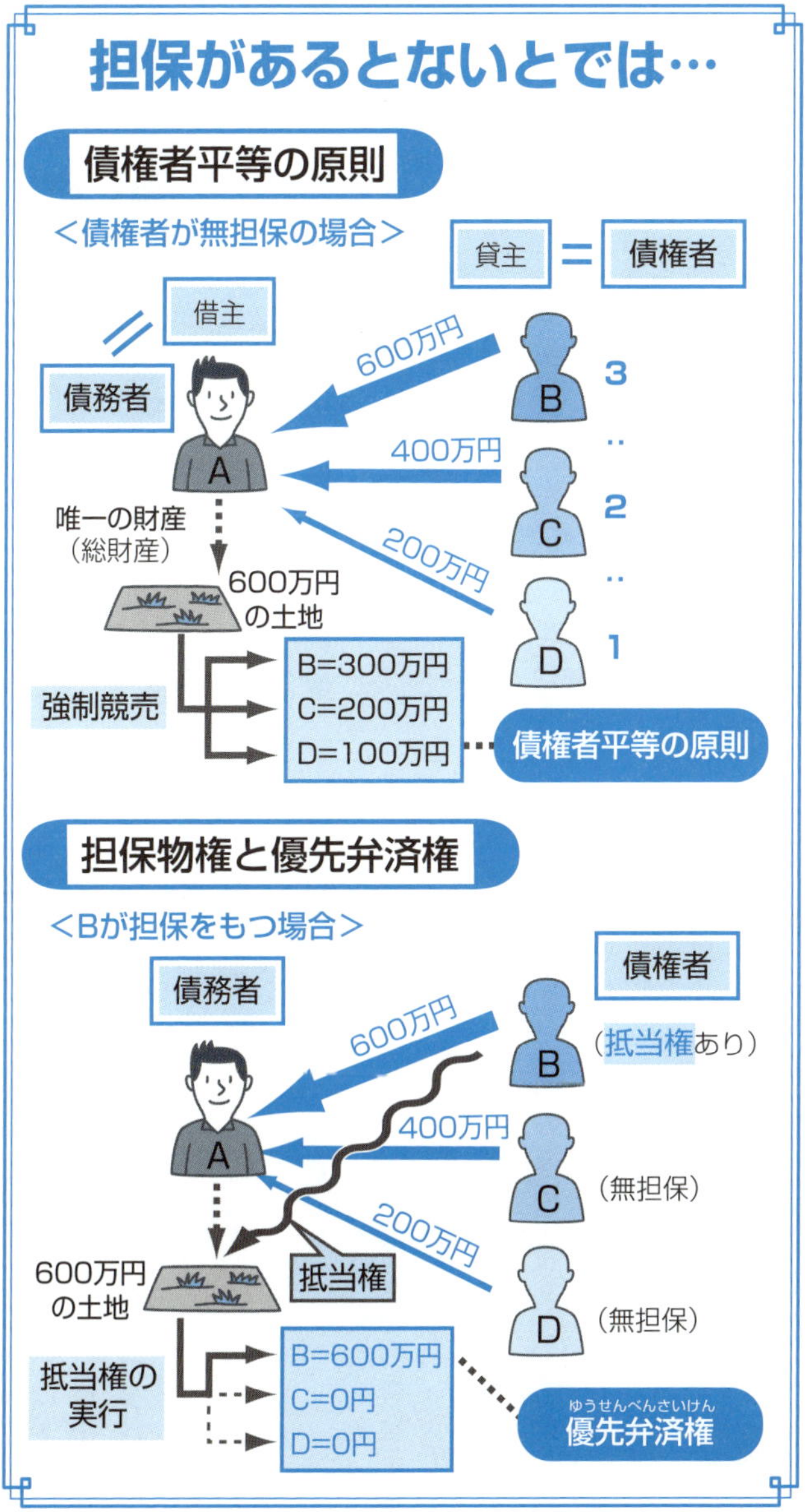

担保があるとないとでは…
債権者平等の原則
<債権者が無担保の場合>
貸主
＝
債権者
借主
//
債務者
600万円
400万円
200万円
A
B
C
D
3
：
2
：
1
唯一の財産
（総財産）
600万円
の土地
強制競売
B=300万円
C=200万円
D=100万円
債権者平等の原則
担保物権と優先弁済権
<Bが担保をもつ場合>
債務者
債権者
（抵当権あり）
600万円
400万円
200万円
（無担保）
（無担保）
抵当権
600万円
の土地
抵当権の
実行
B=600万円
C=0円
D=0円
優先弁済権《ゆうせんべんさいけん》

このように担保物権は、債権者にとっては、債権の回収を安全・確実にし、また、資金を必要とする債務者にとっては、担保となるような財産があれば資金の調達が容易になります。

担保物権にはどのようなものがあるか(1)

●法定担保物権である留置権と先取特権

民法上、留《りゅう》置《ち》権《けん》、先取特権《さきどりとっけん》、質権、抵当権の4種類の担保物権が規定されています。

このうち留置権と先取特権は、債権者と債務者等との間での約束（担保の設定行為）とは無関係に、法律によって一定の場面で当然に成立します。両者を**法《ほう》定《てい》担《たん》保《ぽ》物《ぶっ》権《けん》**と言います。

●留置権とはなにか

たとえば、自動車の所有者から修理を依頼された者は、所有者が修理代金を支払わない間は修理した自動車の引渡しを拒むことができます。

このように、物に関して生じた債権（修理代金）を有する債権者（修理業者）は、債務が弁《べん》済《さい》されるまでは誰に対しても、その物の引渡しを拒む（留置する）権利が認められています。この権利を**留置権**と言います（295条）。

●先取特権とはなにか

たとえば、ある企業がその労働者の賃金を支払っておらず、また、銀行からの借入金《かりいれきん》の返済ができなくなったような場合を考えます。このときに、債権者平等の原則を貫くと、労働者に賃金債権*の一部しか支払われないようなことが起こるでしょう。これは、社会政策的見地から見て社会的正義に反することになります。なぜならば労働者の賃金債権は、直接に労働者の生存にかかわるものだからです。

そこで、民法は、銀行より先に、労働者が企業の一般財産を差し押さえて優先弁済を受けられるようにしました（306条、308条）。この例の

【賃金債権】賃金を受け取る権利（債権）

ように社会政策的見地により、また、債権者間の実質的な公平をはかるため、法律に規定された一定の債権者が、債務者の有する財産全体（**一般財産**《いっぱんざいさん》と言う）、あるいは特定の不動産または動産から、他の債権者に優先して弁済を受ける権利が**先取特権**です（303条）。

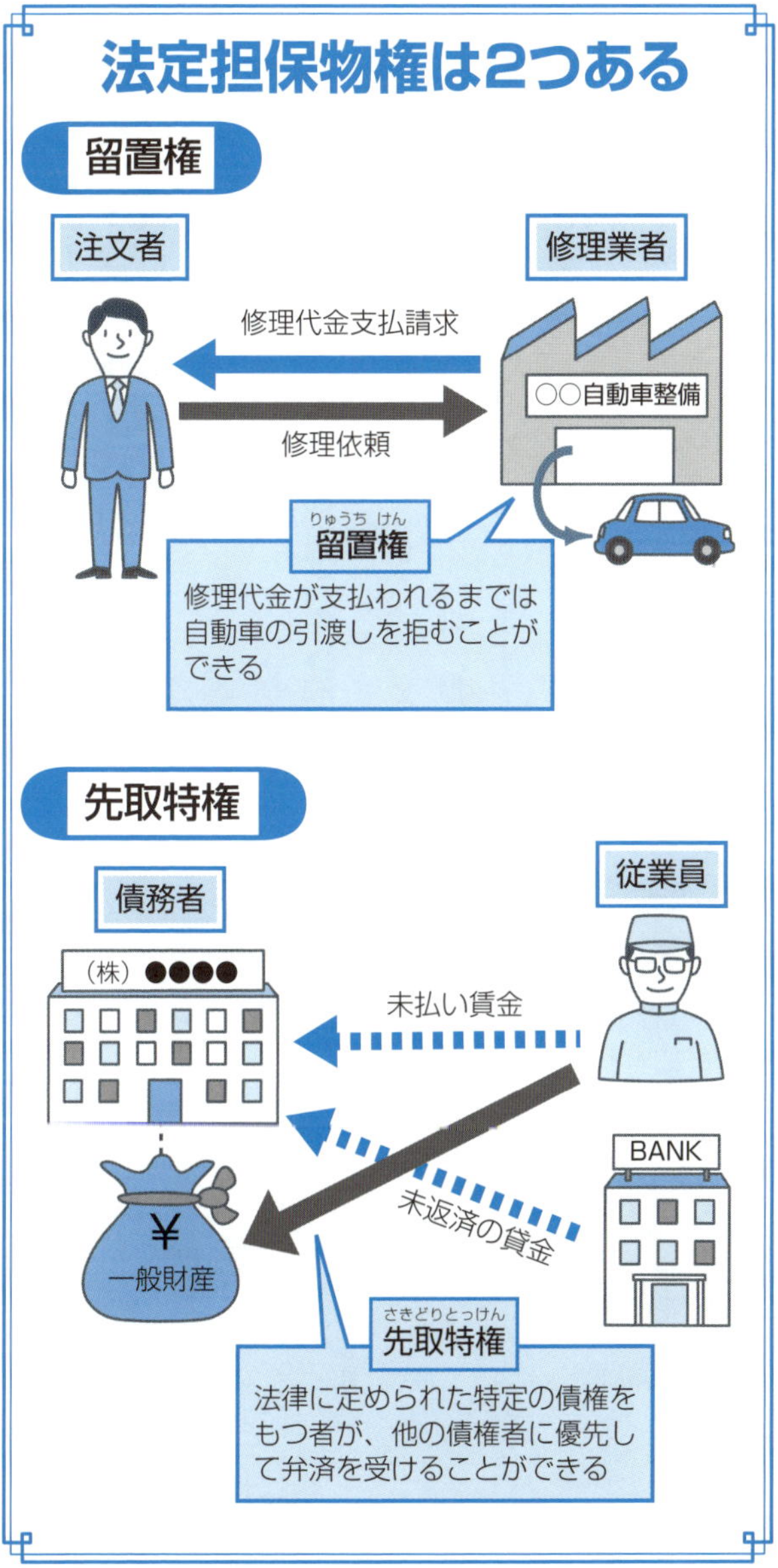
法定担保物権は2つある
留置権
注文者
修理業者
修理代金支払請求
修理依頼
○○自動車整備
留置権《りゅうちけん》
修理代金が支払われるまでは自動車の引渡しを拒むことができる
先取特権
債務者
従業員
（株）●●●●
未払い賃金
BANK
未返済の貸金
¥
一般財産
先取特権《さきどりとっけん》
法律に定められた特定の債権をもつ者が、他の債権者に優先して弁済を受けることができる

担保物権にはどのようなものがあるか(2)

●当事者間の約定で定まる約定担保物権

質権《しちけん》と抵当権《ていとうけん》とは、担保権者（債権者）と担保権設定者（債務者等）との間での約束（担保権設定行為）によってはじめて成立します。両者を**約定担保物権**《やくじょうたんぼぶっけん》と言います。

担保物権の中で最も重要なものは抵当権です。そこで、次の項目以降は、抵当権について説明します。その前に本項で、質権と非典型担保《ひてんけいたんぼ》について述べます。

●質権とはなにか

質権とは、債権の担保として債務者から受け取った物（質物《しちぶつ》）を、債権者（質権者）が占有し、債務の弁済がないときには、その物を裁判所の関与のもとに金銭に換えて、その中から優先的に弁済を受けることができる権利です（342条）。質屋を思い浮かべればわかるでしょう。

質物の占有が債権者に移転するのが、抵当権との違いの1つです。質物は、動産だけでなく、不動産や権利もその対象になります。

●非典型担保とはなにか

約定担保物権のうち、民法に規定のない担保を**非典型担保**と言います。

そのうちの1つ、**仮登記担保**《かりとうきたんぽ》とは、AがBから融資を受けるさいに、弁済期にその債務の弁済がないときには、A（または第三者）の不動産等の所有権をBに移転することを予約し、この権利を仮登記*しておくことによって担保の目的を達成しようとすることを言います。これは、仮登記担保法の規定する非典型担保です。

一方、判例上認められている**譲渡担保**《じょうとたんぼ》とは、

の順位保全のためにあらかじめする登記

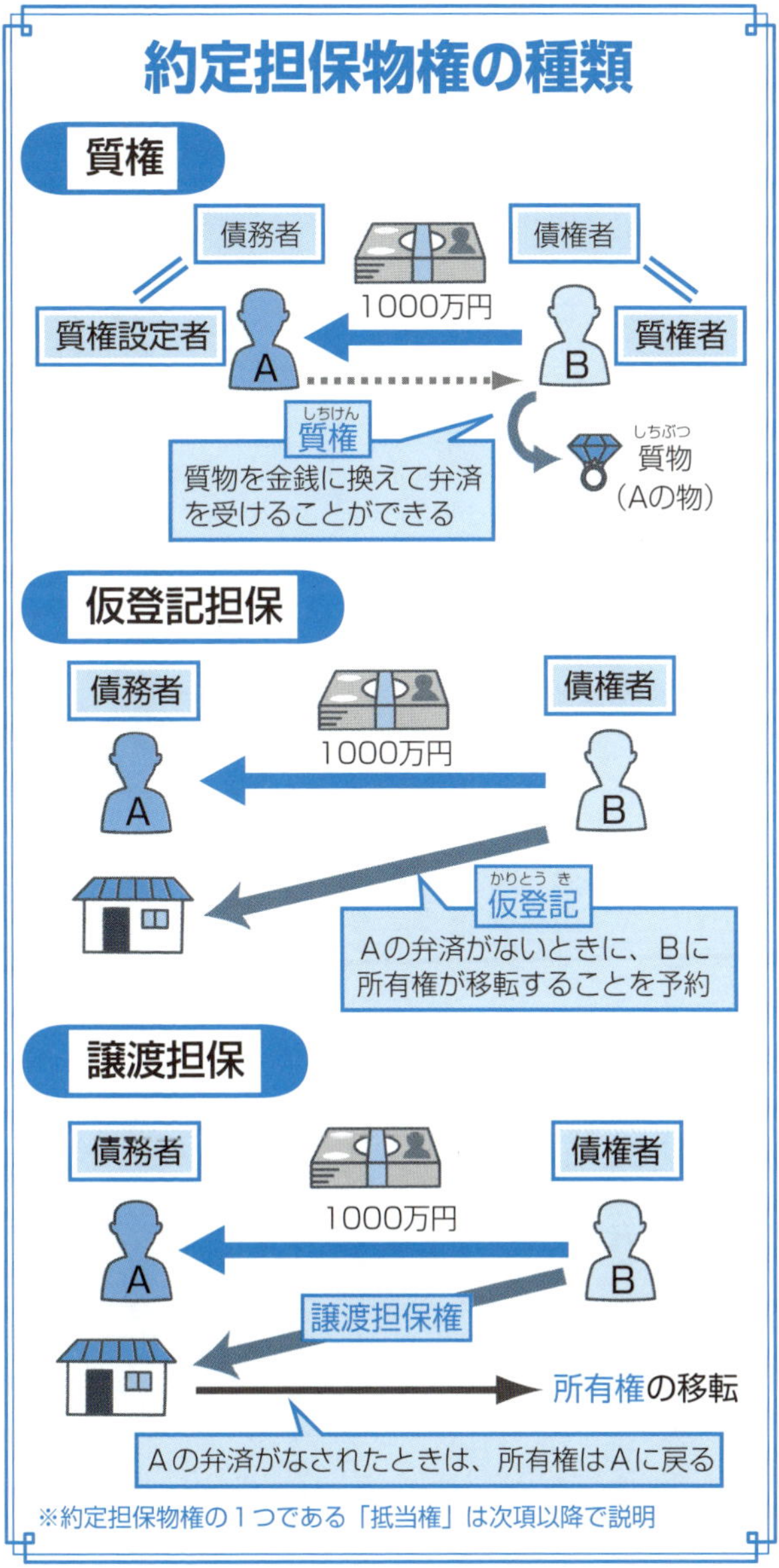
約定担保物権の種類
質権
債務者
質権設定者
債権者
質権者
1000万円
A
B
質権《しちけん》
質物を金銭に換えて弁済を受けることができる
質物《しちぶつ》
（Aの物）
仮登記担保
債務者
債権者
1000万円
A
B
仮登記《かりとうき》
Aの弁済がないときに、Bに所有権が移転することを予約
譲渡担保
債務者
債権者
1000万円
A
B
譲渡担保権
所有権の移転
Aの弁済がなされたときは、所有権はAに戻る
※約定担保物権の１つである「抵当権」は次項以降で説明

AがBから融資を受けるさいに、担保の目的となるA（または第三者）の不動産等の所有権をBに移転しておいて（登記も移転します）、AからBに対して債務の弁済があると、所有権をA（または第三者）に戻す非典型担保です。

【仮登記】登記（本登記）をするための要件が備わっていない場合に、将来における本登記

抵当権はどのような場面で利用されるか

●事業資金の融資と「住宅ローン」

以下の項目では、次の2つの事例を用い、さらに個々の箇所でより具体的な例を設定して**抵《てい》当権《とうけん》**について説明していきます。

事例①：甲社《こう》は、その代表取締役Aの所有する土地に抵当権を設定し、B銀行から事業資金として3000万円の融資を受けました。

事例②：Aは、マイホームの購入のためその建物と敷地に抵当権を設定し、B銀行から2000万円の融資（住宅ローン）を受けました。

●債務者あるいは第三者が抵当権設定者となる

抵当権は、抵当権者（債権者）と抵当権設定者（債務者等）との抵当権の設定によって成立します（369条）。

事例②では、Aが住宅資金の担保としてBのためにA所有の土地と建物に抵当権を設定しています。Aが抵当権設定者でBが抵当権者となります。抵当権者となるのは必ず債権者ですが、抵当権設定者になるのは必ずしも債務者であるとは限りません。

事例①では、債務者は甲社ですが、甲社は適当な担保になるべき不動産を所有していない等の理由で、抵当権設定者には第三者Aがなっています。このように債務者以外の者が抵当権設定者となることも可能で、このような第三者を*****物上保証人《ぶつじょうほしょうにん》**と言います。

物上保証人は、その債務を返済する義務はありませんが、債務者が返済できない場合には担保に提供した自分の不動産が競売《けいばい》されて、その所有権を失うことになります。

抵当権の対象となる財産は、原則として不動

【物上保証人】通常の保証人とは違い、自己の所有する不動産等の特定の物による保証人

産だけです。土地と建物は別々の不動産ですから、抵当権も別々に設定されます。事例①の場合には、土地だけが抵当権の客体とされ、事例②では土地と建物とがそれぞれ抵当権（2つの抵当権）の客体とされています。

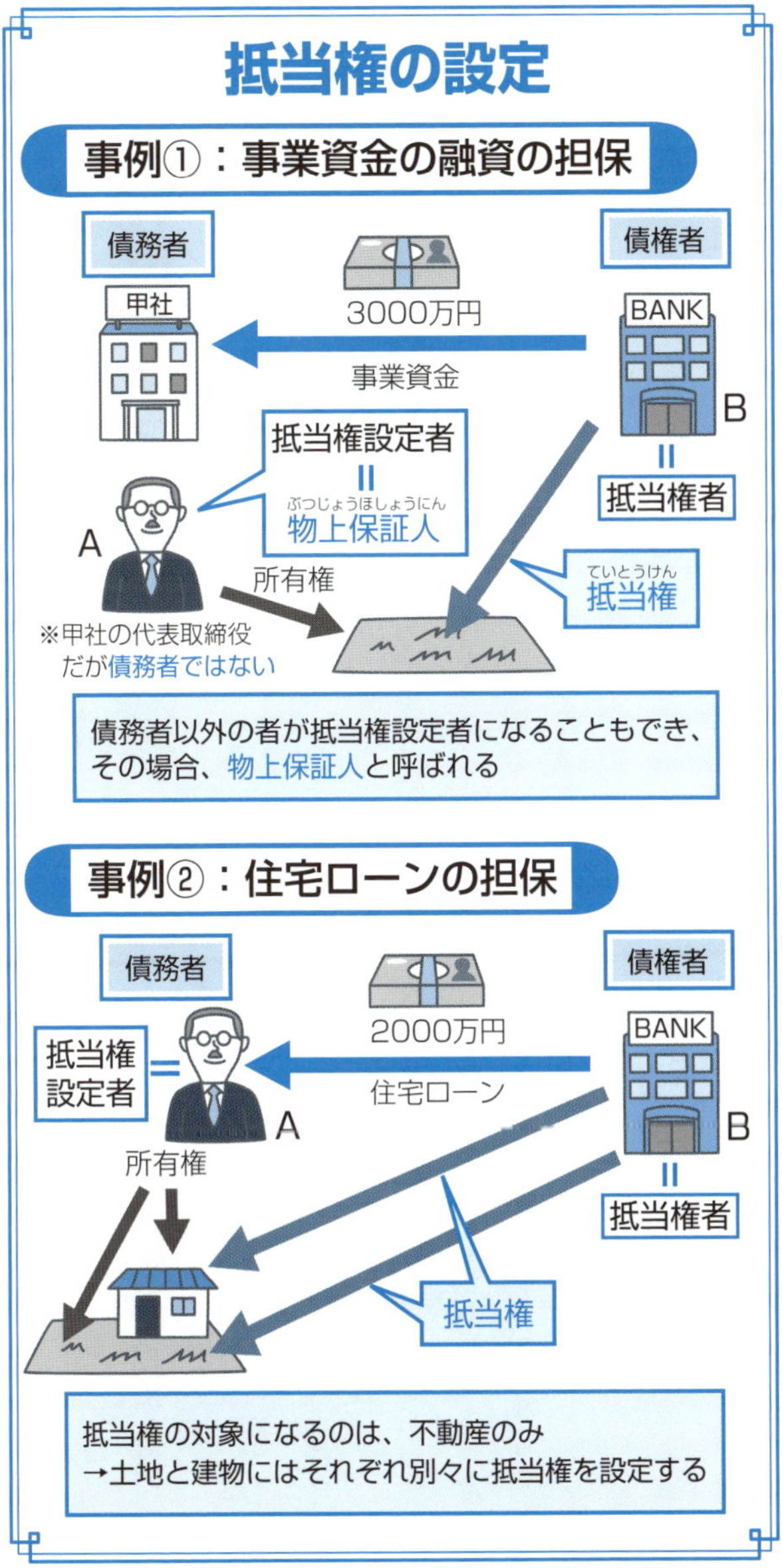
抵当権の設定
事例①：事業資金の融資の担保
債務者
甲社
3000万円
事業資金
債権者
BANK
B
＝
抵当権者
抵当権設定者
＝
物上保証人《ぶつじょうほしょうにん》
A
所有権
抵当権《ていとうけん》
※甲社の代表取締役
だが債務者ではない
債務者以外の者が抵当権設定者になることもでき、
その場合、物上保証人と呼ばれる
事例②：住宅ローンの担保
債務者
抵当権
設定者
＝
A
2000万円
住宅ローン
債権者
BANK
B
＝
抵当権者
所有権
抵当権
抵当権の対象になるのは、不動産のみ
→土地と建物にはそれぞれ別々に抵当権を設定する

抵当権にはどのような特徴があるのか

●抵当権は非占有担保である

抵当権の特徴は、抵当不動産の占有を抵当権設定者（前項の事例①②のA）のもとに止めておくこと（非占有担保*）にあります。抵当権設定者Aとしては、これまでと同じように自分の不動産を自由に利用し続けることができます。

また、不動産の所有権はAにありますから、これを他人に貸すことも売ることもできます。ただ、不動産が賃貸または売却された場合も抵当権は付いたままですので（登記により公示される）、不動産が競売《けいばい》されたときには、その賃《ちん》借人《しゃくにん》や買主は権利を失うことになります。

●抵当権の登記の必要性

このように、その不動産に抵当権が設定されていることは、登記によって公示されます。したがって、Aから不動産を賃借または購入した第三者は、登記簿を見れば、その不動産に抵当権が付いているかどうかがわかるのです。

たとえA・B間で抵当権の設定があっても、これを登記しないと第三者に対抗できません。Bは、第三者に対して不動産に抵当権が付いていることを主張できないのです。

●一番抵当・二番抵当とはなにか

抵当権の設定は、同一の不動産について重ねてすることもできます。

たとえば事例②の場合、Aは、マイホーム購入のためにはあと1000万円の資金が必要で、C銀行から融資を受け、再びこの建物と土地に抵当権をCのために設定することもできま

【非占有担保】 逆に占有担保としては留置権（132ページ）や質権（134ページ）がある

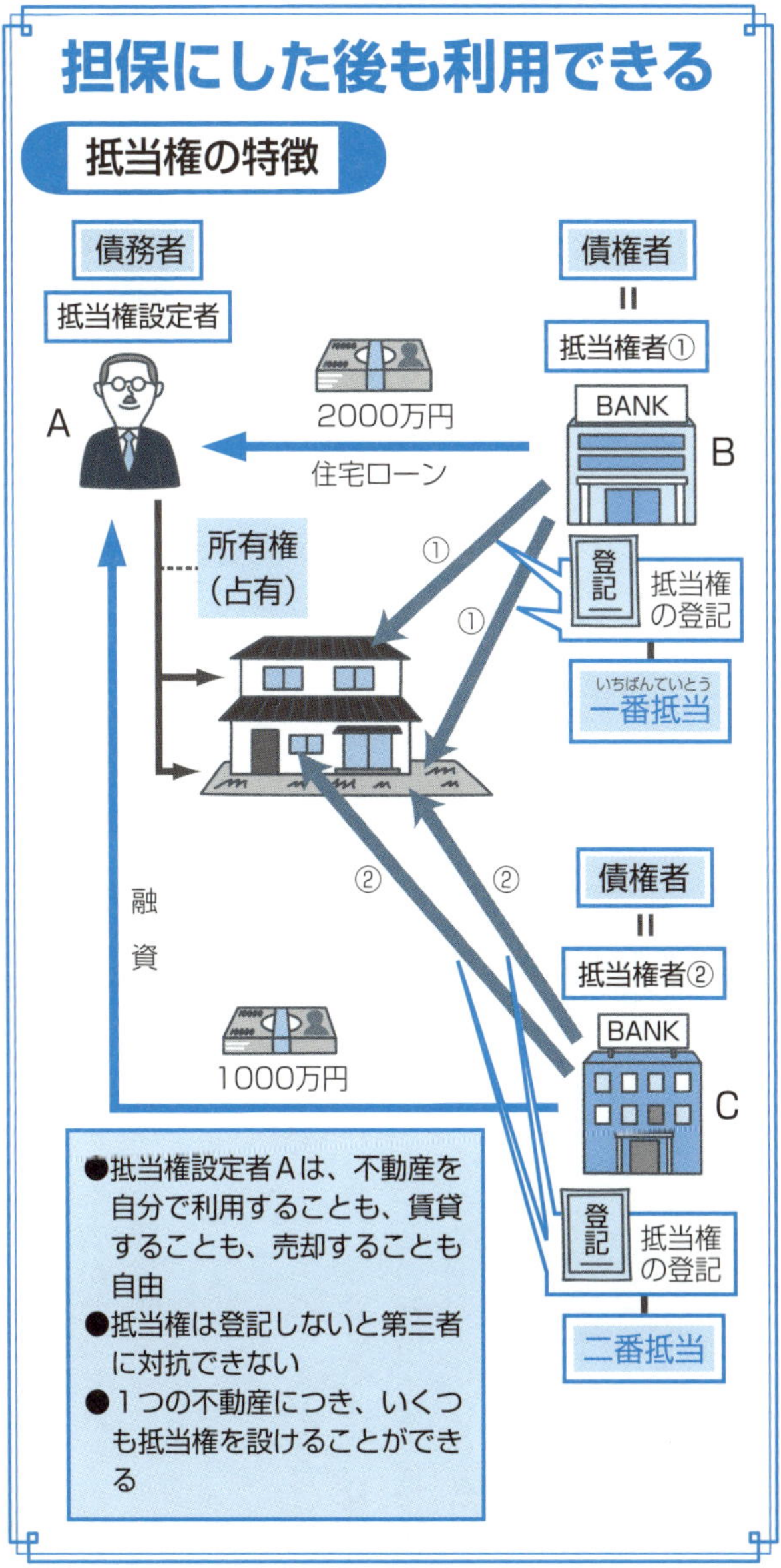
担保にした後も利用できる
抵当権の特徴
債務者
抵当権設定者
A
債権者
=
抵当権者①
2000万円
住宅ローン
BANK
B
所有権
（占有）
①
①
登記
抵当権
の登記
いちばんていとう
一番抵当
②
②
債権者
=
抵当権者②
融
資
1000万円
BANK
C
登記
抵当権
の登記
二番抵当
●抵当権設定者Aは、不動産を自分で利用することも、賃貸することも、売却することも自由
●抵当権は登記しないと第三者に対抗できない
●1つの不動産につき、いくつも抵当権を設けることができる

す。この場合、Cが抵当権登記をするときには、すでにBの抵当権登記がなされていることが通常ですので、Bが**一番抵当権者**《いちばんていとうけんしゃ》となり、Cは**二番抵当権者**となります。Cとしては、二番抵当権でもこの不動産の残存*する担保価値が十分であれば、Cの債権全額の回収が図れるのです。

【残存する担保価値】この場合、不動産の担保価値から一番抵当権者の債権額を引いた残額

抵当権実行の手続

●抵当権のついた不動産の競売

　抵当権は登記簿を見なければその存在がわからず、抵当権付き不動産の所有者や利用者は、債務（住宅ローン等）の不履行《ふりこう》がない限り、抵当権の存在を気にせずに土地や建物の利用を続けることができます。

　しかし、債務の弁済がなされない場合には、それまで目に見えなかった抵当権が姿を現します。すなわち、抵当権者（債権者）が裁判所に抵当権の実行を申立てると、抵当不動産は**競売**《けいばい》にかけられます。

　競売では裁判所により売却基準価額《ばいきゃくきじゅんかがく》が設定され、あとは競売に参加した人（債務者以外は誰でも参加できます）のうち先の価額の8割以上で最も高い価額を付けた者が競落《けいらく》*し買い受けることができます（民事執行法60条）。

●競売後の抵当権者への弁済手続

　事例②の場合（136ページ）に、Aがさらに C銀行からも1000万円の融資を受けて二番抵当権を設定したときに一切の弁済がなく抵当権が実行され、Dがこの不動産を4000万円で競落し買い受けた例で考えてみましょう。

　4000万円がDにより裁判所に納付された後に、一番抵当権者Bに2000万円プラス利息分等が優先的に配分され、次に、その残額から二番抵当権者Cに1000万円プラス利息等が配分されます。

　さらに残額があればAに戻されます。抵当権を有していない他のAの債権者は、競売代金からは弁済を受けることはできません。Aからの任意の弁済がない場合には、Aの他の一般財産

【競落】競売で不動産または動産を競り落としてその所有権を取得すること

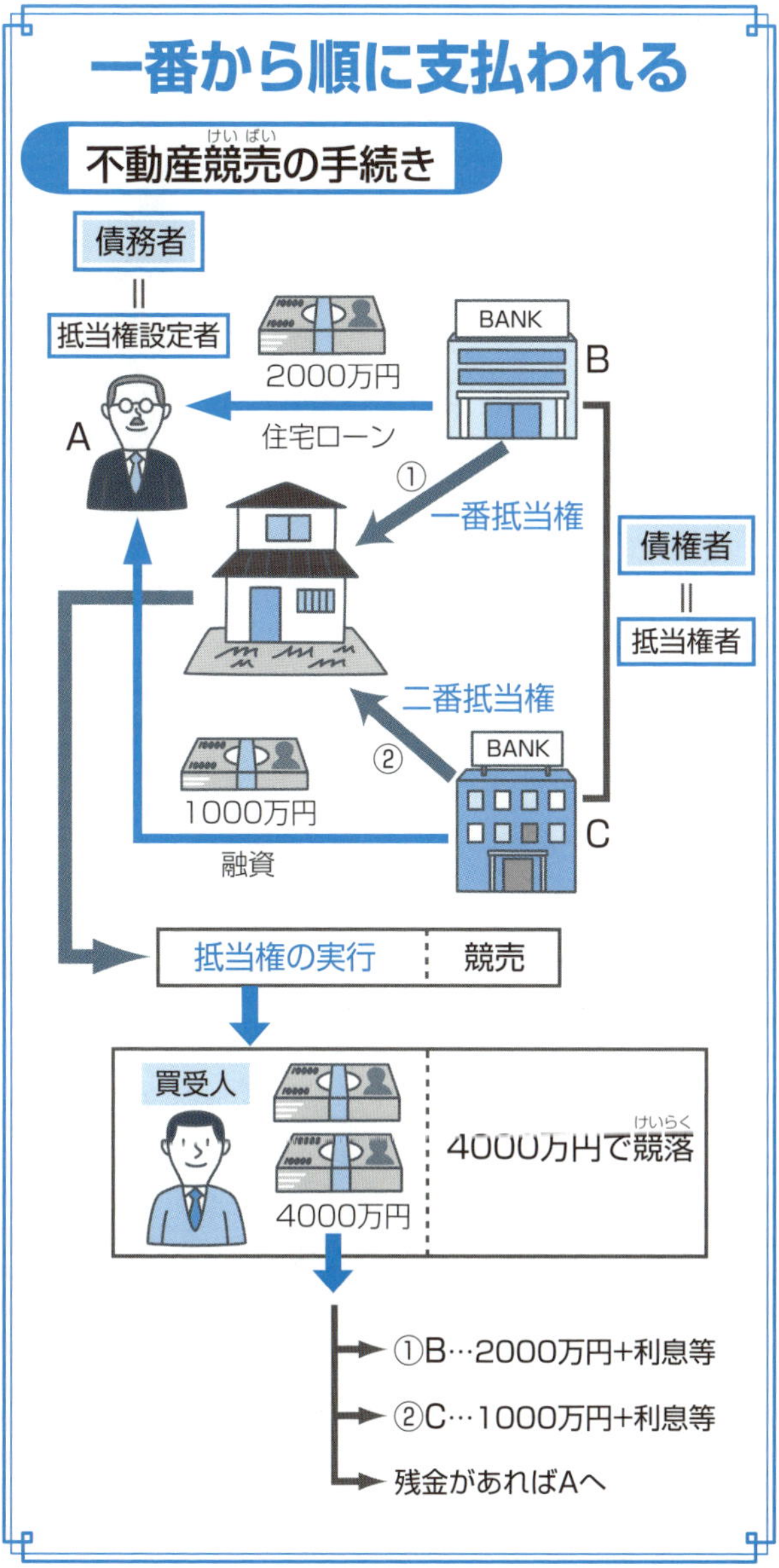
一番から順に支払われる
不動産競売《けいばい》の手続き
債務者
＝
抵当権設定者
A
2000万円
BANK
B
住宅ローン
①
一番抵当権
債権者
＝
抵当権者
二番抵当権
②
BANK
C
1000万円
融資
抵当権の実行
競売
買受人
4000万円
4000万円で競落《けいらく》
①B…2000万円+利息等
②C…1000万円+利息等
残金があればAへ

を*執行《しっこう》して弁済を受けるほかありません。

ここでは債権者平等の原則が働きます。もし、この競売において不動産が２５００万円でしか競落されなかったとしたら、二番抵当権者Cはその債権の一部しか回収できず、残りの債権については一般の債権者と同じ立場となります。

【執行】債務者の財産を差し押えて金銭に換え、債権者に配分すること（148ページ）

不動産の付属物にも抵当権の効力が及ぶか

●抵当権の目的物の範囲

抵当権の客体は土地及び建物ですが、土地や建物にはさまざまな付属物が存在するのが普通です。

たとえば、事例②（136ページ）のA所有の住宅には抵当権設定後にエアコンや家具等いろいろな物が備え付けられ、庭にも庭石や石燈《いしどう》ろう等が置かれるかもしれません。このような場合に、抵当権は、これらの付属物にもその効力が及ぶでしょうか。

民法は、不動産に付加《ふか》してこれと一体となった物には抵当権の効力が及ぶと規定しています（370条）。すなわち、抵当不動産の「**付加物《ふかぶつ》**」であれば、抵当権の目的物として、不動産とともに競売にかけられることになります。抵当権者としては、競売の対象となる不動産にいろいろな付属物があったほうが高い価額が付けられるので、自分の債権の回収には好ましいでしょう。

これに対し、抵当権設定者にとっては、このような付属物は、競売の対象とせずに自分のもとにとどめておきたいと思うでしょう。この場合、すでに不動産と一体化している物（床板、浴室のタイル、配線・配管等）は抵当権の効力が及ぶ「付加物」であり、他方、不動産とは完全に独立している物（冷蔵庫のような電器製品や家具等）に抵当権の効力が及ばないことは明らかです。

問題は、これらの中間にある付属物です（エアコン等）。それぞれの場面で、その付属物が「付加物」に該当するかどうかを決めていくほかないでしょう。

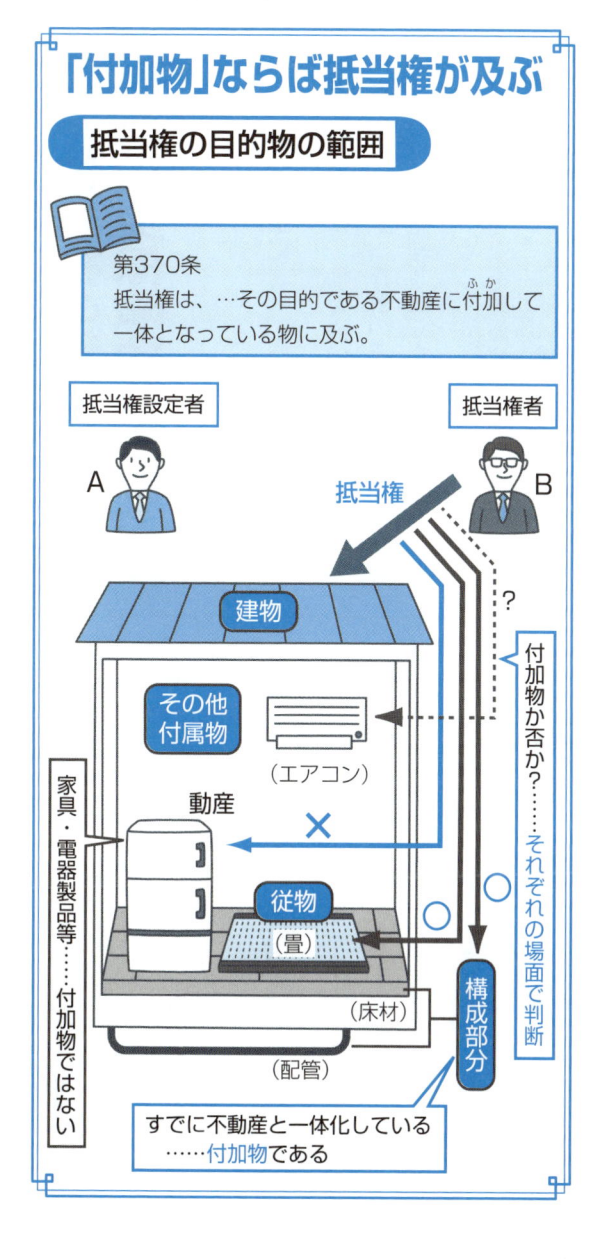

「付加物」ならば抵当権が及ぶ

抵当権の目的物の範囲

第370条
抵当権は、…その目的である不動産に付加《ふか》して一体となっている物に及ぶ。

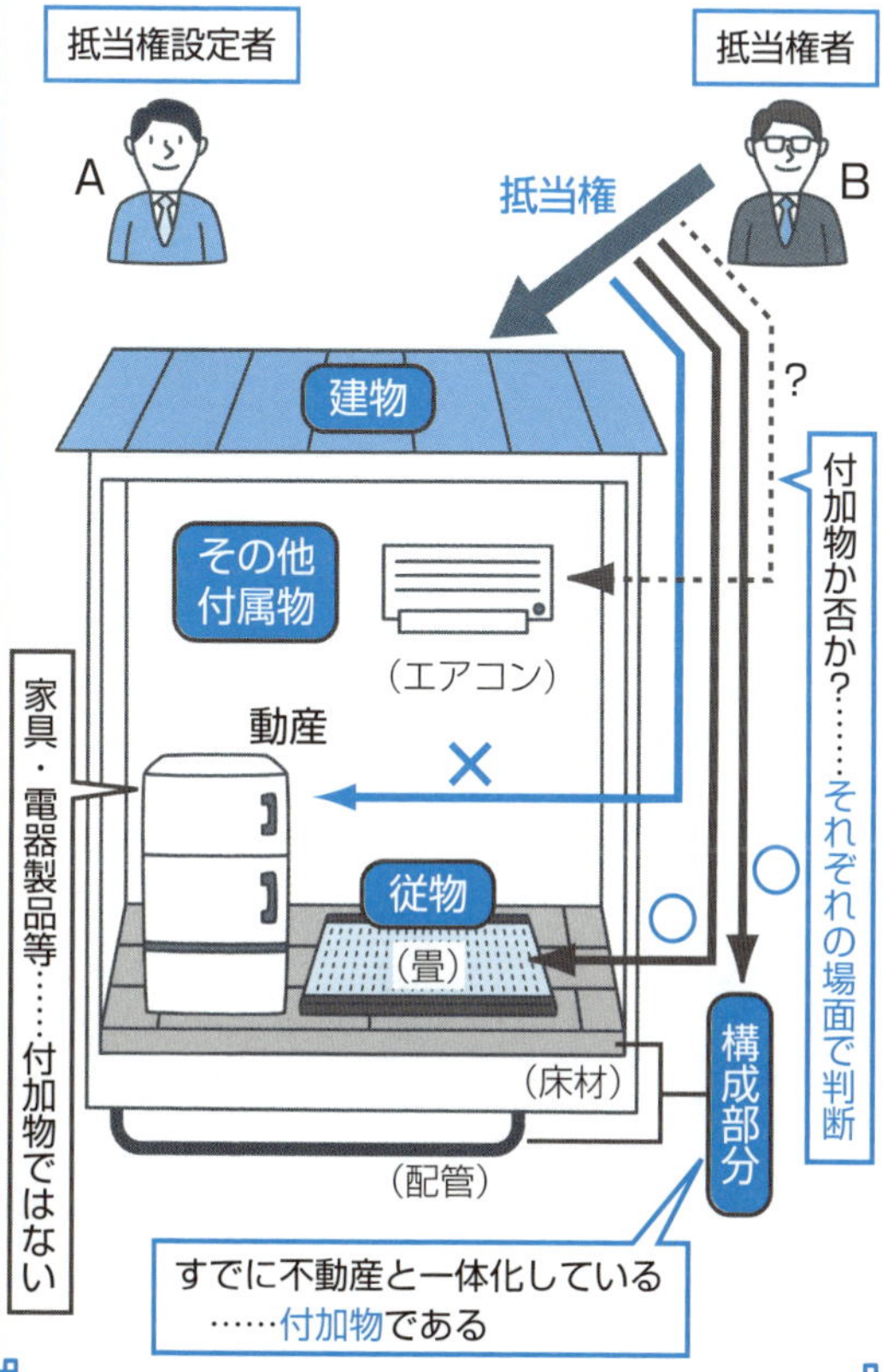
抵当権設定者
抵当権者
A
B
抵当権
建物
?
付加物か否か?……それぞれの場面で判断
その他付属物
（エアコン）
動産
×
家具・電器製品等……付加物ではない
従物
（畳）
（床材）
（配管）
構成部分
すでに不動産と一体化している……付加物である

●抵当権の効力は従物に及ぶか

判例及び学説は、抵当権の設定後に備え付けられた従物《じゅうぶつ》（84ページ）にも抵当権の効力は及ぶとしています。すなわち一般的には、これを不動産と一体の物と見て370条の「付加物」としました。

抵当権の効力は火災保険金にも及ぶか

●不動産の代金にも抵当権の効力が及ぶ

抵当権設定者は、抵当権の付いている不動産を、原則として抵当権者の承諾を得ることなく自由に第三者に売却したり賃貸《ちんたい》したりすることができます。

第三者に移転した不動産には、そのまま抵当権が付いています。このことは、登記によって公示されています。この場合、売買では買主から代金が抵当権設定者に支払われ、賃貸では賃《ちん》借人《しゃくにん》から賃料が支払われますが、民法では、このように抵当権の客体となっている不動産（の価値）が売買や賃貸によって金銭に換えられた場合、不動産に及んでいた抵当権の効力が金銭にも及ぶとしています。このことを**物上代位《ぶつじょうだい》**と言います。つまり抵当権者は、買主や賃借人から抵当権設定者に金銭が支払われる前に金銭の差押えをすればその金銭から優先弁済《ゆうせんべんさい》を受けられます（372条、304条）。

●保険金請求権にも抵当権の効力は及ぶ

しかし、実際に重要なのは保険金請求権です。たとえば事例②（136ページ）のような場合、Bは、Aとの抵当権設定契約のさいにAに対して建物について火災保険を付けさせ、万一その建物が焼失《しょうしつ》したときに、Aの保険会社に対する保険金請求権に物上代位することによって優先弁済を受けることができます。

ただし現実には、Bは、あらかじめAの保険金請求権に対してAに質権《しちけん》を設定させて、Bが質権者となっていることが多く見られます。この場合、Bは質物として保険証書を預かります。こうしておけば、たとえ建物がなくなってもB

得られる利益にも抵当権は及ぶ

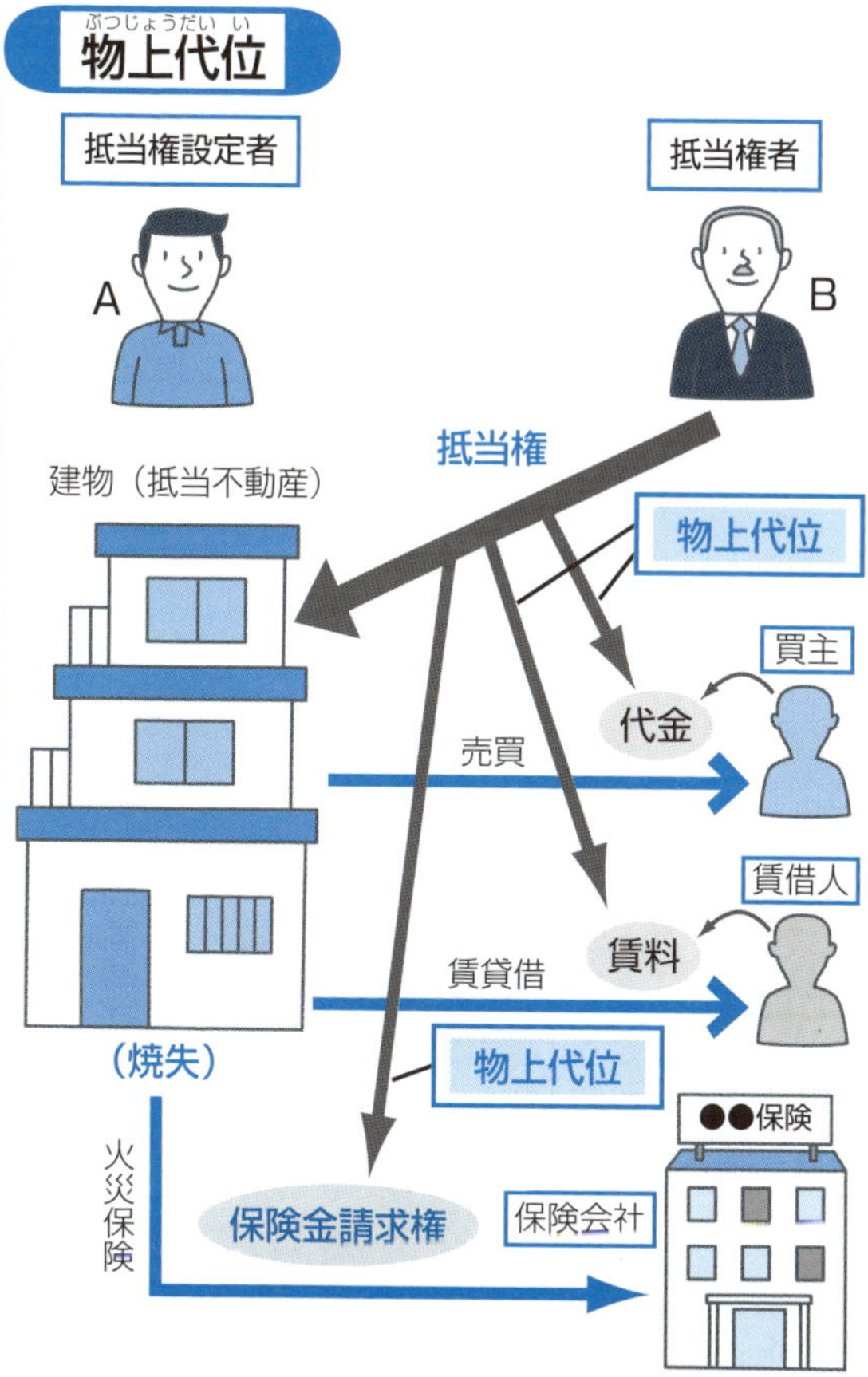

●抵当不動産が金銭やその他の物に換えられた場合、それらにも抵当権の効力が及ぶ
●物上代位を行う場合は、BはAに金銭が支払われる前に差《さ》し押《お》さえることが必要

は他の債権者に優先して保険金を取得でき、確実にその貸金を回収できます。Aが掛金を保険会社に払って建物が焼失した場合に備えるのは、実はA自身のためだけではなく、抵当権者Bのためでもあるのです。

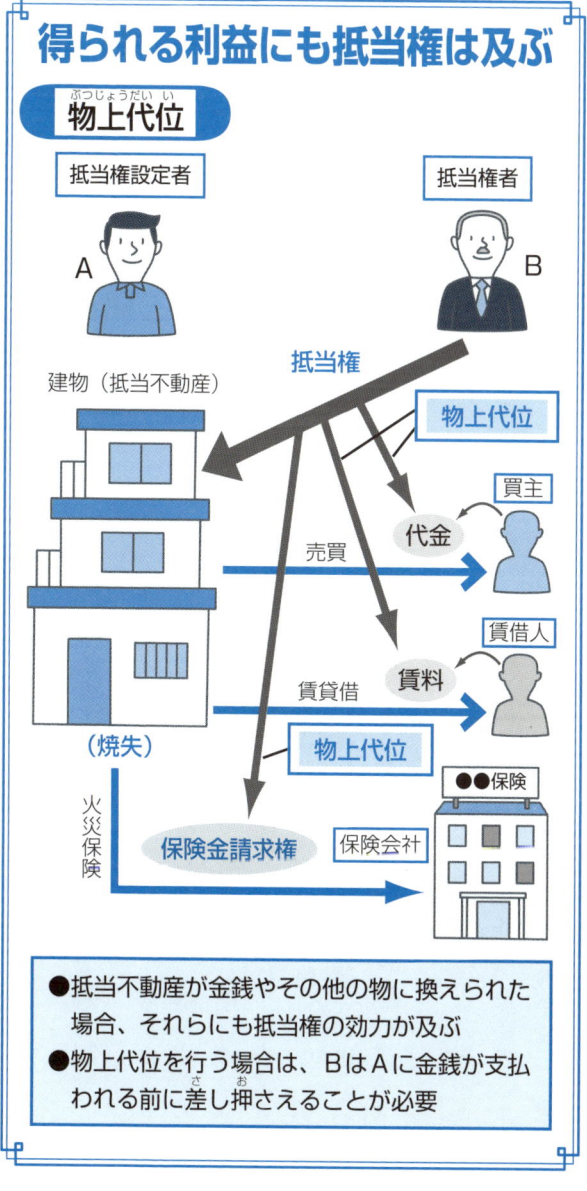

抵当権付き不動産の賃借人の地位

●抵当不動産の賃貸借

事例②の場合（136ページ）において、Aは、Bの抵当権が付いていても自己の建物をBの承諾を得ることなく第三者Cに賃貸することができます。

抵当権については登記によって公示されており、Cは、抵当権の付いた建物を賃借しましたから、抵当権が実行されて建物がDに競落《けいらく》されDの所有になると、最終的には建物の賃借権を失います。ただし、抵当権の設定よりも先にCの賃借権が存在し、Cが建物の引渡しを受けているか賃借権の登記をしていれば、抵当権が実行されても、CはDに賃借権を主張（対抗）できます。

●賃借人のための建物明渡猶予制度

抵当権が設定され、その旨の登記がされた後にAから建物を賃借したCは、抵当権が実行されると、その建物を買受人《かいうけにん》*Dに明け渡さなくてはなりません。ただし、民法は、抵当権者Bに対抗することができない賃貸借に基づく抵当建物の占有者Cに対し、建物の競売による買受けの時から6か月の間は、建物を明け渡さなくてもよいとしています（395条）。

この**建物明渡猶予制度**《たてものあけわたしゆうよせいど》は、従来の短期賃貸借《たんきちんたいしゃく》制度《せいど》に代わって、2003年の民法の改正によって導入されたものです。明渡猶予の対象となる者は、「建物」の賃借人で、現に建物を占有し使用・収益をしている者に限られます。

明渡猶予期間中の占有者Cは、賃借権を有するものではありませんので、買受人Dに対して建物の修繕《しゅうぜん》等を求めることはできません。

【買受人】競売で競り落とした人

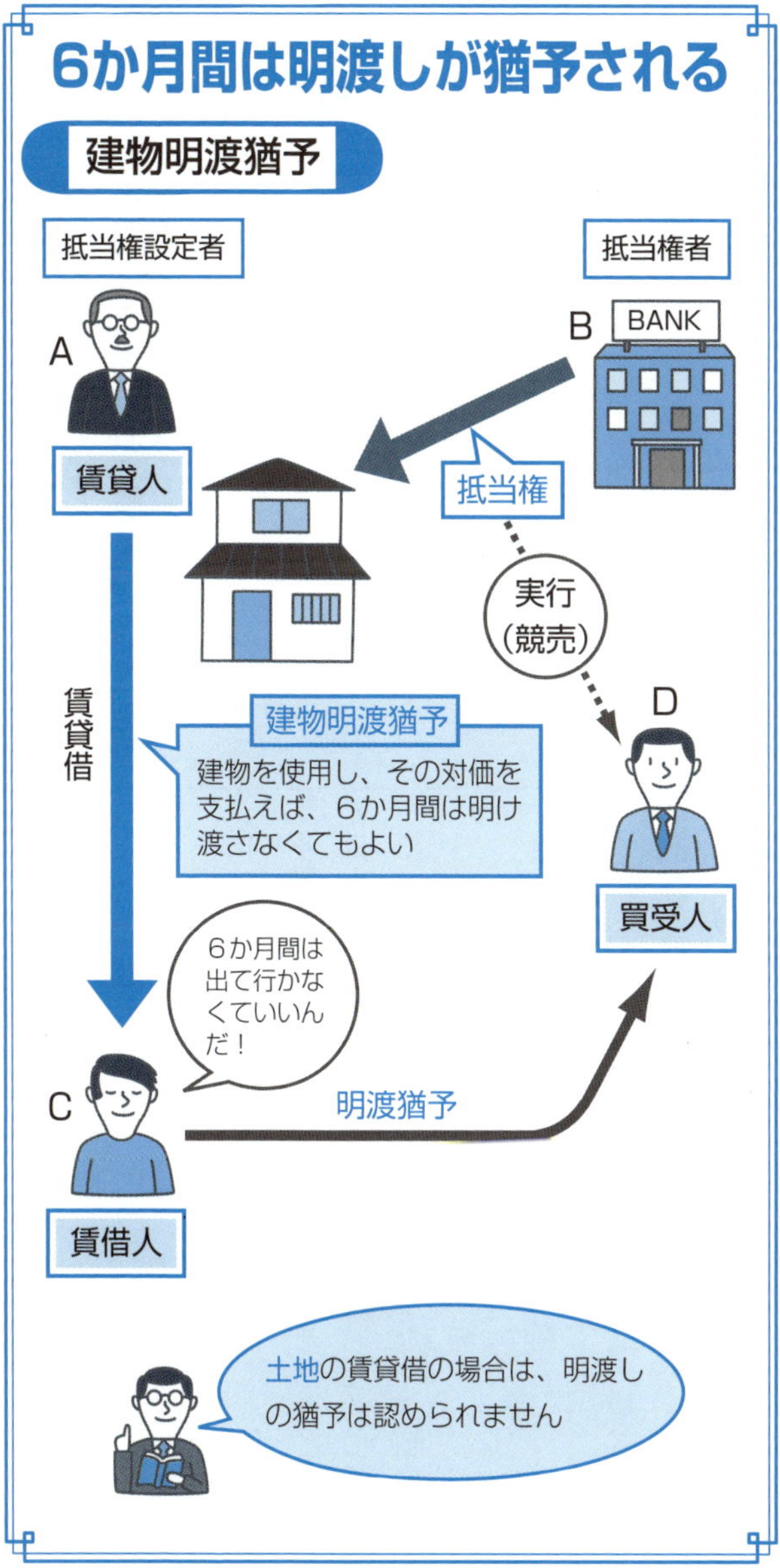
6か月間は明渡しが猶予される
建物明渡猶予
抵当権設定者
抵当権者
A
B
BANK
賃貸人
抵当権
実行
（競売）
賃貸借
D
建物明渡猶予
建物を使用し、その対価を支払えば、6か月間は明け渡さなくてもよい
買受人
6か月間は出て行かなくていいんだ！
C
明渡猶予
賃借人
土地の賃貸借の場合は、明渡しの猶予は認められません

また、賃借権がないので「賃料債務《ちんりょうさいむ》」は存在しませんが、Cは、Dに対し、建物の「使用の対価」を支払わなければならず（395条2項）、その額は、基本的に賃料相当額であると解されています。

抵当権者による抵当不動産の管理

●担保不動産収益執行制度

たとえば、金融機関Bが、大規模テナントビルの建設資金としてAに対し融資《ゆうし》をしたとします。Aがその債務の返済を滞《とどこお》ったときに、抵当権者であるBは、抵当権の目的である不動産について競売《けいばい》手続《てつづき》をとると時間がかかり、また、貸付金の全部を回収できるかどうかもわかりません。

そこで、さしあたり、そのテナントビルが産み出している賃料から簡易《かんい》・迅速《じんそく》に優先弁済《ゆうせんべんさい》を受けることを望む場合があります。このような場合には、144ページで述べた物上代位《ぶつじょうだいい》によって各テナント（賃借人）が賃貸人Aに支払うべき賃料を差し押さえる方法があります。しかし、そのためには、各テナントを特定してテナントごとに賃料を差し押さえる必要があります。

これでは手続きが煩雑になるため、2003年の民法および民事執行法*の改正により、**担保《たんぽ》不動産収益執行制度《ふどうさんしゅうえきしっこうせいど》**が創設されました。これは、抵当権者が担保不動産の収益を一元的に管理して、そこから優先弁済を受けるための制度です（民事執行法180条2号）。

●担保不動産収益執行の手続き

担保不動産収益執行は、まず抵当権者Bから執行裁判所に対し申立てがなされ、裁判所が担保不動産収益執行の開始決定をなし、担保不動産の差押えを宣言するとともに、管理人を選任することによって行われます。

管理人は、執行裁判所の監督のもとに賃料等を回収し、事案に応じて、既存の賃貸借契約の解除や新たな賃貸借契約の締結《ていけつ》もなすことがで

続）や担保権の実行としての競売強制執行等を定めた法律

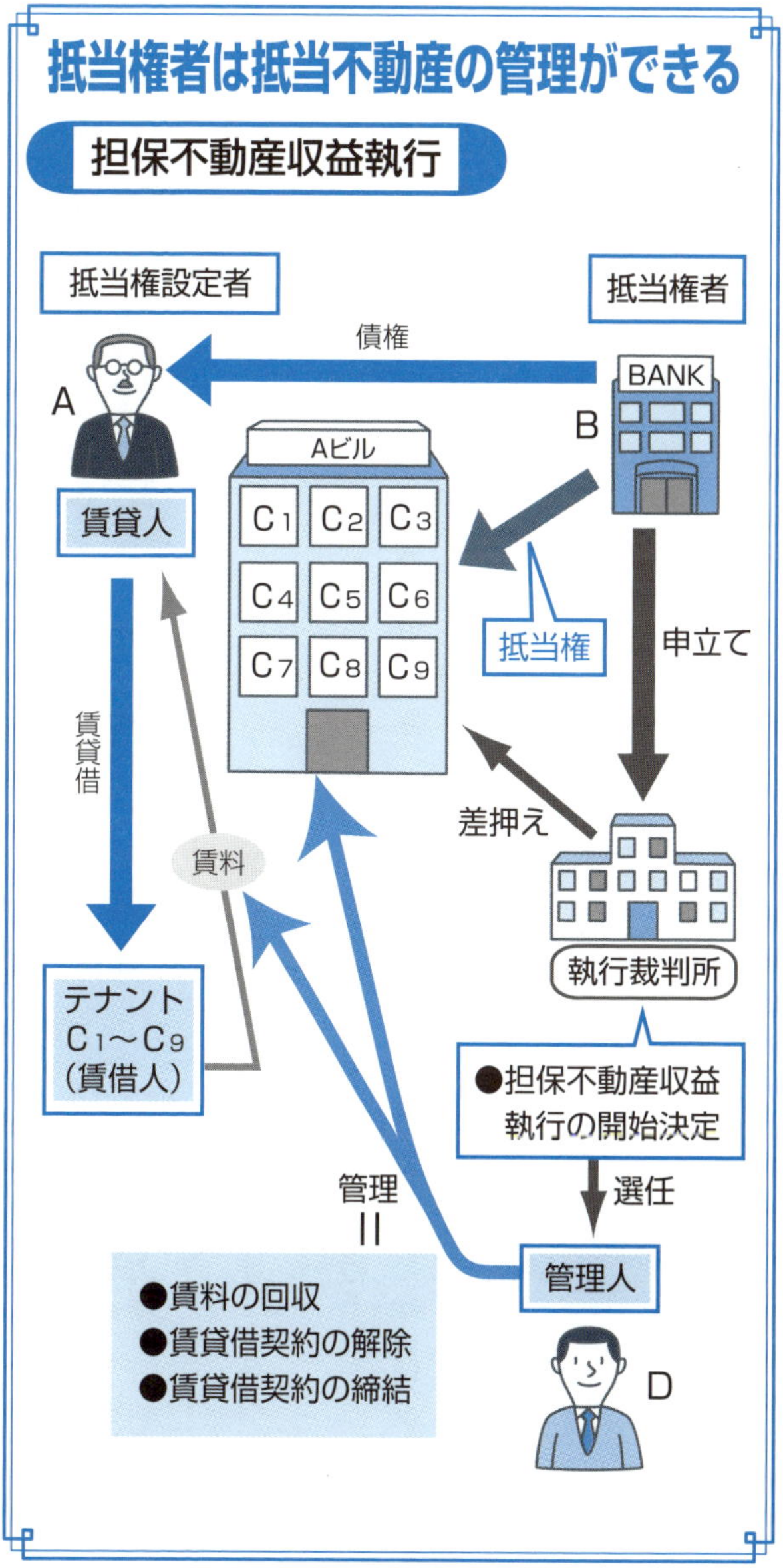

抵当権者は抵当不動産の管理ができる
担保不動産収益執行
抵当権設定者
抵当権者
債権
BANK
A
B
Aビル
C1 C2 C3
C4 C5 C6
C7 C8 C9
賃貸人
抵当権
申立て
賃貸借
賃料
差押え
執行裁判所
テナント
C1～C9
(賃借人)
●担保不動産収益
執行の開始決定
選任
管理
＝
管理人
●賃料の回収
●賃貸借契約の解除
●賃貸借契約の締結
D

きます（民事執行法188条参照）。

なお、抵当権に基づく物上代位による賃料等の差押えの手続きは依然存在しますので、小規模な不動産については、物上代位による方が簡便です。

【民事執行法】民事上の強制執行（私法上の請求権を国家権力によって強制的に実現する手

土地または建物の一方だけ抵当権が実行された場合

●建物のために認められた法定地上権

わが国の法制度では、土地と建物は別個独立の不動産です。土地上に建物がある場合に、それらの一方だけに抵当権を設定することもできます。また、両方に抵当権が設定されたときに、一方だけの抵当権を実行することもできます。

Aの土地上にAの建物がある場合に、土地についてだけ抵当権が実行されCが競落《けいらく》したときには、Cの所有となった土地上にAの建物が存在することになります。この場合に、Aの建物のために、その敷地についての権利（借地権）が認められないとすると、現実にはAは建物を壊さなければならなくなります。

そこで、このような結果を避けるために、民法は、Aの建物のために地上権（94ページ）を認めました。これを**法《ほう》定《てい》地《ち》上権《じょうけん》**と言います（388条）。建物についてだけ抵当権が実行された場合にも同様のことが生じます。A所有の土地上に競落人Dの建物が存在することになるため、Dの建物に法定地上権を認めました。

法定地上権が認められるためには、いずれの場合も、抵当権設定時にA所有地の上にA所有の建物が建っていることが必要です。

●一括競売が認められる場合

土地の抵当権設定後に建物が築造された場合には、法定地上権は認められません。

ただし、民法は、土地に抵当権が設定された後に建物を築造したときは、抵当権者は土地とともに建物も一括して競売《けいばい》することができるとしました（389条）。このときに抵当権の目的となっている土地の競売しかできないとすると、

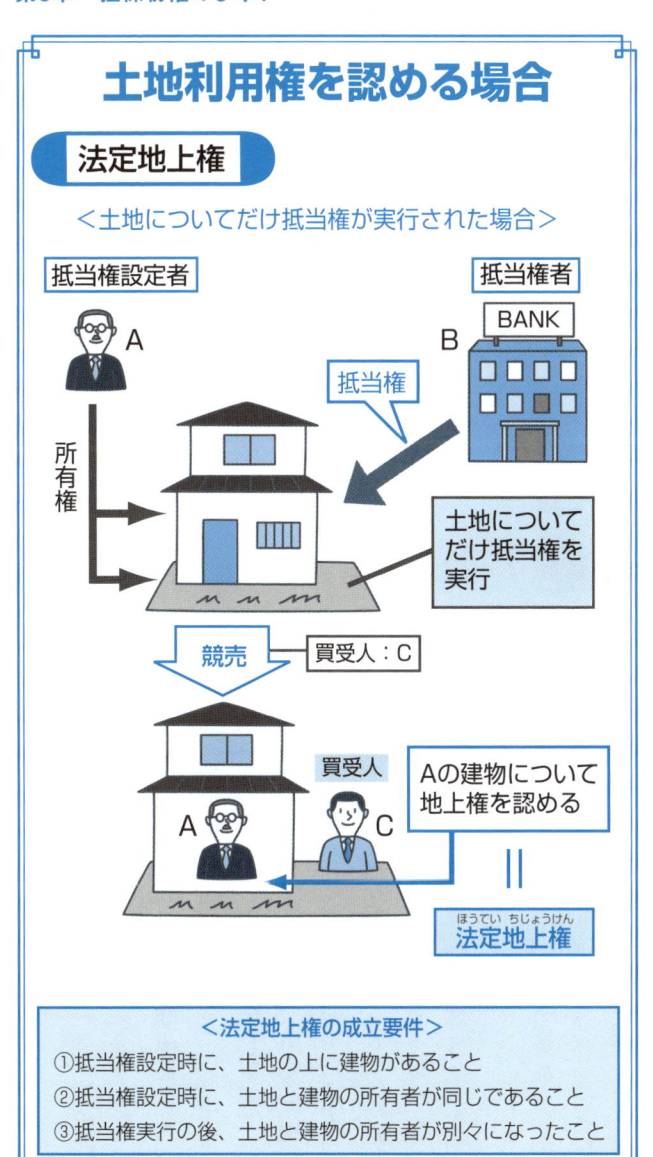

競売価格が低下する可能性があるからです。
なお、抵当権者が優先弁済を受けられるのは、土地の代価についてのみです。

土地利用権を認める場合

法定地上権

＜土地についてだけ抵当権が実行された場合＞

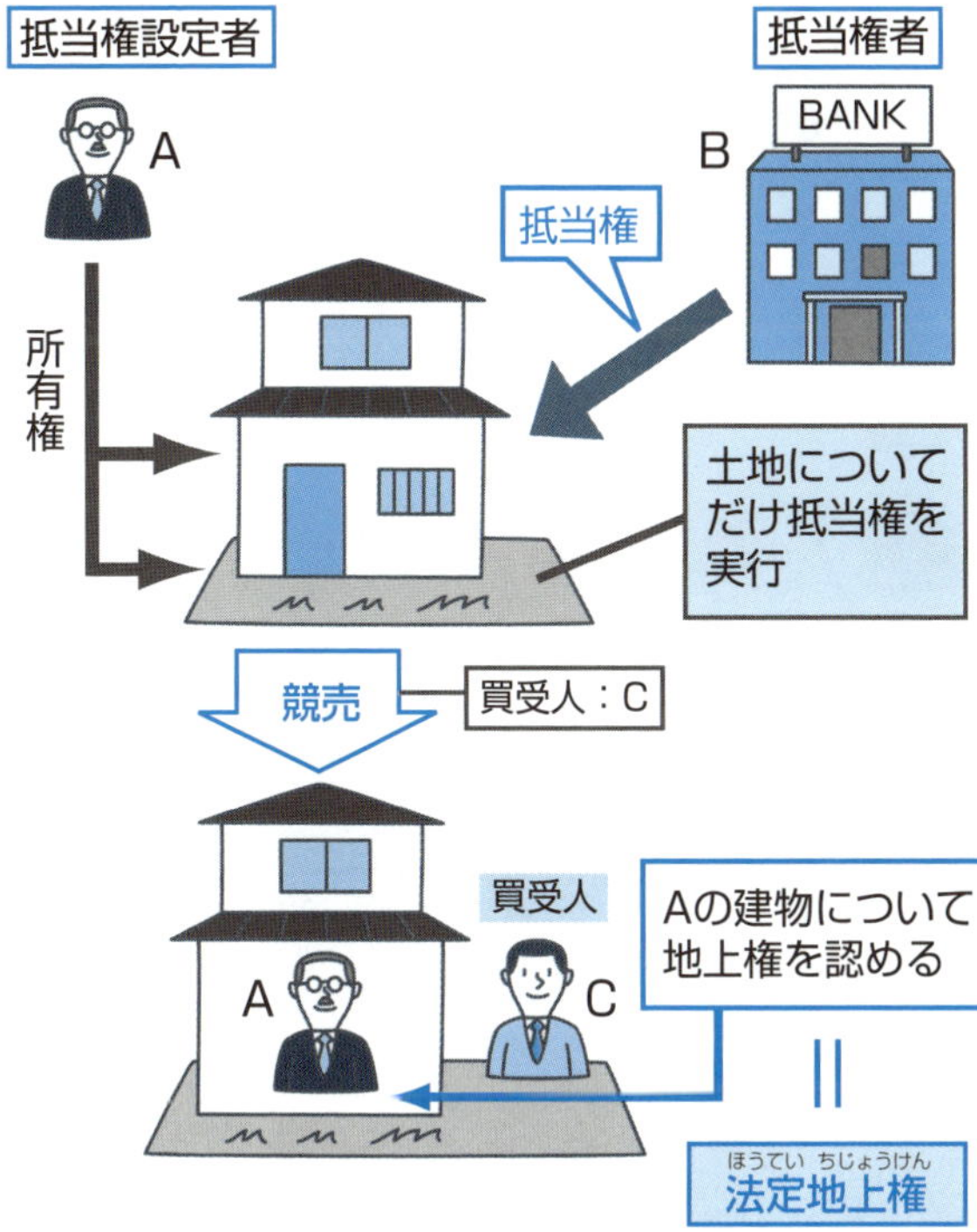
抵当権設定者
抵当権者
A
B
BANK
抵当権
所有権
土地について
だけ抵当権を
実行
競売
買受人：C
買受人
A
C
Aの建物について
地上権を認める
＝
法定《ほうてい》地上権《ちじょうけん》

＜法定地上権の成立要件＞

①抵当権設定時に、土地の上に建物があること
②抵当権設定時に、土地と建物の所有者が同じであること
③抵当権実行の後、土地と建物の所有者が別々になったこと

第4章

債権(1) 契約・売買のしくみ

●近代社会において「債権」は、物権と並ぶ重要な財産権です。物を買うのも、お金を借りるのも、債権に関係します。債権は、契約・事務管理・不当利得・不法行為の4つの事由から発生します。

●民法の「第3編 債権」では、最初に「総則」(第1章)として、4つの事由によって発生する債権に関して一般的に規定し、その後に順次、契約、事務管理、不当利得、不法行為(第2章〜第5章)を規定しています。

●本書の第4章では、「第3編 債権」の概要を、売買契約を中心に述べることにします。この章で取り上げなかった債権に関する重要な事項については、本書の第5章と第6章で述べます。

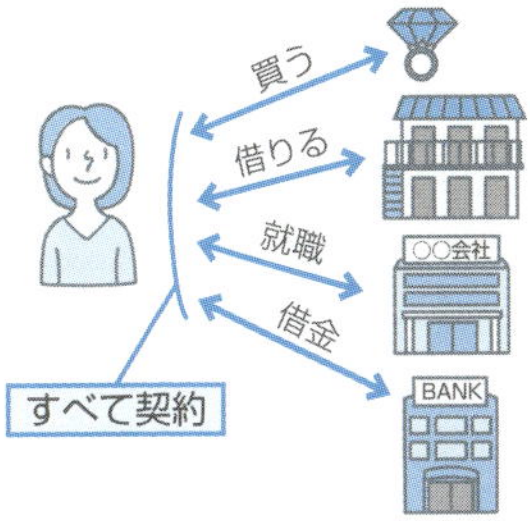

買う
借りる
就職
借金
すべて契約
○○会社
BANK

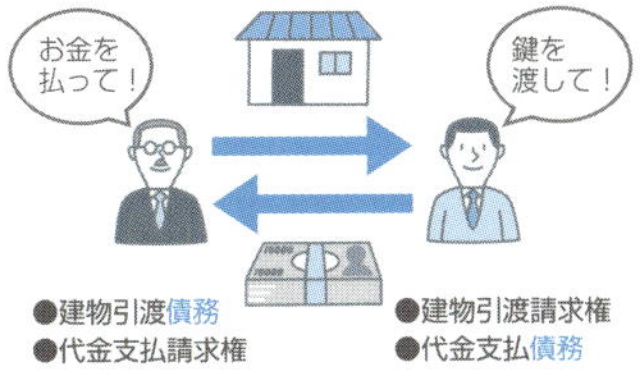

お金を
払って！
鍵を
渡して！
●建物引渡債務
●代金支払請求権
●建物引渡請求権
●代金支払債務

第４章の キーワード

◉契約　◉給付
◉同時履行の抗弁権　◉危険負担
◉強制履行　◉債権者代位権
◉詐害行為取消権　◉契約不適合責任
◉包括信用購入あっせん契約
◉クーリングオフ

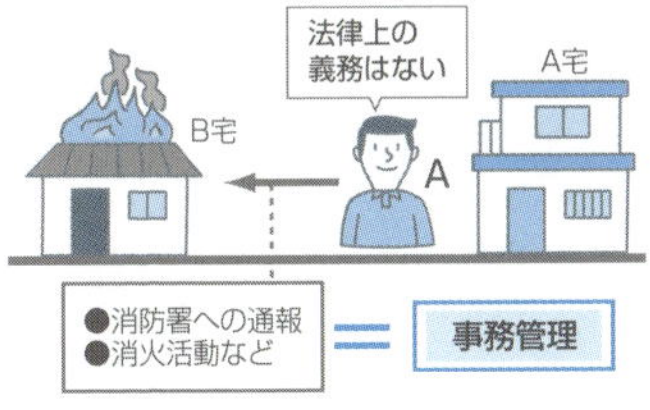

法律上の
義務はない
A宅
B宅
A
●消防署への通報
●消火活動など
事務管理

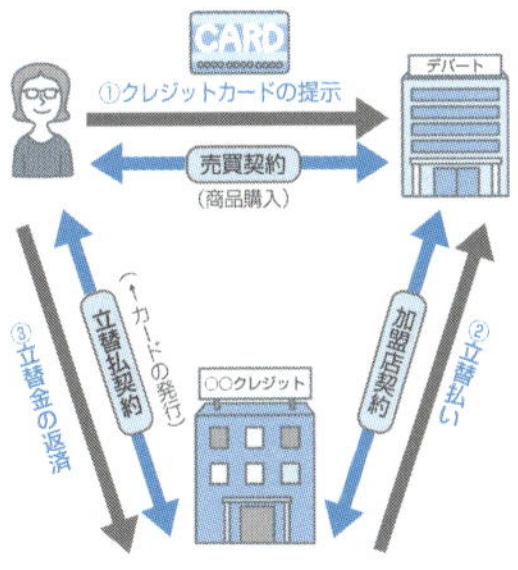

CARD
①クレジットカードの提示
デパート
売買契約
(商品購入)
③立替金の返済
立替払契約
(↑カードの発行)
○○クレジット
加盟店契約
②立替払い

契約や債権の社会的意味

●人と人とのつながりは契約から

私たちの社会生活、あるいは人と人との関係は、無数の**契約**《けいやく》から成り立っています。家族生活の出発点は婚約という契約ですし、そのほかにも契約を通じて身分関係が形成されます（離婚、養子縁組《ようしえんぐみ》等）。

しかし、契約が機能するのがよりよくわかる場面は経済生活です。個人が商品を買ったり、家を借りたり、仕事に就《つ》いたり、お金を借りたりすることはすべて契約を出発点とします。また、企業が従業員を雇用《こよう》し、商品生産のために原材料を仕入れ、商品を販売し、また、金融機関から事業資金の融資を受けることはすべて契約を基礎としています。

このように契約が社会の取引の中心をなしていますし、私たち個人個人もお互いに生活の中で多くの契約によってつながっています。

●契約と債権の関係

契約について、詳しく説明する前に、契約と債権《さいけん》の関係を見ておきましょう。**債権**とは、特定の人に一定の行為を請求する権利です（22ページ）。特定の人（債務者）が請求権者（債権者）に対して一定の行為をなす義務が**債務**《さいむ》です。

債権・債務は、契約による以外に、**事務管**《じむかん》**理**《り》、**不当利得**《ふとうりとく》、**不法行為**《ふほうこうい》の3つの事由《じゆう》によっても発生します（24ページ）。

近代以前の社会は、身分が債権・債務の発生に大きくかかわっていました。たとえば、小作人として生まれた者は地主に一定の債務を負わされます。このような身分による関係を否定し、債権の発生事由を前述の4つに限定したのが近

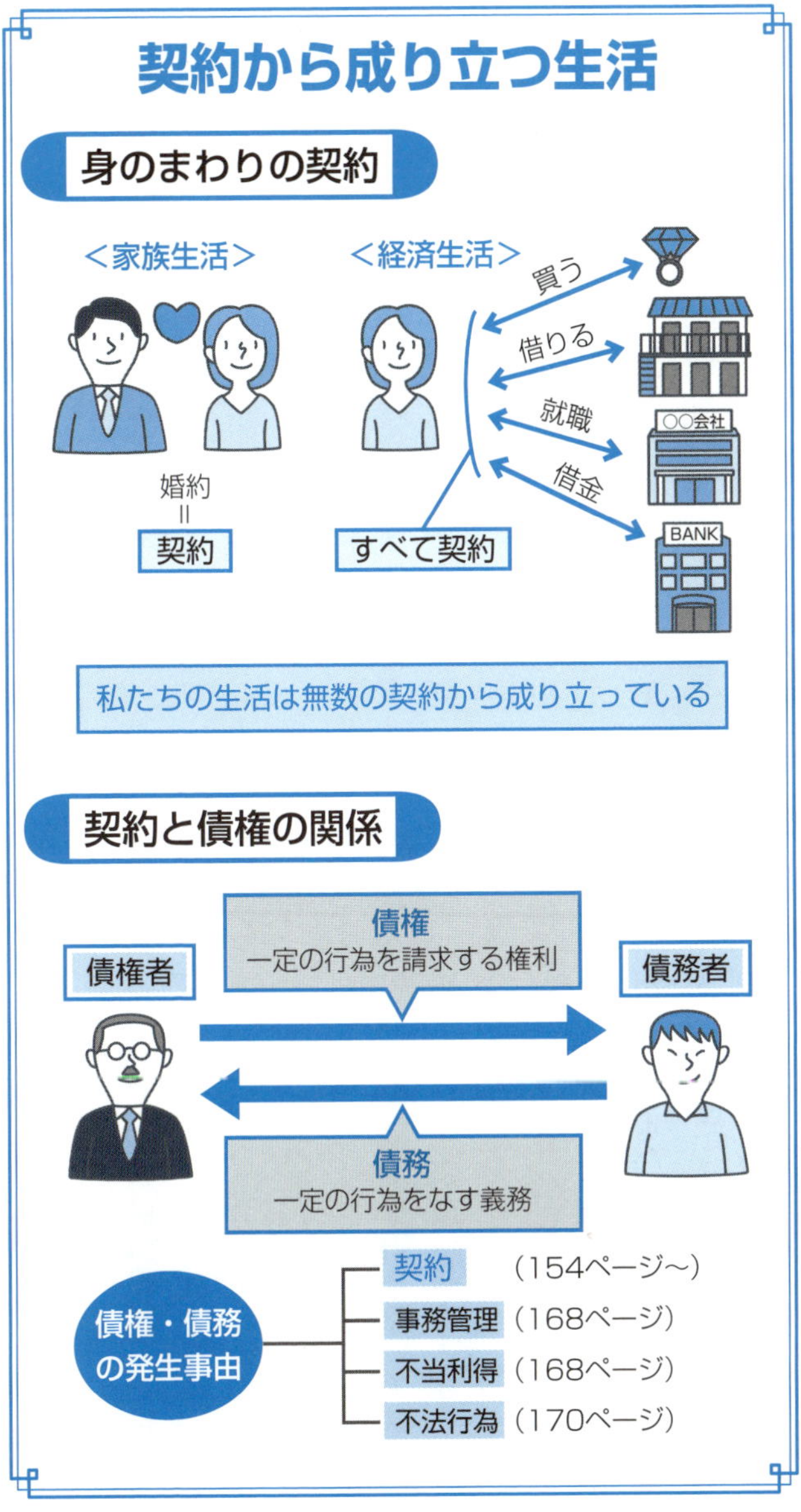
契約から成り立つ生活
身のまわりの契約
<家族生活>
<経済生活>
買う
借りる
就職
借金
○○会社
BANK
婚約
=
契約
すべて契約
私たちの生活は無数の契約から成り立っている
契約と債権の関係
債権
一定の行為を請求する権利
債権者
債務者
債務
一定の行為をなす義務
債権・債務の発生事由
契約 (154ページ～)
事務管理 (168ページ)
不当利得 (168ページ)
不法行為 (170ページ)

代民法です。なお、今日私たちには、私法上の債務のほかにも、法律によって特別に負わされる公法上の債務があります。たとえば税金などです。

契約にはどのような種類があるか

●契約は最も重要な債権発生事由

前項で述べた債権の4つの発生事由のうち、社会活動の根幹にかかわる最も重要なものは**契約**です。

そこで以下においては、契約、しかもその中でも特に重要な**売買契約**を中心にして、契約（民法第三編「第二章　契約」）及び債権一般（「第一章　総則」）を説明していくことにします（158ページ以下）。その後に、売買と並んで重要な契約である**消費貸借**《しょうひたいしゃく》（220ページ以下）や**賃貸借**《ちんたいしゃく》（244ページ以下）などについても説明します。

その前に、どのような種類の契約があるかについて見ておきましょう。

●契約の種類

契約については、「**契約自由の原則**」により契約内容の決定の自由や契約方式の自由が認められています。したがって、当事者の間で合意があれば、どのような内容の、どのような方式の契約でも自由に締結《ていけつ》することができます。しかし、社会における実際の取引においては、それぞれの取引ごとに一定の内容と方式を備えた契約が多くなされています。

民法は、このような社会において伝統的に多く行われている13種の契約について規定しました。これを**典型契約**《てんけいけいやく》または**有名契約**《ゆうめいけいやく》（「民法に名前が有る契約」という意味）と言います。なお、左ページの図中に挙げた契約のうちでは、特に、売買、消費貸借、賃貸借、請負《うけおい》、委任が社会的に重要です。

民法で定めているもの以外の契約が**非典型契約**（または**無名契約**《むめいけいやく》）です。現在では、旅行契

賃貸人がもともと所有している商品（つまり中古品）等を貸す

約、*リース契約、クレジット契約など多くの非典型契約が存在しています。なお、典型、非典型を問わず、契約に関しては、民法以外にいくつかの特別法があります。

契約のいろいろ

典型契約（有名契約）

…社会の実際の取引において伝統的に多く行われている契約

民法
第三編　第二章　契約

第一節	総則	第八節	雇用
第二節	贈与	第九節	**請負**
第三節	**売買**	第十節	**委任**
第四節	交換	第一一節	寄託《きたく》※2
第五節	**消費貸借**	第一二節	組合
第六節	使用貸借※1	第一三節	終身定期金※3
第七節	**賃貸借**	第一四節	和解

第一節総則を除いた13種類がある

※1　使用貸借：無償での物の貸し借り（図書館の本等）の契約（244ページ）
※2　寄託：物を預かる契約
※3　終身定期金：死亡するまで定期的に金銭を給付する契約

非典型契約（無名契約）

…民法で定める13種類以外の契約

（例）

旅行契約　　リース契約　　クレジット契約

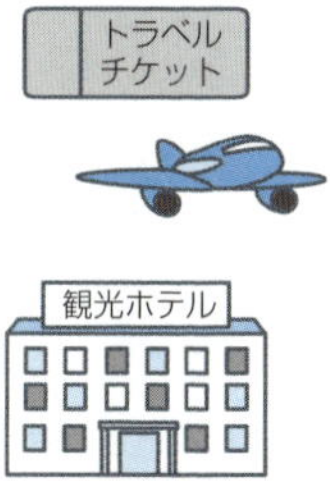

例　コピー機

【リース】リース会社が賃借人の希望する商品等を購入して貸すしくみ。一方、「レンタル」は

契約のプロセスはどのようなものか

●売買契約のプロセス ～債権・債務の発生から消滅まで～

前項で述べたように、以下においては売買契約を中心にして、契約（「民法第三編第二章 契約」）及び債権《さいけん》一般（「同第一章 総則」）を説明していくことにします。

すでに述べたように、今日、債務《さいむ》や債権の多くは契約から発生します。そして、契約どおりの債務の履行《りこう》がなされることにより、債権・債務は消滅します。私たちの大部分の契約は、債権や債務の発生から消滅まで何の問題もなく進行します。この場合には、民法は当事者に意識されることはなく、取引の表面に現れることはありません。

しかし、この債権・債務の発生から消滅までのプロセスの中で問題（最大の問題は債務の不履行）が生じたとき、紛争（トラブル）となることがあります。その場合には、民法にしたがって解決がなされます（最終的には裁判によって解決が図られます）。

左ページで、以下で扱う売買契約のプロセスを図で示しましたので、以下の本文の説明を読むときには、適宜この図を参照して、全体の流れの中で各事項の説明を理解していってください。なお、この図の右側は債権（総則）の主要な項目の流れを示し、左側は契約（総則）の主要な各項目の流れを示しています。

●売買契約の締結

売買契約は、売主Bの「売りましょう」という意思と買主Aの「買いましょう」という意思の合致によって成立します。原則として、この

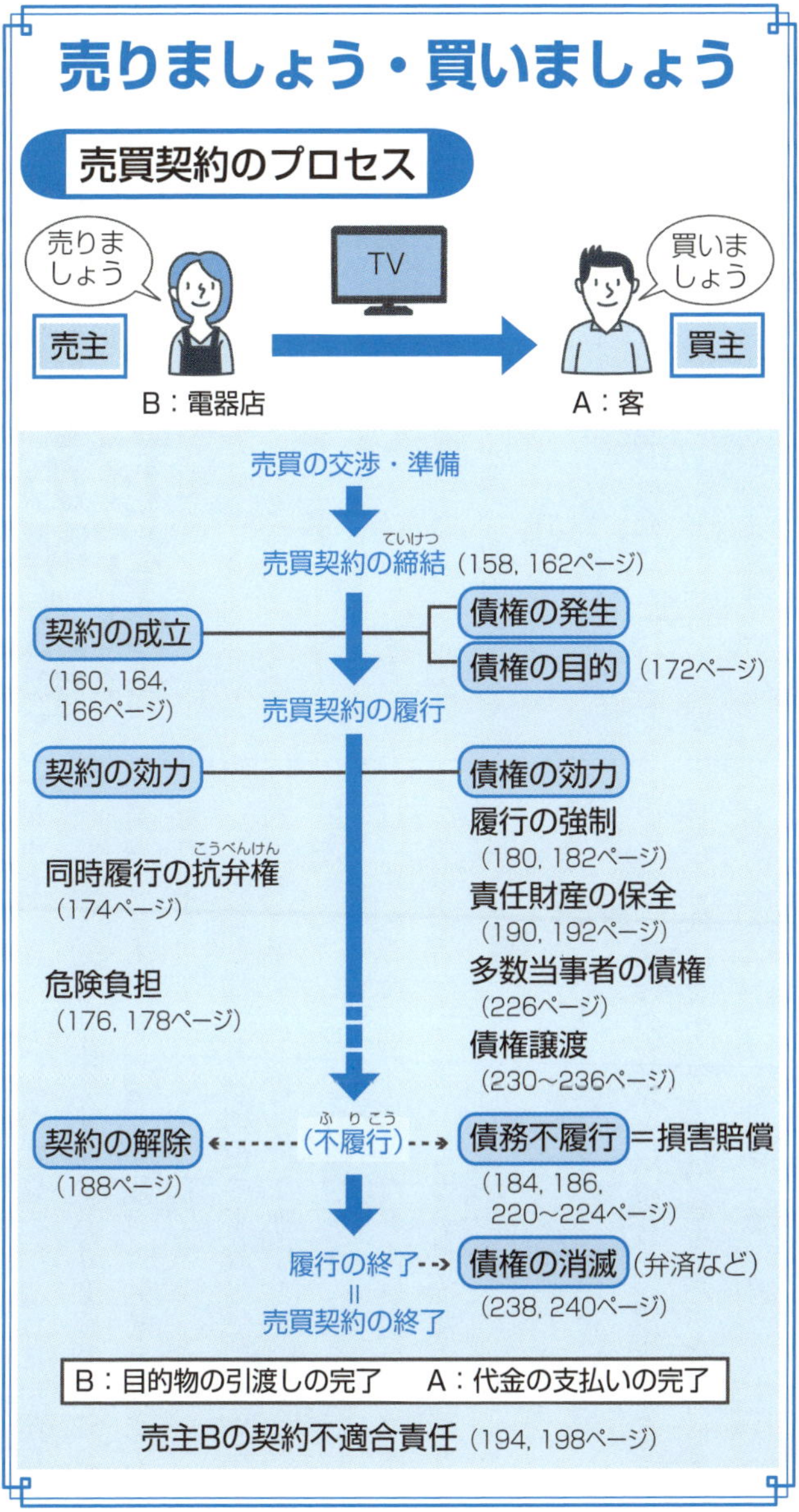

売りましょう・買いましょう
売買契約のプロセス
売りましょう
TV
買いましょう
売主
買主
B：電器店
A：客
売買の交渉・準備
売買契約の締結《ていけつ》（158, 162ページ）
契約の成立
（160, 164, 166ページ）
債権の発生
債権の目的（172ページ）
売買契約の履行
契約の効力
債権の効力
履行の強制（180, 182ページ）
同時履行の抗弁権《こうべんけん》（174ページ）
責任財産の保全（190, 192ページ）
多数当事者の債権（226ページ）
危険負担（176, 178ページ）
債権譲渡（230〜236ページ）
契約の解除（188ページ）
（不履行《ふりこう》）
債務不履行＝損害賠償（184, 186, 220〜224ページ）
履行の終了＝売買契約の終了
債権の消滅（弁済など）（238, 240ページ）
B：目的物の引渡しの完了　A：代金の支払いの完了
売主Bの契約不適合責任（194, 198ページ）

こと以外に何も必要ありません。これにより、契約が成立し、債権・債務関係が発生し、Aと

Bは法律関係に入るのです。

契約はどの時点で効力が生じるか

●意思表示についての到達主義

前項の売買契約のように、契約は、申込みと承諾《しょうだく》との合致により成立します。ところで、今日、遠く離れた者どうしで、文書で取引が行われることがあります。たとえば、BからAのもとへ電器製品のカタログが送られてきて、Aがその商品を買う旨の申込書をBに郵送した場合について考えてみましょう。

Aの申込みの意思表示はいつ効力が生じ、この売買契約はいつ成立するのでしょうか。民法（97条1項）は、意思表示の効力の発生する時期は、それが相手方に到達した時であるとしています。この原則を**到達主義**《とうたつしゅぎ》と言います。したがって、Aの申込みの意思表示はBに到達してはじめて効力が生じます。Bが必ずしもこれを見なくてもB宛に通知が届けば到達したことになります。

このことは、万一郵便の事故等で通知が届かなかった場合には申込みの効力は生じないことを意味し、また、この通知がBに届く前であれば、申込みを撤回《てっかい》する（たとえば電話やファクスでその旨を伝える）ことも可能であることを意味します。

●承諾についての発信主義

Aの申込みの意思表示がBに到達した後に、Bがこれに対する承諾の意思表示を発信すれば、こんどはこの意思表示がAのもとに到達しなくても、民法（522条1項）は、Bが承諾をしたときに契約は成立するとしています。

この原則を**発信主義**《はっしんしゅぎ》と言います。申込みと承諾がそろった以上、すみやかに契約の成立を認めようというのです。したがって、Bは、承諾を発信すれば、それが何らかの事故でAに届かなかったとしても契約の成立を主張できます。

他方、承諾を発信した以上、Bはこれを撤回できないことになります。

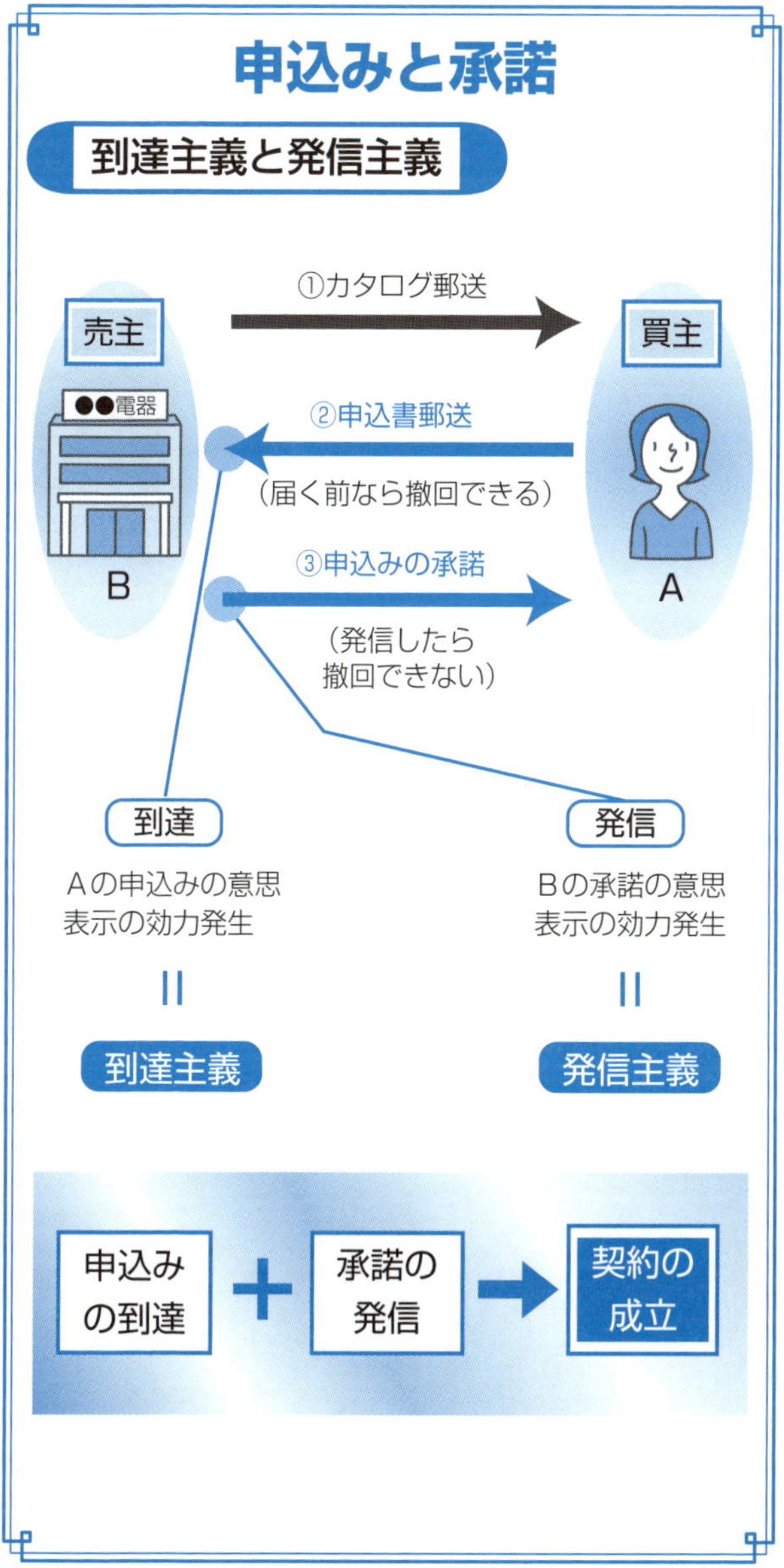
申込みと承諾
到達主義と発信主義
①カタログ郵送
売主
買主
●●電器
②申込書郵送
（届く前なら撤回できる）
③申込みの承諾
（発信したら
撤回できない）
B
A
到達
Aの申込みの意思
表示の効力発生
＝
到達主義
発信
Bの承諾の意思
表示の効力発生
＝
発信主義
申込み
の到達
＋
承諾の
発信
契約の
成立

手付の交付はどのような意味をもつか

●諸成契約と要物契約

売買契約は、売主と買主の意思表示だけで契約が成立します。表示の方法は口頭でもかまいません（522条2項）。契約の成立にあたって、代金の授受《じゅじゅ》や商品の引渡しなどは必要ありません。このように当事者の意思表示の合致だけで効力を生じる契約を**諸成契約**《だくせいけいやく》と言います。民法で規定するほとんどの契約は諸成契約です。

一方、契約が効力を生じるために、当事者の意思表示の合致に加えて、物の交付を必要とする契約を**要物契約**《ようぶつけいやく》と言います。消費貸借《しょうひたいしゃく》（金銭の貸し借り、220ページ）が要物契約です。

●手付～解約手付～

契約が成立すると、当事者は契約関係から離脱《りだつ》することはできません。ところで、不動産売買においては、買主Aから売主Bに対し契約時に**手付**《てつけ》が交付されることが多くあります。代金の1割から2割程度の額であることが多いようです（手付として交付された金銭は代金の一部にあてられます）。手付は、一般的には**解約手付**《かいやくてつけ》と解されています。すなわち、相手方が契約の履行《りこう》に着手するまでは、買主Aは手付を放棄《ほうき》して、また、売主Bも受領した手付の倍額をAに現実に提供して自由に契約を解除することができます（557条、なお宅地建物取引業法《たくちたてものとりひきぎょうほう》*39条）。

双方とも契約を解除すると手付分だけ損失を被《こうむ》るので、手付は双方を契約に拘束させる働きをもっています。他面、手付分だけ損をすれば契約から自由に離脱することができます。このように手付は二面性を備えています。ただし、

【宅地建物取引業法】宅地建物取引を営む者に免許制度や業務上の規制等を定めた法律

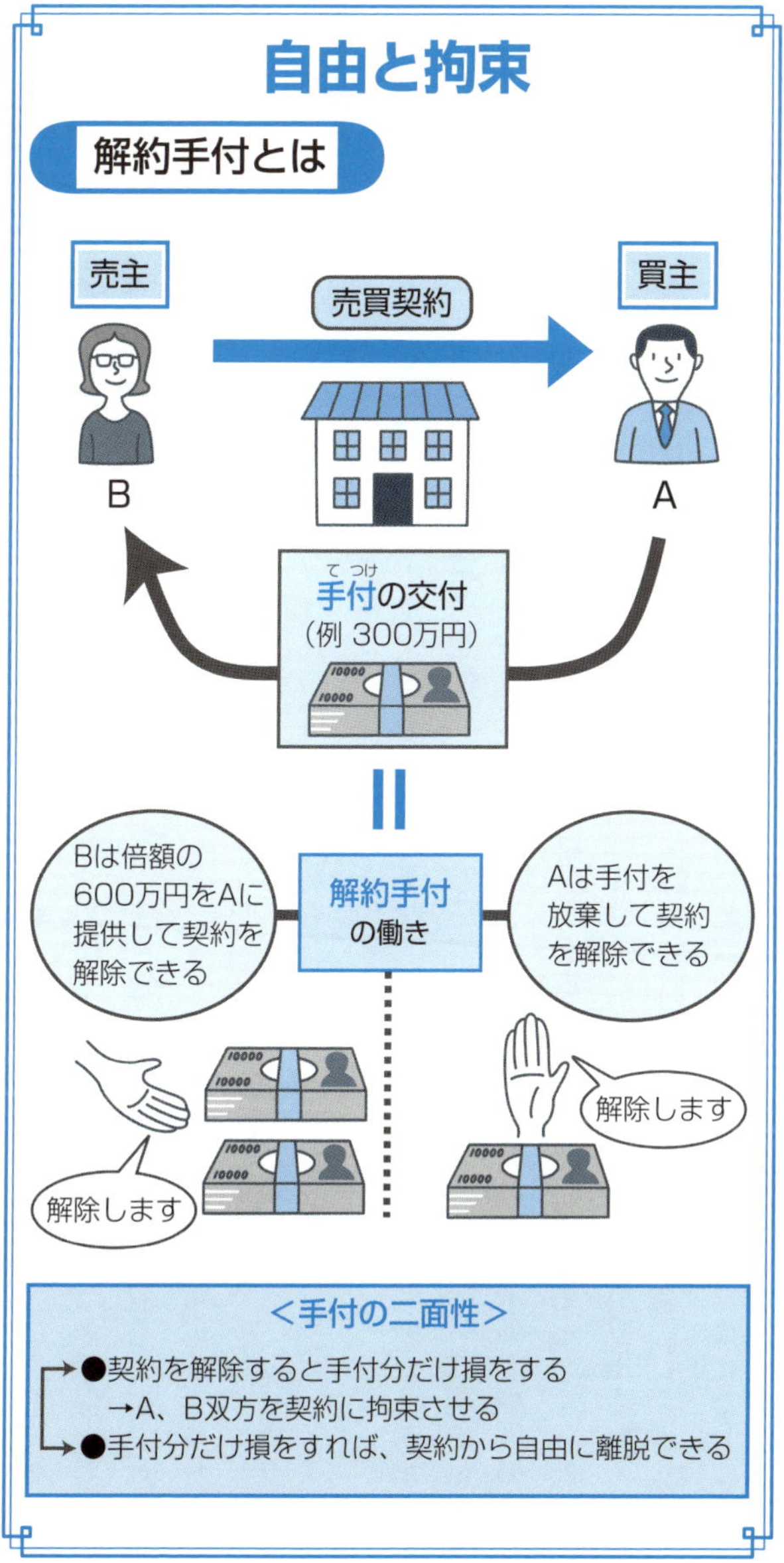

自由と拘束
解約手付とは
売主
買主
売買契約
B
A
手付《てつけ》の交付
（例 300万円）
解約手付の働き
Bは倍額の600万円をAに提供して契約を解除できる
Aは手付を放棄して契約を解除できる
解除します
解除します
＜手付の二面性＞
●契約を解除すると手付分だけ損をする
→A、B双方を契約に拘束させる
●手付分だけ損をすれば、契約から自由に離脱できる

前述のように、たとえば、買主Aがすでに代金を工面して支払いの準備を調《ととの》えている場合や、売主Bが引渡しの準備を調えている場合のように、すでに相手方が契約の履行の着手をした後は契約の解除はできません。

契約の成立における問題点

●契約が成立する条件

契約が有効に成立するためには、まず、契約を履行することが可能であり（**実現可能性**）、また、それが適法でなければなりません（**適法性**）。たとえば、将来はともかく、現在は月の土地の売買は不可能ですので、このような約束は無効です。また、拳銃《けんじゅう》や麻薬などの売買は、公序良俗《こうじょりょうぞく》に違反し（90条）、適法ではないので無効です（この点については次項で述べます）。

そのほか、38ページで述べたように、契約をした人に意思能力がない場合には、意思がないところに意思に基づく契約の効力は生じないので、契約は無効です。これに対し、制限行為能力者がなした契約については、これを当然には無効としないで、その者またはその保護者（法定代理人等）が望む場合には取消しができるとしました（40ページ）。その選択権をこれら社会的弱者の側に委ねたのです。

●無効事由と取消事由

また、民法は、意思表示に問題がある場合に関して、「意思の不存在」の場合は契約は無効であり（60ページ）、「意思表示の瑕疵《かし》」の場合は契約を取り消すことができるとしました（66ページ）。取消しの場合も、取り消されると遡《そ》及的《きゅうてき》に（最初から）無効となりますので（121条）、最終的には無効の場合と同じ結果になります。

ただ、取消しの場合は民法により、取消権者（取消しをすることができる者）が定められていますし（120条）、また5年の消滅時効にかかることになります（126条）。無効についてはこのような規定はありません。

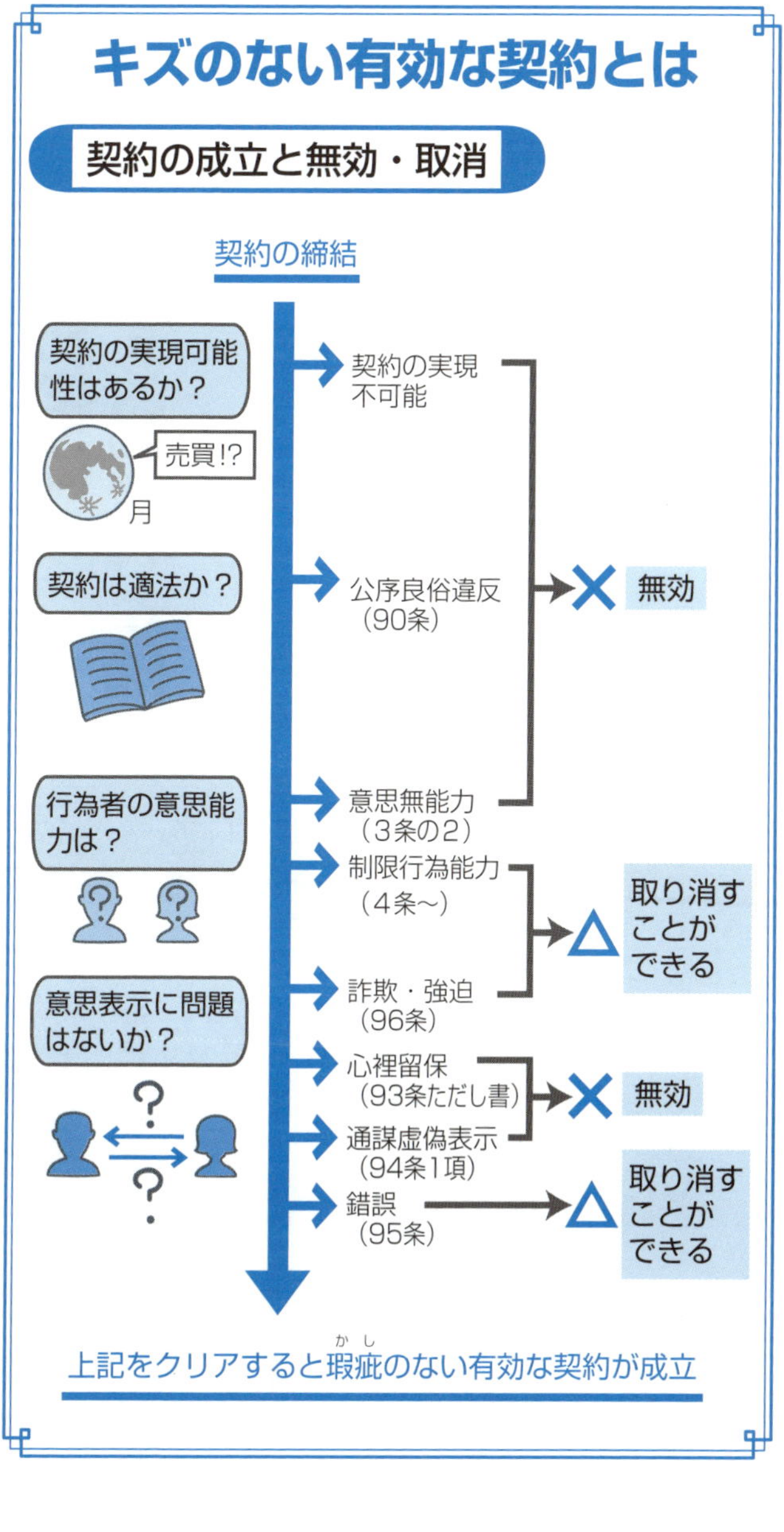
キズのない有効な契約とは
契約の成立と無効・取消
契約の締結
契約の実現可能性はあるか？
売買!?
月
契約は適法か？
行為者の意思能力は？
意思表示に問題はないか？
契約の実現不可能
公序良俗違反（90条）
意思無能力（3条の2）
制限行為能力（4条～）
詐欺・強迫（96条）
心裡留保（93条ただし書）
通謀虚偽表示（94条1項）
錯誤（95条）
×無効
△取り消すことができる
×無効
△取り消すことができる
上記をクリアすると瑕疵《かし》のない有効な契約が成立

以上の点すべてに問題がない場合にはじめて、その契約は瑕疵（欠陥）のない有効な契約となります（159ページの図における「売買の交渉・準備」のスタートラインに立ちます）。

公序良俗に違反する契約とは

●公序良俗違反の契約は無効

前項で述べたように、拳銃《けんじゅう》や麻薬などの売買は、**公序良俗《こうじょりょうぞく》に違反**し、無効です（90条）。民法90条は、「公の秩序又は善良の風俗に反する法律行為は、無効とする」と定めています。このうち「公の秩序」は、国家、社会の秩序ないし一般的利益を指し、「善良の風俗」は、社会の一般的道徳観念を指します。

この場合の契約は「無効」ですので、契約が締結《ていけつ》されても、売主は拳銃や麻薬などを引き渡す必要はなく、また、買主も代金を支払う必要はありません。

●不法な取引をした者は保護しない

しかし、現に拳銃や麻薬を引き渡したり、代金を支払ったりしたときには、どうなるのでしょう。この場合には、双方とも、相手方に対して無効を理由として給付した物の返還を請求することはできません。

無効ですから、何らの法的な効果も生じないため、双方とも、相手方に対して返還請求ができそうですが、法はこれを認めていません。このような法律上許されない取引における給付（これを**不法原因給付《ふほうげんいんきゅうふ》**と言います）をした者は、自ら手が汚れているので、法はこのような者に対しては法的保護を与えないとしたのです（708条）。

たとえば、売主が麻薬を引き渡したにもかかわらず、まだ代金を受け取っていないような場合において、法が売主の麻薬の返還請求を認めないのは、決して買主を積極的に保護しようと

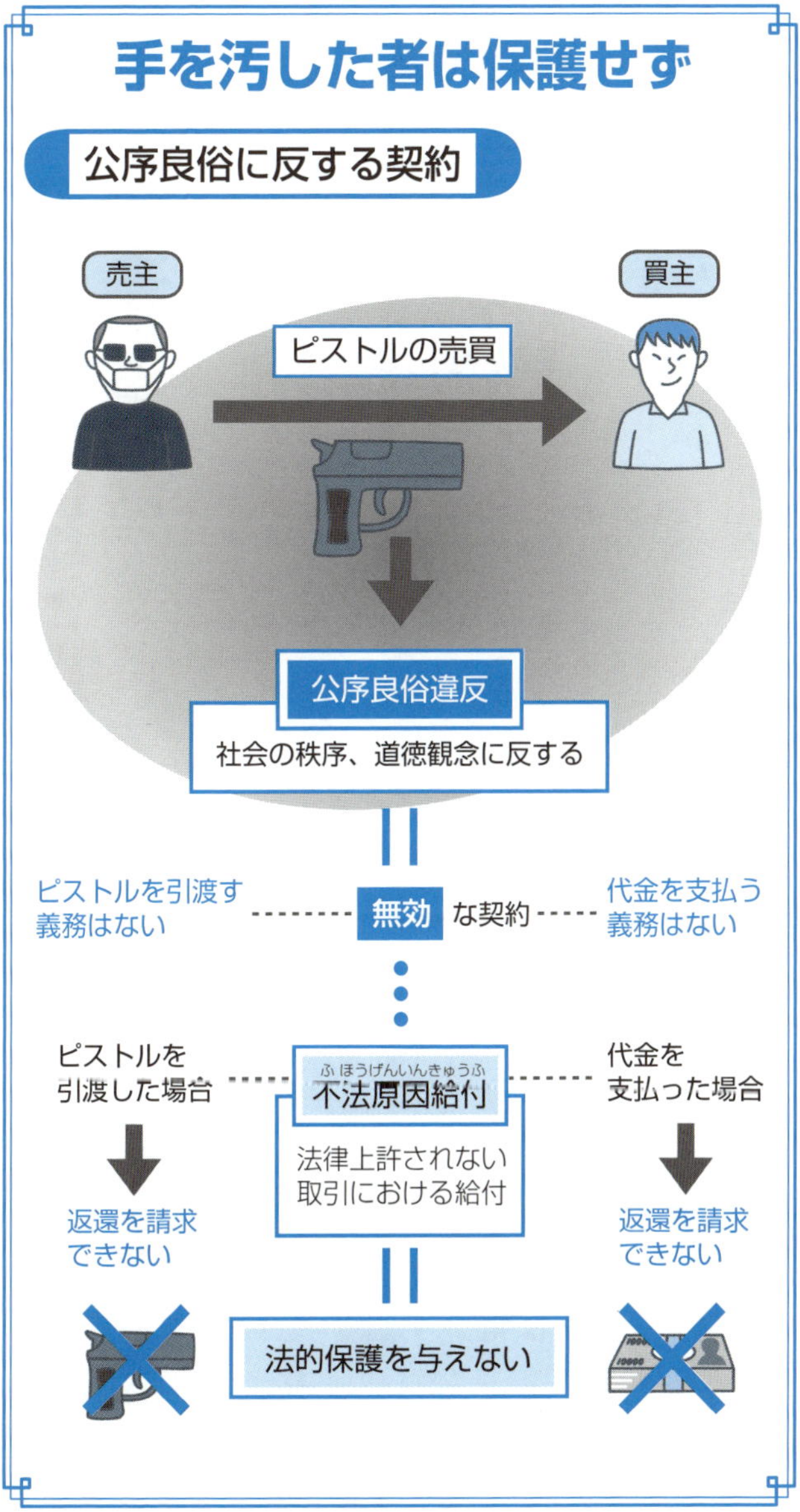
手を汚した者は保護せず
公序良俗に反する契約
売主
買主
ピストルの売買
公序良俗違反
社会の秩序、道徳観念に反する
ピストルを引渡す義務はない
無効 な契約
代金を支払う義務はない
ピストルを引渡した場合
不法原因給付《ふほうげんいんきゅうふ》
法律上許されない取引における給付
代金を支払った場合
返還を請求できない
返還を請求できない
法的保護を与えない

いうのではなく、法は、不法な取引をした売主を保護しない（救済の手を差しのべない）、ということです。

契約以外に債権・債務が生ずる場合

●義務はないが他人のために行う事務管理

本章の最初でも述べたように、債権・債務は、民法上契約以外にも3つの発生事由《はっせいじゆう》があります。ここでは事務管理《じむかんり》と不当利得《ふとうりとく》について説明し、次の項目で不法行為について説明しましょう。

まず**事務管理**とは、法律上の義務がないにもかかわらず他人のために何かをすることです。たとえば、隣の家が火事になった場合に、隣人のために消防署やその本人に通報したり、消火活動に参加したりすることが事務管理にあたります。

事務管理を行うかどうかは、その人の自由であって義務付けられるわけではありませんが、いったん事務管理を始めた以上は、本人のために一定のところまでそれを継続する義務（債務）が生じます。本人には事務管理を継続することを請求できる権利（債権）が生じます（697条）。

また、火事の通報や消火活動をした事務管理者は、通報のための電話代や、自分の消火器を使用して消火に努めた場合はその消火器の使用に相当する額など、本人（隣人）のために有益な費用を支出した場合は、その費用の償還を本人に対して請求することができます（702条）。

●不当利得は返還債務を負う

不当利得とは、法律上の原因がないのに他人の財産または労務によって利益を受けることを言い（他人のほうは損失を被ります）、その利得者は、その利得を返還する債務を負います（703条）。

たとえば、売買において、買主が代金のおつ

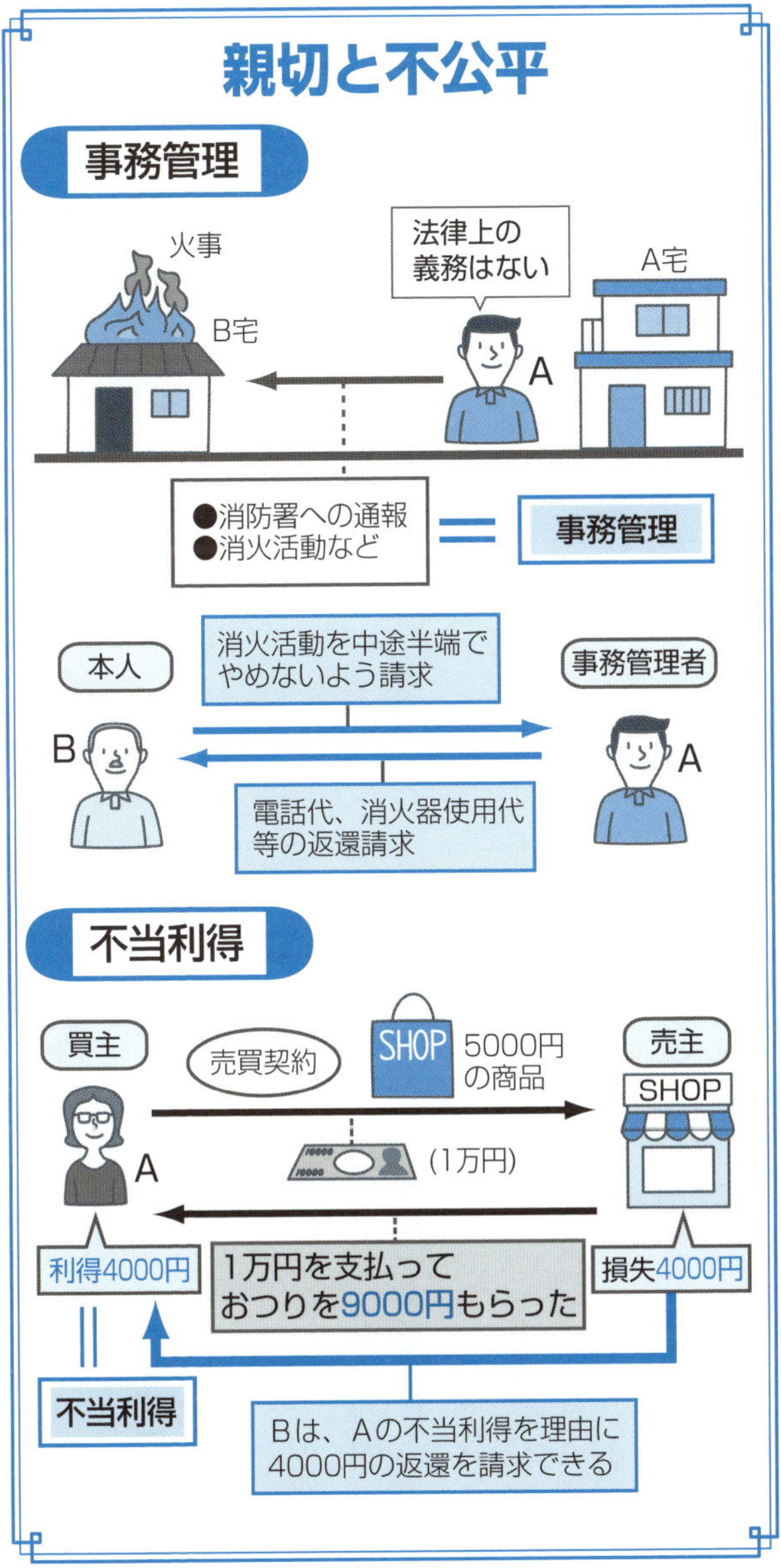
親切と不公平
事務管理
火事
B宅
法律上の
義務はない
A宅
A
●消防署への通報
●消火活動など
＝
事務管理
本人
消火活動を中途半端で
やめないよう請求
事務管理者
B
A
電話代、消火器使用代
等の返還請求
不当利得
買主
売買契約
SHOP
5000円
の商品
売主
SHOP
A
(1万円)
利得4000円
1万円を支払って
おつりを9000円もらった
損失4000円
＝
不当利得
Bは、Aの不当利得を理由に
4000円の返還を請求できる

りを多くもらい過ぎた場合には、買主は不当利得したことになり、買主はもらい過ぎた分を返還しなければなりません。損失を受けた売主のほうは、買主に対し不当利得を理由に、その返還を請求することができます。利得した買主の故意・過失は問題とされません。

不法行為に基づく損害賠償請求

●不法行為による債権の発生

債権の発生事由4つめの**不《ふ》法《ほう》行《こう》為《い》**とは、故意または過失によって他人の権利を侵害し、これにより損害を発生させるような行為です。たとえば飲酒運転で交通事故を引き起こすような行為がその典型です。また、放火された場合、殴られて負傷した場合、公害により生命・健康を害された場合等も不法行為が問題となります。

これらの場合、被害者（または被害者の遺族等）は、加害者に対してその**損害賠《ばい》償《しょう》**を請求することができます（709条）。

●損害賠償請求の要件

それでは、前述のような事故の被害者は、常に加害者に対し不法行為に基づく損害賠償請求が可能なのでしょうか。

民法では、そのための要件として、①加害者の故意・過失、②権利または法律上保護される利益の侵害、③損害の発生、④加害行為と損害発生との因《いん》果《が》関《かん》係《けい》の4つを定めています。これらは、原則として被害者が立証しなければなりません。どれか1つでも立証できない場合には、損害賠償請求は認められません。

交通事故を例にとると、たとえば、①については被害者が故意に車にあたってきた場合、③については車に接触したものの全く怪我がなかった場合、④については被害者の死亡は交通事故ではなくて本人の持病が原因だった場合などについては、被害者は損害賠償を請求することはできません。

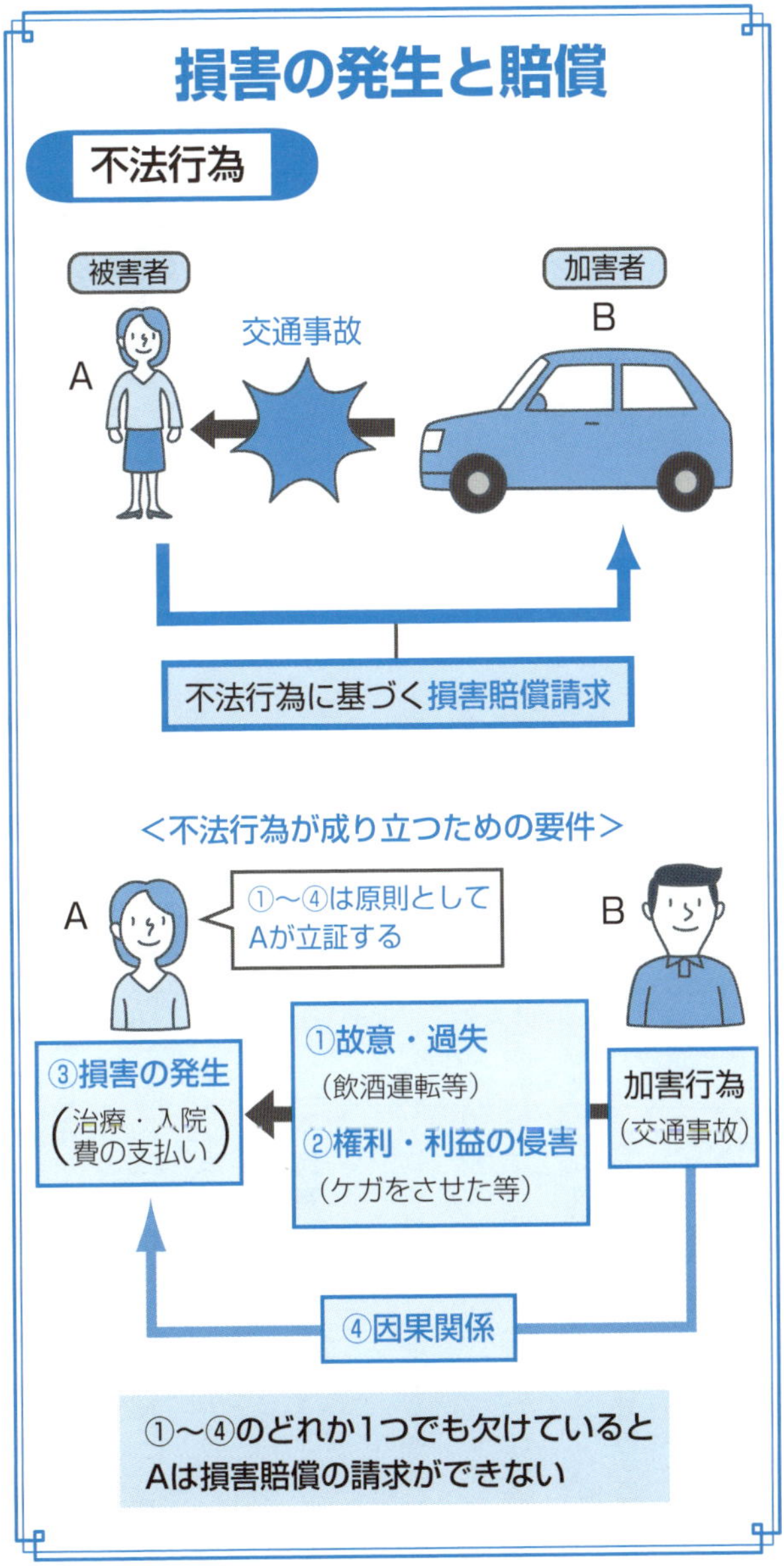
損害の発生と賠償
不法行為
被害者
加害者
交通事故
A
B
不法行為に基づく損害賠償請求
<不法行為が成り立つための要件>
A
①〜④は原則として
Aが立証する
B
③損害の発生
（治療・入院費の支払い）
①故意・過失
（飲酒運転等）
②権利・利益の侵害
（ケガをさせた等）
加害行為
（交通事故）
④因果関係
①〜④のどれか1つでも欠けていると
Aは損害賠償の請求ができない

なお、②については、身体（生命・健康）や財産権など権利と名の付くものでなくても、法律上保護に値する「利益」の侵害があることが必要です。たとえば、日照や通風等も「利益」となり得ます。また、精神的な苦痛も慰謝料《いしゃりょう》として損害賠償の対象になります。

債権や債務にはどのようなものがあるか

●債権の目的と給付

すでに述べたように、債権とは、ある人（債権者）が他の特定の人（債務者）に対し特定の行為を請求することを内容とする権利です。そして、債権の目的は、債務者の特定の行為であり、これを**給付**《きゅうふ》と呼びます。

たとえば不動産売買では、売主の給付は不動産（土地及び建物）の引渡しや登記の移転であり、買主の給付は代金の支払いです。雇用契約《こようけいやく》では、被用者《ひようしゃ》（雇われる者）の給付は労務の提供であり、使用者（雇い主）の給付は給料の支払いです。

●給付によって分けた債権・債務の種類

債権を給付の内容によって分類すると、まずは、債務者にある行為をせよと請求する**「作為《さくい》」**の債権と、債務者にある行為をしてはいけないと請求する**「不作為《ふさくい》」**の債権とに分けることができます。

たとえば、売買契約の結果、住宅や商品の引渡しを求めたり、代金の支払いを求めたりするのは、作為を内容とする債権です。そして、夜10時以降ピアノを弾いてはいけないとの入居のさいの契約により、家主が借家人に対して深夜のピアノの練習をやめるよう請求するのは、不作為を内容とする債権です。

次に、債務者がある行為をするという「作為」の債務は、物を引渡す場合の**「与える債務」**と、事務などを行う場合の**「為《な》す債務」**とに分けることができます。先の住宅・商品の引渡しや代金の支払いは、与える債務であり、雇用契約に基づき被用者が労務を提供したり、代理人が本人からの委任に基づいて代理行為を行ったりする（68ページ）のは、為す債務です。

なぜこれらを分けるかというと、債務者に対し給付の強制を求める場合に関係しています（182ページ）。

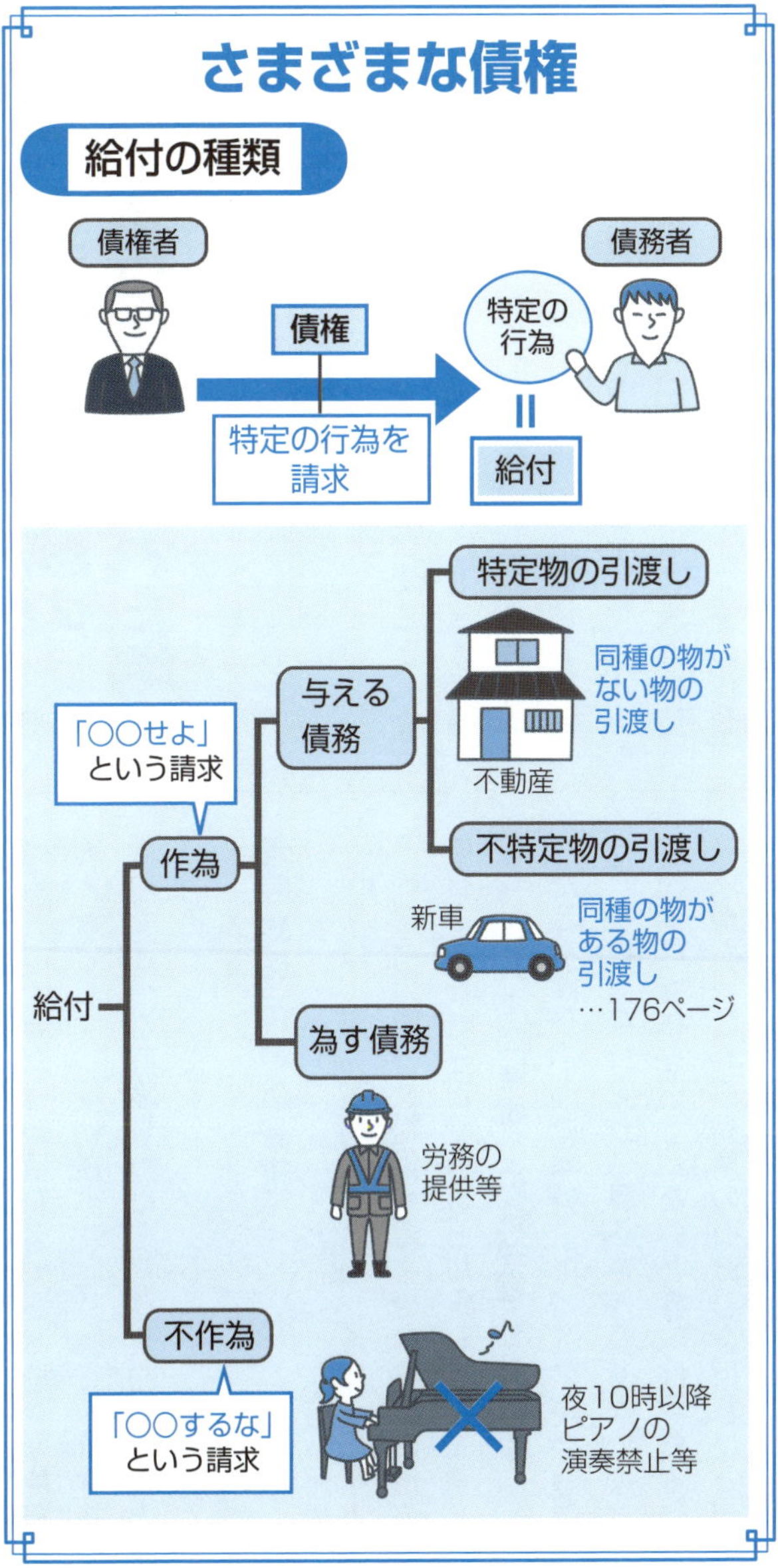
さまざまな債権
給付の種類
債権者
債務者
債権
特定の行為
特定の行為を請求
給付
特定物の引渡し
同種の物がない物の引渡し
不動産
与える債務
「〇〇せよ」という請求
作為
不特定物の引渡し
新車
同種の物がある物の引渡し
…176ページ
給付
為す債務
労務の提供等
不作為
「〇〇するな」という請求
夜10時以降ピアノの演奏禁止等

相手方から債務の履行を請求された場合

●債務の履行

売買契約が締結《ていけつ》されて契約が成立すると、売主と買主の間に債権・債務関係が生じます。債務者は、契約の本旨にしたがって債務を履行《りこう》しなければなりません（415条）。売主は目的物引《もくてきぶつひき》渡債務《わたしさいむ》を負い、買主は代金支払債務《だいきんしはらいさいむ》を負います。

売買契約の場合には、売主と買主の双方に債務が生じます。また、双方に債権（売主の代金支払請求権、買主の目的物引渡請求権）が生じます。このように双方が債務者であると同時に債権者である契約を**双務契約**《そうむけいやく》と言います。

これに対して贈与のように、贈与者だけが債務者（贈与を受ける者だけが債権者）となり、当事者の一方だけが債務者である場合を**片務契約**《へんむけいやく》と言います。後に述べる同時履行《どうじりこう》の抗弁権《こうべんけん》や次項で述べる危険負担は、双務契約の場合のみに問題となります。

●同時履行の抗弁権

民法は、双務契約当事者の一方は、相手方がその債務の履行を提供するまでは自己の債務の履行を拒むことができると規定しています（533条）。これを**同時履行の抗弁権***と言います。

たとえば、不動産の売主は、買主が金融機関から融資を受けられる見込みが全くないなど売買代金を支払う用意がないときには、買主から請求があっても不動産の引渡しを拒むことができます。

また、逆に、売買の目的物となっている不動産には依然として居住者がいて退去しようとしない場合など、売主に引渡しの用意が調《ととの》っていないときには、買主は、売主から請求を受けて

ける「抗弁」は「被告が相手方の主張を排斥するために別の事項を主張すること」である

も代金の支払いを拒むことができます。このように売買契約においては、原則として、売主と買主の双方が同時履行の抗弁権をもっています。

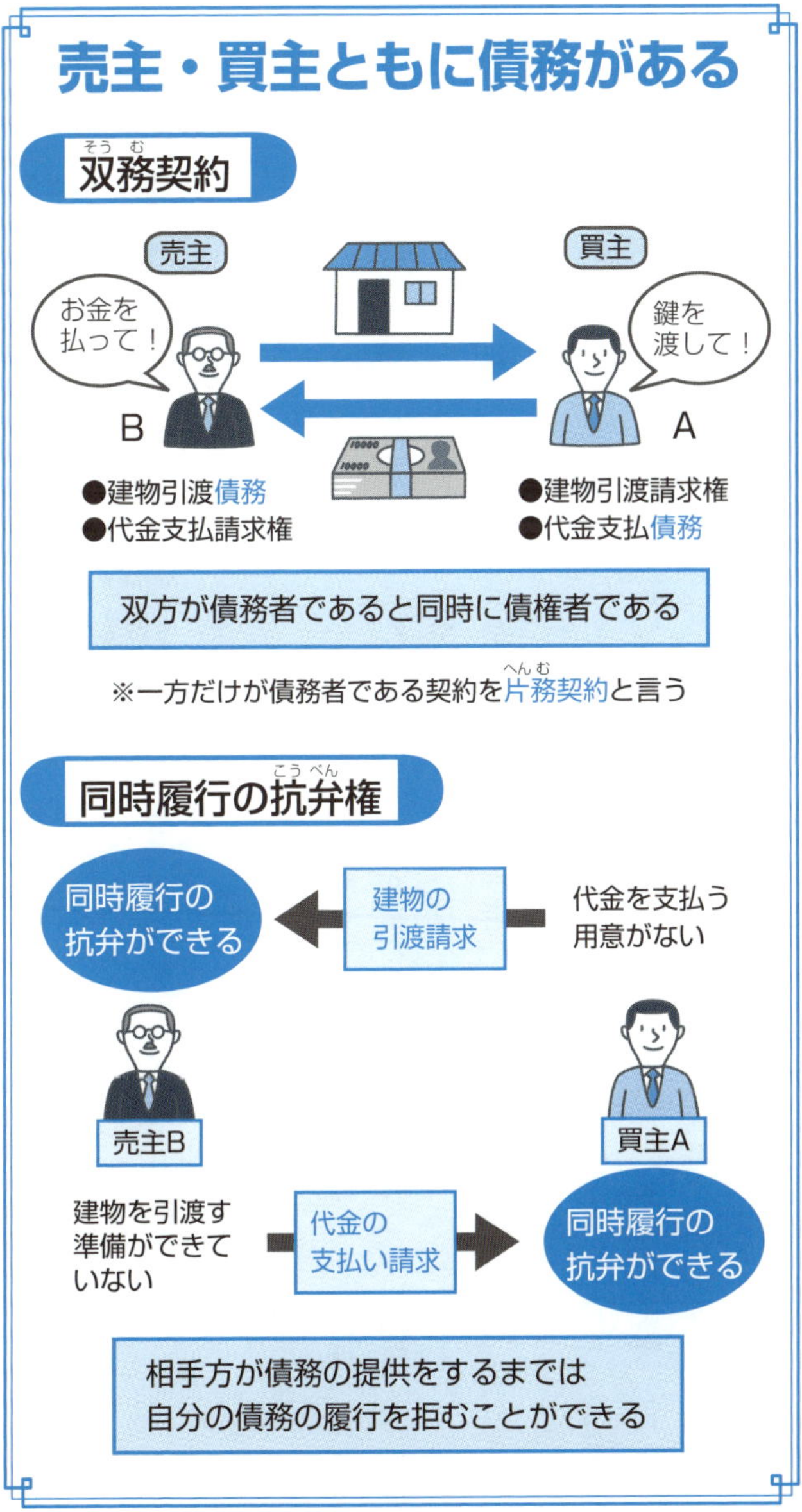

売主・買主ともに債務がある
双務《そうむ》契約
売主
買主
お金を払って！
鍵を渡して！
B
A
●建物引渡債務
●代金支払請求権
●建物引渡請求権
●代金支払債務
双方が債務者であると同時に債権者である
※一方だけが債務者である契約を片務契約《へんむ》と言う
同時履行の抗弁権《こうべん》
同時履行の抗弁ができる
建物の引渡請求
代金を支払う用意がない
売主B
買主A
建物を引渡す準備ができていない
代金の支払い請求
同時履行の抗弁ができる
相手方が債務の提供をするまでは
自分の債務の履行を拒むことができる

【抗弁】債務者が自己の債務の履行を拒否し、その延期を主張すること。なお民事訴訟にお

引渡前に建物が焼失した場合の権利関係

●危険負担はどちらが負うか

AB間でB所有の建物について売買契約が成立しましたが、建物の引渡し前に建物が落雷のため焼失してしまった場合に、AB間の債権・債務関係はどうなるのでしょうか。

建物が焼失したことにより、Bの建物引渡債務は履行不能となります。この場合、Bには責任（帰責事由《きせきじゆう》、184ページ）がありませんので、Bは何ら責任を問われることはありません。ここでの問題は、買主Aが、建物の代金をBに支払う必要があるかどうかです。これが**危険負担**《きけんふたん》の問題です。すなわち、契約の成立後に債務者の責任でなく、債務の履行ができなくなった場合に、その損失（危険・リスク）を債権者と債務者のどちらが負担するのかという問題です。

●債権者主義の規定の改正

民法は、特定物《とくていぶつ》（不動産など世界に1つしかない特定の物）に関して、売買等による所有権の移転等を双務契約の目的となした場合に、その物が債務者の責任によらない事由によって滅《めっ》失《しっ》または損傷《そんしょう》したときは、その滅失または損傷は債権者の負担に帰す、と規定していました（旧534条1項）。すなわち、債権者（買主A）が、物がなくなったり壊れたりすることの危険を負担するとしていました（**債権者主義**《さいけんしゃしゅぎ》）。したがってAは代金の支払義務を免《まぬか》れませんでした。

しかし、学説の多くは、建物売買等においてはこの条文の適用範囲を狭めて解釈し、買主Aに建物の実質的な支配が移ったとき（引渡しや登記の移転のとき）に危険もAに移り、その前においてはまだ危険は売主Bにとどまっている

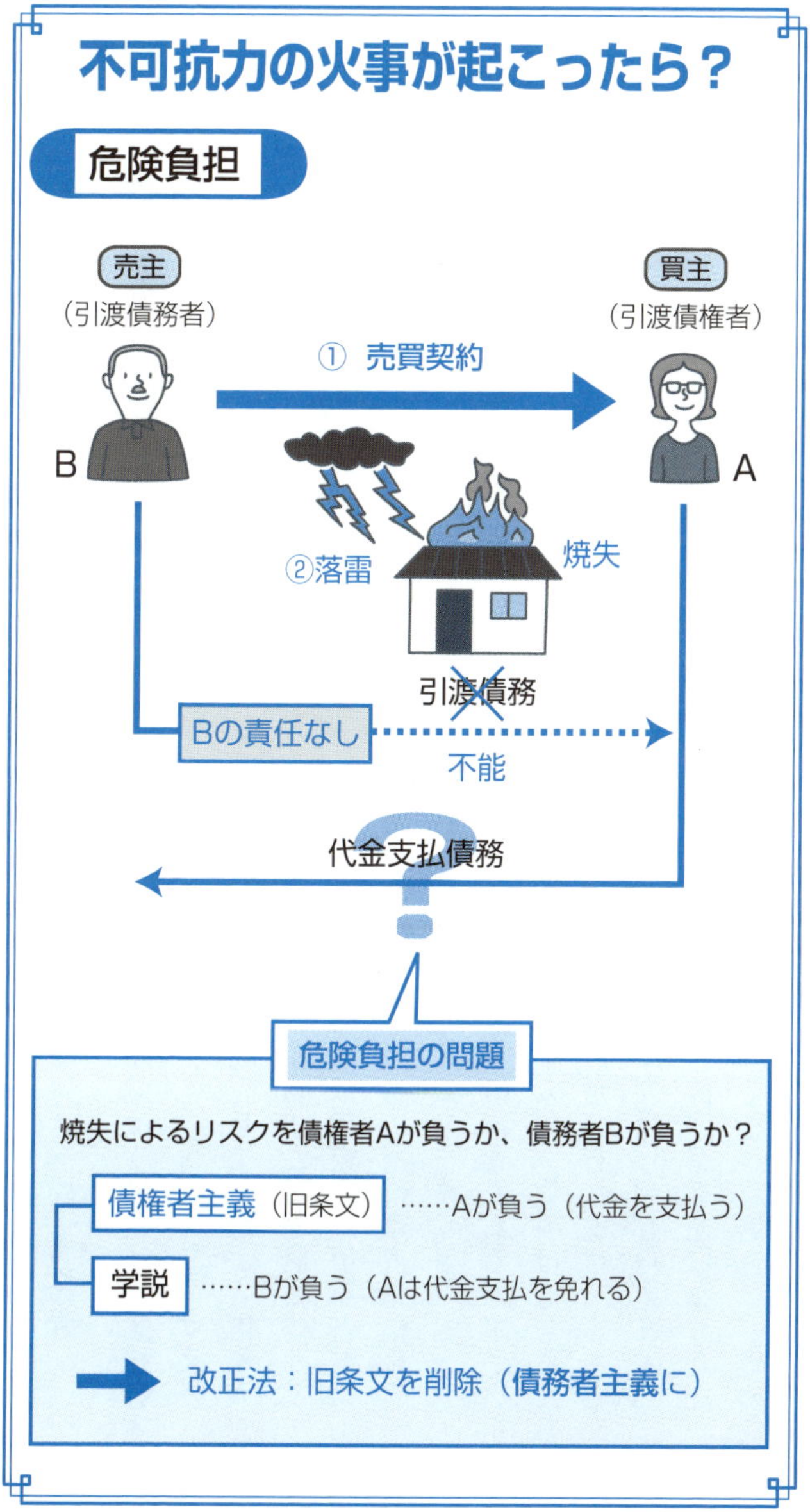

不可抗力の火事が起こったら？
危険負担
売主
（引渡債務者）
買主
（引渡債権者）
① 売買契約
B
A
②落雷
焼失
引渡債務
Bの責任なし
不能
代金支払債務
危険負担の問題
焼失によるリスクを債権者Aが負うか、債務者Bが負うか？
債権者主義（旧条文）……Aが負う（代金を支払う）
学説……Bが負う（Aは代金支払を免れる）
改正法：旧条文を削除（債務者主義に）

と解していました。

2017年の改正法は、この債権者主義の規定を削除して、この場合も次項で述べる536条の**債《さい》務《む》者《しゃ》主《しゅ》義《ぎ》**をとることとしました。

引渡前に借家が焼失した場合

●危険負担における債権者主義の廃止

前の項目で見たように、2017年の改正前の民法の規定（534条）は、**特定物**《とくていぶつ》すなわち不動産や中古の動産のように世界に1つしかない特定の物の売買等においては、債権者主義をとっていました。

しかし、実際の取引においては、建物の引渡し前に災害等により建物が滅失した場合などについて、契約書で「買主は契約を解除することができる」としていることが少なくありませんでしたので、前述のように改正法は534条を削除しました。

●危険負担における債務者主義

それ以外の場面では、民法は、**債務者主義**《さいむしゃしゅぎ》を原則としていました（536条）。たとえば、建物の賃貸借契約は成立しましたが、借家人《しゃくやにん》が引渡しを受ける前に落雷のため建物が焼失してしまった場合においては、家主（債務者）の引渡債務が消滅するとともに、借家人（債権者）の賃料支払債務等も消滅します。

つまり危険は、債務者である家主が負担することになり、借家人は、賃料はもちろん敷金や礼金等を支払う必要はありません（すでに支払っていた場合には返還してもらえます）。また、タレントが、交通機関が不通になったために公演や出演ができなくなった場合に、その危険は債務者（公演をするという債務を負うタレント）が負担しますので、タレントは公演・出演料の請求はできません。

もっとも、大物のタレントは、「タレント側による以外の一切の事由《じゆう》によって公演・出演が不能になっても、報酬を請求できるものとする」との特約を設けていることも考えられます。

２０１７年の改正法によって、以上の場面での買主・借家人・興行主等は、売買代金・賃料・公演出演料などの「反対給付の履行を拒むことができる」（536条１項）ようになりました。

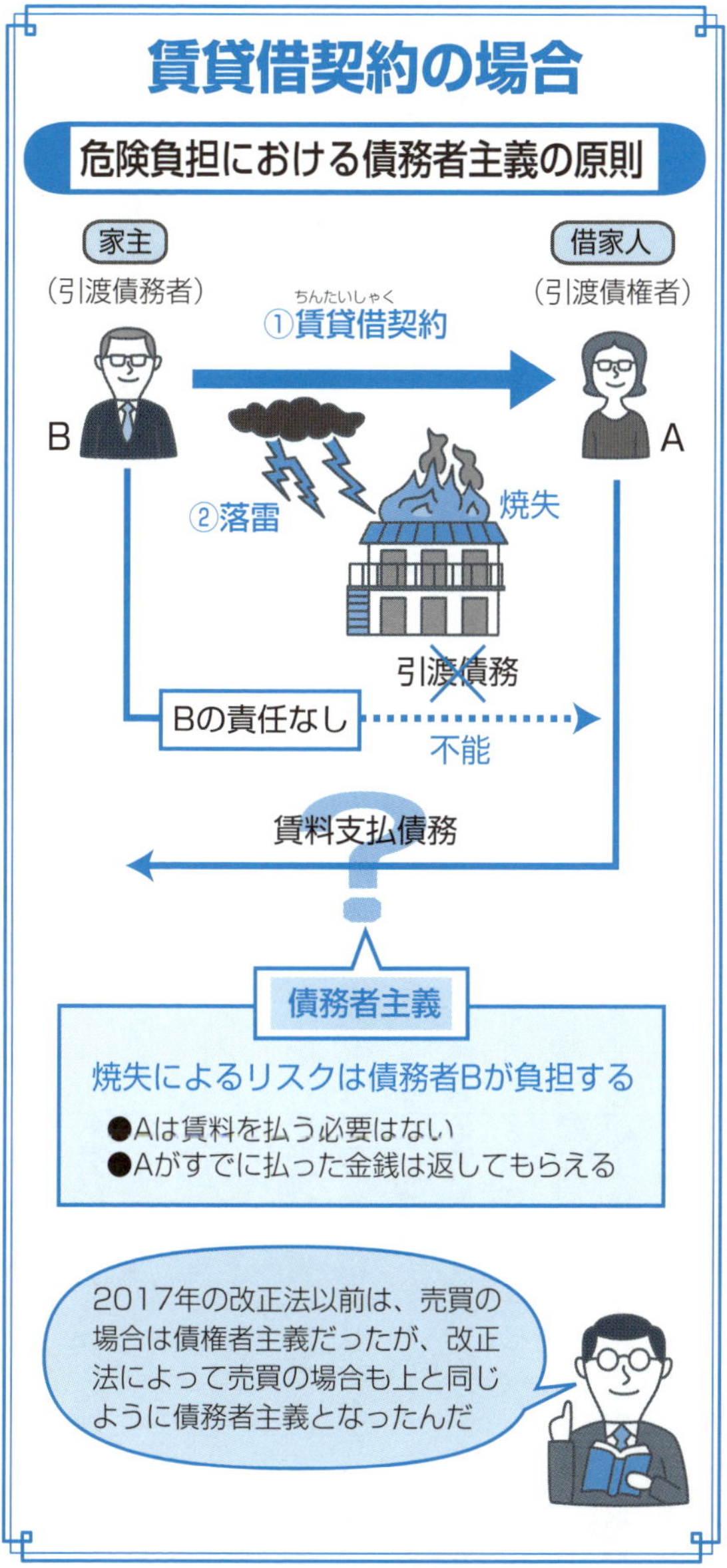
賃貸借契約の場合
危険負担における債務者主義の原則
家主
（引渡債務者）
借家人
（引渡債権者）
①賃貸借契約《ちんたいしゃく》
B
A
②落雷
焼失
引渡債務
Bの責任なし
不能
賃料支払債務
債務者主義
焼失によるリスクは債務者Bが負担する
●Aは賃料を払う必要はない
●Aがすでに払った金銭は返してもらえる
2017年の改正法以前は、売買の場合は債権者主義だったが、改正法によって売買の場合も上と同じように債務者主義となったんだ

債権者はどのような法的主張ができるか

●債権の効力の意味

売買契約により売主も買主も債権者となり、それぞれの債権が効力を有します。**債権の効力**とは、債権者が債権を有していることによって債務者及び第三者に対して主張できる法律上の効力のことです。

債権の効力は、現実には、①債務者の債務の本旨*にしたがった給付がなかったときに、債権者が債務者に対しどのような法的主張ができるかということと、②債務の給付前に、債権の実現が第三者によって、または第三者との関連で危うくされたときに、債権者が第三者に対しどのような法的主張ができるかということが問題となります。①を債権の**対内的効力**《たいないてきこうりょく》と言い（後述）、②を債権の**対外的効力**《たいがいてきこうりょく》（190、192ページ）と言います。

●債権の対内的効力～請求力と執行力～

まずは、①の対内的効力について見ていきましょう。債権者は、債務者に対し給付を請求することができます（**請求力**《せいきゅうりょく》）。しかし、債権者といえども債務者の意思に反して自力で債権の内容を実現することは許されません。

債務者が自発的に給付をなさないときは、債権者は、債務者を相手に裁判所に訴え（**訴求力**《そきゅうりょく》または**訴権**《そけん》）、その上で債権を強制的に実現できます（**執行力**《しっこうりょく》）。この裁判所による債権の実現のことを**履行**《りこう》**の強制**または**強制履行**と言います。

履行の強制のための裁判手続としては、上記の訴求力と執行力に対応して、判決手続と強制執行手続という2段階があります。基本的には、

【債務の本旨】債務の本来の趣旨、目的

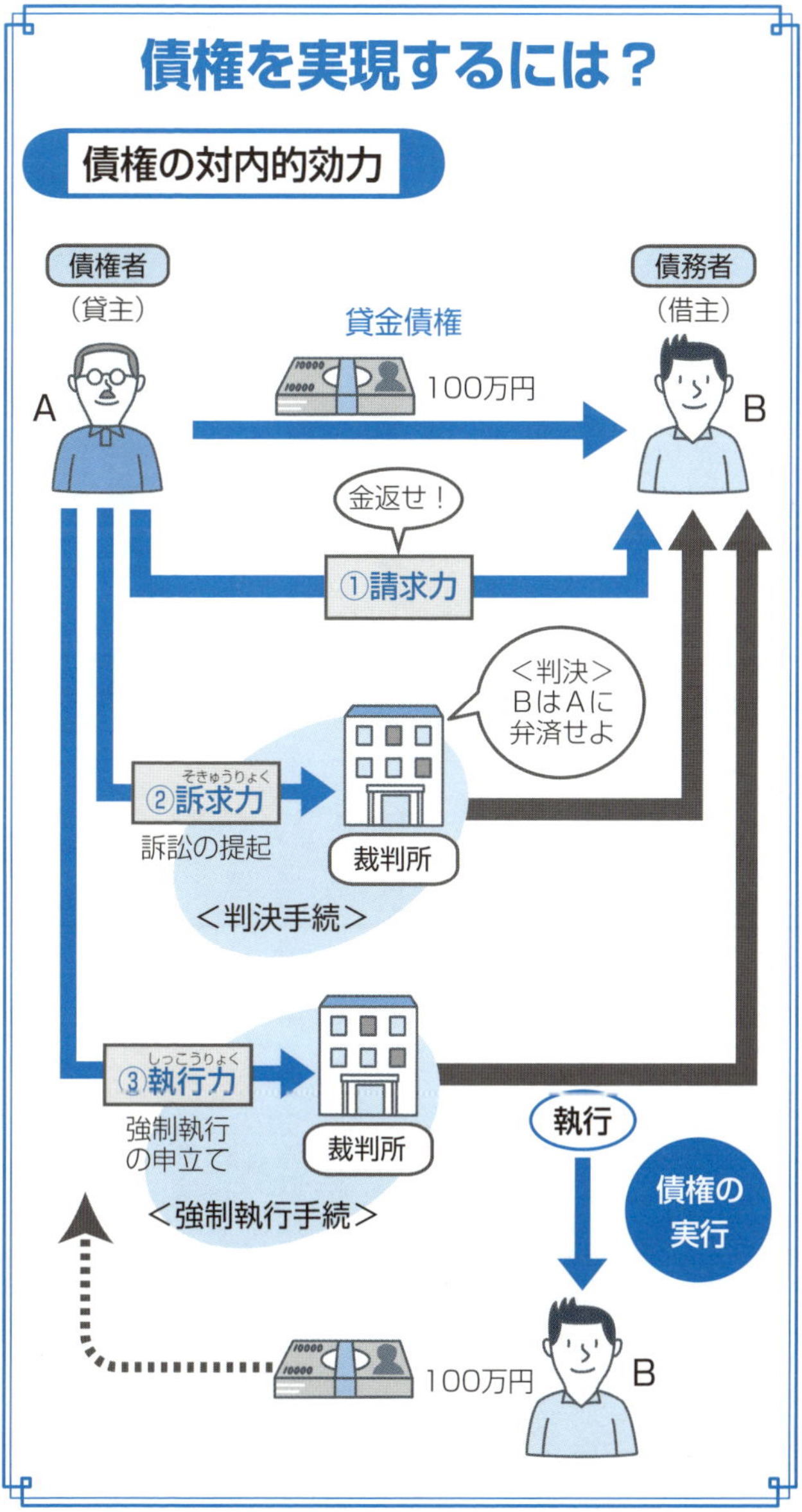
債権を実現するには？
債権の対内的効力
債権者
（貸主）
A
債務者
（借主）
B
貸金債権
100万円
金返せ！
①請求力
<判決>
BはAに
弁済せよ
②訴求力《そきゅうりょく》
訴訟の提起
裁判所
<判決手続>
③執行力《しっこうりょく》
強制執行
の申立て
裁判所
<強制執行手続>
執行
債権の
実行
100万円
B

まず判決により債務者は債務を履行すべきであるという裁判所の判決がなされ、これにもかかわらず債務者が自発的に履行しないときには、さらに、強制執行手続を経なければなりません。

債権は最終的にはどのように実現されるか

●履行の強制（強制履行）

履行の強制（強制履行）とは、債務者が債権者に対し自発的に債権の内容どおりの給付をしない場合に、国家機関（裁判所）が債権者の申立てに基づいて強制的に債権の内容どおりの給付を実現することを言います。

近代法のもとでは権利者が権利の強制的実現を自らで行うという「自力救済《じりききゅうさい》」は原則として禁止されているため、債権の実現にとって履行の強制は不可欠のものとなります。履行の強制の方法としては、①直接強制、②代替執行《だいたいしっこう》、③間接強制等があります（414条1項）。

●直接強制

建物の売買契約について見ると、建物の引渡しについては、一般的には、執行官が売主の占有を解いて買主に引き渡し、代金の支払いについては、裁判所が買主の財産を差し押さえたうえで処分・換金して債権者に与える、**直接強制**の方法が用いられます（414条1項）。

●代替執行・間接強制

直接強制は、一般的には、先のような物の引渡しや金銭の支払いなどの「与える債務」*について認められ、「為《な》す債務《さいむ》」（建物を建てる、商店で働くなど）や不作為債務《ふさくいさいむ》（増築しないなど）については認められません。このような場合には、一般的には、**代替執行**（債権者の請求による裁判に基づいて、第三者〔債権者も含む〕の手により債務者に代わって債権の内容を実現させ、その費用について強制的に債務者から徴収《ちょうしゅう》

* 「与える債務」「為す債務」「不作為（債務）」については172ページも参照

する方法）や、**間接強制**（債務の履行を確保するために相当と認める一定額の金銭の支払いを命じることにより債務者を心理的に圧迫して債権の内容を実現させる方法）によります。

債権の実現にもいろいろある

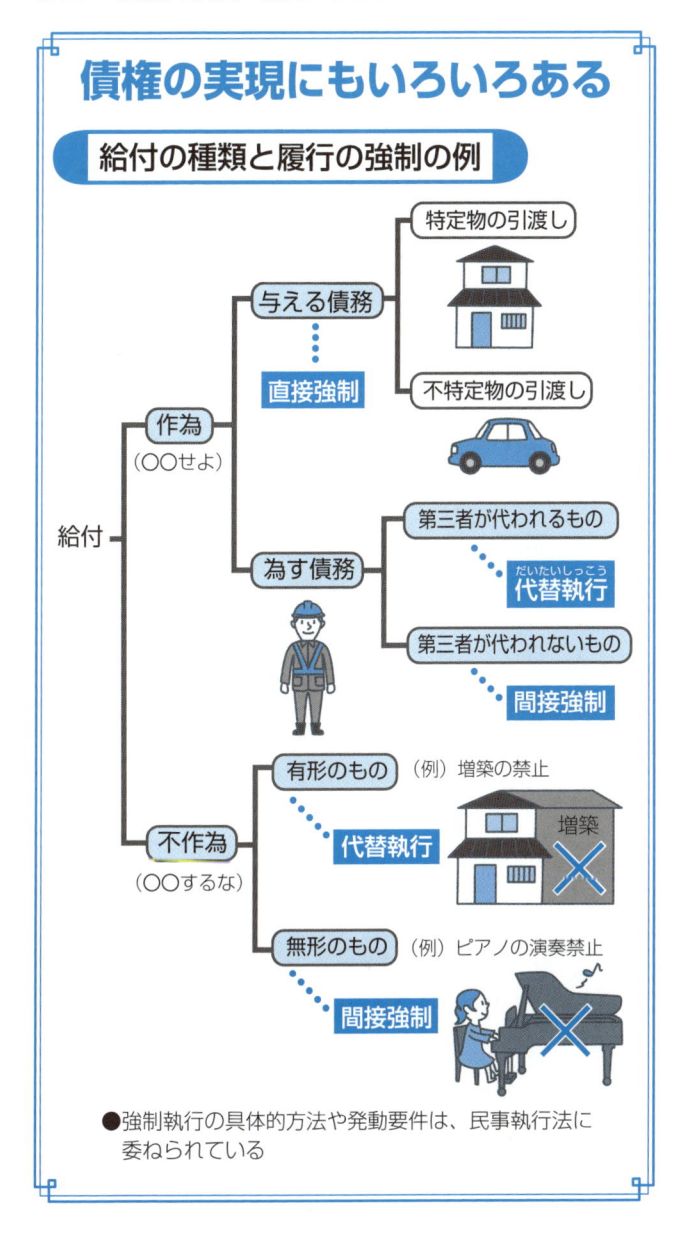

給付の種類と履行の強制の例

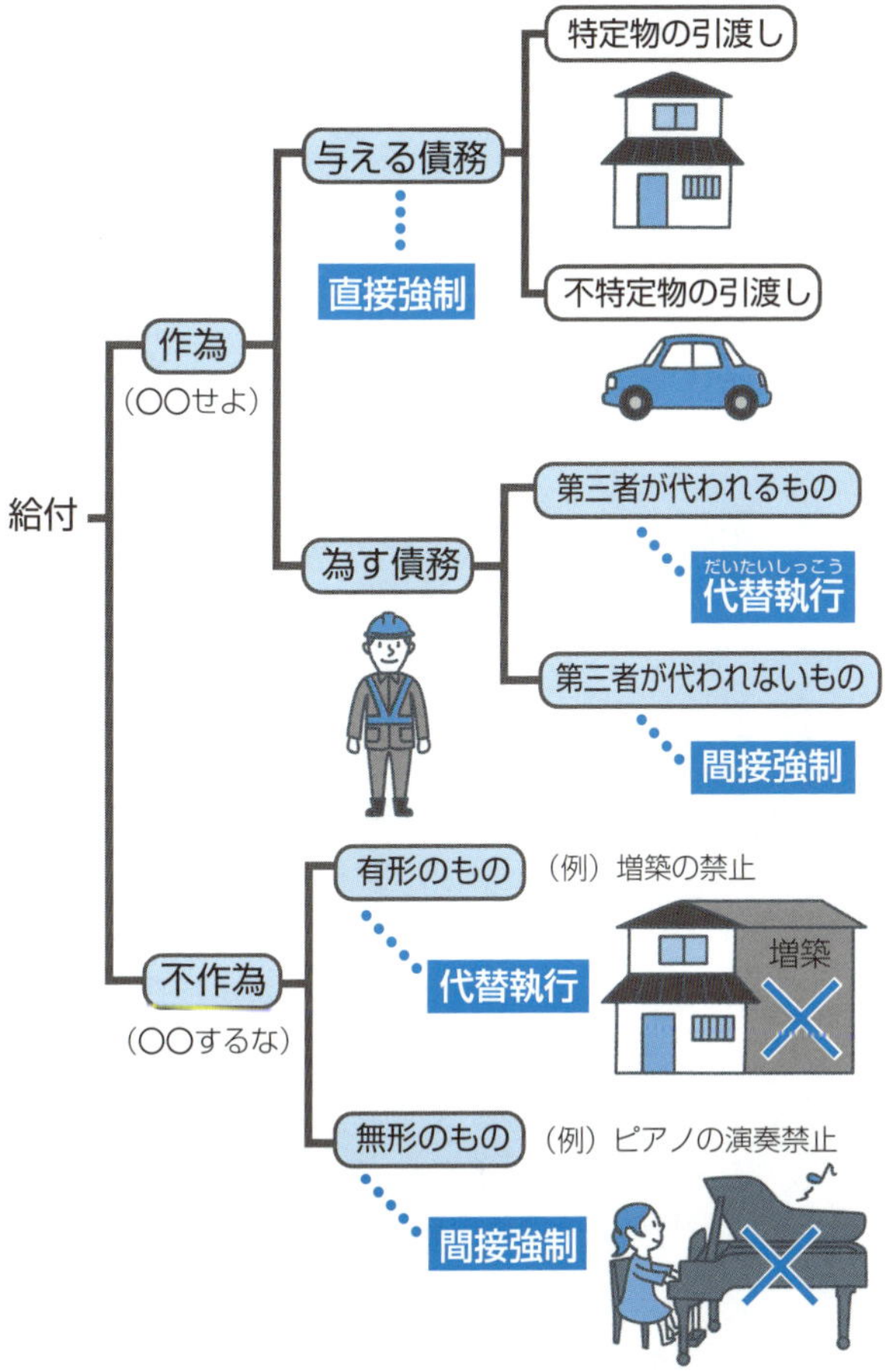
給付
作為
（〇〇せよ）
与える債務
直接強制
特定物の引渡し
不特定物の引渡し
為す債務
第三者が代われるもの
代替執行《だいたいしっこう》
第三者が代われないもの
間接強制
不作為
（〇〇するな）
有形のもの
（例）増築の禁止
代替執行
増築
無形のもの
（例）ピアノの演奏禁止
間接強制

●強制執行の具体的方法や発動要件は、民事執行法に委ねられている

どういう場合に債務不履行となるか

●債務不履行の態様

債権が実現されないこと、つまり債務の本旨に従った給付がなされないことを**債務《さいむ》不《ふ》履行《りこう》**と言います（415条1項本文）。契約の場合には、契約の内容どおりに給付がなされないことです。

これには、通常、**履行《りこう》不能《ふのう》**、**履行《りこう》遅滞《ちたい》**、**不完全履行**の3つがあります。たとえば、建物の売買契約において、建物が滅失《めっしつ》したような場合は履行不能です。金銭については滅失することは考えられないので、履行不能はありません（220ページ）。建物の引渡しや代金の支払いが遅れる場合は、履行遅滞です。引き渡された建物に欠陥がある場合は不完全履行です。

●過失責任の原則

ここで大事なことは、債務不履行を理由として債務者が損害賠償責任を負わされるには、債務者に**帰責《きせき》事由《じゆう》**（「責に帰すべき事由」）があることが必要です（415項1項ただし書）。

帰責事由とは、債務者の故意・過失《かしつ》またはこれと同視できるような事由のことです。「過失」とは不注意のことです。すなわち、注意すべきであるにもかかわらずこれを怠ったことです。「これと同視できるような事由」とは、たとえば、債務者自身に過失はなくても、債務者が債務の履行について他人を使用した場合に、その他人の過失（履行補助者の過失）によって債務が履行できなかったときに債務者自身の過失とすることです。

このように、民法は、過失のある場合にだけ債務者に損害賠償責任を負わせることとしています。これを**過《か》失《しつ》責《せき》任《にん》の原則**（**過失責任主義**）と言います。人間は、神様のように完璧ではなくミスをしますが、ミスをした場合にその責任を問えるときにだけ法的責任を負わせることとしました。

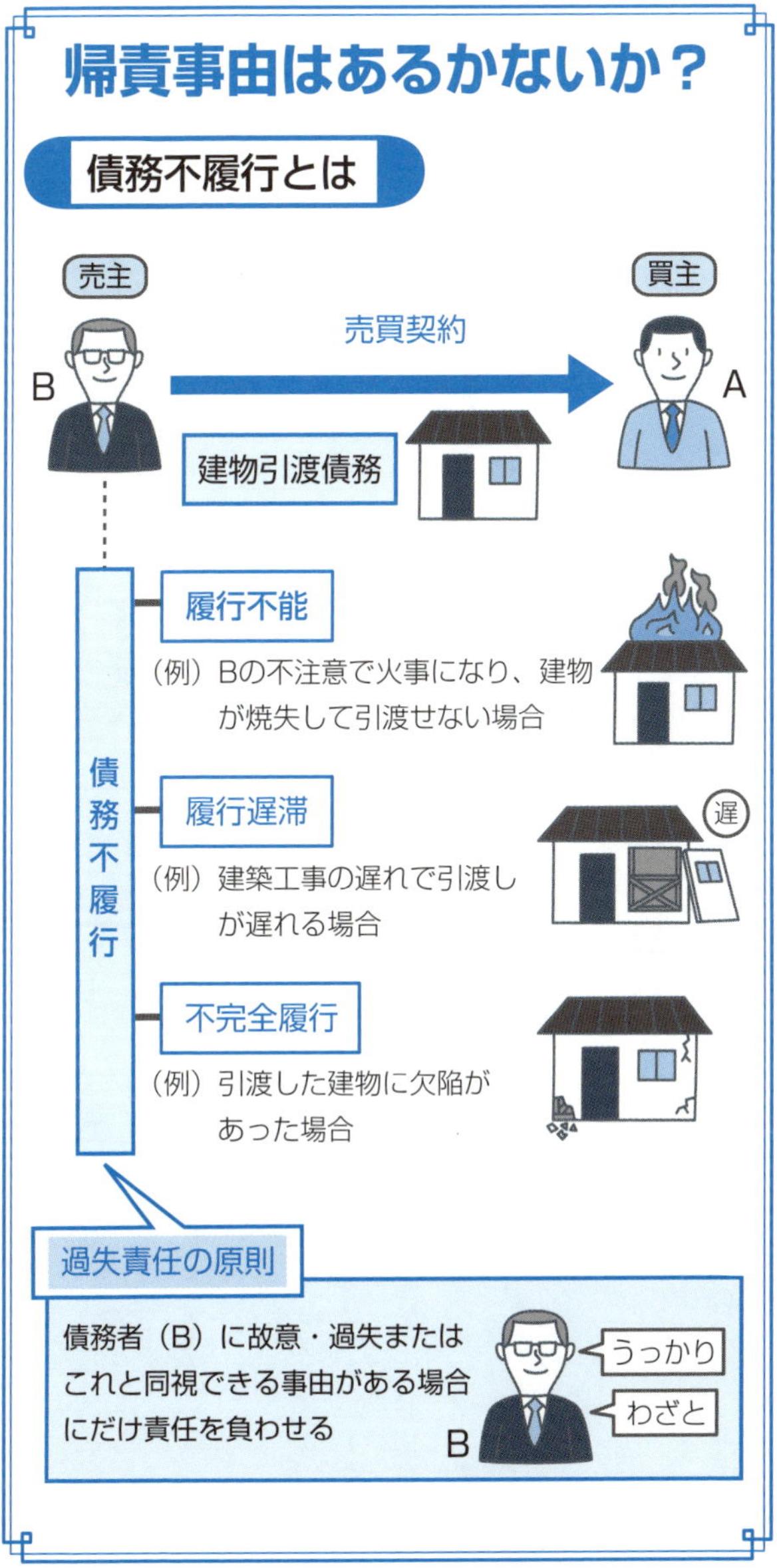
帰責事由はあるかないか？
債務不履行とは
売主
買主
売買契約
B
A
建物引渡債務
債務不履行
履行不能
（例）Bの不注意で火事になり、建物が焼失して引渡せない場合
履行遅滞
遅
（例）建築工事の遅れで引渡しが遅れる場合
不完全履行
（例）引渡した建物に欠陥があった場合
過失責任の原則
債務者（B）に故意・過失またはこれと同視できる事由がある場合にだけ責任を負わせる
うっかり
わざと
B

債務不履行を理由にどのような請求が可能か

●債務不履行と法的主張

債務《さいむ》不履行《ふりこう》の例として、A・B間の建物の売買契約において、所定の期日までに、買主Aが代金を支払わなかったり、所定の期日までに、売主Bが建物を引き渡さなかったりした場合を考えてみましょう。

所定の期日までに債務を履行しなかったときは、債務不履行（履行遅滞《りこうちたい》）となります。この場合、両者とも、次の3つの法的主張をすることが可能です。①債務の履行の強制、②損害賠《そんがいばい》償《しょう》の請求、③契約の解除です。すなわち、①を選択して、Aは建物の引渡しを、Bは金銭の支払いを、相手方に対して請求することができます（この場合に②も併せて請求することができます）。また、②を選択して、A、Bともに相手方に対して、遅れたことによる損害の賠償を請求することもできます。さらに、③を選択して、契約を解除することもできます（この場合②も併せて請求できます）。

なお、①と②の場合には、契約が存続することが前提ですので、たとえば買主Aが①または②を主張したときには、Aの代金支払債務は残ります。これに対し、③の場合には、契約はなかったことになりますから、契約に基づく双方の債務は消滅します。

●損害賠償請求

②の損害賠償請求をする場合には、前の項目で述べたように、債務者に帰責事由《きせきじゆう》があることが必要です（415条1項）。

生じた損害の程度、金額等については、債権者の側で主張立証する必要があります。そして、基本的には債務不履行と**相当因果関係《そうとういんがかんけい》にある損**

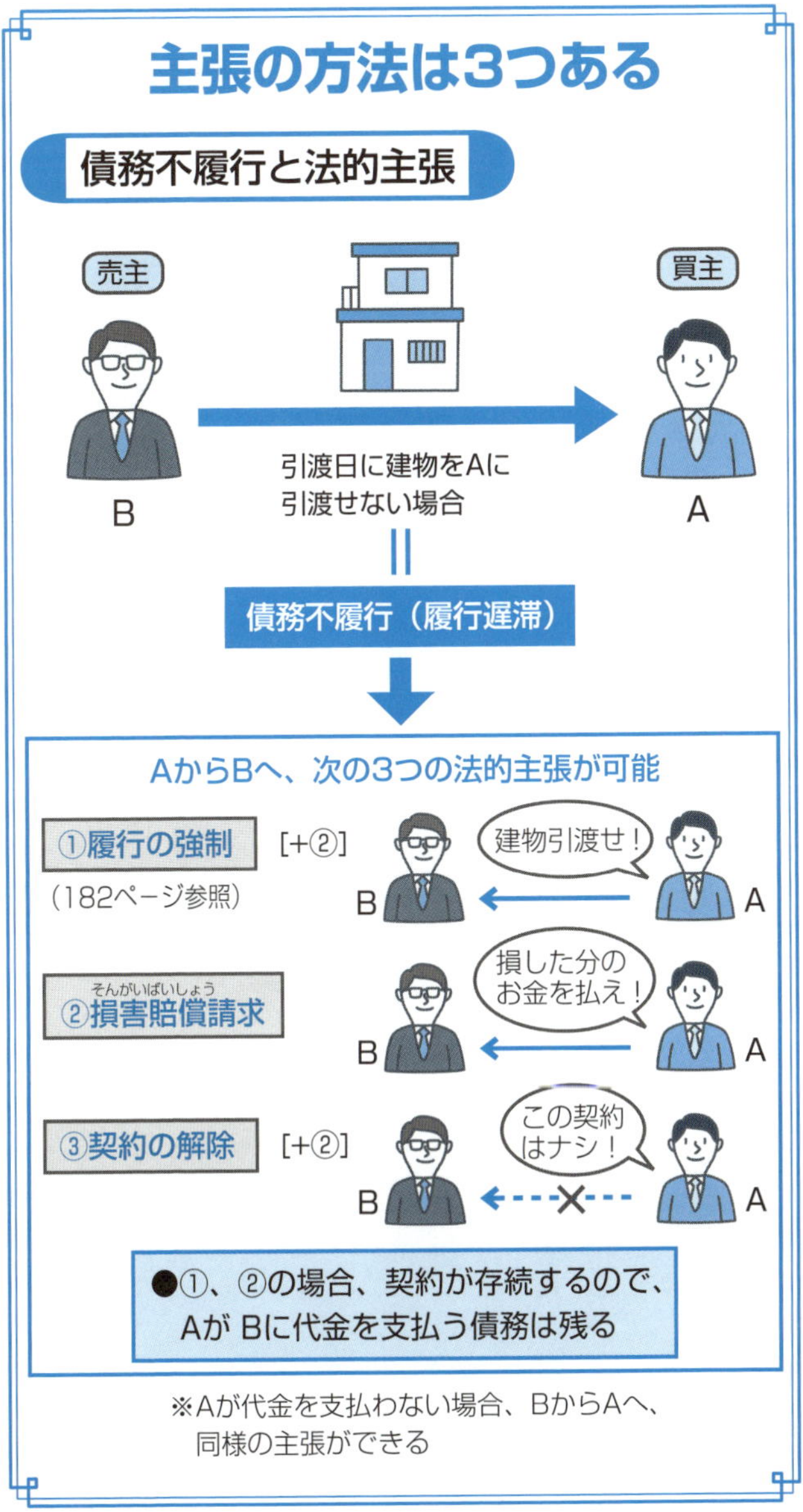
主張の方法は3つある
債務不履行と法的主張
売主
買主
B
引渡日に建物をAに
引渡せない場合
A
債務不履行（履行遅滞）
AからBへ、次の3つの法的主張が可能
①履行の強制
[+②]
（182ページ参照）
建物引渡せ！
B
A
②損害賠償請求《そんがいばいしょう》
損した分の
お金を払え！
B
A
③契約の解除
[+②]
この契約
はナシ！
B
A
●①、②の場合、契約が存続するので、
Aが Bに代金を支払う債務は残る
※Aが代金を支払わない場合、BからAへ、
同様の主張ができる

害（常識的に考えて、債務不履行によって生じると思われる損害）についてのみ、その賠償を請求することができます（416条）。

どのような場合に契約を解除できるか

●契約の解除

契約を締結《ていけつ》した以上、無効事由（通謀虚偽表示《つうぼうきょぎひょうじ》〔62ページ〕等）や取消事由（詐欺《さぎ》・強迫や制限行為能力者の行為等）がない限りは、債権者は契約を勝手に解消することはできません（164ページ）。

しかし、契約のときにあらかじめ自らの都合で解除ができるとしたり（**解除権の留保《りゅうほ》**）、また、契約後、債権者と債務者の合意に達した場合（**合意解除**）には、契約の解除が可能です。

このほかに債務不履行があった場合には、債権者は契約を解除することができます（**法定解除**、以上の点につき540条）。債務不履行があった場合に、債務者に帰責事由《きせきじゆう》がなくても債権者は、解除することができますが、自らに帰責事由があるときには解除することはできません（543条）。

●契約解除の要件と効果

売主の建物の引渡しが遅れている場合に（履行遅滞）、買主は、原則として、契約を解除する前に債務者に対し相当*な期間を定めて履行を催告《さいこく》することが必要です。

その上で相当な期間までに債務の履行がないときには、解除ができます（541条。ただし、542条参照）。

解除がなされると、契約は最初からなかったこと（遡及的《そきゅうてき》に無効）になります。したがって、建物の買主がすでに代金の全部または一部を支払っていた場合には、その返還を請求することができます。

このように、契約を解除すると、双方が契約

的に判断される

を原状《げんじょう》に回復する債務（**原状回復義務**）を負います（545条1項）。

なお、契約の解除とともに損害賠償を請求することも可能です（同条4項）。

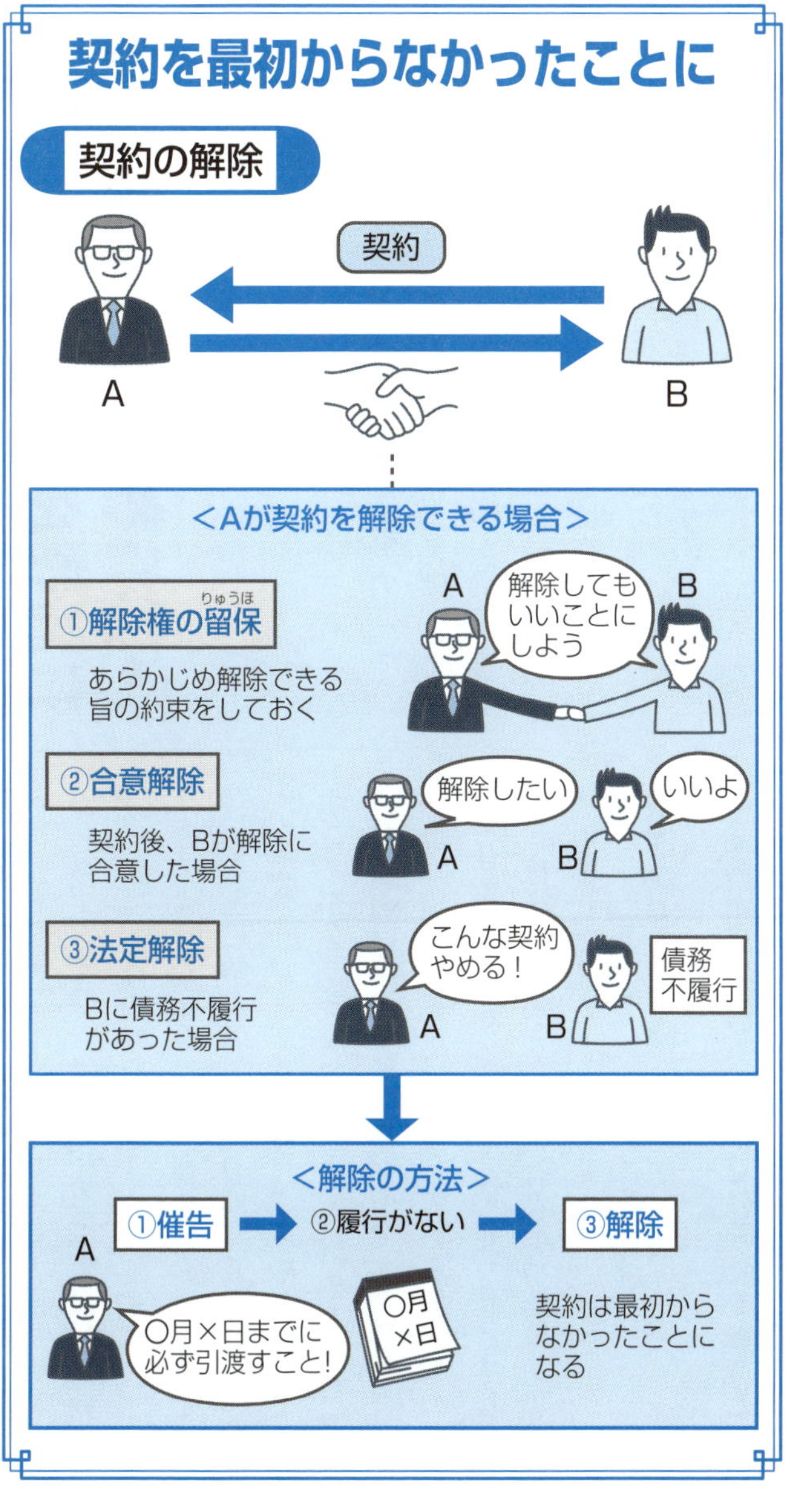
契約を最初からなかったことに
契約の解除
契約
A
B
＜Aが契約を解除できる場合＞
①解除権の留保《りゅうほ》
あらかじめ解除できる旨の約束をしておく
解除してもいいことにしよう
②合意解除
契約後、Bが解除に合意した場合
解除したい
いいよ
③法定解除
Bに債務不履行があった場合
こんな契約やめる！
債務不履行
＜解除の方法＞
①催告
②履行がない
③解除
○月×日までに必ず引渡すこと！
○月×日
契約は最初からなかったことになる

【相当な期間】実際にどの程度の期間を定めるかは、個々の契約関係において個別的・具体

自分の債権を確実に回収するためには(1)

●責任財産の保全

債権の効力のうち、債権の**対外的効力**《たいがいてきこうりょく》（180ページ）について見ていきます。たとえば、AB間で建物の売買契約が締結《ていけつ》され建物が買主Aに引き渡されたが、Aが代金をBに完済《かんさい》していない間に、Aがこの建物を第三者Cに贈与《ぞうよ》したり売買（転売《てんばい》）したりする場合があります。

建物の所有権はAに移っていますので、Aが自分の財産についてどのように処分しようと、Bは干渉できる立場にはありません。しかし、Aの贈与によって、AにBへの債務を弁済できるだけの資力がなくなったときや、また、転売した場合にAにはCに対する代金債権以外にBへの債務を弁済できるだけの資力がないにもかかわらず、AがCに転売代金を請求しないときは、Bは債権の回収が危うくなります。

このような場合には、債権者Bに、一定の要件のもとに債務者・第三者間（AC間）の取引に介入させ、第三者に対して債権の効力を及ぼすことが必要となってきます。債権者にとって、債務者の財産は最後の拠《よ》り所です。そこで、民法は、債権の裏付けになっている債務者の財産（**責任財産***）を保全するために、債権者に債権《さいけん》者代位権《しゃだいいけん》（後述）と詐害行為取消権《さがいこういとりけしけん》（次項）を認めました。

●債権者代位権

先の例において、AがCに建物を転売したにもかかわらず、AがCに対してその売買代金を請求しないときは、売主Bは、自分のAに対する代金債権を保全するために、Aに代位して（Aに代わって）Cに対して売買代金の支払いを請

【責任財産】強制執行の対象となる、債務者の財産・権利のこと

求することができます（**債権者代位権**、423条1項）。なお、この場合には、Aが**無資力**《むしりょく》であること（AにはCへの代金債権以外にBへの支払代金に足りるだけの財産がないこと）が必要です。

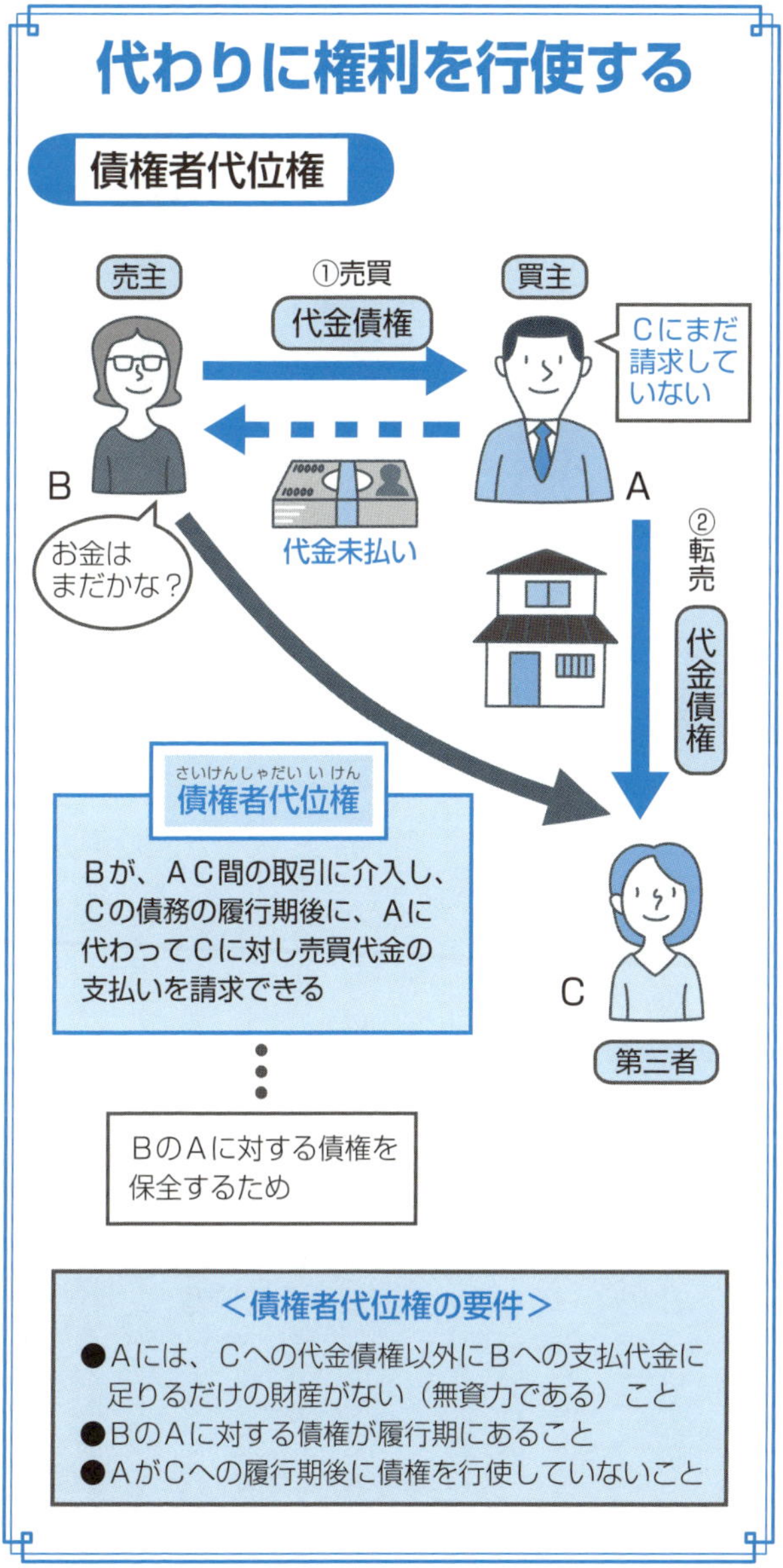

代わりに権利を行使する
債権者代位権
売主
①売買
買主
代金債権
Cにまだ請求していない
B
A
代金未払い
お金はまだかな？
②転売
代金債権
債権者代位権《さいけんしゃだいいけん》
Bが、AC間の取引に介入し、Cの債務の履行期後に、Aに代わってCに対し売買代金の支払いを請求できる
C
第三者
BのAに対する債権を保全するため
＜債権者代位権の要件＞
●Aには、Cへの代金債権以外にBへの支払代金に足りるだけの財産がない（無資力である）こと
●BのAに対する債権が履行期にあること
●AがCへの履行期後に債権を行使していないこと

自分の債権を確実に回収するためには(2)

●詐害行為取消権

前項に挙げた事例で、Aが建物をCに贈与《ぞうよ》したことによってAが無資力《むしりょく》になった場合に、A（債務者）、C（贈与を受ける者）の双方とも、その贈与によってBのAに対する債権が害されることを知っていた、つまり「**詐害《さがい》の意思**」*があったときには、債権者Bは、AC間の贈与契約を取り消してCから建物をAのもとに戻すことができます。また、建物がCからさらにD（転得者《てんとくしゃ》）に譲渡されたときにも、Dにも「詐害の意思」があれば、Bは、同様にDから建物をAのもとに戻すことができます。債権者Bのこの権利を**詐害行為取消権《さがいこういとりけしけん》**と言います。

民法は、債権者Bは、債務者Aがその債権者Bを害することを知ってした行為の取消しを裁判所に請求することができる（424条1項本文）、としました。ただし、その行為によって利益を受けた者Cまたは転得者Dが、その行為または転得の当時、債権者Bを害すべき事実を知らなかったときは、請求することはできません（424条1項ただし書、424条の5）。

そして、CやDから取り戻された建物は、B以外にもAに対する債権者がいる場合は、Bだけではなくて、Aに対するすべての債権者にとっての債権の共同の担保となります（425条）。つまり、取消しによる利益をBだけが独占することはできません。

●詐害行為取消権の行使の方法

詐害行為取消権は、債権者代位権とは異なり、その行使は必ず裁判所への訴えによります（前記424条1項本文）。部外者が他人の取引に干渉

【詐害】事実を偽って他人に害を与えること。特にこの場合、債権者を害すること

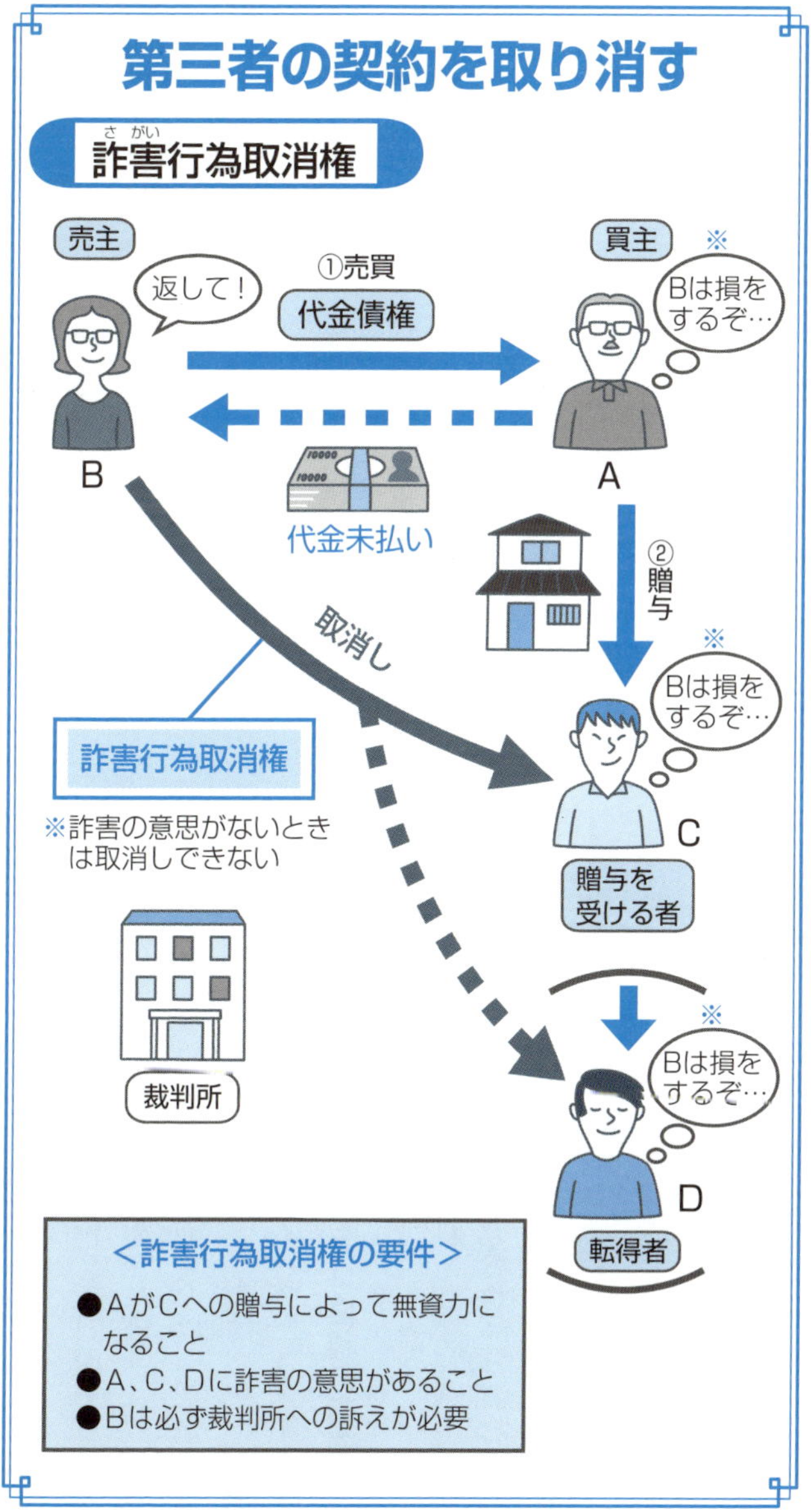
第三者の契約を取り消す
詐害《さがい》行為取消権
売主
買主
①売買
代金債権
返して！
※
Bは損をするぞ…
B
A
代金未払い
②贈与
取消し
※
Bは損をするぞ…
詐害行為取消権
※詐害の意思がないときは取消しできない
C
贈与を受ける者
裁判所
※
Bは損をするぞ…
D
転得者
＜詐害行為取消権の要件＞
●AがCへの贈与によって無資力になること
●A、C、Dに詐害の意思があること
●Bは必ず裁判所への訴えが必要

して取り消すのだから、より厳格な手続きが必要なのです。なお、債権者BのAに対する債権が弁済期《べんさいき》（代金支払期日）に達していなくても、その行使が可能です。

商品が契約どおりでない場合の売主の責任

●契約不適合責任とはなにか

売買契約においては、売主が商品を引渡し、買主が代金を支払うことによって契約は完了し、両者の債権・債務関係は一応消滅します。しかし、後日その商品の欠陥が明らかになった場合には、その欠陥についての責任を売主に負わせるべきです。ただし、「欠陥」であるかどうかは、それぞれの契約ごとに異なる可能性があります。

そこで、2017年の改正法は、従来の「**瑕**《か》**疵**《し》**（欠陥）**についての**担保責任**《たんぽせきにん》」（旧570条・566条）から「**契約不適合責任**」（562条）に改めました。

この契約不適合責任には、目的物の種類や品質に関する契約内容との不適合だけではなく、たとえば、購入した土地の面積が後日改めて測量してみたら契約よりも少なかった場合（数量の不適合）や、その土地の全部または一部が実は売主の所有ではなかったり、または、その土地には契約では予定されていなかった第三者の地上権等が付いていたりした場合（**権利の不適合**）の責任も含みます。

これらの場合には、買主は、売主に対し原則として目的物の修補《しゅうほ》（契約不適合部分の除去や修復・修繕）、代替物の引渡し等による履行の＊**追完**《ついかん》を請求することができます（562条1項）。このような「契約どおりに履行せよ」という請求権を**追完請求権**《ついかんせいきゅうけん》と言います。

●欠陥住宅等の問題を考える

以下では、私たち市民の「一生の買物」である住宅に関する契約不適合責任について見ていくことにします。

た債務者が、後からあらためて契約どおりの完全な給付をすることまた、分譲（売買契約）の場合だけではなく、注文（請負契約《うけおいけいやく》）による住宅の場合にもこの責任は問題となります。まず、請負人の契約不適合責任から述べることにします（次項）。

契約どおりでないのは売主の責任

契約不適合責任

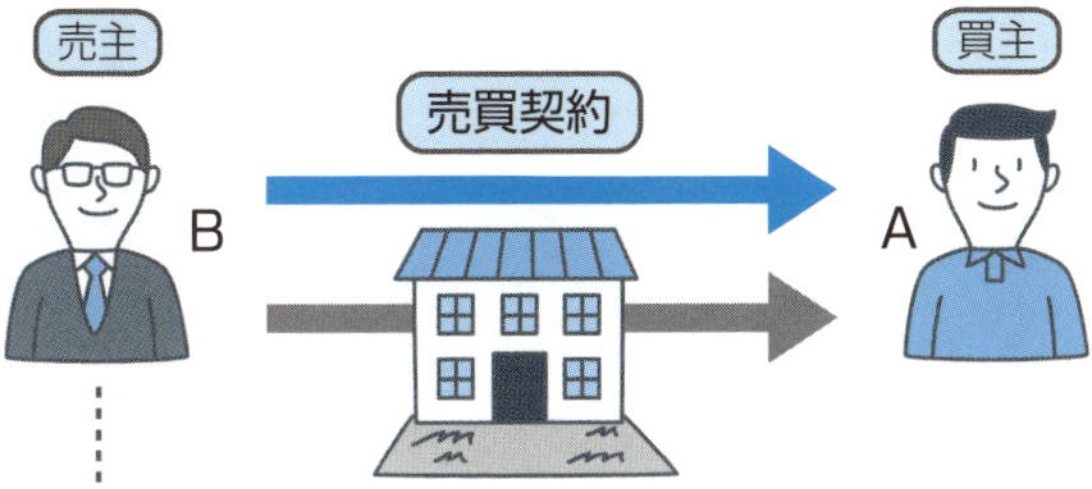

●Aへの目的物の引渡しによって債務は一応消滅する
●ただし、契約どおりでない場合、Bはその責任を負う

＝

売主の契約不適合責任

①目的物の品質が契約どおりでなかった
（例）建物に傾きがあった

②数量不足・物の一部消滅
（例）土地の面積が契約よりも少なかった

③権利の全部または一部が売主の所有ではなかった
（例）他人の所有地を売った
土地の一部が他人の所有だった

④制限物権が付いていた
（例）土地に第三者の地上権が付いていた

→ Aは履行の追完《ついかん》を請求できる

【追完】民法ではいくつかの意味で使われるが、この場合は、不完全履行（184ページ）をし

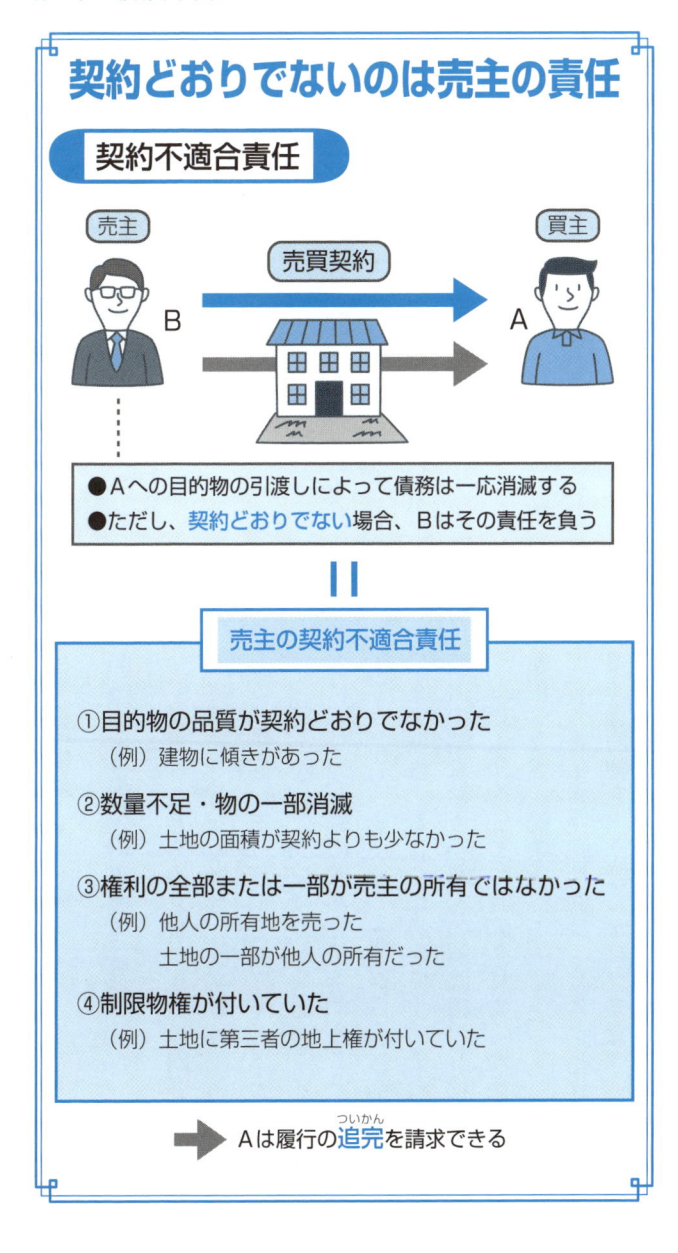

注文住宅の欠陥と請負人の責任

●請負契約と契約不適合責任

ある人に対し報酬を支払うことを約束して仕事を注文し、注文を受けた人（請負人《うけおいにん》）がその仕事の完成を約束する契約を**請負契約**《うけおいけいやく》と言います（632条）。建物の建設を、工務店や大工さんに注文する場合がその典型です。

この請負契約においては、注文者は、請負人に対し、後述のような契約不適合責任を追及できます。

これは、「**無過失責任**《むかしつせきにん》」であり、たとえ請負人に「過失」すなわち「不注意」が全くないような場合にも、請負人は責任を負います。民法の原則は「過失責任」ですが、契約不適合責任はその例外です。

●請負人の契約不適合責任

完成することを約束した仕事の内容が契約の内容に適合しない場合、注文者は、請負人に対し、①**追完**《ついかん》つまり修補《しゅうほ》を請求することができます。そして、②追完がないときは、不適合の程度に応じて報酬の減額を請求することができます。ただし報酬の減額請求には、原則として、追完を催告することが必要です。また、③損害賠償の請求および契約の**解除権**《かいじょけん》の行使も可能です（以上①～③につき559条による562条～564条の準用。なお、636条参照）。

右の責任の存続期間は、改正前の民法では「仕事の目的物を引き渡した時」または「仕事が終了した時」から1年以内とされていました。しかし2017年の改正法により、注文者が契約の不適合を知った時から1年以内とされました。つまりこの期間内に契約不適合の旨を請負人に

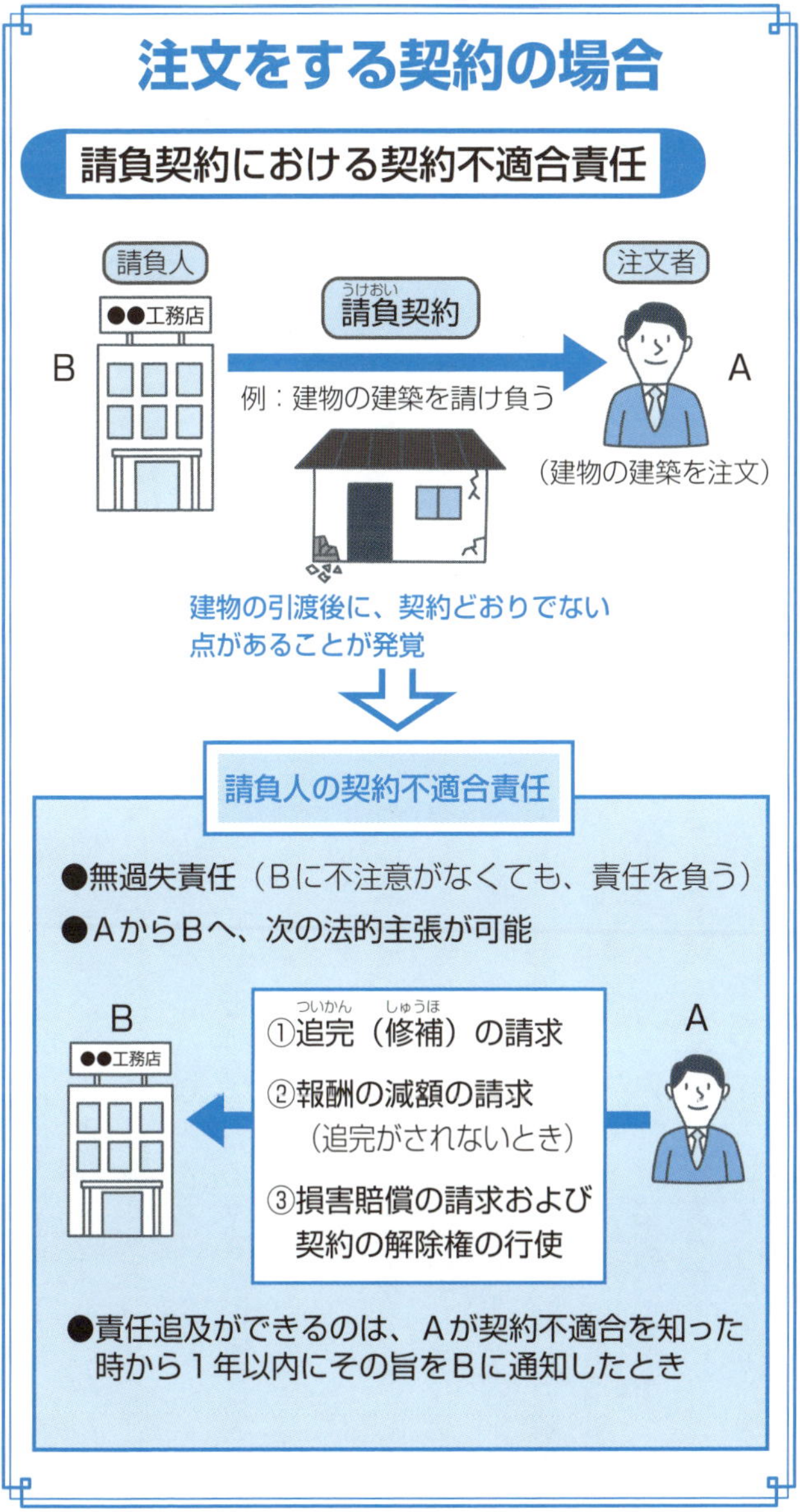
注文をする契約の場合
請負契約における契約不適合責任
請負人
注文者
請負契約《うけおい》
●●工務店
B
A
例：建物の建築を請け負う
（建物の建築を注文）
建物の引渡後に、契約どおりでない点があることが発覚
請負人の契約不適合責任
●無過失責任（Bに不注意がなくても、責任を負う）
●AからBへ、次の法的主張が可能
B
A
●●工務店
①追完《ついかん》（修補《しゅうほ》）の請求
②報酬の減額の請求
（追完がされないとき）
③損害賠償の請求および
契約の解除権の行使
●責任追及ができるのは、Aが契約不適合を知った時から１年以内にその旨をBに通知したとき

通知したときに限って、注文者は、請負人に対し、先の①～③の責任を追及することができます（637条1項）。

建売住宅の欠陥と売主の責任

●売主の契約不適合責任

今度は売買契約に関する不適合責任について見てみます。たとえば、建売住宅を購入したが、その住宅について契約内容と適合しない点がある場合には、買主は売主に対し**契約不適合責任**を追及できます。この責任は無過失責任（196ページ）であることは前述したとおりです。

２０１７年の改正前の民法では、「売買の目的物に隠れた瑕疵《かし》があったとき」（旧570条）に買主は責任を追及できるとしていました。それが改正法によって、「引き渡された目的物が種類、品質又は数量に関して契約の内容に適合しないものであるとき」（562条1項）と改められました。買主が欠陥を認識していた場合や外形上明らかな欠陥である場合等でも、「契約の内容に適合しない」ことはありうるので、「隠れた」瑕疵である必要はなくなったのです。

そして、改正前の「売主の瑕疵担保責任」（旧570条）を「買主の追完請求権《ついかんせいきゅうけん》」の規定（562条）に改め、その請求権の内容としては、①目的物の修補《しゅうほ》（追完）を請求することができ、②追完がないときは、不適合の程度に応じて代金の減額を請求できるとしました（562条1項、563条）。

また、③損害賠償の請求および契約の**解除権《かいじょけん》**の行使も可能です（564条）。損害賠償請求については、改正前と同様に売主の帰責事由《きせきじゆう》を必要としますが（415条）、解除権の行使については、改正法では解除権行使一般につき売主の帰責事由を不要としました（541条～543条）。

●担保責任の期間の制限等

買主は、購入した建売住宅の契約不適合を知

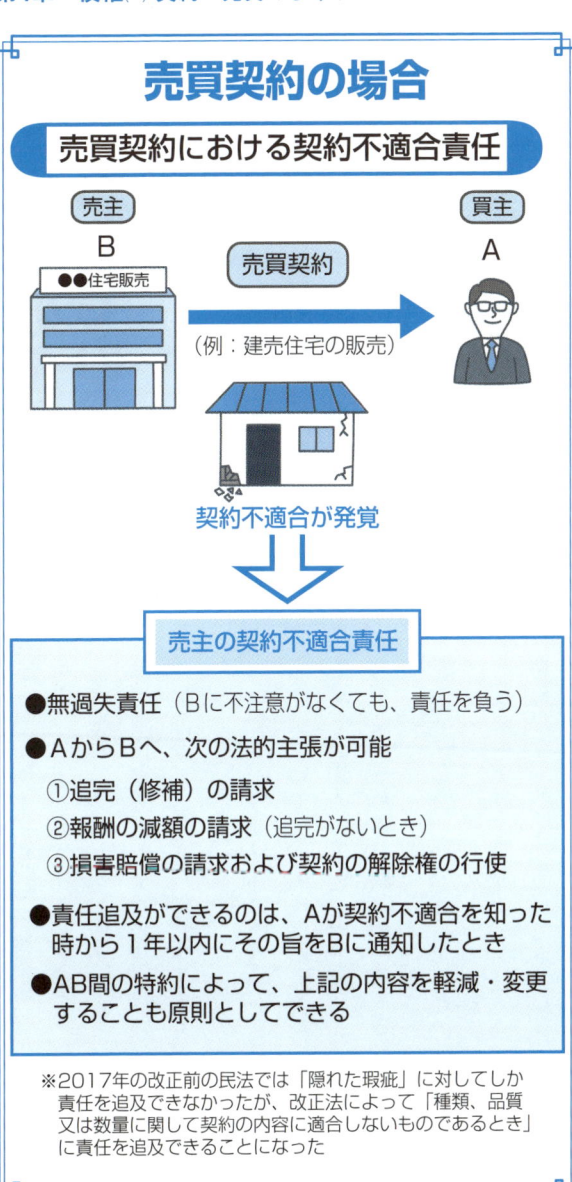

った時から1年以内にその旨を売主に通知する必要があります。この期間を過ぎると買主は、前述の①～③の契約不適合責任を追及することはできません（566条、なお宅建業法40条）。なお、前述の①の契約不適合責任を免除する旨の特約も原則として有効とされます（572条）。

売買契約の場合

売買契約における契約不適合責任

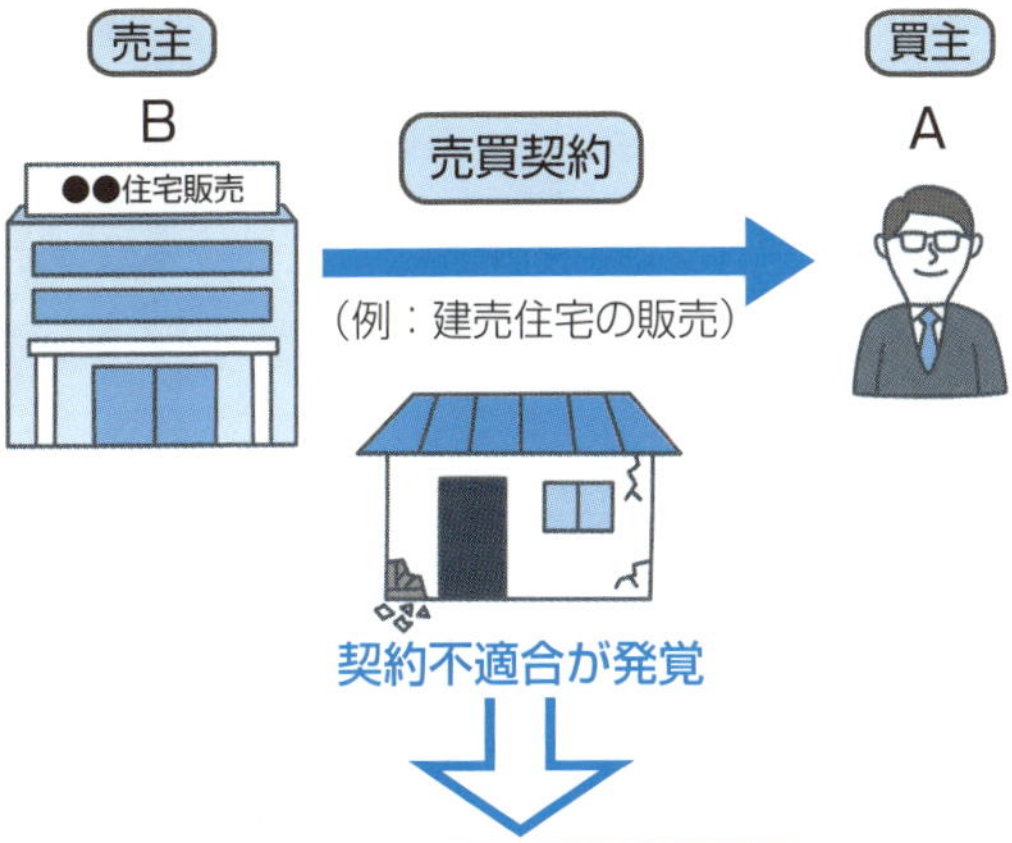
売主
B
●●住宅販売
売買契約
（例：建売住宅の販売）
買主
A
契約不適合が発覚

売主の契約不適合責任

- ●無過失責任（Bに不注意がなくても、責任を負う）
- ●AからBへ、次の法的主張が可能
  - ①追完（修補）の請求
  - ②報酬の減額の請求（追完がないとき）
  - ③損害賠償の請求および契約の解除権の行使
- ●責任追及ができるのは、Aが契約不適合を知った時から１年以内にその旨をBに通知したとき
- ●AB間の特約によって、上記の内容を軽減・変更することも原則としてできる

※2017年の改正前の民法では「隠れた瑕疵」に対してしか責任を追及できなかったが、改正法によって「種類、品質又は数量に関して契約の内容に適合しないものであるとき」に責任を追及できることになった

住宅の欠陥についての保証

●不動産の性能保証と「アフターサービス規準」

　建物の品質・性能については、基本的には、注文住宅の請負人《うけおいにん》や建売住宅の売主が、注文者や買主との間で個別に結んだ契約において保証することになります。

　ですが、大手の多くの建物販売業者、建物建設業者等が加わる一般社団法人・不動産協会においては、1973年以来その会員業者が活用すべき統一的な基準として「**アフターサービス基準**」を設けています。

　アフターサービス基準では、中高層住宅、戸建て住宅ごとに基準を設けています。たとえば建物の欠陥についての無償修補期間《むしょうしゅうほきかん》として「屋上・外壁防水10年」「給排水管5年」（1993年の再改定基準）等としてきています。

　前述のアフターサービスの適用範囲については、請負や売買の契約締結後に発生した不具合や欠陥でも原則的に適用するとされてきました。

　ただし、修補以外の損害賠償および契約の解除等については、民法の担保責任の規定および宅建業法40条の規定（およびこれらの規定によって認められる特約）によるとされてきました。

●民法の契約不適合責任との関係

　前述のアフターサービスは、契約上の責任である点で、法定の責任である民法の契約不適合責任とは異なります。

　したがって売主や請負人は、民法上と契約上の両方の責任を負い、たとえばアフターサービスとしての修補を行うことで民法の契約不適合責任のすべて（たとえば、アフターサービスの

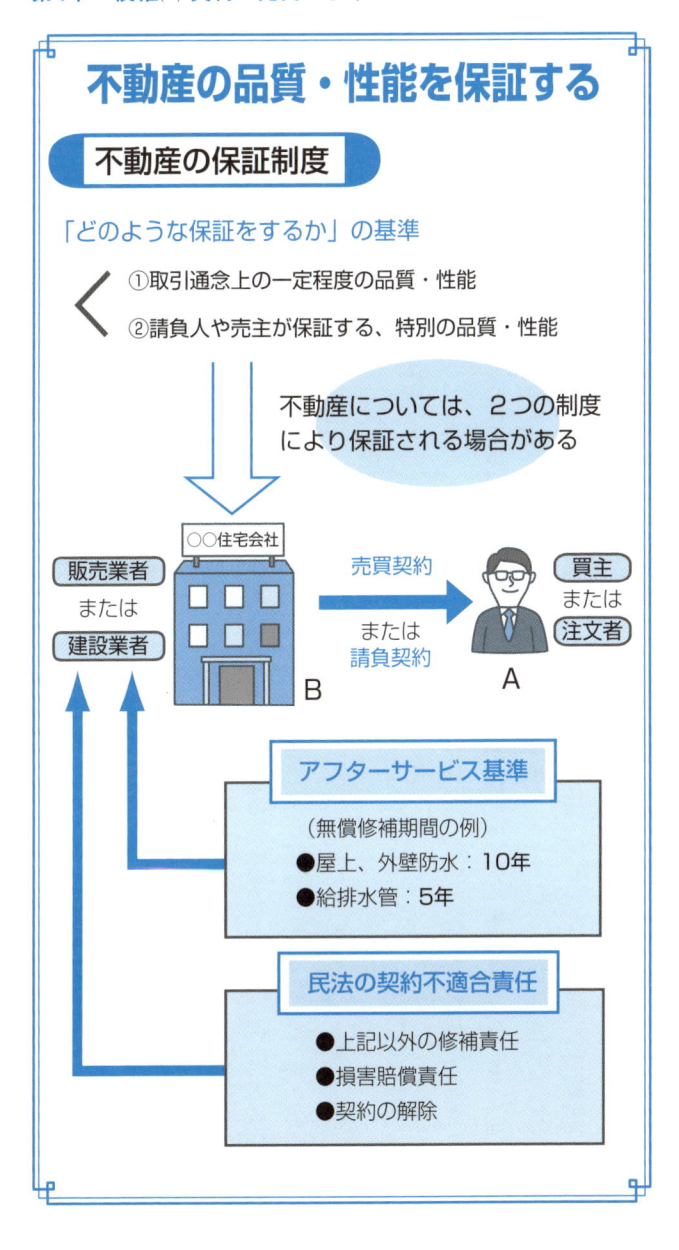

項目には入っていないが、契約上、修補の対象と考えられる項目）を免れるというものではありません。

不動産の品質・性能を保証する

不動産の保証制度

「どのような保証をするか」の基準

- ①取引通念上の一定程度の品質・性能
- ②請負人や売主が保証する、特別の品質・性能

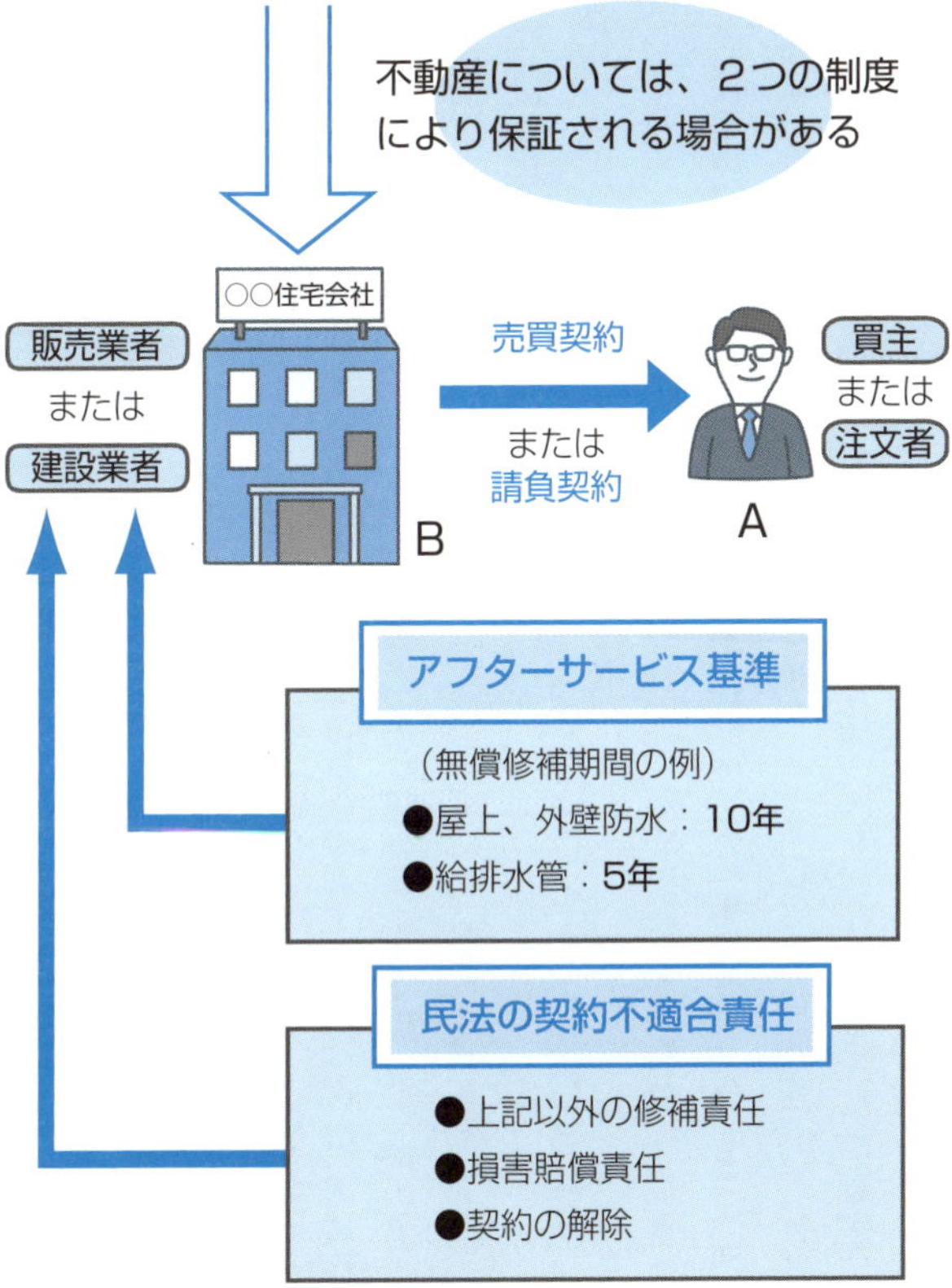

不動産については、2つの制度により保証される場合がある
○○住宅会社
販売業者
または
建設業者
B
売買契約
または
請負契約
A
買主
または
注文者
アフターサービス基準
（無償修補期間の例）
●屋上、外壁防水：10年
●給排水管：5年
民法の契約不適合責任
●上記以外の修補責任
●損害賠償責任
●契約の解除

新築住宅の欠陥と売主・請負人の責任

●住宅品質確保促進法とはなにか

これまで、契約不適合責任に関する民法の規定を見てきました。すべての不動産および動産について、この契約不適合責任の規定は適用されます。

なかでも「住宅」すなわち居住用建物の欠陥等については、消費者（買主および注文者）を保護する必要が特に高いといえます。そこで、**住《じゅう》宅《たく》品《ひん》質《しつ》確《かく》保《ほ》促《そく》進《しん》法《ほう》**（「住宅の品質確保の促進等に関する法律」）により、同責任に関し民法の特則が定められ、「住宅」の売主および請負《うけおい》人《にん》に対する責任が強化されています。ただしこの法律では、「住宅」のうち、「新築住宅」「住宅の新築」のみを対象としています（同法2条2項、94条1項）。

住宅の欠陥・不具合には、給排水設備、電気設備、建具、躯体《くたい》*部分、内装・塗装などさまざまな部分のものが考えられます。同法は、これらのうち、「構造耐力上《こうぞうたいりょくじょう》主要な部分又は雨水の浸入を防止する部分として政令で定めるもの」に限定しています（同94条、95条各1項）。

●住宅品質確保促進法の担保責任の内容

民法の特則としての住宅品質確保促進法の意義は、①担保期間を10年間としたこと（同94条、95条各1項）、および②右の点を含め同法に定める担保責任に関し、注文者または買主に不利な特約を認めないとしたこと（同94条、95条各2項）です。

なお、①の責任の存続期間は、住宅を新築する建設工事の請負契約についてはその引渡し時から10年間（同94条1項）、新築住宅の売買契

【躯体】建物の構造部。基礎、壁、柱、床、筋かい、梁《りょう》等のこと

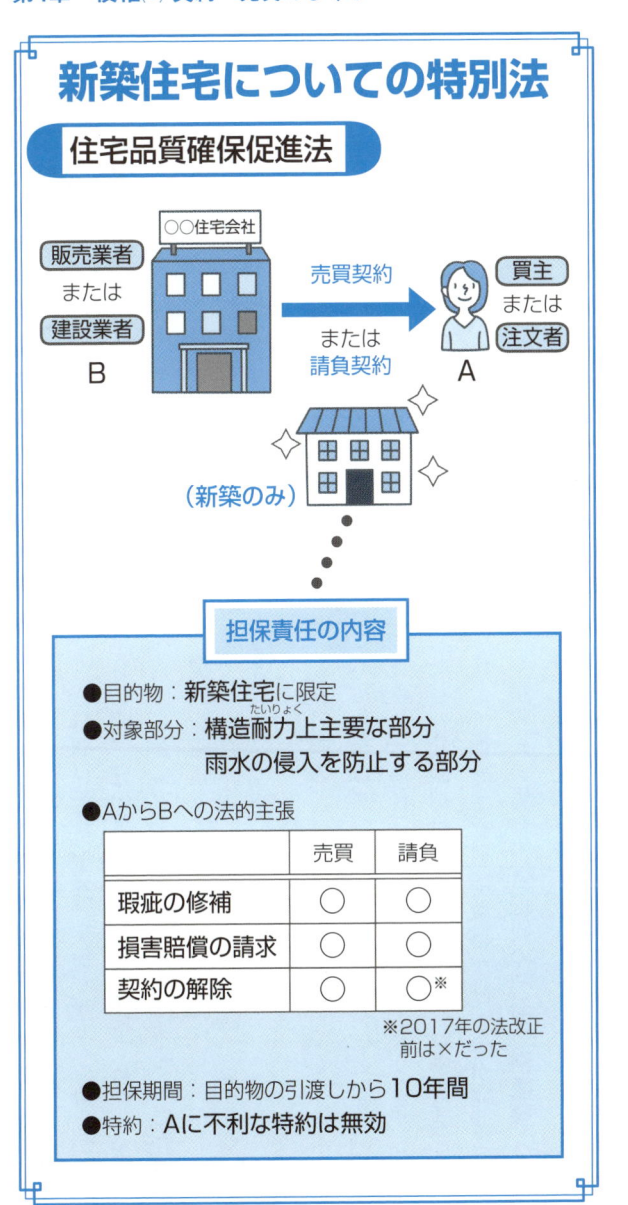

新築住宅についての特別法

住宅品質確保促進法

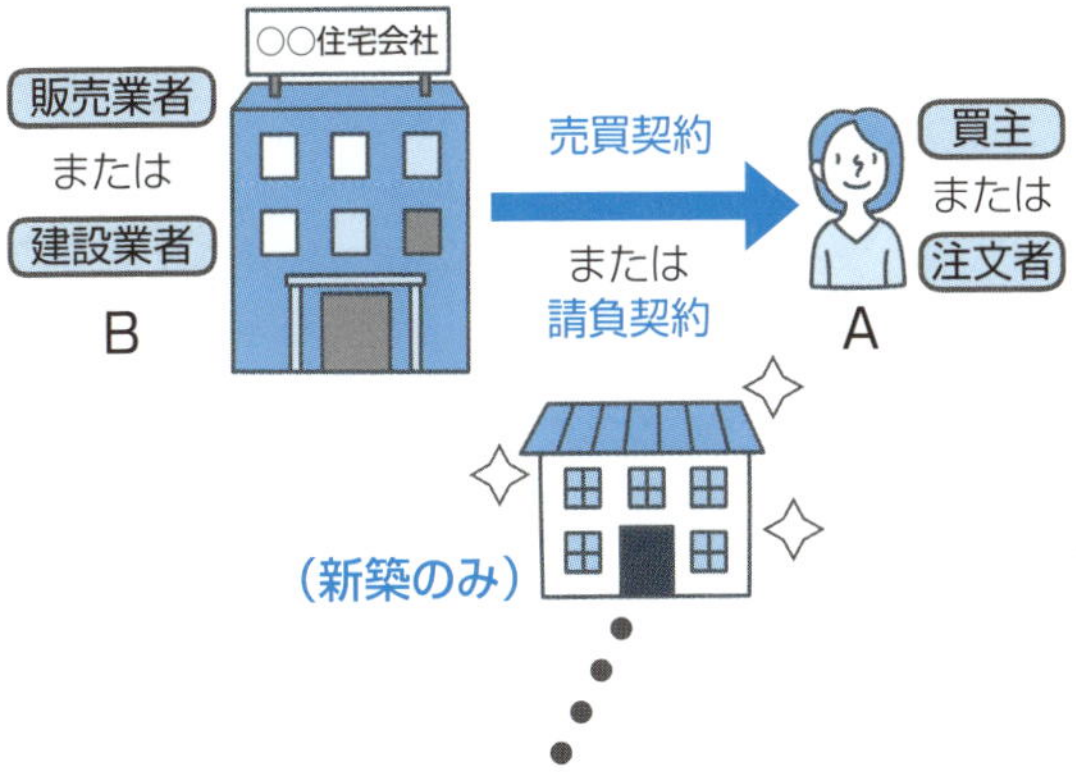

○○住宅会社
販売業者
または
建設業者
B
売買契約
または
請負契約
買主
または
注文者
A
（新築のみ）

担保責任の内容

- 目的物：**新築住宅**に限定
- 対象部分：**構造耐力《たいりょく》上主要な部分**
  雨水の侵入を防止する部分
- AからBへの法的主張

	売買	請負
瑕疵の修補	○	○
損害賠償の請求	○	○
契約の解除	○	○※

※2017年の法改正前は×だった

- 担保期間：目的物の引渡しから**10年間**
- 特約：**Aに不利な特約は無効**

約においてはその引渡し時から10年間です（同95条1項）。ただし、後者の売買契約については、当該新築住宅が住宅新築請負契約に基づき請負人から当該売主に引き渡されたものである場合は、請負契約についての引渡しのときから10年間とされます（同95条1項括弧書き）。

クレジットカードによる契約のしくみ

●クレジットカードと立替払契約

今日の日本では、約3億枚のクレジットカードが発行されています。商品を購入するのも、レストランで食事をするのも、英会話学校に通うのも、カード1枚を持っていれば用が足ります。それでは、クレジットカードをめぐる契約関係はどのようになっているのでしょう。

たとえば、AがデパートBから20万円の商品を購入するさいにクレジットカードを利用した場合を考えてみます。この場合は、Aがクレジットカードを提示してBから商品を購入し、あらかじめAと契約関係にあるC（信販会社）がその代金をBに立替払《たてかえばら》いし、その後にその立替金をAがCに返済することになります。

AB間は通常の売買契約ですが、あらかじめBC間では**加盟店契約**がなされており、また、AはCからカードの交付を受けるさいに**立替払契約**を締結しています。

●立替払契約の種類

AC間の「立替払契約」に基づく、AからCへの返済は、一括してなされる場合と分割してなされる場合（＊**割賦《かっぷ》方式《ほうしき》**）とがあります。月賦《げっぷ》などの分割払いによる割賦方式の場合は、立替代金に加えて立替手数料が付くのが通常です。割賦方式の場合のAC間の契約を**割賦購入あっせん契約**と言います。

また、立替払契約には「包括」か「個別」かという分類もあります。先のAの事例は、あらかじめクレジットカードを作っておいて加盟店での買物やサービスを受けるときにカードを提示するもので、＊**包括《ほうかつ》信用《しんよう》購入あっせん契約**と言

【割賦】代金を分割で払うこと。代金を月々に割り当てる分割払いのことを月賦という

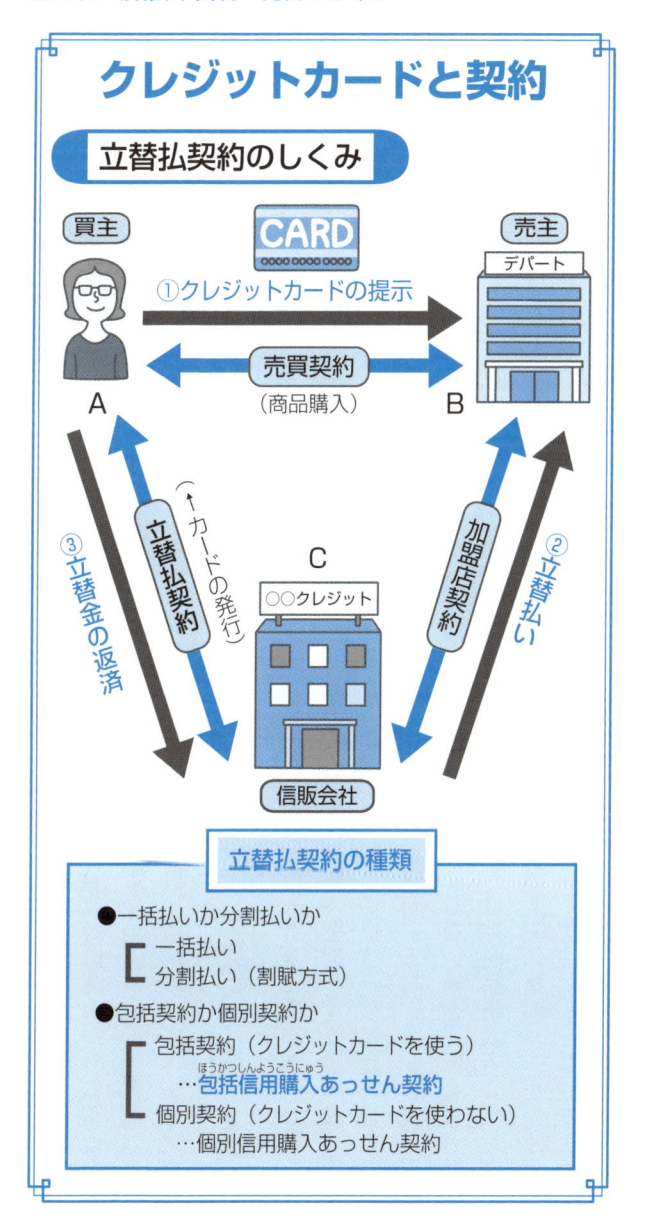

いいます（割賦販売法2条3項）。一方、消費者が、カードを利用することなく、商品を購入するたびにその販売店と提携している信販会社に立替払いを申し込むものは**個別信用購入《こべつしんようこうにゅう》あっせん契約**と言います。

クレジットカードと契約

立替払契約のしくみ

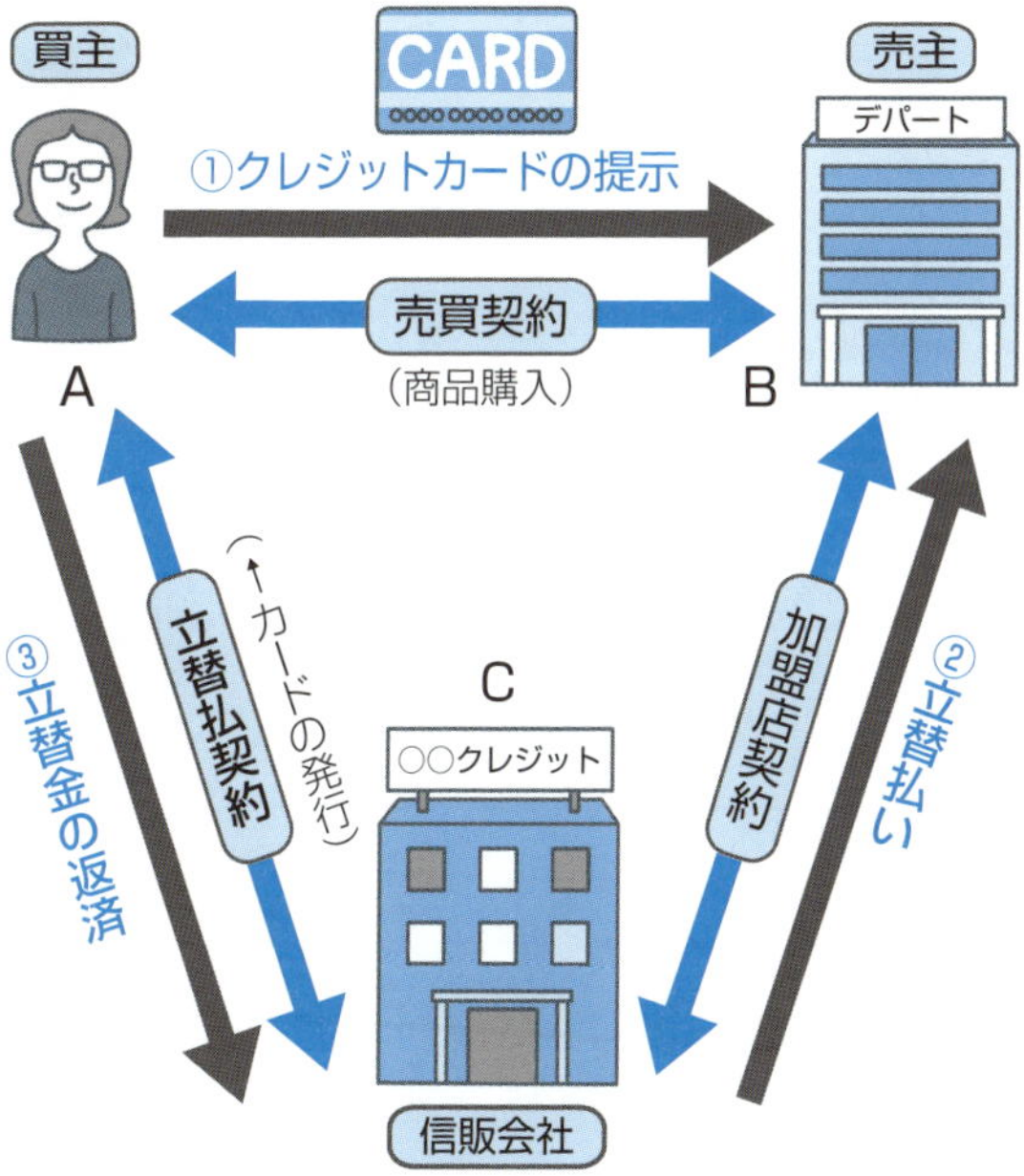
買主
CARD
売主
デパート
①クレジットカードの提示
売買契約
（商品購入）
A
B
③立替金の返済
立替払契約
（←カードの発行）
C
○○クレジット
加盟店契約
②立替払い
信販会社

立替払契約の種類

●一括払いか分割払いか
- 一括払い
- 分割払い（割賦方式）

●包括契約か個別契約か
- 包括契約（クレジットカードを使う）
  …**包括信用購入《ほうかつしんようこうにゅう》あっせん契約**
- 個別契約（クレジットカードを使わない）
  …個別信用購入あっせん契約

【包括信用購入あっせん契約】いわゆる「クレジット契約」とはこれを指すのが一般的である

分割払いの場合に適用される法律

●分割後払いについて定めた割賦販売法

購入者Aと信販会社Cとの包括信用購入《ほうかつしんようこうにゅう》あっせん契約において、AがCに対して立替金を、2か月を超える期間にわたって返済する場合には、**割賦販売法**《かっぷはんばいほう》が適用になります（2条3項）。

したがって、翌月または翌々月に一括払いする**「マンスリー・クリアー」方式**は、この適用を受けません。割賦販売においては、分割して後払いすればよいことから、消費者が商品やサービスを簡単に手に入れられる反面、従来の単純なAB間の売買とくらべてさまざまなトラブルを発生させます。

そこで、消費者保護の見地から、民法上の売買の原則を修正して立法されたのが割賦販売法です。本書では、消費者保護のために重要な2つの制度である、販売条件の表示・書面の交付と抗弁《こうべん》の接続（次項）について述べます。

●販売条件の表示と書面の交付

ところで、商品購入者Aと販売業者Bとの二者間で分割の後払いの契約をするような売買契約を、信販会社Cの立替払いを媒介《ばいかい》としない場合を含めて**「割賦販売」**と言います（2条1項）。

信販会社Cを媒介しない場合、販売業者Bが商品を販売するときは、商品購入者Aに対して現金販売価格と割賦販売価格の双方を呈示するなど一定の契約事項を表示する必要があります（3条）。また、割賦販売の契約の締結をしたときは、Bは、割賦販売価格や各回ごとの分割支払代金額などの一定の契約事項を表示した書面をAに交付しなければなりません（4条）。

他方、信販会社が立替払いを行う包括信用購

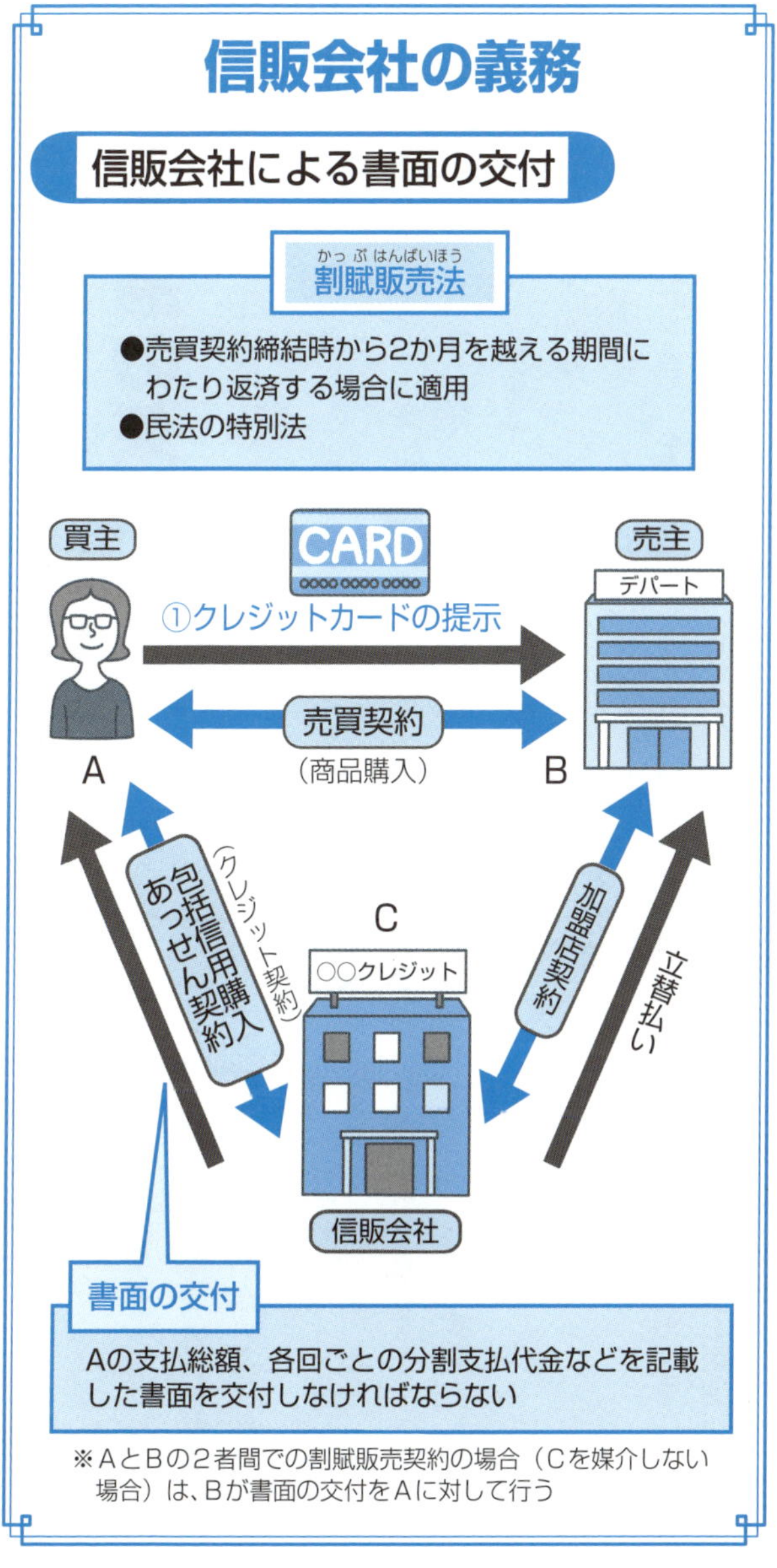
信販会社の義務
信販会社による書面の交付
割賦販売法《かっぷはんばいほう》
●売買契約締結時から2か月を越える期間にわたり返済する場合に適用
●民法の特別法
買主
CARD
売主
デパート
①クレジットカードの提示
売買契約
（商品購入）
A
B
包括信用購入あっせん契約
（クレジット契約）
C
○○クレジット
加盟店契約
立替払い
信販会社
書面の交付
Aの支払総額、各回ごとの分割支払代金などを記載した書面を交付しなければならない
※AとBの2者間での割賦販売契約の場合（Cを媒介しない場合）は、Bが書面の交付をAに対して行う

入あっせん契約（クレジット契約）の場合には、包括信用購入あっせん業者C（信販会社）は、AがBから商品を購入したときは、遅滞《ちたい》なくAの支払総額や各回の分割支払代金など一定の事項を記載した書面をAに交付しなければなりません（30条の2の3）。

クレジット払いと商品の欠陥

●抗弁の接続（対抗）とはなにか

たとえば、Aは、Bから商品を購入するのに、C発行のクレジットカードを利用して10回の分割払いにしました。ところが、その商品には欠陥がありました。この場合、後日Cから立替金の返済の催促があったときに、Aは、Bがその商品を完全な物に取り替えるか修理をしてくれるまではその立替金の返済をCに対して拒否することができるでしょうか。

割賦販売法《かっぷはんばいほう》は、割賦購入あっせん契約において、商品が届いていないとか商品に欠陥があるとかというように、購入者Aが販売業者Bに代金支払を拒否できる事由（**抗弁事由**《こうべんじゆう》）がある場合には、割賦購入あっせん業者（信販会社）Cに対してもその事由を対抗でき、立替代金の返済を拒否することができるとしました（30条の4）。このことを**抗弁の接続**または**抗弁の対抗**と言います。これは、割賦販売法上、最も重要な消費者保護の制度です。

不動産販売を除く全ての商品・役務《えきむ》（サービス）が、基本的にこの対象となります。ただし、4万円未満の購入には認められません（同条4項）。

●指定商品制と法改正

割賦販売法は、かつてはその適用を一定の商品・権利・役務に限定する「**指定商品制**」を採用していました。しかし、今日では、私たちが割賦販売において購入する商品・役務はほぼすべて指定されるようになりました。

従来は、役務取引については同法の適用がなかったのですが、近年、特にエステティックサ

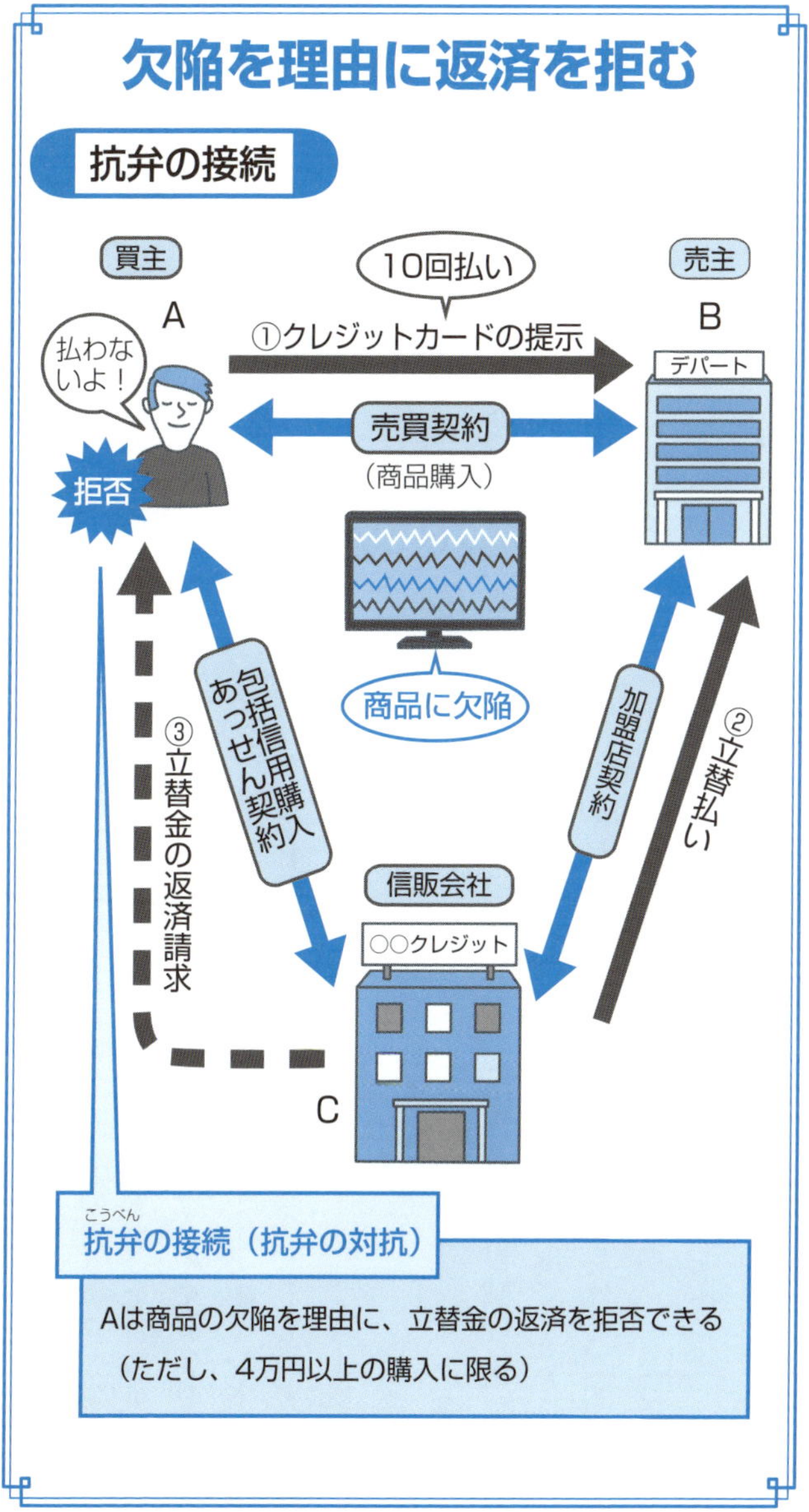
欠陥を理由に返済を拒む
抗弁の接続
買主
A
払わないよ！
拒否
10回払い
①クレジットカードの提示
売主
B
デパート
売買契約
（商品購入）
商品に欠陥
包括信用購入あっせん契約
③立替金の返済請求
加盟店契約
②立替払い
信販会社
○○クレジット
C
抗弁《こうべん》の接続（抗弁の対抗）
Aは商品の欠陥を理由に、立替金の返済を拒否できる
（ただし、4万円以上の購入に限る）

ロンや外国語教室等の、一定期間継続する役務取引において問題が生じたことから、1999年4月の法改正等により、これらの役務も適用対象として追加されました。

訪問販売で不要な商品を買ってしまった場合

●訪問販売と特定商取引法

訪問販売は、販売員が自宅まで来て、商品の説明をしながら販売してくれるので、消費者にとって便利な面もあります。ですが、他面、販売員の巧みなセールストークや押売り《おしう》、執拗《しつよう》な勧誘によって必要でもない物を結果的には無理やり買わされてしまうことが多くあります。

このような被害が多いことから、**特定商取引**《とくていしょうとりひき》**法**《ほう》（２００１年６月より従来の「訪問販売法」から名称が変更）により、消費者保護のために、不当勧誘行為を禁止し、契約に関する書面の交付を義務づけ、また、後述するクーリングオフの制度が設けられています。

訪問販売とは、営業所や店舗《てんぽ》以外の場所で、商品や権利の販売、またはサービス（役務《えきむ》）を有償で提供する契約をすることを言います。

街頭で通行人を呼び止める**キャッチセールス**や、電話で消費者を呼び出す**アポイントメントセールス**などは、たとえ営業所で契約書を作成しても、訪問販売になります（２条１項）。

●クーリングオフとは

特定商取引法上の最も重要な制度は、**クーリングオフ（Cooling-off）**の制度です。たとえば、AがセールスマンBの訪問を受けて、20万円の複写機を購入する契約をして引渡しを受けましたが、後になって冷静に考えてみると、それほど必要でない物を買ってしまったと後悔しました。この場合、Aは、これを返品して契約を解約できるでしょうか。

同法では、訪問販売においては購入者を特に保護する必要があることから、買上げ後８日間

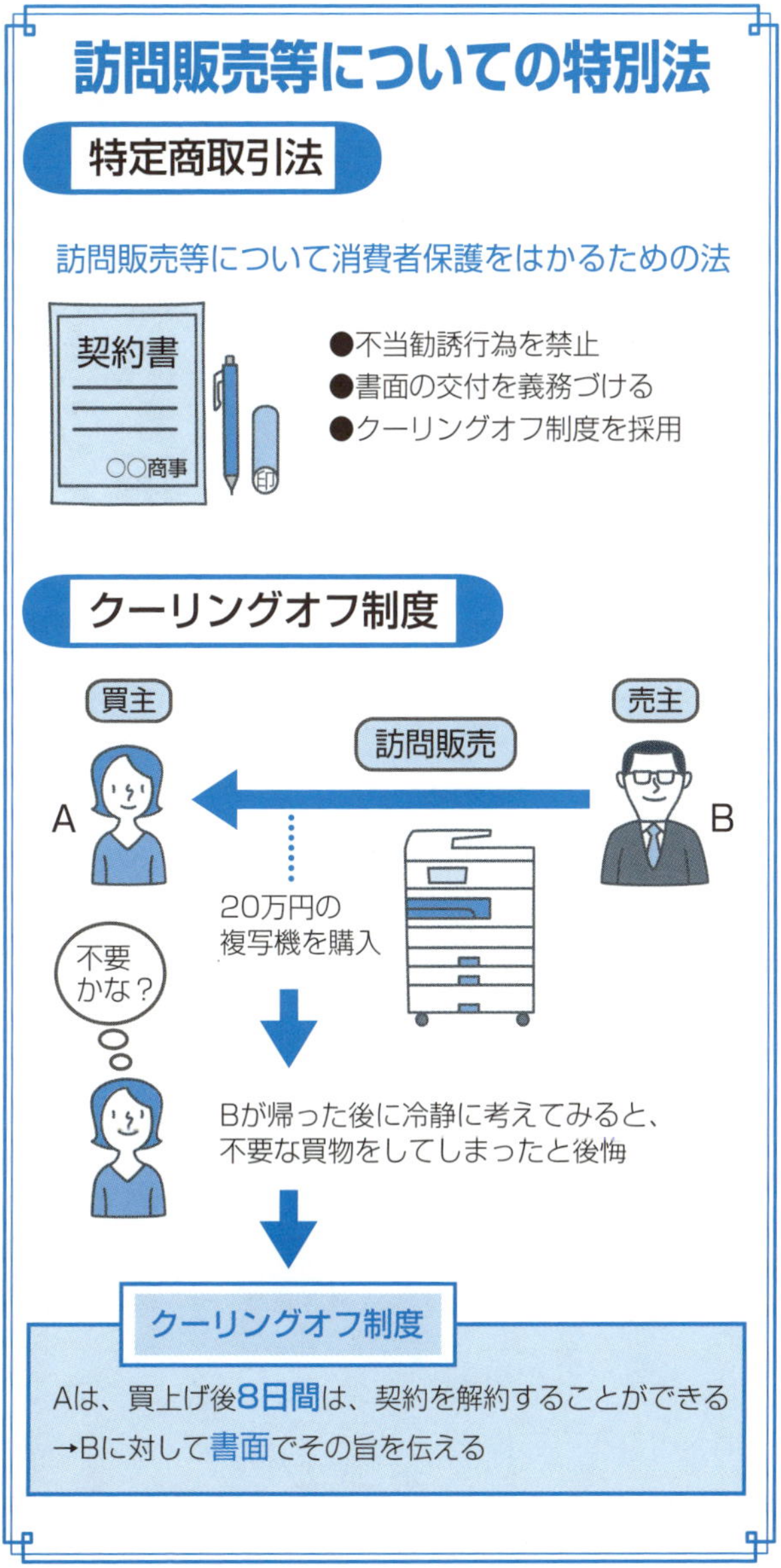
訪問販売等についての特別法
特定商取引法
訪問販売等について消費者保護をはかるための法
契約書
○○商事
印
●不当勧誘行為を禁止
●書面の交付を義務づける
●クーリングオフ制度を採用
クーリングオフ制度
買主
売主
訪問販売
A
B
20万円の
複写機を購入
不要
かな？
Bが帰った後に冷静に考えてみると、
不要な買物をしてしまったと後悔
クーリングオフ制度
Aは、買上げ後8日間は、契約を解約することができる
→Bに対して書面でその旨を伝える

は、何ら理由を述べることなく、契約の申込みを書面により撤回《てっかい》して商品を返品することを認めています（9条1項）。この制度をクーリングオフと言います。訪問販売のほか**通信販売**やエステ、語学教室等の**特定継続的役務提供**《とくていけいぞくてきえきむていきょう》にも同法の同制度の適用があります。

クーリングオフがなされた場合

●クーリングオフと指定商品

クーリングオフは、前項の「訪問販売」等の場合において、申込者または購入者が、書面により、契約の申込みの撤回または契約の解除を行うことができる制度です。これがなされると、申込者や購入者は、代金等を一切支払う必要はなく、また、既に支払った代金等は返還してもらえます。

商品の引渡しを受けていた場合には、それを返還しなければなりませんが、返還に要する費用は販売業者の負担です。販売業者は、購入者に対して、商品の使用によって得られた利益相当額の支払を請求することはできず、また、申込者や購入者に対して、損害賠償金や違約金の支払を請求することはできません（特定商取引法9条3項～6項）。

なお、かつてはクーリングオフが可能な商品は指定されていました（「指定商品」）が、廃止されました。ただし、施設を利用したり役務の提供を受けたりする権利については指定があります（「指定権利」）。スポーツ施設を利用する権利や語学学校で授業を受ける権利など一般取引上の権利は、指定がなされており（4条、施行令3条）、クーリングオフの対象です。

●クーリングオフの期間・方法

クーリングオフができる期間の8日間は、販売員から、契約の内容とその商品がクーリングオフの対象である旨を書いた書面を受け取った日から起算されます（9条1項）。この書面の交付は販売員の法的義務であり（4条・5条）、これがない場合にはいつまでもクーリングオフ

クーリングオフの実際の手続き

クーリングオフの通知方法

●販売会社に対して、書面で行わなければならない

（はがきの「特定記録」を使った例）

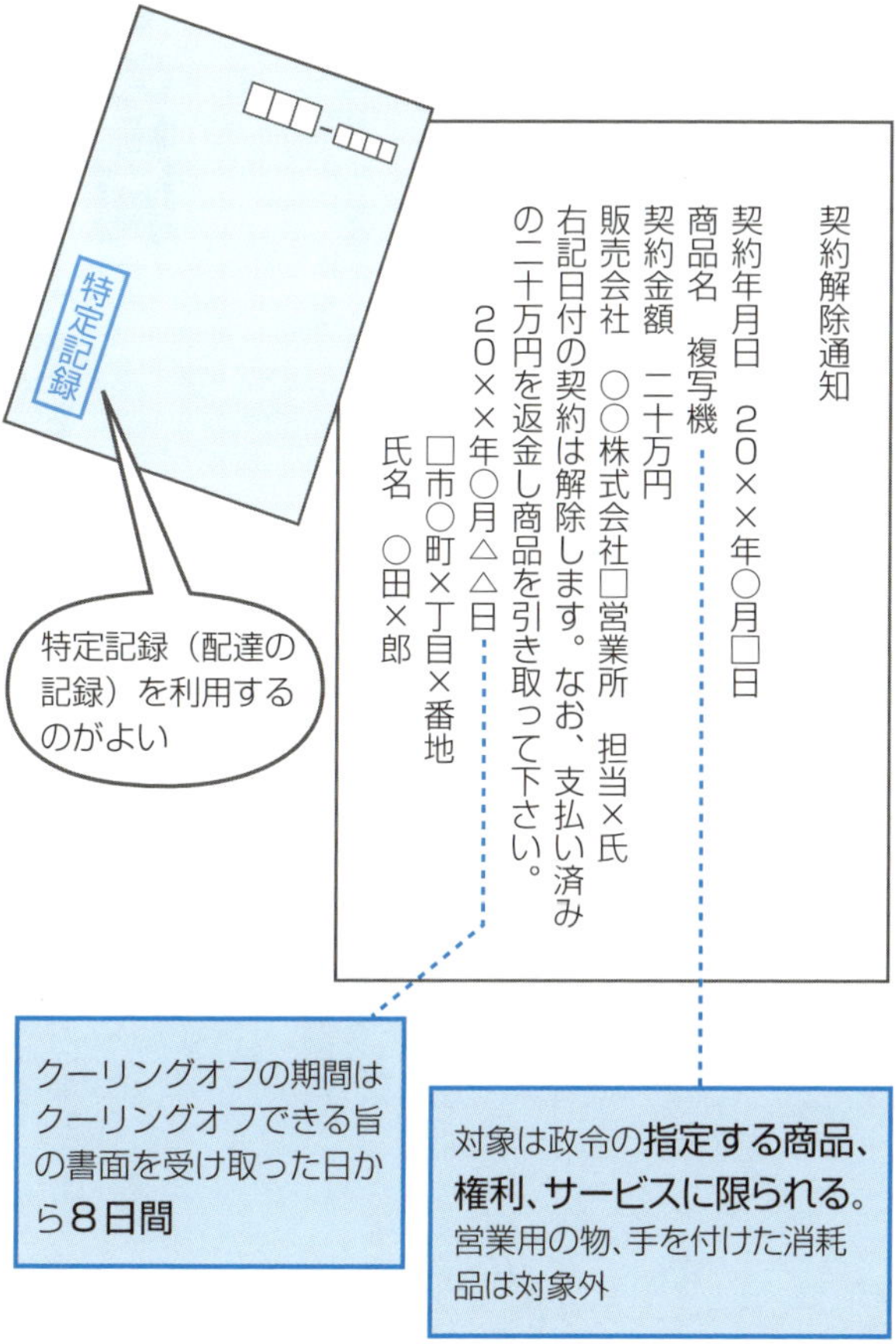
特定記録
契約解除通知
契約年月日　20××年○月□日
商品名　複写機
契約金額　二十万円
販売会社　○○株式会社□営業所　担当×氏
右記日付の契約は解除します。なお、支払い済みの二十万円を返金し商品を引き取って下さい。
20××年○月△△日
□市○町×丁目×番地
氏名　○田×郎
特定記録（配達の記録）を利用するのがよい
クーリングオフの期間はクーリングオフできる旨の書面を受け取った日から8日間
対象は政令の指定する商品、権利、サービスに限られる。営業用の物、手を付けた消耗品は対象外

できることになります。

なお、クーリングオフは販売業者に対して書面でなすことが必要です（電話ではいけません）（9条2項）。

通信販売やマルチ取引についての規制

●通信販売・電話勧誘販売の規制

特定商取引法は、**通信販売**、**電話勧誘販売**や**特定継続的役務提供**等についてもクーリングオフの対象としています。通信販売とは、販売業者等が雑誌やインターネット等に広告を出して消費者から電話やインターネット等で申込みを受けて行う商品等の販売方法です（2条2項）。

通信販売での申込者や購入者は、商品の引渡し等を受けた日から8日間を経過するまでは、売買契約の申込みの撤回または解除を行うことができます。ただし、販売業者が広告において申込みの撤回等について特約を表示していた場合には、クーリングオフが制限されます（15条の3）。電話勧誘販売についても、前項の訪問販売の場合に準じて、クーリングオフの制度が設けられています（24条）。

●マルチ取引の規制

*****連鎖《れんさ》販売《はんばい》取引《とりひき》（マルチ取引）**とは、①商品の再販売、受託販売《じゅたくはんばい》、販売のあっせん等をする者を、②特定利益（マージン）を収受《しゅうじゅ》できることをもって誘引《ゆういん》し、③特定負担（その商品の購入等）をすることを条件として行う、①に係る取引です（33条）。

たとえばBがAに対して、「あなたがこの商品を販売してくれたら（受託販売）、1個当たり5000円のマージンが得られます」と言って誘引する取引が当てはまります。その対象は、商品だけでなく、権利（施設を利用する権利等）やサービスの提供等も含みます。このような取引は、結局はAが特定負担をしただけで、それに見合う特定利益は得られなかったという結果

のに対し、連鎖販売取引は商品の販売を目的としているので規制を守れば合法である

特定商取引とクーリングオフ

	クーリングオフできるか否か？	クーリングオフの期間
通信販売	○ できる ※特約による制限あり	8日間
電話勧誘販売	○ できる	8日間
連鎖販売取引（マルチ取引）	○ できる	20日間

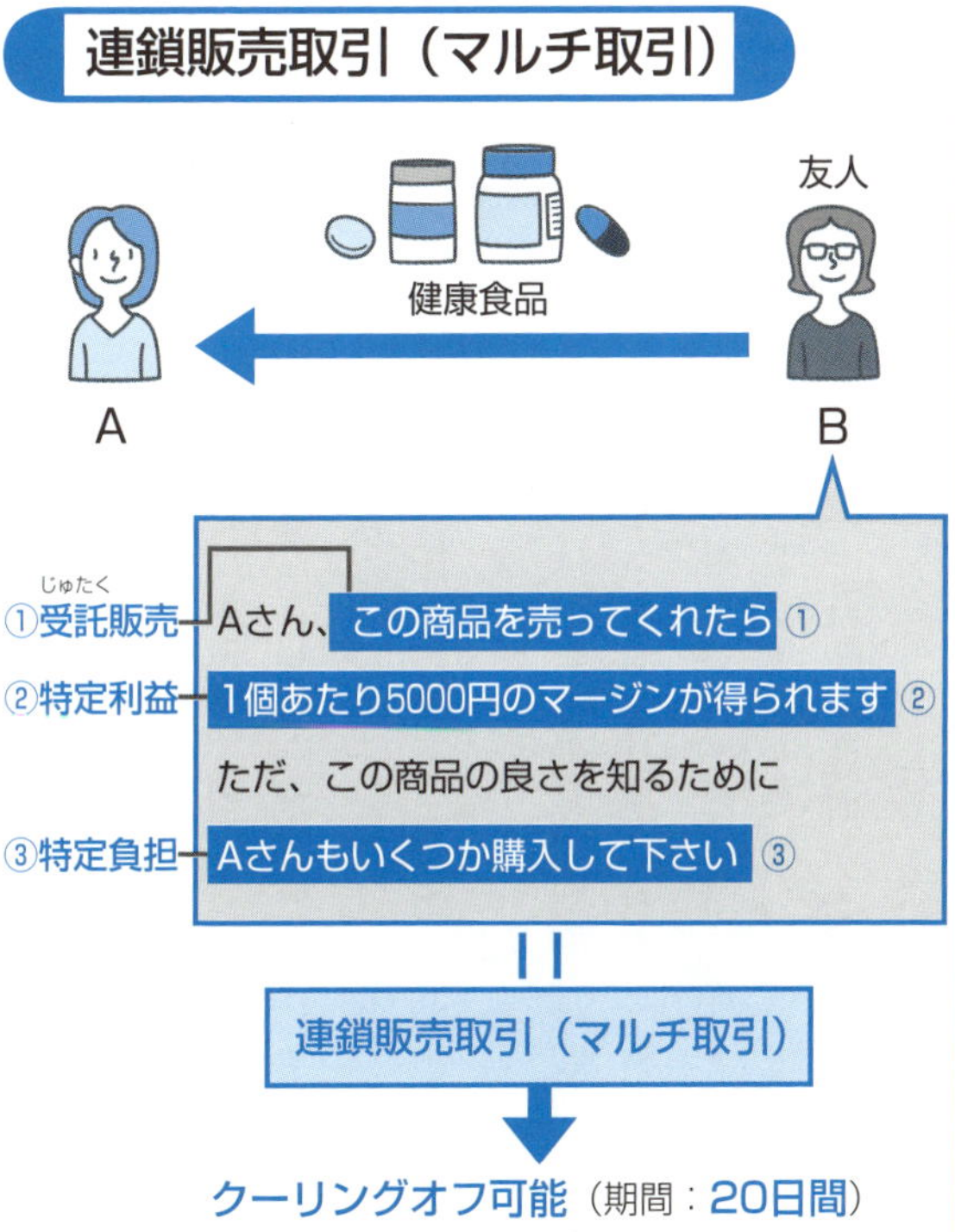
連鎖販売取引（マルチ取引）
健康食品
友人
A
B
①受託《じゅたく》販売
②特定利益
③特定負担
Aさん、この商品を売ってくれたら①
1個あたり5000円のマージンが得られます②
ただ、この商品の良さを知るために
Aさんもいくつか購入して下さい③
連鎖販売取引（マルチ取引）
クーリングオフ可能（期間：20日間）

を多く招きます。
そこで、特定商取引法は、クーリングオフを認め、契約書面を受け取った日を含めて20日間は書面により無条件で契約を解除できるとしました（40条）。

【連鎖販売取引】無限連鎖講（ネズミ講）が金品の受渡しを目的とする（法律で全面禁止）

自動車の欠陥が原因で事故を起こした場合

●欠陥商品と製造物責任

テレビが発火して家が燃えたり、自転車のブレーキの欠陥のために事故を起こして負傷した場合に、消費者は、誰に対してどのような法的責任を問うことができるでしょうか。消費者は、売主（販売者）よりもむしろ製造者に対して損害賠償責任を追及することを考えるでしょう。

損害の原因は何よりも製造者が作った商品とその欠陥ですから、製造者の**製造物責任**《せいぞうぶつせきにん》(Product《プロダクト》 Liability《ライアビリティ》)が問題とされるべきです。そこで、これに対処するため、1994年に**製造物責任法（PL法）**が制定されました（翌年から施行）。

●製造物責任法（PL法）の規定

同法は、製造業者等は、その製造、加工、輸入等をした製造物であって、その引き渡したものの欠陥により他人の生命、身体または財産を侵害したときは、これによって生じた損害を賠償する責任を負う、と規定しています（3条本文）。

ここでは、製造業者等の過失は問題とされていません（無過失責任）。ただし、製造物の「欠陥」や、損害がその「欠陥により」生じたことは、消費者が立証しなければなりません。

ここで「欠陥」とは何かが問題となりますが、同法は、「欠陥」とは、その製造物の特性、通常予見される使用形態、その製造業者等がその製造物を引き渡した時期その他の事情を考慮して、その製造物が通常有するべき安全性を欠いていることをいう、と定めています（2条2項）。

なお、同法では「製造物」を「製造又は加工

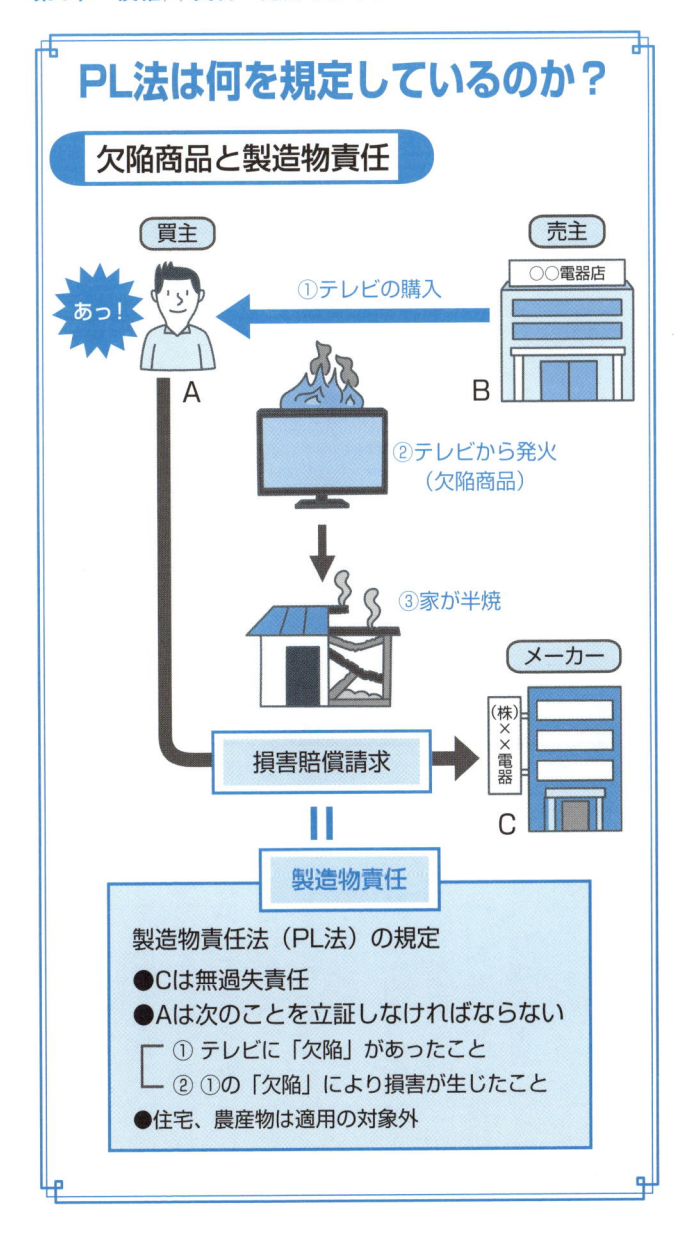

PL法は何を規定しているのか？

欠陥商品と製造物責任

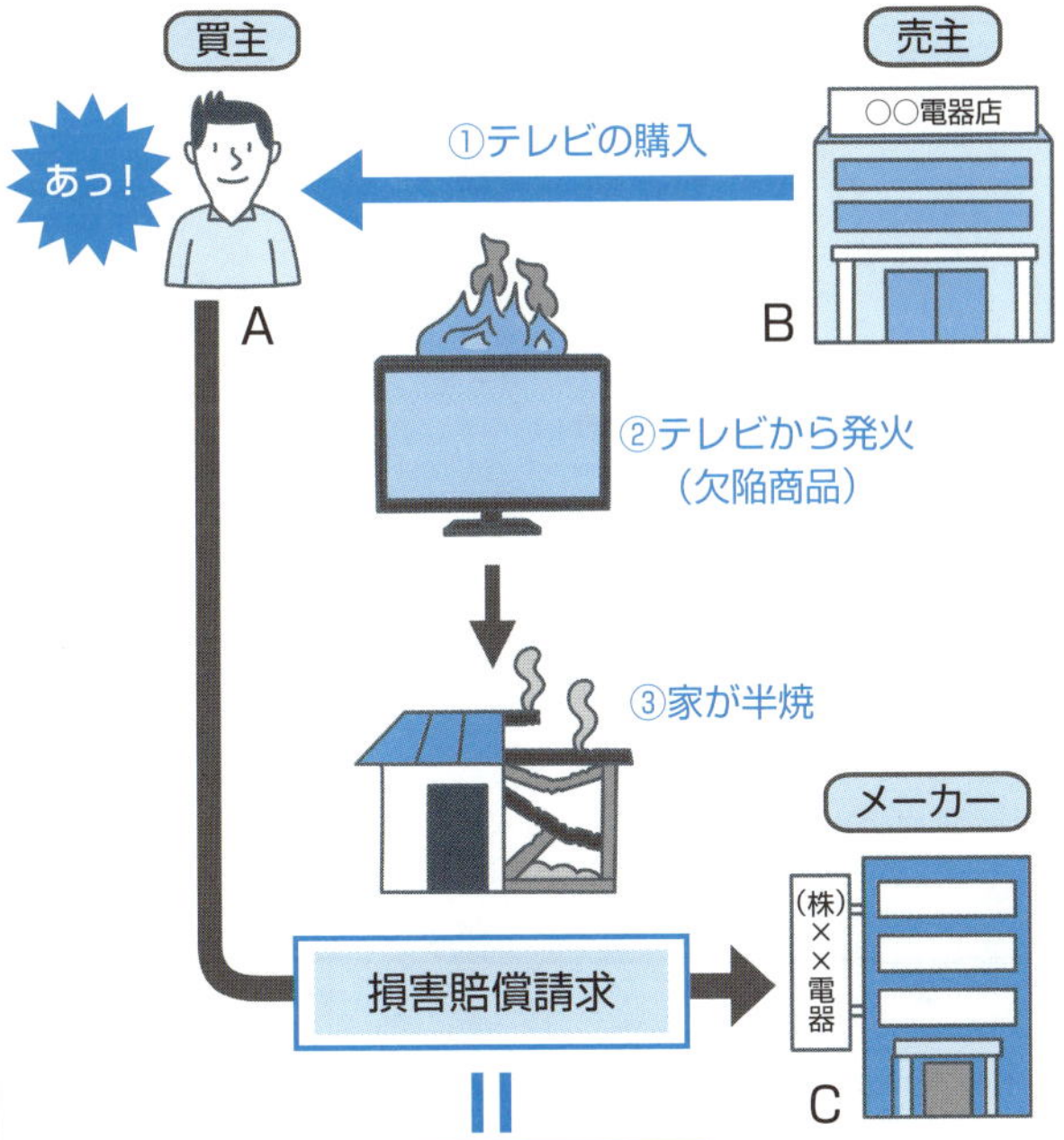

買主
売主
○○電器店
あっ！
①テレビの購入
A
B
②テレビから発火
（欠陥商品）
③家が半焼
メーカー
(株)××電器
損害賠償請求
C

製造物責任

製造物責任法（PL法）の規定

- Cは無過失責任
- Aは次のことを立証しなければならない
  - ① テレビに「欠陥」があったこと
  - ② ①の「欠陥」により損害が生じたこと
- 住宅、農産物は適用の対象外

された動産」としていますので（2条1項）、住宅等の不動産や農産物等の未加工の自然産品は、同法の適用から除外されます。

第5章

債権(2) 金銭債権のしくみ

●本書の第5章では、民法の「第3編 債権」のうち、「第1章 総則」をおもに扱い、これを金銭債権の側面から眺めて説明しましょう。金銭債権とは、お金の貸し借りや売買契約などに基づいて、債権者が債務者に「貸金を返して」「代金を払って」などと請求する債権です。

●主な内容は、「第3編 債権」の「第1章 総則」のうちの、金銭債務の特則(419条等)、保証(446条、454条等)、債権譲渡(466条、467条等)、債権の消滅(478条等)です。

●金銭債権・債務には、他の債権・債務とは異なる、特別な性質があります。その点を理解することがポイントになります。

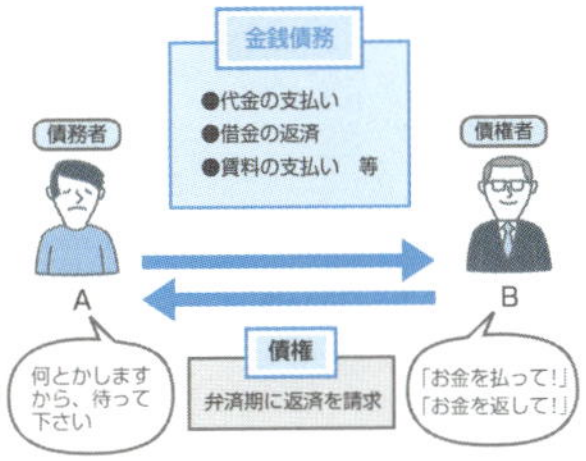

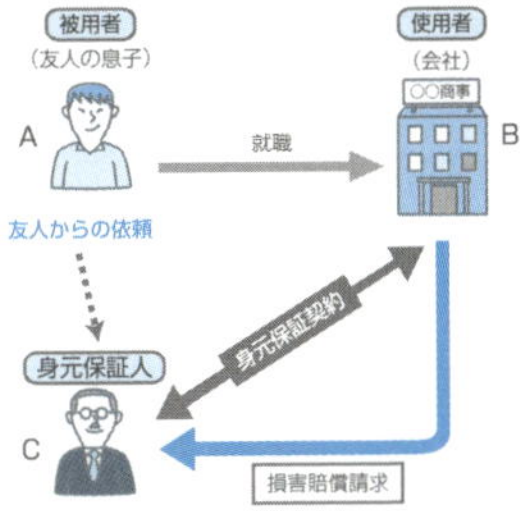

第5章の キーワード

◉金銭債務の特則　◉遅延賠償

◉保証契約　◉連帯保証人　◉身元保証人

◉債権譲渡禁止特約　◉指名債権

◉確定日付のある証書

◉動産・債権譲渡特例法　◉相殺

◉受領権者以外の者に対する弁済

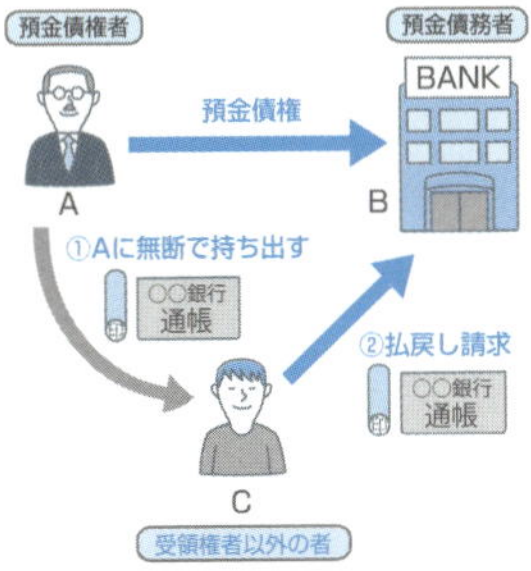

「お金がありません」と言うことはできるか

●金銭債務の特則

債務の内容が、相手方にお金を弁済するような債務を**金銭債務**《きんせんさいむ》と言います。売買契約の場合の代金の支払い、金銭消費貸借《きんせんしょうひたいしゃく》（お金の貸し借り）の場合の借金の返済、賃貸借契約《ちんたいしゃくけいやく》の場合の賃料の支払いなどが、これに当たります。

金銭債務については、商品を引き渡す債務や労務を提供するような他の債務とは異なる性質があります。そのため、金銭債務には他の債務とは異なる特別のルール（**金銭債務の特則**《とくそく》）が設けられています。

まず、金銭債務については、履行不能《りこうふのう》は認められず、履行遅滞《りこうちたい》のみが認められます（履行不能や履行遅滞については184ページ）。金銭の支払いや返済については、それが不可能となることはなく、遅れている状態だけが存在するのです。金銭がこの世から消滅するということはなく、「金《かね》は天下の回りもの」と言うように、たまたまその時点で債務者のもとに金銭がなかっただけで、支払いや返済が遅れた状態が継続していくと考えるのです。

したがって法的には、借金の返済期に、債務者は、「返済するお金がありません」と言えず、「何とかしますから、しばらく待って下さい」としか言えないのです。

●債務を免れることのできる例外的場合

ただし、金銭債務を負っている人が死亡した場合にはその債務は相続人に承継されますが、相続放棄（278ページ）がなされると債務は消滅します。また、法人が破産したり個人が自己破産したりすれば、裁判所による免責《めんせき》決定後、結

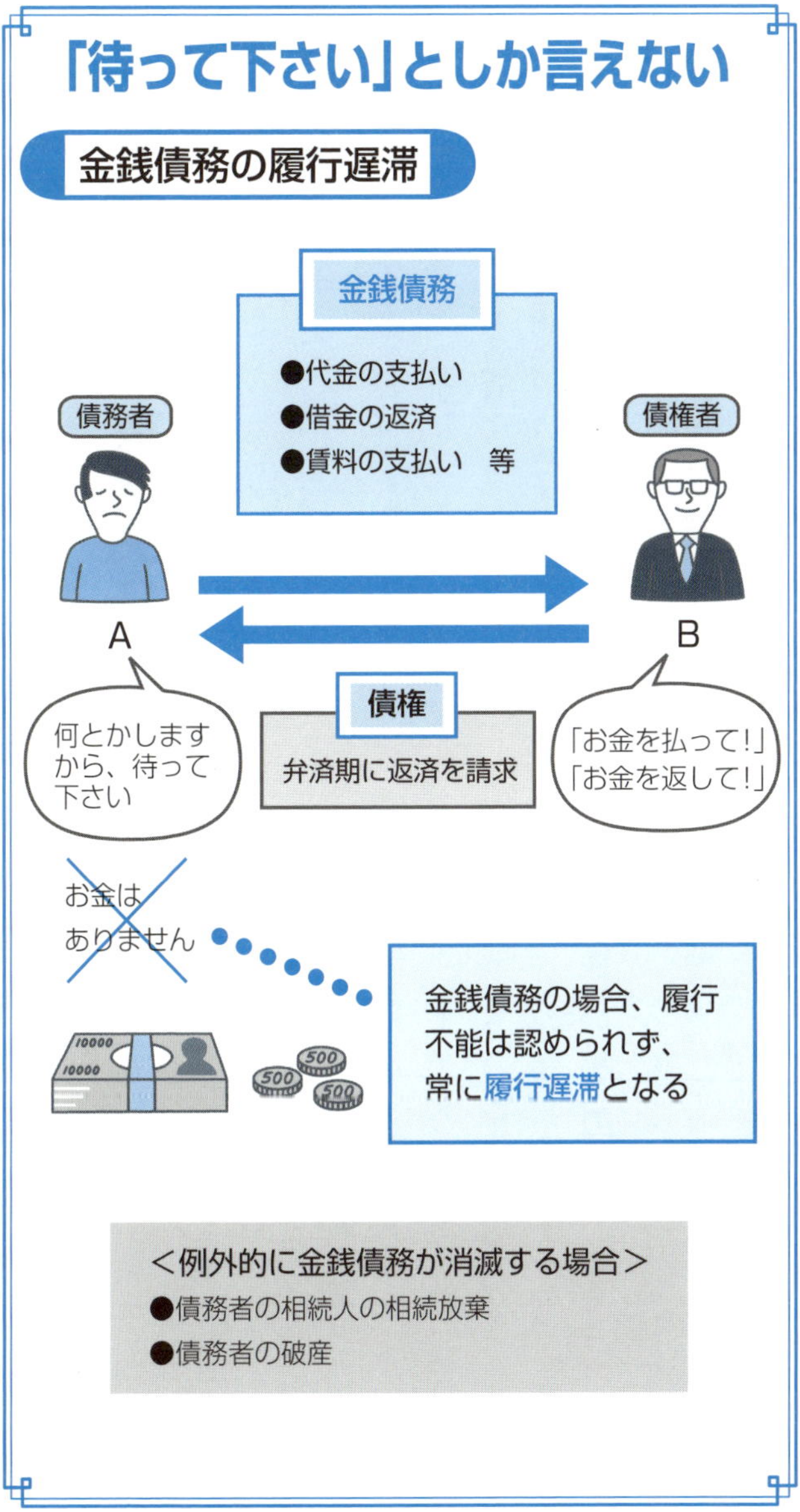
「待って下さい」としか言えない
金銭債務の履行遅滞
金銭債務
●代金の支払い
●借金の返済
●賃料の支払い　等
債務者
債権者
A
B
何とかしますから、待って下さい
債権
弁済期に返済を請求
「お金を払って!」
「お金を返して!」
お金はありません
10000
500
金銭債務の場合、履行不能は認められず、常に履行遅滞となる
<例外的に金銭債務が消滅する場合>
●債務者の相続人の相続放棄
●債務者の破産

果的には金銭債務は消滅します。

このような例外的な場合は別として、民法上

は、金銭債務については履行不能ではなく履行遅滞のみが問題となるのです。

金銭の支払いの遅れは必ず損害を発生させる

●一般の履行遅滞による損害賠償

一般には、履行遅滞《りこうちたい》があったからといって必ず損害が生じるわけではありません。たとえば、建物の引渡しが約束した日より数日遅れたけれども、買主がその建物に引っ越すのがさらにその1か月後であったような場合など、必ずしも買主に損害が発生するわけではありません。

債権者が、履行遅滞を理由に債務者に対し損《そん》害賠償《がいばいしょう》を請求するためには具体的に生じた損害を、債権者の側から立証しなければなりません。

たとえば、売主の建物の引渡しが遅れたために、その間、別に家を借りてその賃料を支払わなければならなかったことや、予定していた期日にその建物の転売ができなかったために転売利益を取得することができなかったことなどを立証する必要があります。

●金銭債務の履行遅滞と遅延賠償

しかし、金銭債務の履行遅滞があった場合には、必ず損害賠償すなわち**遅延賠償《ちえんばいしょう》**（遅れたことにより被る損害の賠償）の対象になります。

また、前述のような金銭債務以外の履行遅滞の場合とは異なり、債権者は履行遅滞があったことにより生じた損害を立証する必要がありません（**金銭債務の第2の特則**。419条2項）。

なぜなら、金銭の場合は、その遅滞があれば必ずその期間だけ損害が生ずると考えられるからです。すなわち、その金銭を運用していれば得られたであろう利益（たとえば預金の利子）が遅滞によって失われ、必ずその分の損害が発生したと考えるのです。

損害賠償の額は、あらかじめ当事者間で約束

（賠償額の予定、420条1項）があればその額になり、この約束がない場合には、**法《ほう》定《てい》利《り》率《りつ》**（年3分）に従うことになります（419条1項、404条1項・2項）。

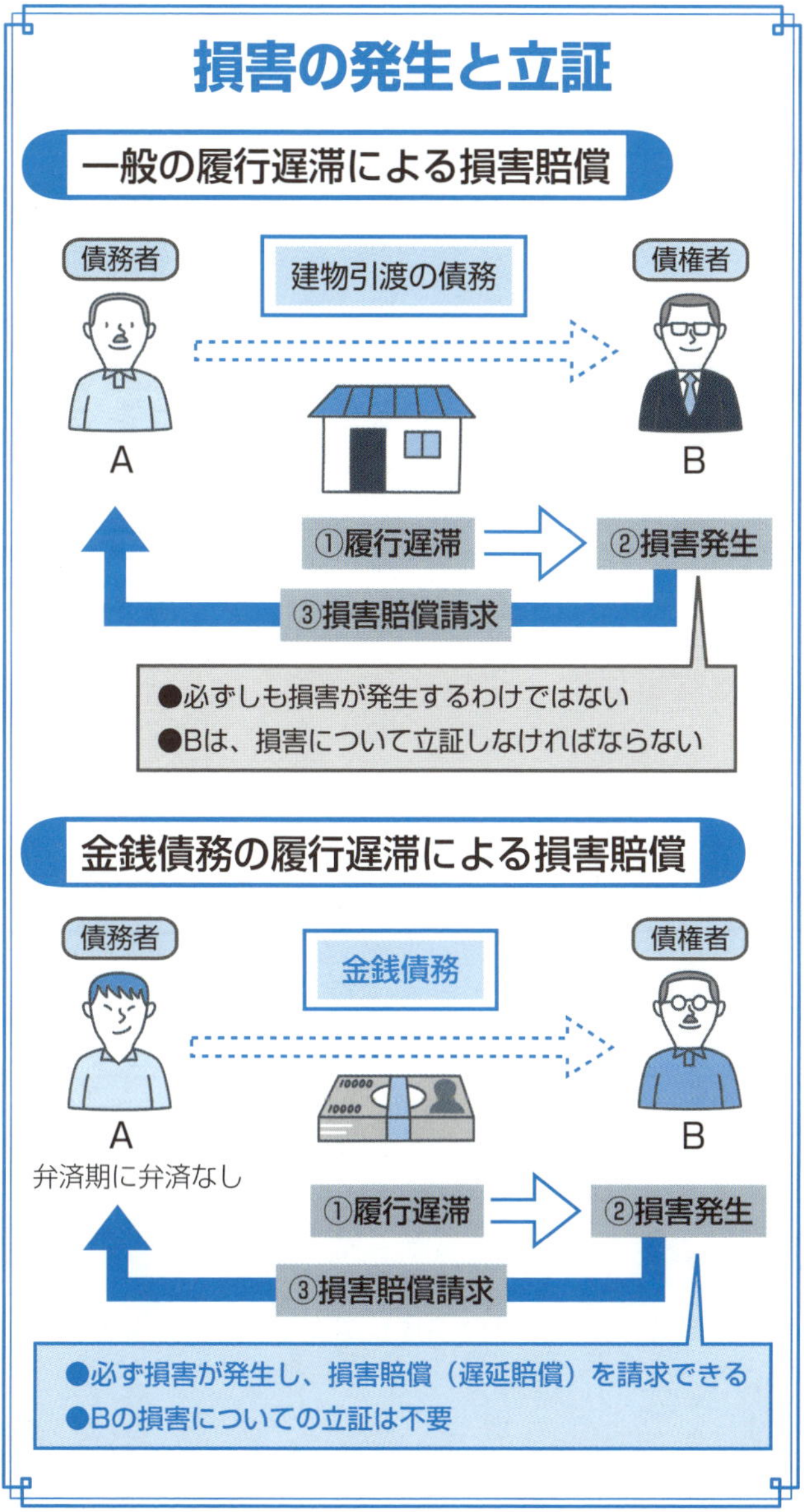
損害の発生と立証
一般の履行遅滞による損害賠償
債務者
建物引渡の債務
債権者
A
B
①履行遅滞
②損害発生
③損害賠償請求
●必ずしも損害が発生するわけではない
●Bは、損害について立証しなければならない
金銭債務の履行遅滞による損害賠償
債務者
金銭債務
債権者
A
弁済期に弁済なし
B
①履行遅滞
②損害発生
③損害賠償請求
●必ず損害が発生し、損害賠償（遅延賠償）を請求できる
●Bの損害についての立証は不要

金銭の支払いの遅れは常に責任を問われる

「不可抗力でした」とは言えない

220及び222ページで述べた以外の金銭債務の特《とく》則《そく》として、民法は、「債務者は、不可《ふか》抗力《こうりょく》をもって抗弁《こうべん》とすることができない」（419条3項）としています（**第3の特則**）。

一般には、債務者が履行遅滞《りこうちたい》を理由として債務不履行責任を負わされるためには、184ページで述べたように債務者に帰責事由《きせきじゆう》（故意・過失）が必要です。しかし、金銭債務の履行遅滞については、たとえそれが債務者に帰責事由がなく不可抗力により生じた場合でも、債務者は債務不履行責任を免《まぬか》れません。

たとえば、代金の支払いや借金の返済のために所定の期日にそれを持参しようとしたところ鉄道事故のためにその日に支払い・返済ができなかったり、また、銀行振込を利用したところＡＴＭの故障により所定の期日までに債権者の口座に振り込まれなかったりした場合でも、債務者は履行遅滞の責任（債務不履行責任）を負わされることになります。

不可抗力でも責任を負う理由

この理由は、金銭債務は経済取引の根幹であるから不可抗力でも履行遅滞があった場合には債務者に責任を負わせるほうが経済取引が円滑に進展するだろう、という政策的目的からです。ただ、実際の場面では、債権者としても、不可抗力を理由とする前述の例のようなわずかな遅滞を理由に、債務者に対して責任を追及することはまれでしょう。

なお、前述の例において、万一、債務者が債権者から責任を負わされた場合には、債務者は

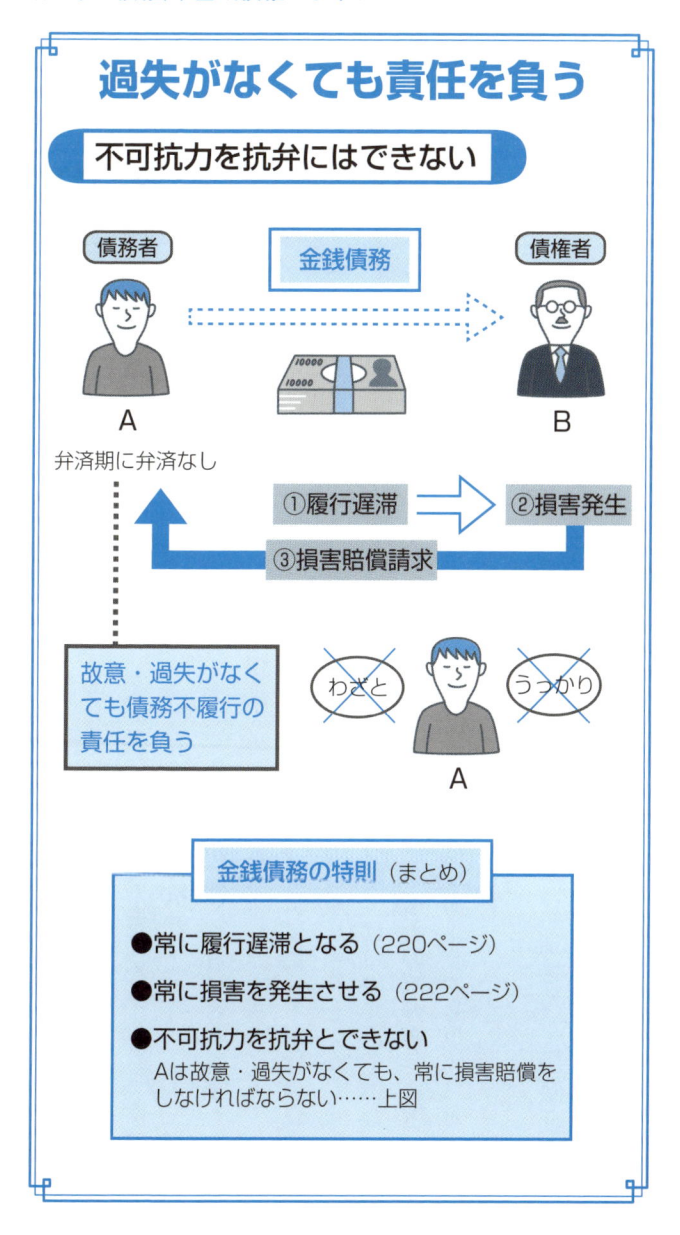

その分の損害について事故を起こした鉄道会社や銀行に賠償請求することも可能です。ただし、

ここでは、事故が自然災害のような不可抗力の場合は責任追及できません。

過失がなくても責任を負う

不可抗力を抗弁にはできない

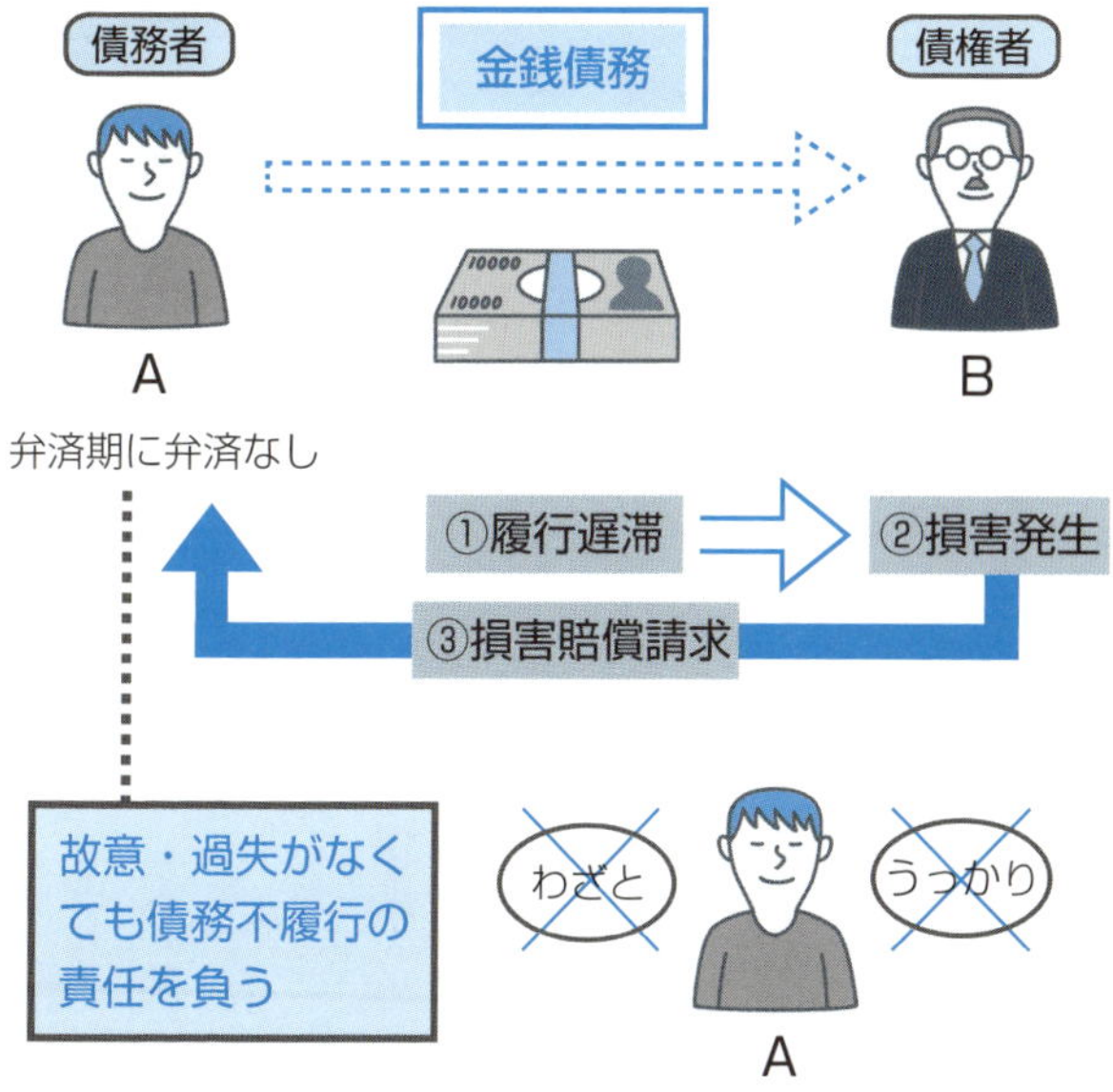
債務者
金銭債務
債権者
A
B
弁済期に弁済なし
①履行遅滞
②損害発生
③損害賠償請求
故意・過失がなくても債務不履行の責任を負う
わざと
うっかり
A

金銭債務の特則（まとめ）

- 常に履行遅滞となる（220ページ）
- 常に損害を発生させる（222ページ）
- 不可抗力を抗弁とできない
  Aは故意・過失がなくても、常に損害賠償をしなければならない……上図

保証人はどのような責任を負うか

●債務者と保証人との間で結ぶ保証契約

金銭を貸す場合に、債権者は貸金が確実に返ってくるかどうか不安です。そこで、債務者に**保証人**《ほしょうにん》を付けることがあります。これは保証人と債権者（金銭の貸主）との間の**保証契約**によります。保証人には債務者（金銭の借主、主債《しゅさい》務者《むしゃ》）から頼まれてなる場合がほとんどですが、法的にはあくまで債権者と保証人との間の契約です。

債権者は、保証人に対しても主債務者の債務の履行《りこう》を請求することができます（446条1項）。保証人が請求に応じて弁済《べんさい》した場合には、その後、主債務者に対し弁済分の返還を求めることができます。しかし、債権者がまだ主債務者に請求していない場合には、まず主債務者に請求しろと言って自らの弁済を拒むことができます。これを「**催告**《さいこく》**の抗弁権**《こうべんけん》」と言います（452条）。

次に、債権者が主債務者に対し請求した後に保証人のところに請求にきた場合でも、保証人は、主債務者には弁済に足りるだけの資力があるので、まずその財産を執行してから自分のところに来いと言って、自らの弁済を拒むことができます。これを「***検索**《けんさく》**の抗弁権**」と言います（453条）。保証人は、あくまでも債務に対する2次的な責任者なのです。

●債務者とほぼ同じ立場の連帯保証人

しかし、実際は、保証人が上のような「保証人」であることは少なく、通常は「**連帯保証**《れんたいほしょう》**人**《にん》」となっています。連帯保証人には、上の「催告の抗弁権」も「検索の抗弁権」もありません（454条）。したがって、「金を借りたのは主債務

要があるため、検索の抗弁権と呼ばれる

者であって自分は保証人にすぎない」と債権者の突然の請求も拒むことはできません。連帯保証人は、主債務者とほぼ同様の地位に立たされてしまうのです。

保証人の2つの権利

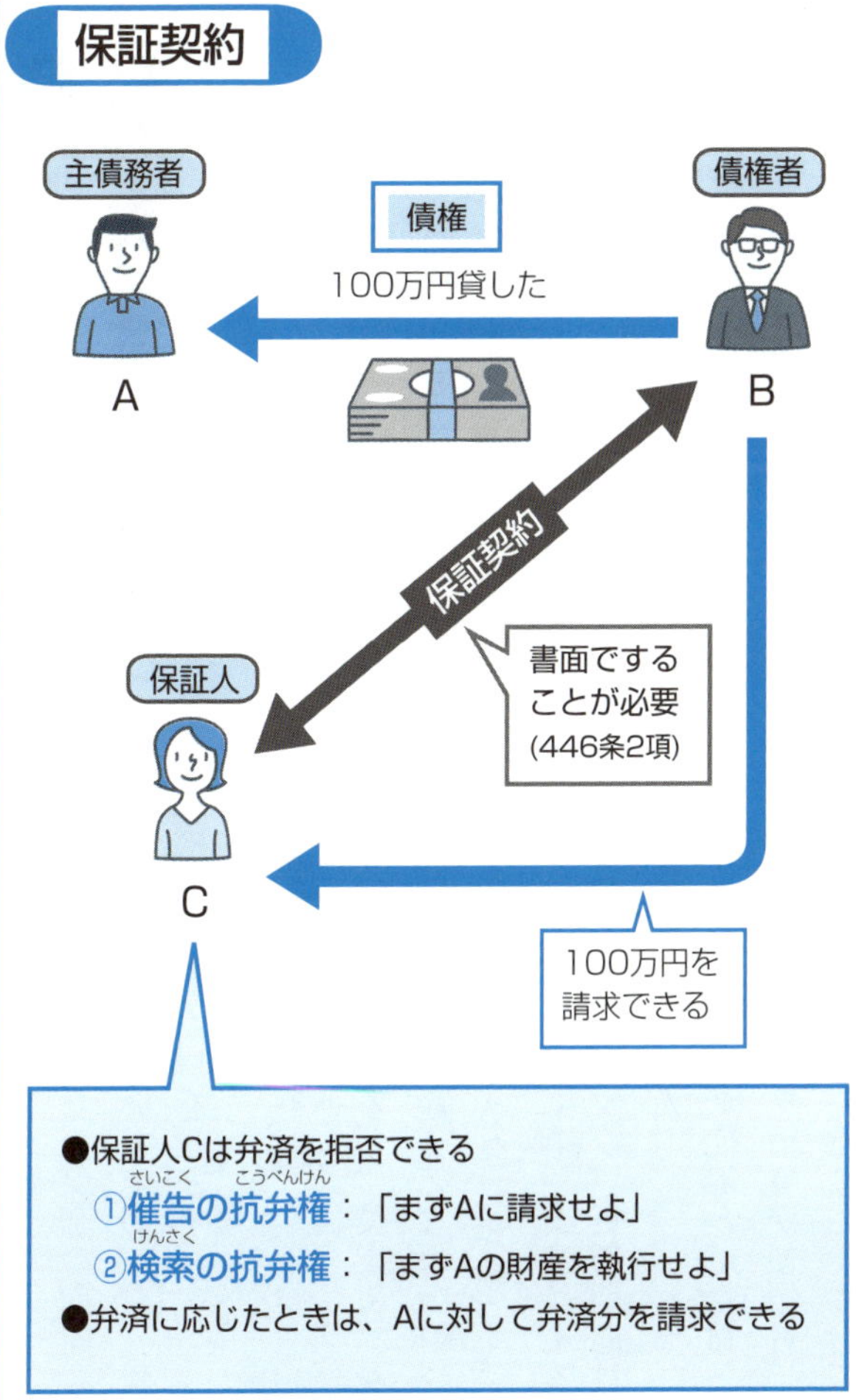
保証契約
主債務者
債権
100万円貸した
債権者
A
B
保証契約
書面ですることが必要(446条2項)
保証人
C
100万円を請求できる

●保証人Cは弁済を拒否できる

①催告《さいこく》の抗弁権《こうべんけん》：「まずAに請求せよ」

②検索《けんさく》の抗弁権：「まずAの財産を執行せよ」

●弁済に応じたときは、Aに対して弁済分を請求できる

ただし、Cが**連帯保証人**である場合は①・②の抗弁権はなく、弁済を拒むことができない

【検索の抗弁権】主債務者に弁済の能力や資産があることを保証人が証明（＝検索）する必

身元保証人はどのような責任を負うか

●身元保証の限度を示す法律

私たちは、親族・知人が会社などに就職した場合に、**身元保証人**《みもとほしょうにん》になることを頼まれることがあります。この場合の保証の内容はどのようなものでしょうか。

身元保証の内容や範囲に関しては、使用者（会社等）の用意した契約書に書かれてあるのが通常で、基本的にはそれにしたがうことになります。しかし、身元保証契約の中には、身元保証人にとって過重な責任を内容とするものがあります。

そこで、**身元保証法**（身元保証ニ関スル法律）は、**身元保証契約**とは「被用者《ひようしゃ》の行為によって使用者の受けた損害を賠償することを約する契約」であるとし、身元保証の期間、保証する責任の限度などについて定め、身元保証人を過重《かじゅう》な責任から解放しています。

●身元保証人の責任

身元保証法によると、第1に、身元保証契約の期間は、5年を超えることは許されず（5年を超えた場合には5年に短縮）、また、期間を定めていない場合には3年間だけ効力があります。更新は可能ですが、更新期間は5年を超えることはできません。

第2に、保証した被用者が転勤して監督ができなくなったり、被用者が使用者に対し損害を与えるおそれが生じたりした場合には、身元保証人は、身元保証契約を解除することができます。なお、これらの場合には使用者は身元保証人に対しその旨を通知しなければなりません。

そして、第3に、たとえば被用者が会社の金

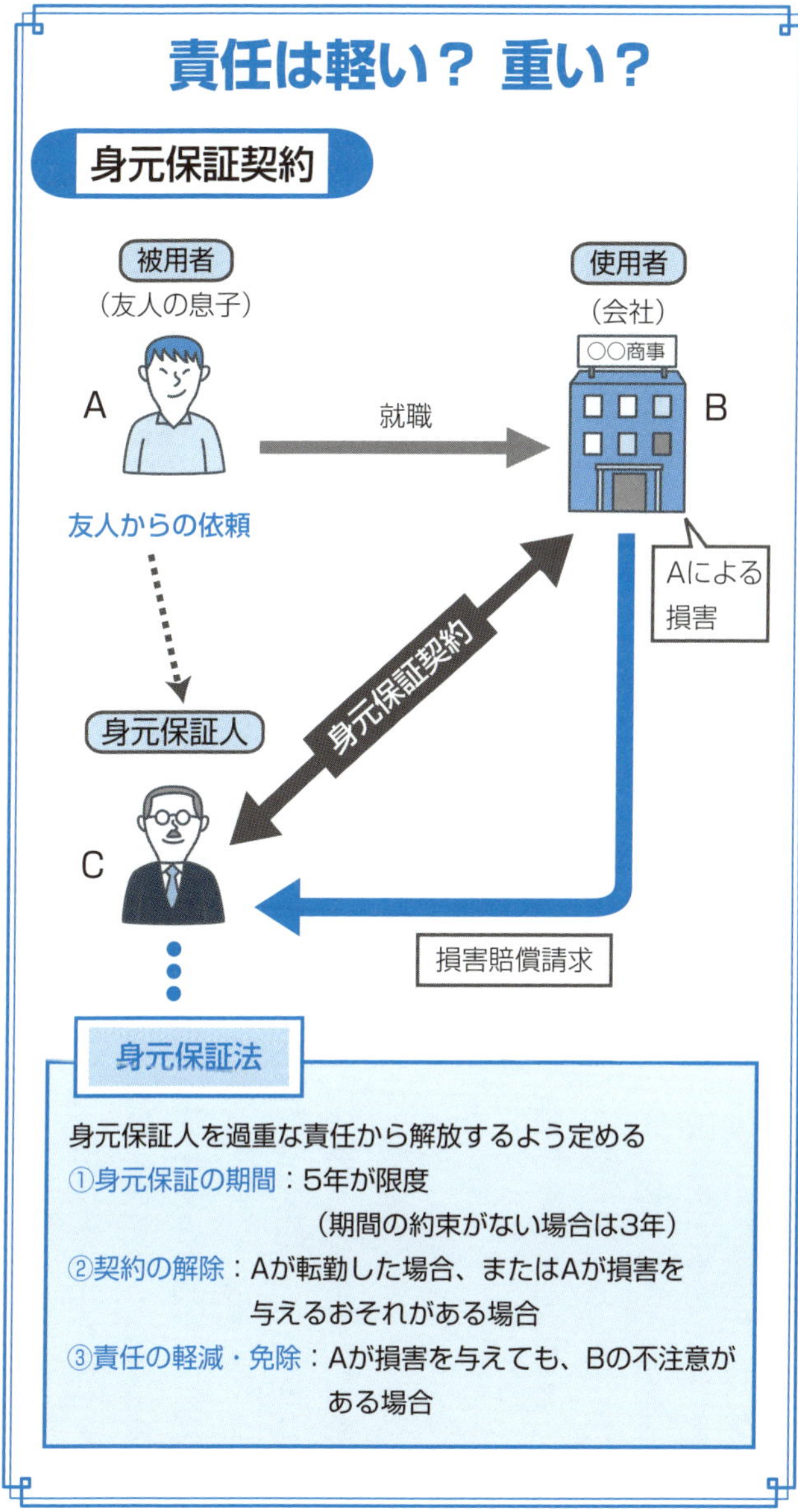

責任は軽い？ 重い？
身元保証契約
被用者
（友人の息子）
A
就職
使用者
（会社）
○○商事
B
友人からの依頼
身元保証契約
Aによる
損害
身元保証人
C
損害賠償請求
身元保証法
身元保証人を過重な責任から解放するよう定める
①身元保証の期間：5年が限度
（期間の約束がない場合は3年）
②契約の解除：Aが転勤した場合、またはAが損害を
与えるおそれがある場合
③責任の軽減・免除：Aが損害を与えても、Bの不注意が
ある場合

を横領《おうりょう》して会社に損害を与えた場合でも、会社に被用者に対する監督などの点で不注意（過失）があるときには、身元保証人の損害賠償責任は、軽減されたり免除されたりします。

債権を自由に譲渡することはできるのか

●債権譲渡の自由

債権は、債権者の財産権ですから、債権者は原則として、これを自由に譲渡《じょうと》できます（**債権譲渡の自由**）。たとえば、金銭の貸主は、貸金《かしきん》債権《さいけん》を自由に譲渡でき、また、商品を引き渡した売主は、代金債権を自由に他人に譲渡できます。その際に、債務者（金銭の借主や買主）の承諾は必要ありません（ただし、次項で述べるように譲渡の通知は必要です）。譲渡があっても、債務の内容が変わるわけではないからです。

●債権譲渡の制限

ただ、債権の性質上、債権譲渡が許されない債権があります（466条1項ただし書）。たとえば、試験に合格してある大学に入学する権利を得ても、その債権を他人に譲渡することは許されません。また、法律で債権譲渡が禁止されている場合もあります。たとえば、生活保護を受ける権利や年金を受ける権利を譲渡することはできません（生活保護法59条、国民年金法24条、厚生年金保険法41条）。

●債権譲渡禁止特約

ところで、契約を結ぶときに当該債権の譲渡を禁止する特約をすることはできます。たとえば、銀行預金では、まず例外なく、預金者がその債権（預金の払戻請求権）を質入れしたり、他人に譲渡したりすることを禁止する特約がなされます。通帳などを見ると、通常、そのことが記載されています。たとえば、銀行に預金者以外の者が、預金債権を譲り受けたとして払戻しの請求に来ても**譲渡《じょうと》禁止《きんし》特約《とくやく》**を理由にその払

債権も財産の1つ

債権譲渡の自由

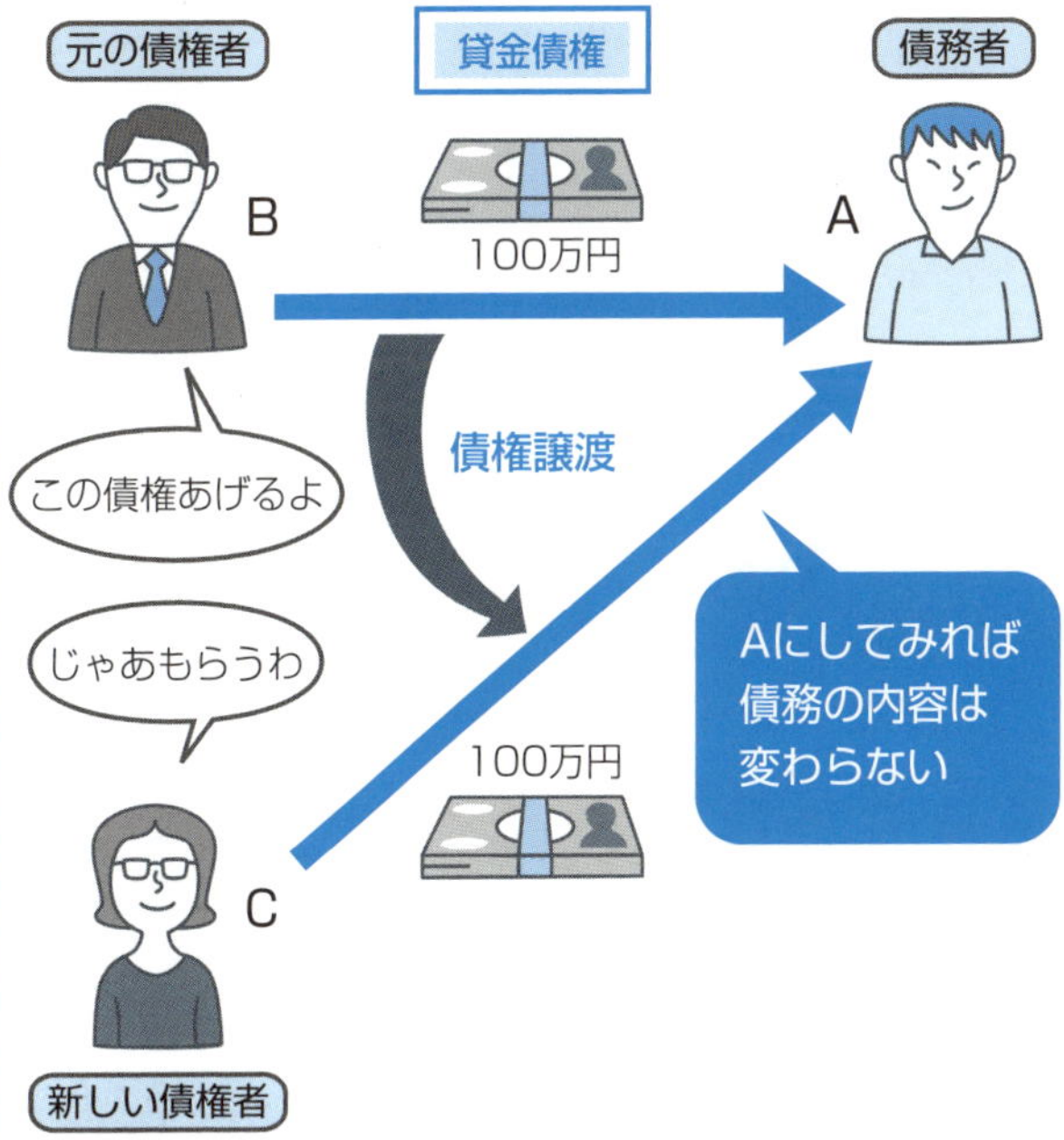

原則 ●BとCの合意により、Bのもつ債権をCに譲渡できる（Aの承諾は不要）

例外 ●債権の性質上、譲渡できない債権や、法律で譲渡が禁止されている債権がある
●AB間で、Bの債権の譲渡を禁止する特約をすることができる

戻しを拒むことができます。つまりこの特約には、銀行が権限のない者に払戻しをすることを未然に防止するという意味があります（ただし、466条2項・3項および466条の5第1項参照）。

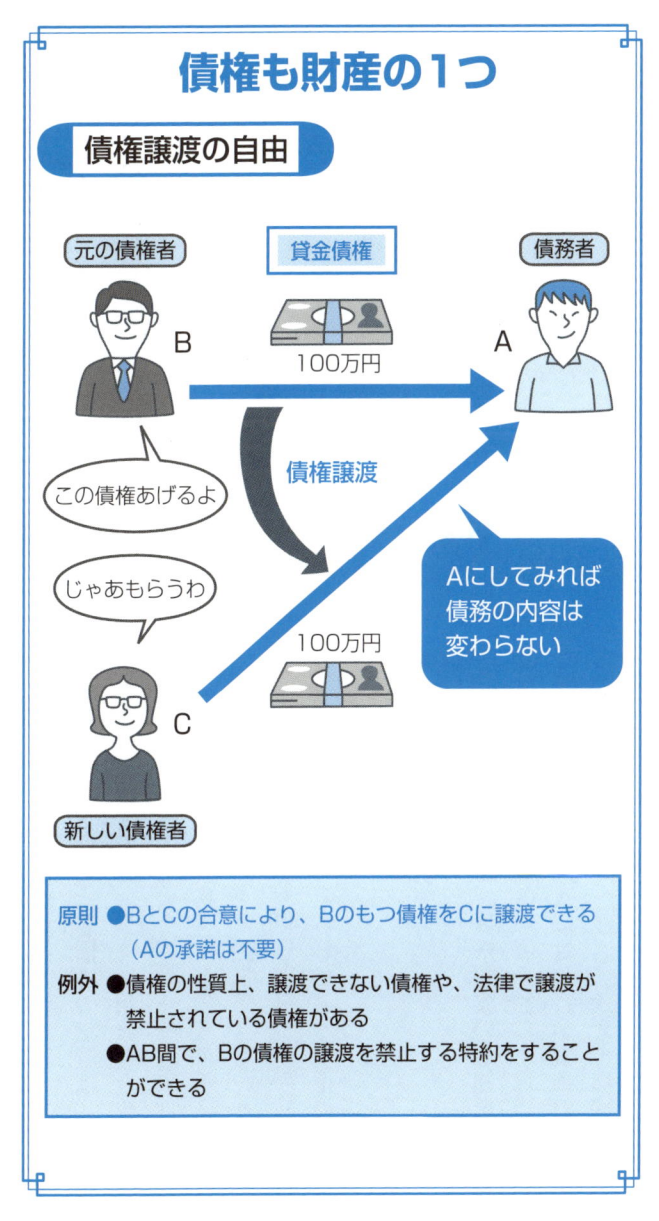

債権譲渡を債務者に主張するためには

●債権譲渡があった場合

債権譲渡についてさらに見ていくために、AがBから30万円を借りて、1か月後にそれを返済する旨の契約をした事例で考えてみましょう。この場合、Bは、Aの承諾《しょうだく》を必要とせずに30万円の貸金債権を第三者Cに譲渡できます。

BC間で債権譲渡がなされた場合、Aがこのことを知らないときには、Aは、従来どおりBに30万円を返済するつもりでいるでしょうから、突如、返済期にCから自分のほうに30万円を返済するように請求されても困惑してしまうでしょう。また、Cに返済した後に、Bから債権譲渡の事実はないということで返済の請求をされる可能性もあります。

そこで、民法は、**指名債権《しめいさいけん》**の譲渡は、新しい債権者C（**譲受人《ゆずりうけにん》**という）に譲渡した旨を元の債権者B（**譲渡人《ゆずりわたしにん》**という）から債務者Aに通知するか、または、債務者Aが譲渡を承諾するのでなければ、債務者Aに主張できないとしました（467条1項）。指名債権とは、Bの貸金債権のように債権者が特定されている債権のことです。

●債権譲渡の対抗要件

したがって、Aが、債権譲渡の通知をBから受けず、また、譲渡の事実を知らず承諾しなかった場合には、CはAに対し貸金債権の弁済を請求できず、AはBへの返済さえすれば債務が消滅します。BのAに対する債権譲渡の通知と、AがBまたはCに対してなす債権譲渡の承諾のことを、**債権譲渡の対抗要件《たいこうようけん》**と言います。

なお、債権譲渡の通知は、必ず譲渡人Bがし

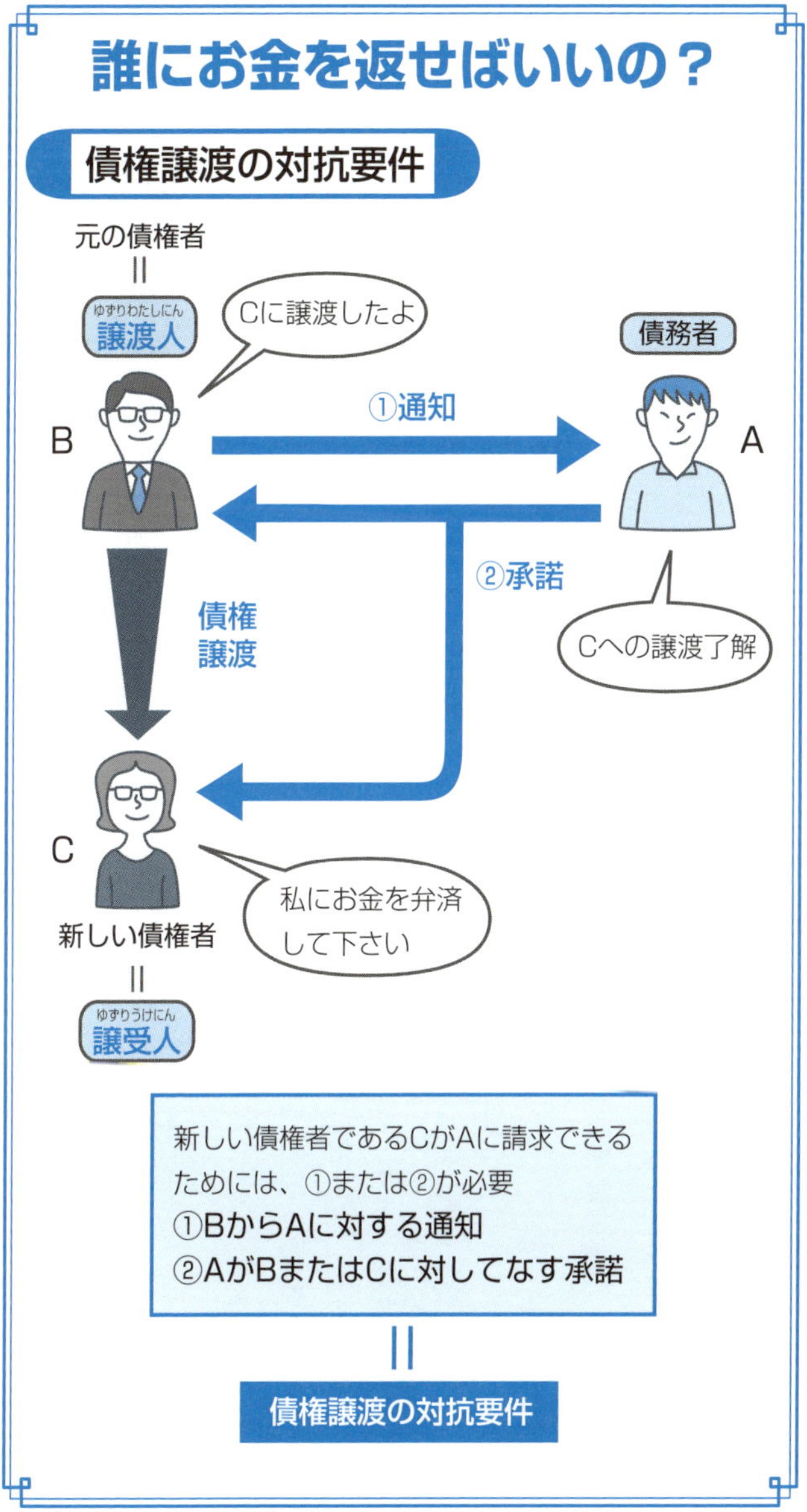

なければなりません。譲受人Cからの通知では、事実でない可能性があるからです。債務者の利益を保護するために、民法では、通知については譲渡人の通知のみを対抗要件としました。

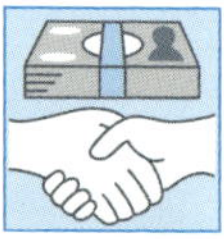

債権が二重に譲渡された場合

●債権の二重譲渡

前項の事例において、BのAに対する30万円の貸金債権がCに譲渡された後に、重ねてDにも譲渡された場合（**二重譲渡**《にじゅうじょうと》）、譲受人《ゆずりうけにん》のCとDとの優劣はどのようにして決まるのでしょうか。

まず、民法467条1項は、対抗要件《たいこうようけん》がない限り「債務者その他の第三者」に対抗できないと規定していますので、Cへの譲渡とDへの譲渡のうち、いずれか一方に対抗要件が備わっていれば、その者が他方の「第三者」に優先します。たとえば、BがAに対してCへの債権譲渡の通知だけをしていれば、Cだけが貸金債権の譲受人として優先してAから30万円の弁済を受けることができます。

●確定日付のある証書

それでは、BがAに対して、まずCへの譲渡を通知し、その翌日にDへの譲渡を通知した場合はどうでしょうか。

この場合について、民法は、「通知又は承諾《しょうだく》は、確定日付《かくていひづけ》のある証書によってしなければ、債務者以外の第三者に対抗することができない」（467条2項）と規定しています。**「確定日付のある証書」**とは、内容証明郵便等*のことで、日付が確定され勝手に変更することができないような証書のことです。

したがって、たとえば、BがAに対して、まず電話やファクスによってCにその債権を譲渡したことを通知し、その後に今度は同一の債権をDに譲渡したことの通知を内容証明郵便によって出した場合には、Dの方が優先します。つ

謄本（内容の写し）によって証明する制度

まり、A以外の者に債権の譲渡を主張するためには、確定日付のある証書が必要なのです。

なお判例では、いずれの通知も確定日付のある証書でなした場合には、Aへの到達が先のほうが優先するとしています。

どちらが優先するのか？

債権の二重譲渡

<CとDのどちらがAに対して債権を主張できるか？>

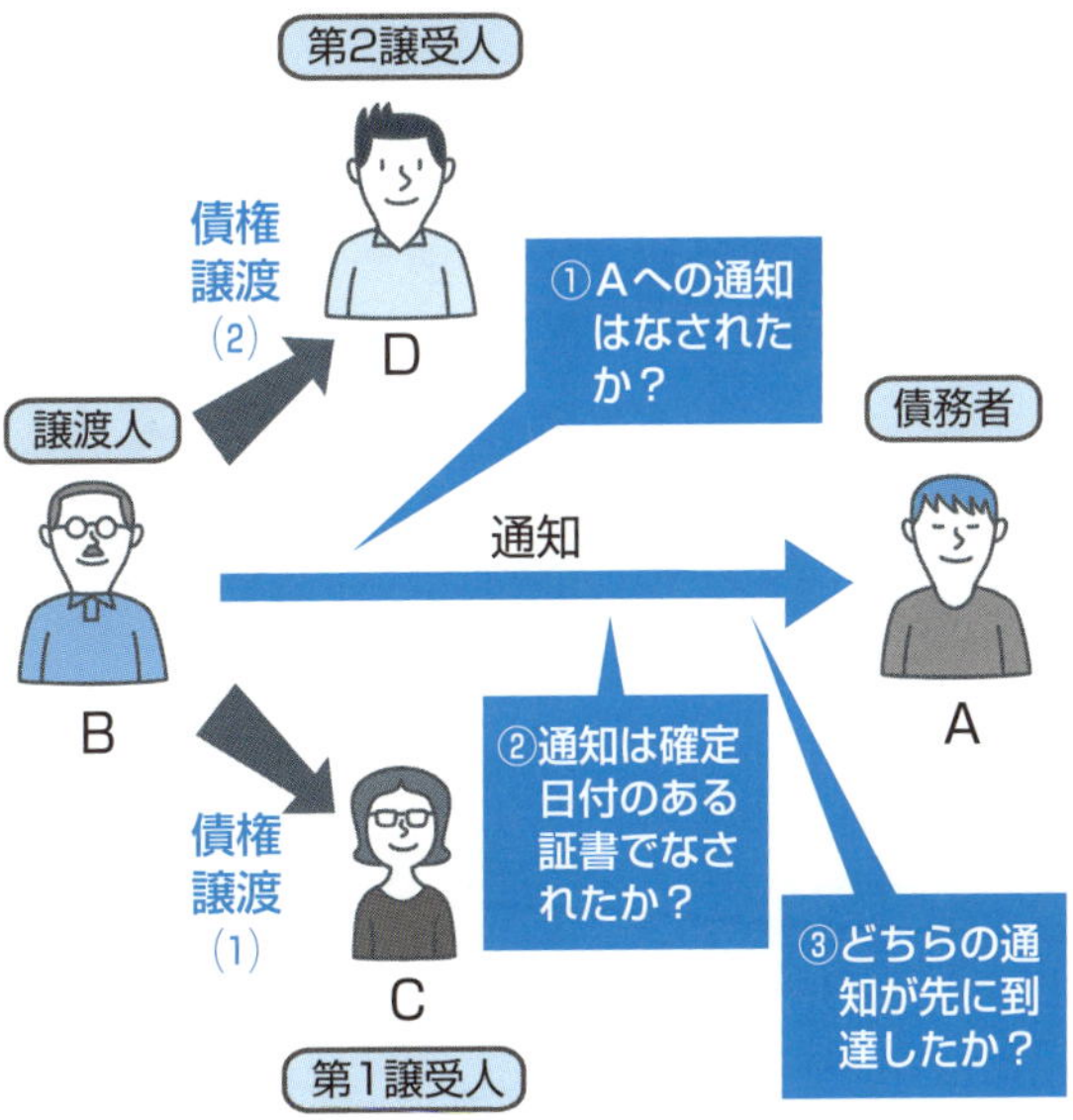
第2譲受人
債権
譲渡
(2)
D
①Aへの通知
はなされた
か？
債務者
譲渡人
通知
B
A
②通知は確定
日付のある
証書でなさ
れたか？
債権
譲渡
(1)
C
③どちらの通
知が先に到
達したか？
第1譲受人

①いずれか一方に**対抗要件**が備わっていれば（一方にのみ通知をした等）、そちらが優先する

②両者とも対抗要件が備わっている場合には、**確定《かくてい》日付《ひづけ》のある証書**でなしたほうが優先する

③両者とも確定日付のある証書でなした場合には、Aへの**到達**が先のほうが優先する

【内容証明】いつ、誰が誰宛に、どんな内容の郵便物を出したのかを郵便局（日本郵便）が

債権を大量に譲渡する場合

●債権譲渡の特例法の制定

今日、企業や金融機関では指名債権《しめいさいけん》を大量に譲渡《じょうと》することで資金を調達する必要が生じています。しかし、ここにおいては多数の債権が包括的に譲渡されるために、前項で見た民法による指名債権譲渡の第三者対抗要件を備えるとなると、1人1人の債務者すべてに対し確定日付のある証書による通知等が必要となり、円滑な債権譲渡が困難となります。しかし、通常、債権譲渡を受けようとする者は、対抗要件のない債権の譲渡には応じてくれません。

そこで1998年に**動産・債権譲渡《さいけんじょうと》特例法《とくれいほう》**(2004年改正)が制定され、この要請に応えました。同法は、譲渡人《ゆずりわたしにん》が法人の場合にだけ適用があります(1条)。

●債権譲渡の登記

動産・債権譲渡特例法4条1項は、法人が債権を譲渡した場合において債権譲渡登記ファイル*に譲渡の登記がされたときは、それらの債権の債務者以外の第三者については、民法467条の規定による確定日付のある証書による通知があったものとみなすとしました。この場合においては、当該《とうがい》登記の日付を確定日付としています。このように譲渡人は、まずは債務者に対していちいち通知しなくても、第三者に債権の譲渡を主張することができるようになりました。

しかし、これだけでは、債務者は、自己の債務が第三者に譲渡されたことを知らない可能性のほうが高いでしょう。そこで同条2項は、譲渡人または譲受人が、この債権譲渡についての登記事項証明書を、債務者に対して交付し通知

【債権譲渡登記ファイル】法務大臣の指定する法務局等に備えられた債権譲渡登記のファイル

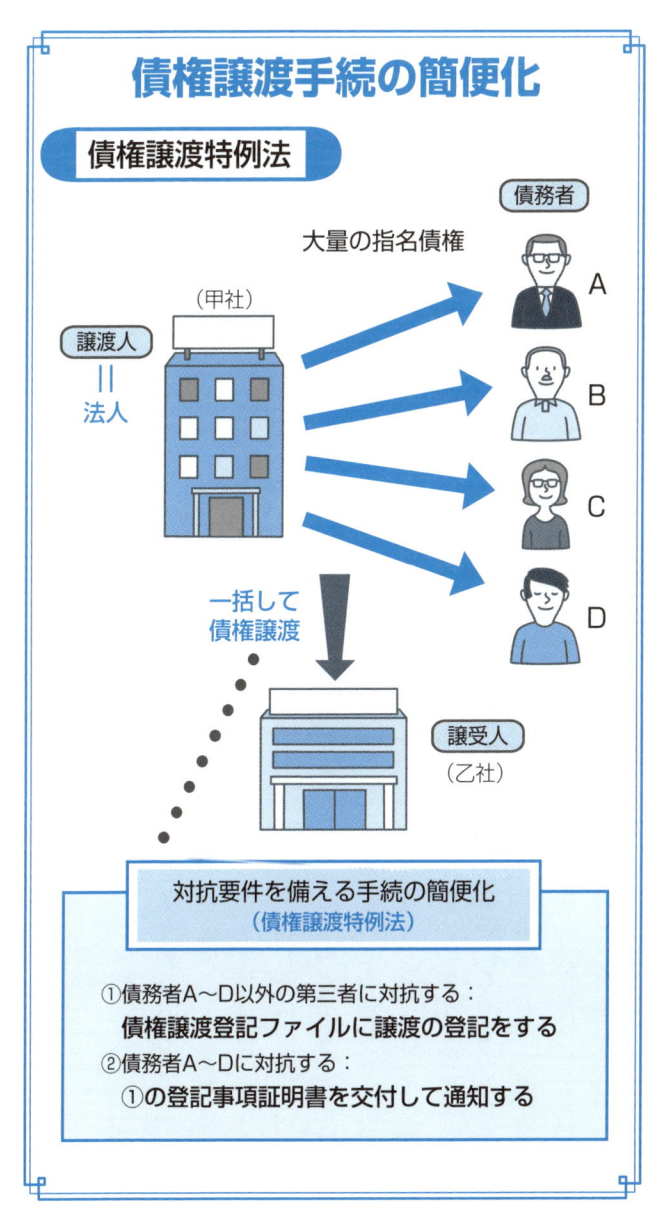

しなければ、当該債務者に対抗できない、としました。したがって、債務者は、この通知があるまでは旧来の債権者に弁済《べんさい》すれば、自己の債務は消滅します。

債権譲渡手続の簡便化

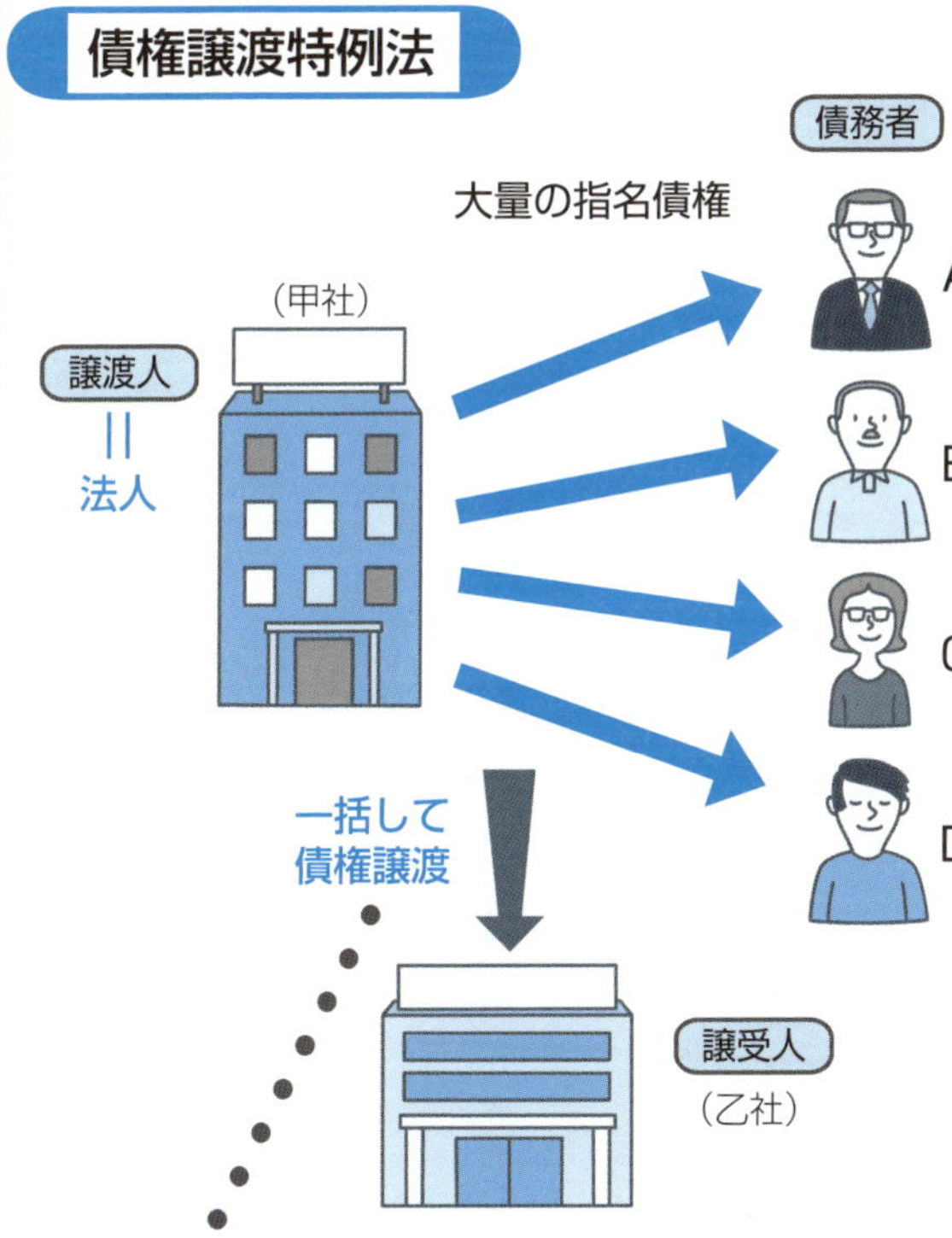
債権譲渡特例法
債務者
大量の指名債権
(甲社)
譲渡人
＝
法人
A
B
C
D
一括して
債権譲渡
譲受人
(乙社)

対抗要件を備える手続の簡便化
(債権譲渡特例法)

①債務者A～D以外の第三者に対抗する：
債権譲渡登記ファイルに譲渡の登記をする
②債務者A～Dに対抗する：
①の登記事項証明書を交付して通知する

債権・債務が消滅するとき

●債権の消滅事由

債権・債務はさまざまな原因によって消滅します。最も一般的な消滅《しょうめつ》事由《じゆう》は、**弁済《べんさい》**（473条）すなわち代金の支払、商品や建物の引渡し、借金の返済等で、現実にはこれがほとんどです。その他に、民法上の消滅事由として、**代物弁済《だいぶつべんさい》**（482条）、**供託《きょうたく》**（494条）、**相殺《そうさい》**（後述、505条）、**更改《こうかい》**（513条）、**免除**（519条）、**混同**（520条）があります。これらについての詳細は左ページの図中の説明を見てください。さらに、時効により消滅する場合があります。この消滅時効については、80ページで述べました。

●相殺の主張の仕方

債権・債務は相殺によっても消滅します（505条）。たとえば、Bから30万円を借りたAが、Bに以前に20万円の物を売って、まだ代金の支払いを受けていないような場合には、この20万円の代金債権でもって30万円の債務を相殺し、借金の弁済期には10万円の返済をするだけで済ませることができます。この場合に、Aは、Bの承諾を得る必要はなく、Bに対して「相殺します」とだけ言えばよいのです（506条1項）。

ここで、相殺する自分のもっている債権（Aの代金債権）を「**自働債権《じどうさいけん》**」と言い、相殺される相手方の債権（Bの貸金債権）を「**受働債《じゅどうさい》権《けん》**」と言います。相殺をするためには、少なくとも自働債権の弁済期が到来していなくてはなりません。受働債権の弁済期は必ずしも到来している必要はありません。

なお、先の例で、Bも相殺を主張することが

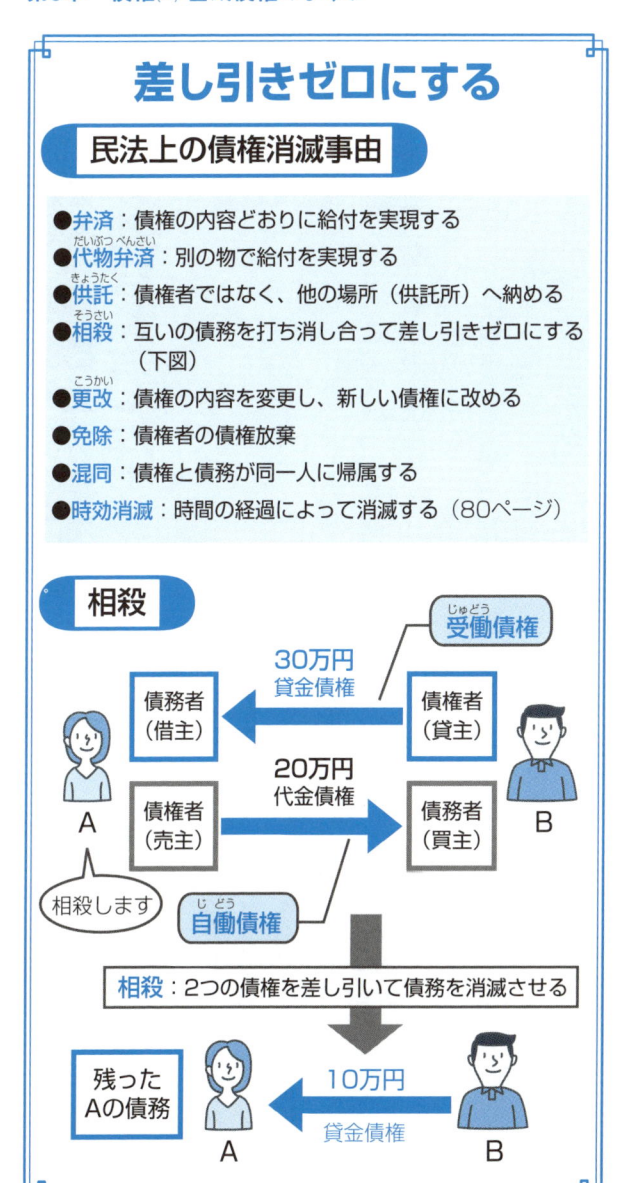

可能です。すなわち、30万円の貸金債権《かしきんさいけん》の弁済期に借主Aに対し、これを自働債権とし、20万円の代金債務を受働債権として相殺の主張をして10万円だけの返済を求めることにし、20万円の債務を消滅させることができます。

差し引きゼロにする

民法上の債権消滅事由

- 弁済：債権の内容どおりに給付を実現する
- 代物弁済《だいぶつべんさい》：別の物で給付を実現する
- 供託《きょうたく》：債権者ではなく、他の場所（供託所）へ納める
- 相殺《そうさい》：互いの債務を打ち消し合って差し引きゼロにする（下図）
- 更改《こうかい》：債権の内容を変更し、新しい債権に改める
- 免除：債権者の債権放棄
- 混同：債権と債務が同一人に帰属する
- 時効消滅：時間の経過によって消滅する（80ページ）

相殺

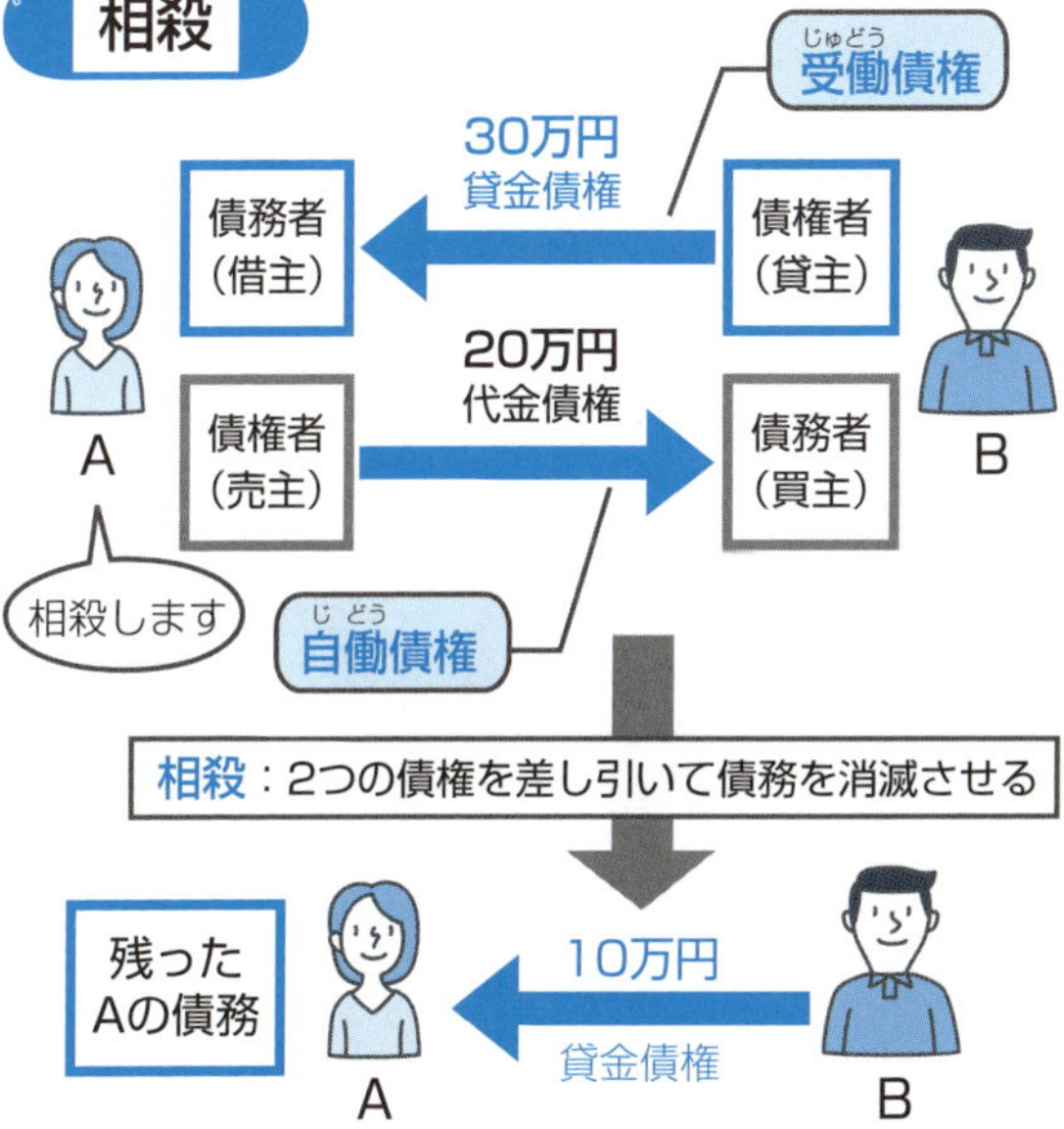
受働《じゅどう》債権
30万円
貸金債権
債務者
（借主）
債権者
（貸主）
20万円
代金債権
債権者
（売主）
債務者
（買主）
A
B
相殺します
自働《じどう》債権
相殺：2つの債権を差し引いて債務を消滅させる
残った
Aの債務
10万円
貸金債権
A
B

債権・債務が消滅する有効な弁済とは

●受領権者以外の者に対する弁済

債務者が債権者でない者に弁済《べんさい》をした場合には、弁済は無効であり、改めて正当な債権者に弁済をしなければ債務は消滅しません。しかし、民法は、「受領権者以外の者であって、取引上の社会通念に照らして受領権者としての外観を有する者に対してした弁済は、その弁済をした者が善意であり、かつ、過失がなかったときに限り、その効力を有する」（478条）として、債権者でない者への弁済も一定の要件のもとに有効な弁済とし、債務が消滅することとしました。

たとえば、預金者のもとから無断で預金通帳と届出印を持ち出し、それらを持参して銀行に預金の払戻しに来た者などがこれにあたります。このような者に対して、銀行が払戻しに応じた場合、銀行がこの者を預金者本人か真に受《じゅ》領権限《りょうけんげん》がある者と信じ、かつ、そう信じたことに過失《かしつ》がないようなときは、銀行の払戻しは有効な弁済とされます。有効な弁済ですから、銀行の債務は消滅し、真の預金者は銀行に対して責任を追及することはできません。

●有効な弁済となるための要件

民法478条は、受領権者以外の者に対してなした弁済が有効な弁済となるためには、「善意」だけでは足りず、「無過失」まで必要であるとしています。したがって、たとえば、払戻しに来た者が客観的に見て預金者やそれから依頼を受けた者でない可能性がある場合に、銀行が身分証明書などの提示を求めるなり、預金者の住所に電話で確認を求めるなりの措置をとらずに払戻しに応じたときには、過失がなかったとは

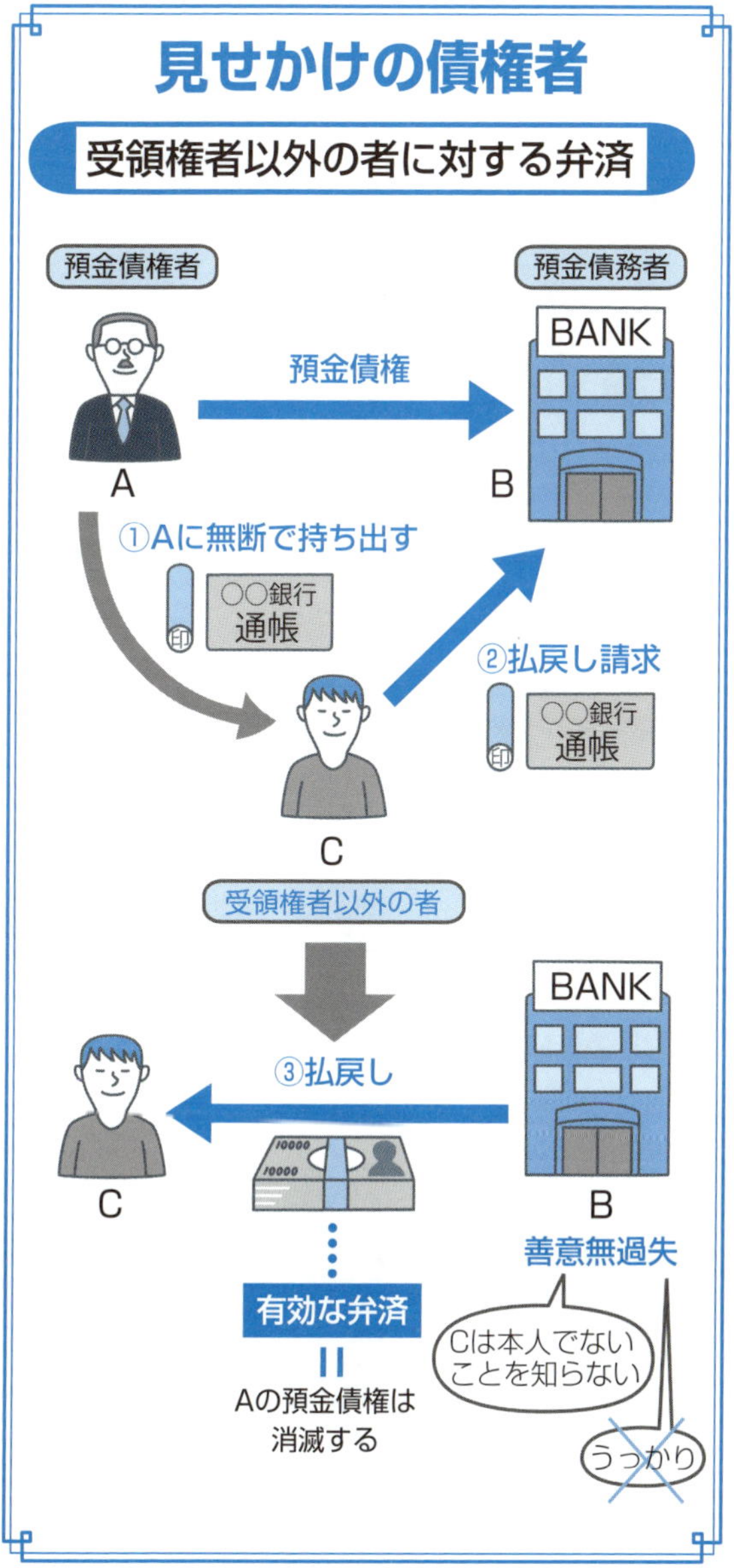
見せかけの債権者
受領権者以外の者に対する弁済
預金債権者
預金債務者
預金債権
A
B
BANK
①Aに無断で持ち出す
○○銀行
通帳
印
②払戻し請求
C
受領権者以外の者
③払戻し
善意無過失
有効な弁済
=
Aの預金債権は
消滅する
Cは本人でない
ことを知らない
うっかり

言えず、有効な弁済とはなりません。

なお、偽造カードや盗難カードを用いてのATMからの払戻しについては、後者については以上を基本としつつも、両者について、「偽造

カード等及び盗難カード等を用いて行われる不正な機械式預貯金払戻し等からの預貯金者の保護等に関する法律」において預貯金者保護の規定が設けられています。

第6章

債権(3) 借地借家のしくみ

●私たちの日常生活における重要な契約には、本書の第4章と第5章で見てきた「物の売買」や「お金の貸し借り」のほかに、「住まいのための土地や家の貸し借り」があります。

●借地や借家は、同じ「住まいを確保する」ことであっても、マイホーム購入のような売買契約によるものではありません。また、物の貸し借りに関わることではありますが、お金の場合のような消費貸借契約によるものでもありません。借地や借家は、民法の「賃貸借」という契約によるものです。

●本書の第6章では、民法の「賃貸借」(第2章・第7節601条〜622条の2)と、特別法である借地借家法を扱います。

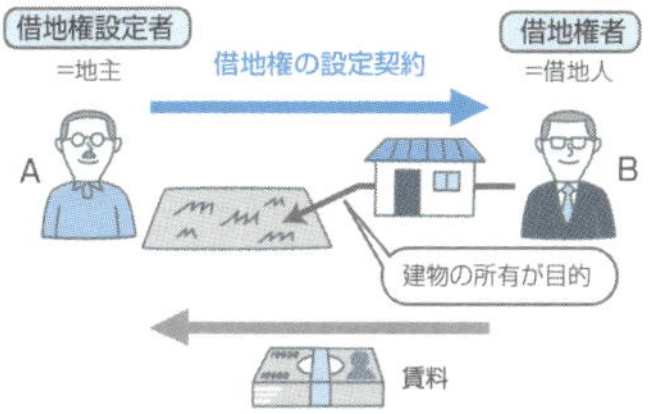

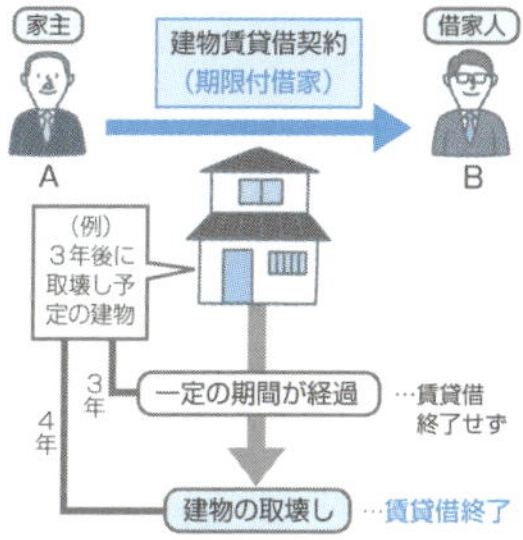

第6章の キーワード

- 賃貸借
- 借地借家法
- 普通借地と定期借地
- 既存借地と新規借地
- 存続期間と正当事由
- 地代と借賃
- 普通借家
- 期限付借家・定期借家
- 既存借家

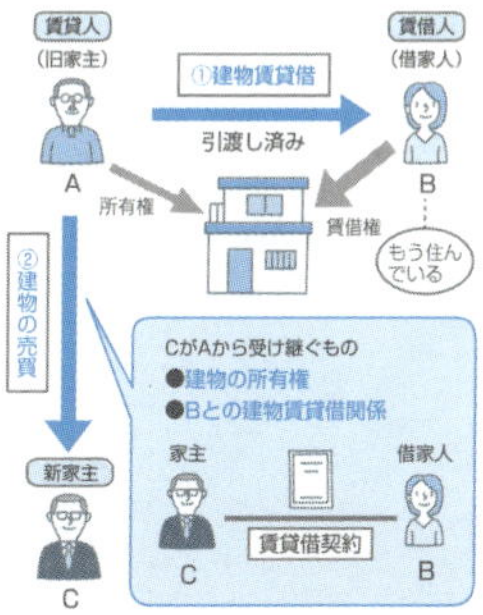

物の貸し借りと適用される法

●物の貸借の種類

今日においては、金銭の貸し借り以外にもさまざまな物の貸し借りがあります。図書館から本を借りたり、また、レンタカー、レンタルＤＶＤ等もあります。金銭の貸し借りのように、借りた物と同種の物を返却する場合を**消費貸借**《しょうひたいしゃく》と言います。また、借りた物そのものを返す場合として、**使用貸借**《しようたいしゃく》と**賃貸借**《ちんたいしゃく》とがあります。無《む》償《しょう》の場合は使用貸借となり（図書館から本を借りる場合等）、有償《ゆうしょう》の場合は賃貸借となります（レンタカー等）。

これまで本書では売買や消費貸借などの契約を中心に扱ってきましたが、以下では、賃貸借、特に不動産の賃貸借について見ていくことにします。

●民法と借地借家法の関係

賃貸借は、特定の物の貸し借りの約束によって成立します。契約が成立すると、貸主（賃貸《ちんたい》人《にん》）は目的物を引き渡して借主（賃借人《ちんしゃくにん》）に使用させる債務を負い、賃借人はこれに対し賃料《ちんりょう》を支払う債務を負うことになります（601条）。賃貸借の対象となる物は、動産・不動産を問いません。ＤＶＤから土地、建物まで様々な物がその対象となります。

民法の賃貸借の規定はそのすべてを対象としています。しかし、同じ賃貸借と言ってもＤＶＤと不動産の賃貸借とを全く同様に扱うことは適当ではないでしょう。そこで、借地及び借家については**借地借家法**《しゃくちしゃくやほう》という特別法が存在しています。これにより、不動産の賃借人（借地人・借家人）の保護を図ることとしたのです。

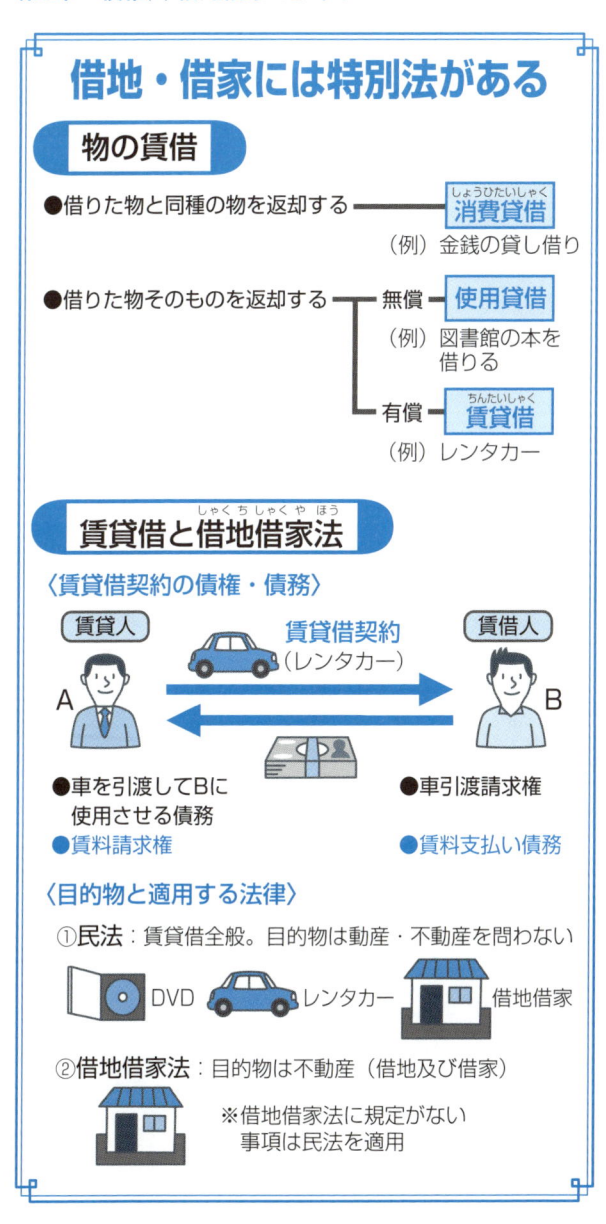

借地借家関係については、まず借地借家法が適用され、これに規定がない場合にだけ民法が適用されます。たとえば、賃借物の修繕《しゅうぜん》に関しては借地借家法に規定がないために、民法の規定によります。

借地・借家には特別法がある

物の賃借

●借りた物と同種の物を返却する ― 消費貸借《しょうひたいしゃく》
（例）金銭の貸し借り

●借りた物そのものを返却する
― 無償 ― 使用貸借
（例）図書館の本を借りる
― 有償 ― 賃貸借《ちんたいしゃく》
（例）レンタカー

賃貸借と借地借家法《しゃくちしゃくやほう》

〈賃貸借契約の債権・債務〉

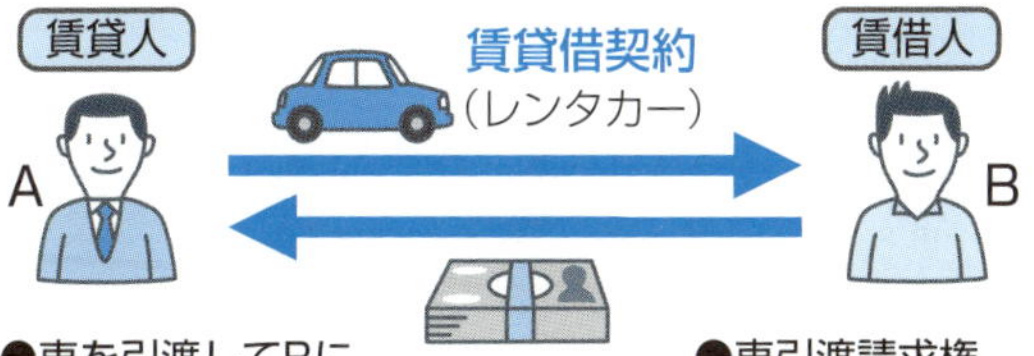
賃貸人
賃貸借契約
（レンタカー）
賃借人
A
B

●車を引渡してBに使用させる債務
●賃料請求権

●車引渡請求権
●賃料支払い債務

〈目的物と適用する法律〉

①民法：賃貸借全般。目的物は動産・不動産を問わない

DVD
レンタカー
借地借家

②借地借家法：目的物は不動産（借地及び借家）

※借地借家法に規定がない事項は民法を適用

借地・借家についての特別法

●借地借家法の「借家」と「借地」

以下では、不動産の賃貸借《ちんたいしゃく》について借地借家《しゃくちしゃくや》法《ほう》を中心に見ていきましょう。同法が適用になる「借家」とは、すべての建物の賃貸借を言いますが、**「借地」**とは、単に「土地を借りること」ではなくて、「建物を所有するために土地を借りること」です（2条1号）。

つまり、土地を借りて建物を建てる場合だけに借地借家法が適用になります。駐車場や資材置場として土地を借りる場合は、借地借家法の適用はありません。民法だけが適用になります。

●地上権と賃借権

88ページで述べたように、建物を所有するために土地を借りる権利として地上権《ちじょうけん》と賃借権《ちんしゃくけん》とがありますが、地上権は現実にはあまり使われていません。なぜなら、現実の借地契約は地主の意向によって決定され、地主としては、自分に有利な賃借権の方を選択するからです。

そこで、借地借家法では、**「借地権」**とは、「建物の所有を目的とする地上権または土地の賃借権をいう」（2条）として、基本的に両者を区別しないことにしました。賃借権も地上権に準じて扱うことにしたのです。

●借地法・借家法と借地借家法

1992年に借地借家法が施行《しこう》され、これにより旧来の**借地法***、**借家法***は廃止されました。しかし、借地借家法の施行前に成立した借地契約・借家契約のいくつかの事項（存続期間等）

【借地法】1921年制定。借地人に強い権利を認めていた

借地借家法の「借家」と「借地」

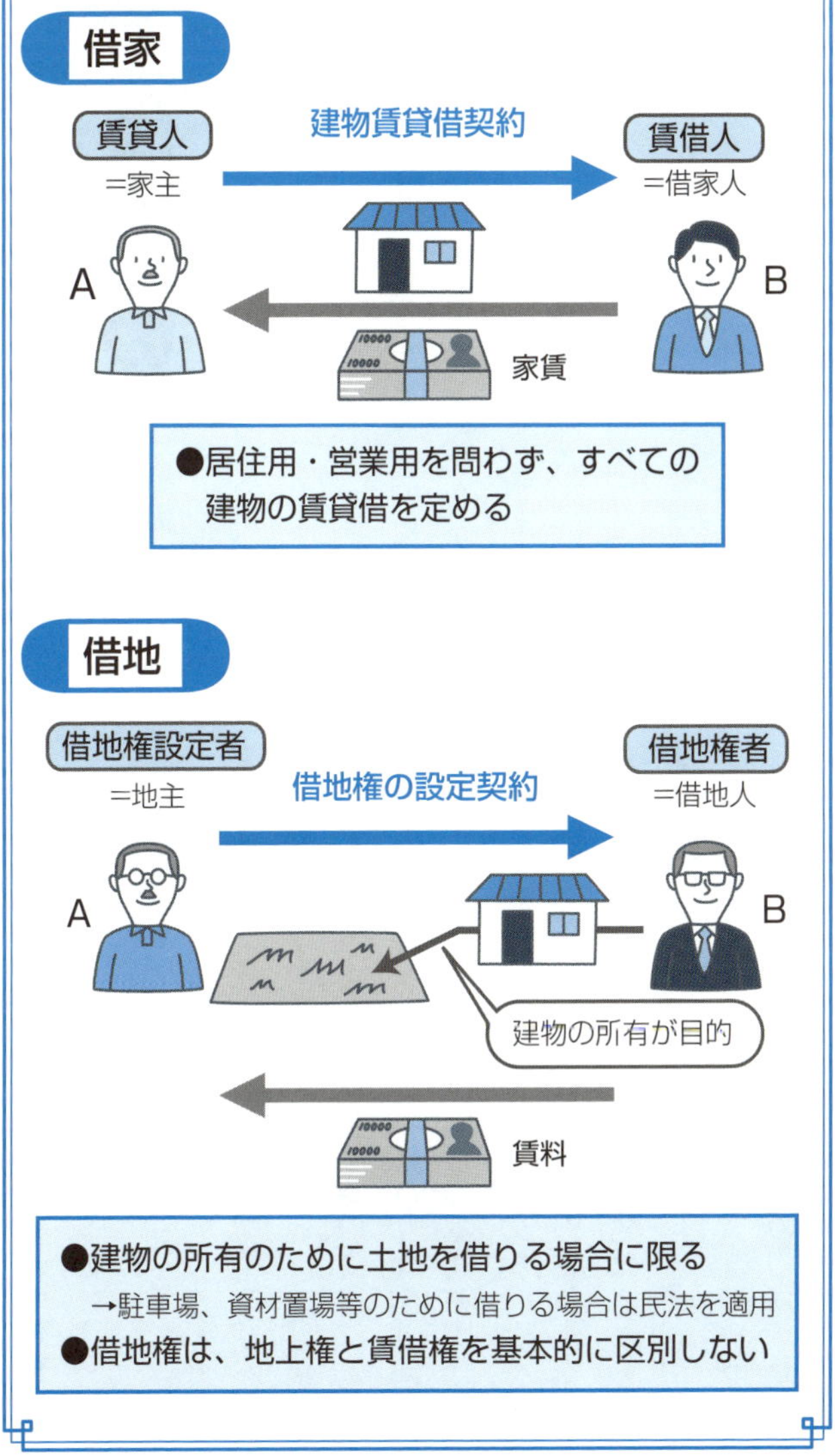
借家
賃貸人
=家主
建物賃貸借契約
賃借人
=借家人
A
B
家賃
●居住用・営業用を問わず、すべての建物の賃貸借を定める
借地
借地権設定者
=地主
借地権の設定契約
借地権者
=借地人
A
B
建物の所有が目的
賃料
●建物の所有のために土地を借りる場合に限る
→駐車場、資材置場等のために借りる場合は民法を適用
●借地権は、地上権と賃借権を基本的に区別しない

に関しては、例外的に旧来の借地法、借家法によって生じた効力がそのまま維持されます。借地人や借家人の重要な財産権を新法の成立によって奪うのは妥当《だとう》ではないからです。

【借家法】1921年制定。借家人に強い権利を認めていた

借地関係の法律上の分類

普通借地と定期借地

まずは借地《しゃくち》から見ていきましょう。旧来の借地法では、借地関係は法的には1種類しかありませんでした。しかし、借地借家法の施行日（1992年8月1日）以降に締結される借地契約においては、いくつかのメニューが用意されました。

まず、これまでと基本的な枠組みが同様である普通借地《ふつうしゃくち》と、新設された定期借地《ていきしゃくち》とのいずれかが選択され、次に、定期借地を選択した場合には、3種類のメニューが用意されました。

普通借地とは、最初に契約で定められた期間が満了しても更新《こうしん》の可能性があるものです。**定期借地**とは、期間が満了したらそれで借地関係は終了し更新を予定していないものです。

既存借地の存続期間

1992年8月1日より前に契約を結んだ借地（**既存借地**《きそんしゃくち》）の存続期間については、法施行以後もすべて旧来の借地法2条の規定により生じた効力が維持されることになります。同条によれば、まず、借地に建てられる建物が鉄筋コンクリート造りなどの**堅固建物**《けんごたてもの》の場合と、木造などの**非堅固建物**の場合とで区別されます。

堅固建物の場合には、地主と借地人との契約で存続期間について定めたときは、それが30年以上の約束ならばその期間がそのまま存続期間となります。存続期間についての約束がないときには自動的に60年となります。30年未満の約束をしたときも60年となります。

非堅固建物の場合には、当事者間で期間を定めたときは、それが20年以上の約束ならばその期間が存続期間となります。この約束がないときは30年となります。20年未満の約束をしたときも30年となります。

このように存続期間を設定することで、借地人の保護を図りました。

借地関係の分類

1992年8月1日以降に契約がなされる借地

→借地借家法を適用

- **普通借地**：更新が予定されているもの
- **定期借地**：更新が予定されていないもの
  期間満了後は借地関係が終了する
  → 期間・内容により3種類ある（254ページ）

1992年8月1日より前に契約がなされた借地

→存続期間は、旧来の借地法にしたがう

①堅《けん》固《ご》建物《たてもの》の場合（コンクリート造りなど）

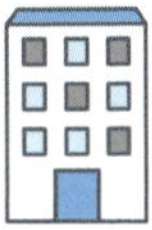

- 30年以上の約束をしたとき→約束の期間
- 期間の約束がないとき→60年
- 30年未満の約束をしたとき→60年

②非堅固建物の場合（木造など）

- 20年以上の約束をしたとき→約束の期間
- 期間の約束がないとき→30年
- 20年未満の約束をしたとき→30年

既存借地の法律関係

●更新請求と正当事由

旧来の借地法により効力の生じた既存借地については、前項で述べた基準による存続期間が満了した場合でも、建物が存在していれば、借地人は、なお更新《こうしん》を請求することができます。

地主のほうでは、借地人の更新請求を拒絶できるような**正当事由**《せいとうじゆう》がない限りは、更新を拒絶することはできません（借地法4条）。ここでの正当事由とは、この土地の利用の必要性について、地主のほうが借地人よりも強い場合でないと認められません。たとえば、借地人に立《た》ち退《の》いてもらって、その建物を取り壊した跡地に新たにビルを建てたいというだけでは正当事由は認められません。

また、立退料《たちのきりょう》を提供するからと言っても、それだけでは正当事由とは認められません。地主に正当事由が認められない限り、借地人の更新請求が認められ、さらに、建物が堅固建物の場合には30年、非堅固建物の場合には20年、その契約が続くことになります。そして、この期間が満了しても、上と同様に借地人は更新請求ができ、地主が更新を拒絶するためには正当事由が必要です（以後、このようなシステムが継続します）。

しかし、現実には、たとえば相続等といった借地人側の都合で、双方の合意のもとで契約が終了することも多いようです。また、建物の老《ろう》朽化《きゅうか》により当事者の合意で契約が終了することもあります。

●借地人による建物の再築

借地人はいつでも建物を再築《さいちく》することができ

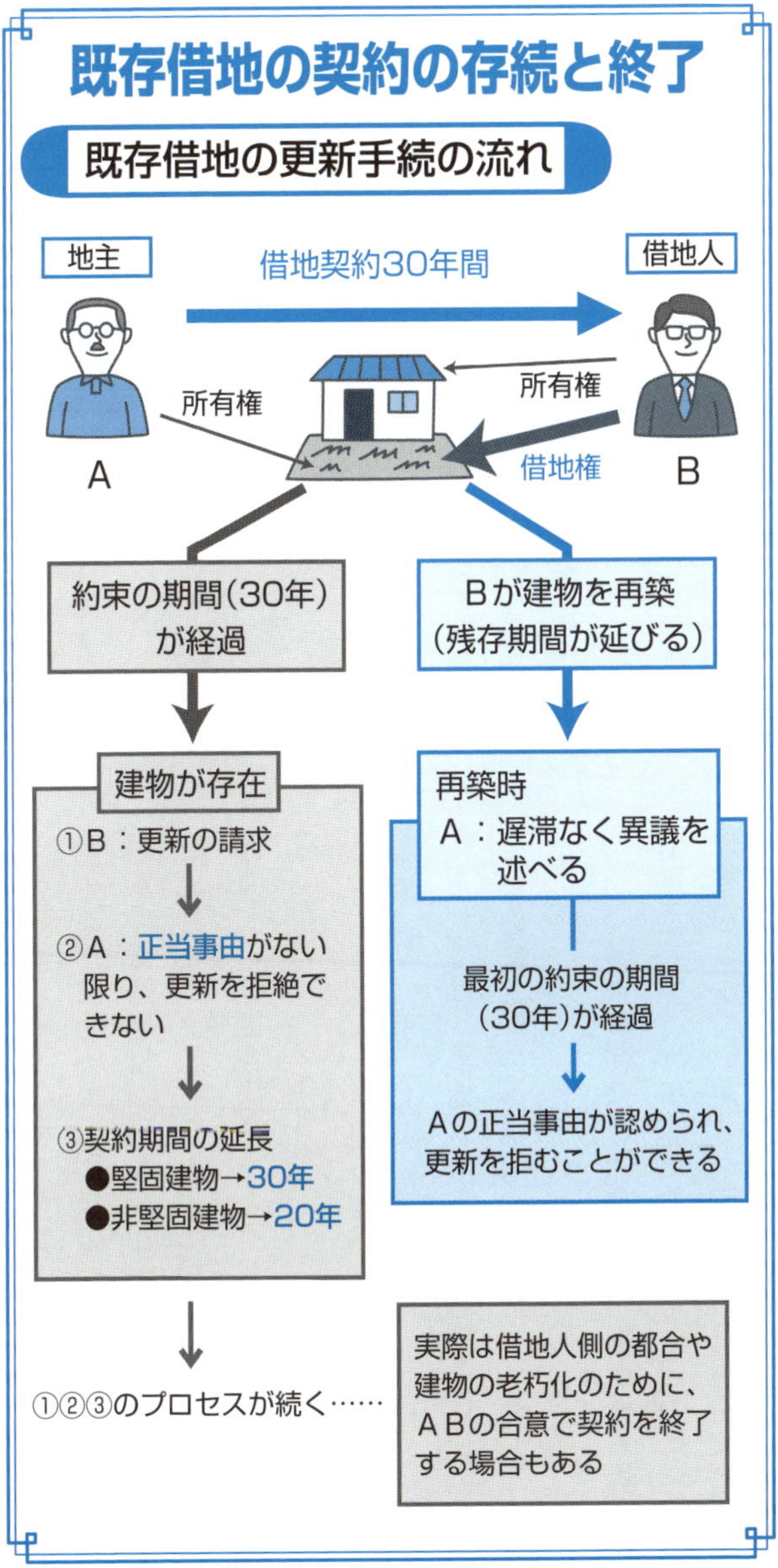
既存借地の契約の存続と終了
既存借地の更新手続の流れ
地主
借地契約30年間
借地人
所有権
所有権
借地権
A
B
約束の期間（30年）が経過
Bが建物を再築（残存期間が延びる）
建物が存在
①B：更新の請求
②A：正当事由がない限り、更新を拒絶できない
③契約期間の延長
●堅固建物→30年
●非堅固建物→20年
再築時
A：遅滞なく異議を述べる
最初の約束の期間（30年）が経過
Aの正当事由が認められ、更新を拒むことができる
①②③のプロセスが続く……
実際は借地人側の都合や建物の老朽化のために、ABの合意で契約を終了する場合もある

ますが、その際に地主が再築によって借地契約の残存期間が延びてしまう旨の異議を遅滞《ちたい》なく述べたときには、地主の正当事由がほぼ認められ、更新を拒むことができると解されています（借地法7条参照）。

新規普通借地の法律関係

●新規借地における普通借地権

借地借家法施行の1992年8月1日以降に契約した借地（**新規借地**《しんきしゃくち》）については、248ページで述べたように普通借地権《ふつうしゃくちけん》の設定と定期借地《ていきしゃくち》権《けん》の設定とが可能です。まず、普通借地権から見ていきましょう。

普通借地権の存続期間については、当事者が契約で30年より長い期間を定めたときはそれによりますが、存続期間につき定めをしなかったときには30年となります（借地借家法3条）。30年より短い期間の定めをしても、その定めは無効であり（同9条）、存続期間は30年です。従来の堅固《けんご》、非堅固の区別は廃止されました。

当事者が借地契約を合意で更新する場合（合《ごう》意更新《いこうしん》）においては、その期間は、最初の更新にあっては更新の日から20年、2回目以降の更新にあっては10年です。ただし、当事者がこれより長い期間を定めたときはその期間となります（同4条）。

●更新請求と正当事由

それでは、借地人からの更新請求に地主が応じない場合には借地契約は終了するでしょうか。

この場合も従来と同様に、建物がある場合を前提として、地主が更新を拒絶するのに「正当な事由《じゆう》」がない限り、借地人の更新請求が認められ、借地契約は前記と同様の期間だけ継続します（同5条、6条）。

更新拒絶の「正当事由」の有無は、①借地権設定者（地主）と借地権者（借地人）のどちらの土地の必要性のほうが強いのか、②借地に関

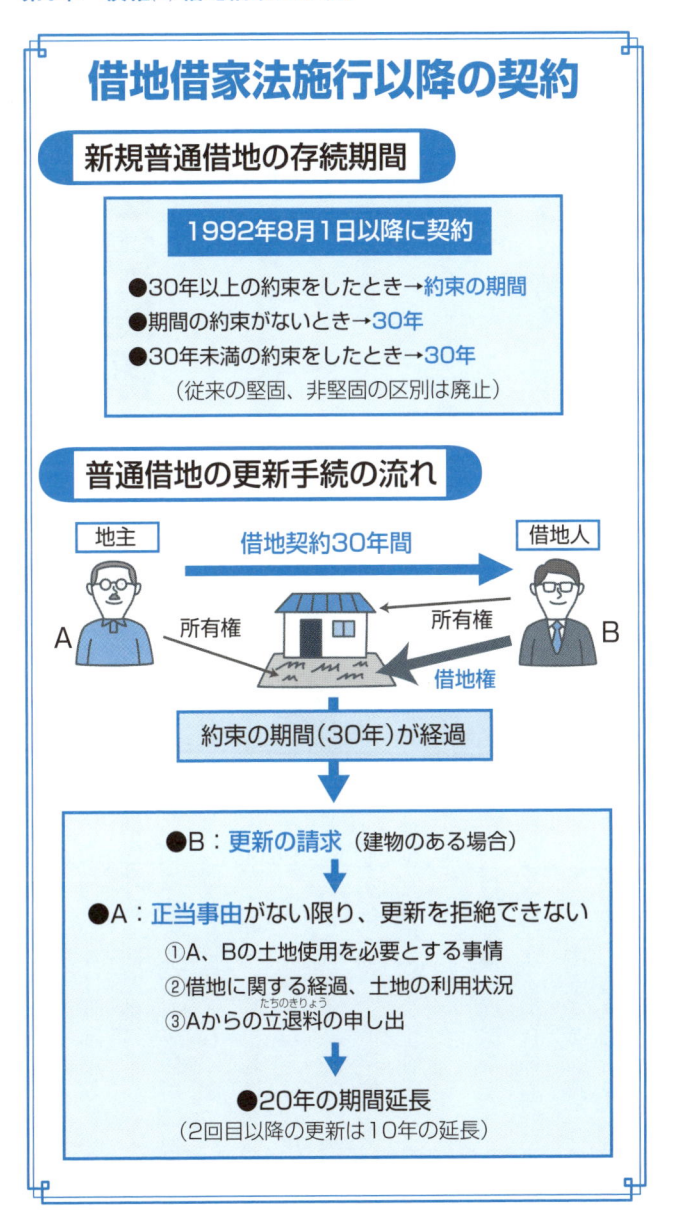

借地借家法施行以降の契約

新規普通借地の存続期間

1992年8月1日以降に契約

- ●30年以上の約束をしたとき→**約束の期間**
- ●期間の約束がないとき→**30年**
- ●30年未満の約束をしたとき→**30年**

（従来の堅固、非堅固の区別は廃止）

普通借地の更新手続の流れ

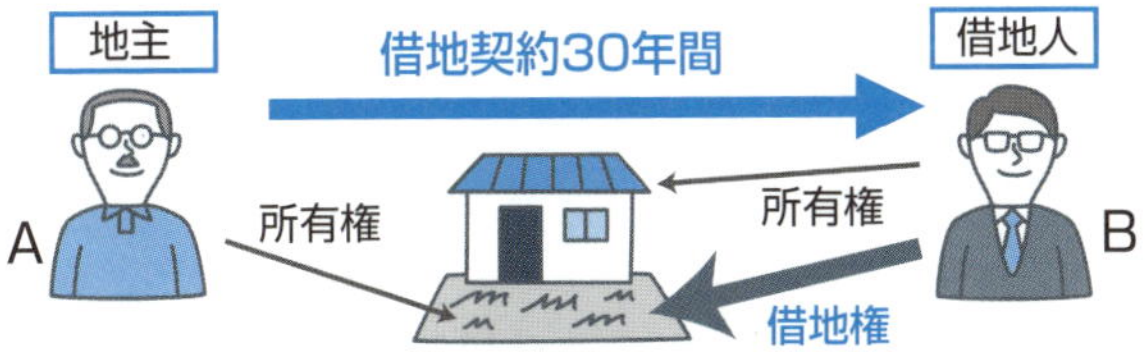
地主
借地契約30年間
借地人
A
所有権
所有権
B
借地権

約束の期間（30年）が経過

↓

●B：**更新の請求**（建物のある場合）

↓

●A：**正当事由**がない限り、更新を拒絶できない

①A、Bの土地使用を必要とする事情
②借地に関する経過、土地の利用状況
③Aからの立退料《たちのきりょう》の申し出

↓

●20年の期間延長
（2回目以降の更新は10年の延長）

する従前の契約関係の経過及び土地の利用状況、並びに③借地権設定者からの立退料《たちのきりょう》の申し出の有無・その内容、の3点について考慮して判断されます（同6条）。

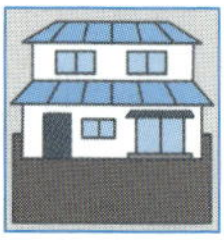

定期借地の法律関係

●新規借地における定期借地権

期間が満了したら借地関係は終了し、更新の予定されない**定期借地権**《ていきしゃくちけん》（248ページ）には、その期間や内容によって、狭義《きょうぎ》の定期借地権、建《たて》物譲渡特約付借地権《ものじょうととくやくつきしゃくちけん》及び事業用借地権《じぎょうようしゃくちけん》の３種類があります。

●3種類の定期借地権

①**狭義の定期借地権**（借地借家法22条）

存続期間を50年以上として借地権を設定する場合においては、特約として、契約の更新を認めないこと、及び建物の築造による存続期間の延長を認めないことを定めることができます。

この場合においては、その特約は、公正証書《こうせいしょうしょ》*によるなど書面によってしなければなりません。

②**事業用定期借地権**（同23条）

専《もっぱ》ら事業用に使用する建物（居住用に使用するものを除く）の所有を目的とし、かつ、存続期間を30年以上50年未満として借地権を設定する場合には、契約の更新等の各規定は適用されない旨を約することができます（23条1項、なお2項（10年以上30年未満の借地権）参照）。このような借地権の設定は、公正証書によってしなければなりません。

③**建物譲渡特約付借地権**（同24条）

これは、借地権を設定する場合において、借地権を消滅させるための特約を定めることができる借地権です。つまり、借地権の設定後30年以上を経過した日に、その借地の上の建物を借地権設定者（地主）に相当の対価で譲渡《じょうと》する旨を定めることができます。

この場合において、建物が譲渡された後、借

執行力を有する。公証役場に保管される

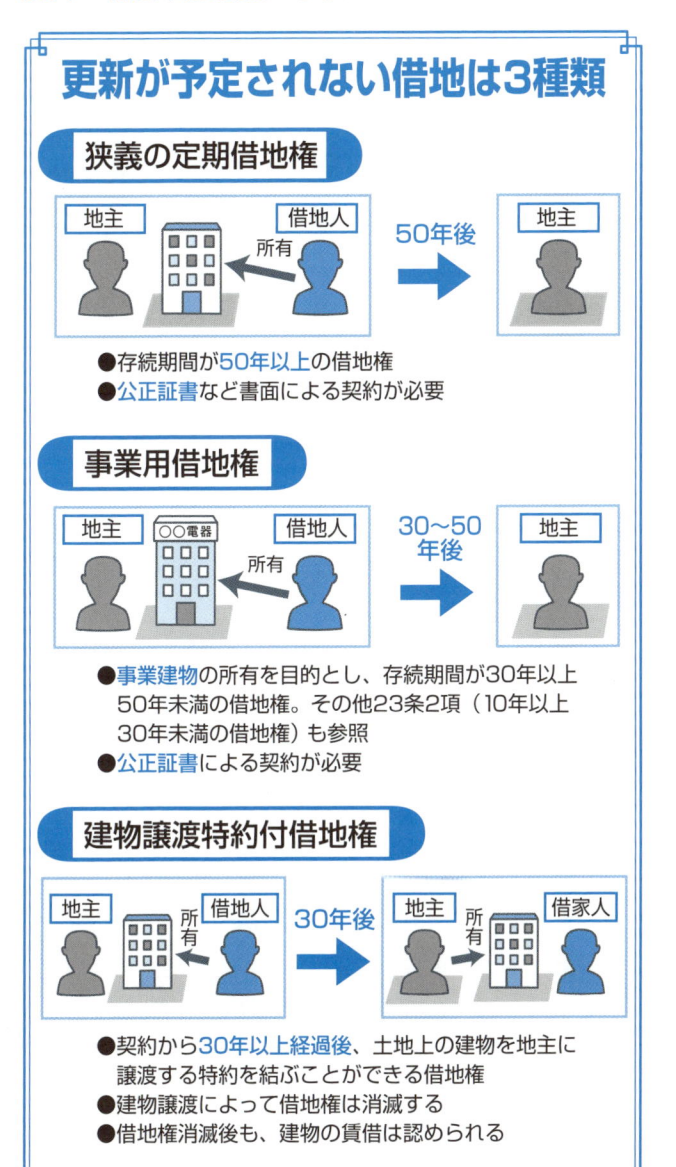

更新が予定されない借地は3種類

狭義の定期借地権

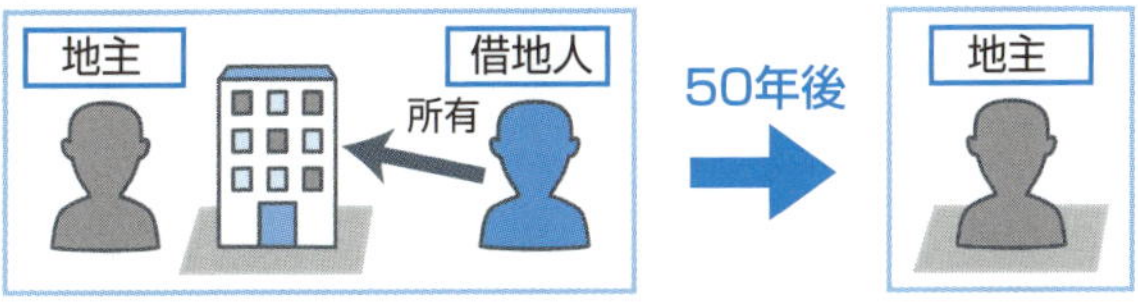
地主
借地人
所有
50年後
地主

●存続期間が50年以上の借地権
●公正証書など書面による契約が必要

事業用借地権

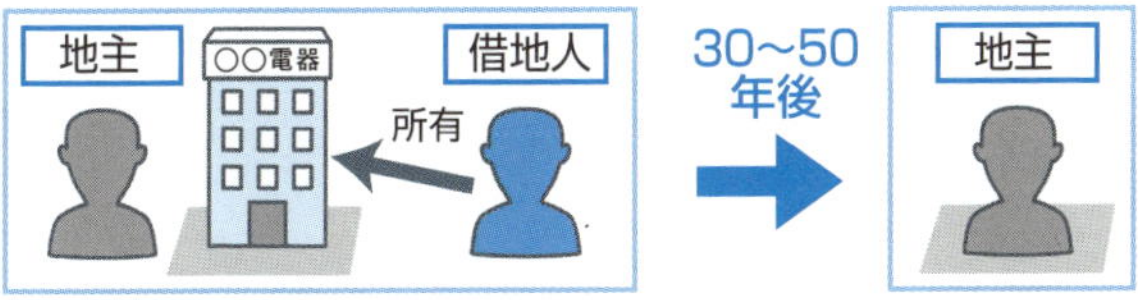
地主
○○電器
借地人
所有
30〜50
年後
地主

●事業建物の所有を目的とし、存続期間が30年以上50年未満の借地権。その他23条2項（10年以上30年未満の借地権）も参照
●公正証書による契約が必要

建物譲渡特約付借地権

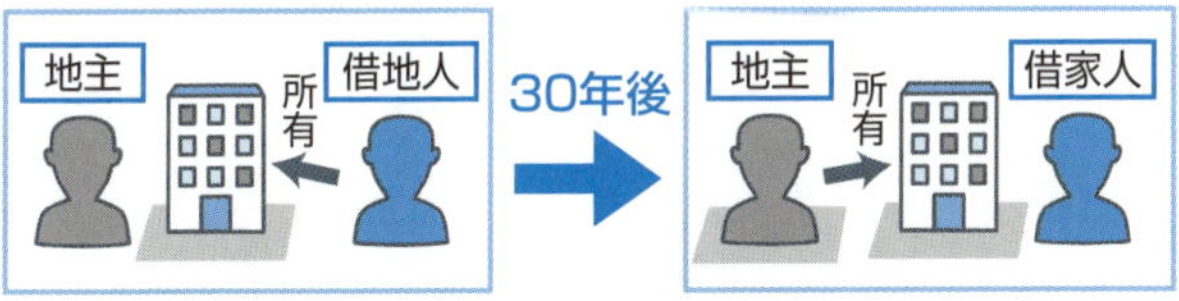
地主
所有
借地人
30年後
地主
所有
借家人

●契約から30年以上経過後、土地上の建物を地主に譲渡する特約を結ぶことができる借地権
●建物譲渡によって借地権は消滅する
●借地権消滅後も、建物の賃借は認められる

地権が消滅しても、前借地人またはその者から建物を賃借していた者が、なお建物の使用の継続を必要とする場合には、建物についての賃貸借（借家）が認められます。

【公正証書】一般には、公証人（法務大臣が任命）が作成する公文書のこと。証明力があり、

地代の改定の手続

●地代等の増減額請求権

土地を借りる賃料のことを、借地権が地上権《ちじょうけん》の場合には**地代**《ちだい》と言い、借地権が賃借権《ちんしゃくけん》の場合に**借賃**《しゃくちん》と言います。以下では地代と借賃を合わせて「地代等」と言います。

この地代等は、借地権の設定の際に当事者の合意により決定されます。しかし、地代等の額につき当初の契約条件を継続していくことは、土地の価格の変化やその他の経済事情の変動があった場合には、必ずしも適当ではありません。

そこで、借地借家法は、土地に対する租税その他の公課《こうか》の増減、土地の価格の上昇・低下その他の経済事情の変動などにより、または近辺の類似の土地の地代等に比較して、地代等が不相当となったときは、契約の条件にかかわらず、当事者は、将来に向かって地代等の額の増減を請求することができる、と規定しました（11条）。

ただし、一定の期間地代等を増額しない旨の特約がある場合にはこの請求はできません。

●調停そして裁判へ

地代等の額の増減の請求について訴えを提起しようとする者は、まず、調停《ちょうてい》の申立てをしなければなりません（民事調停法24条の2）。調停が成立しない場合にはじめて訴えの提起ができます。

調停または裁判により地代等の増減の額が確定するまでは、増額の請求を受けた者（借地人）は、相当と認める額の地代等を支払えばよく（借地借家法11条2項）、また、減額の請求を受けた者（地主）は、相当と認める額の地代等の支払を請求することができます（同条3項）。

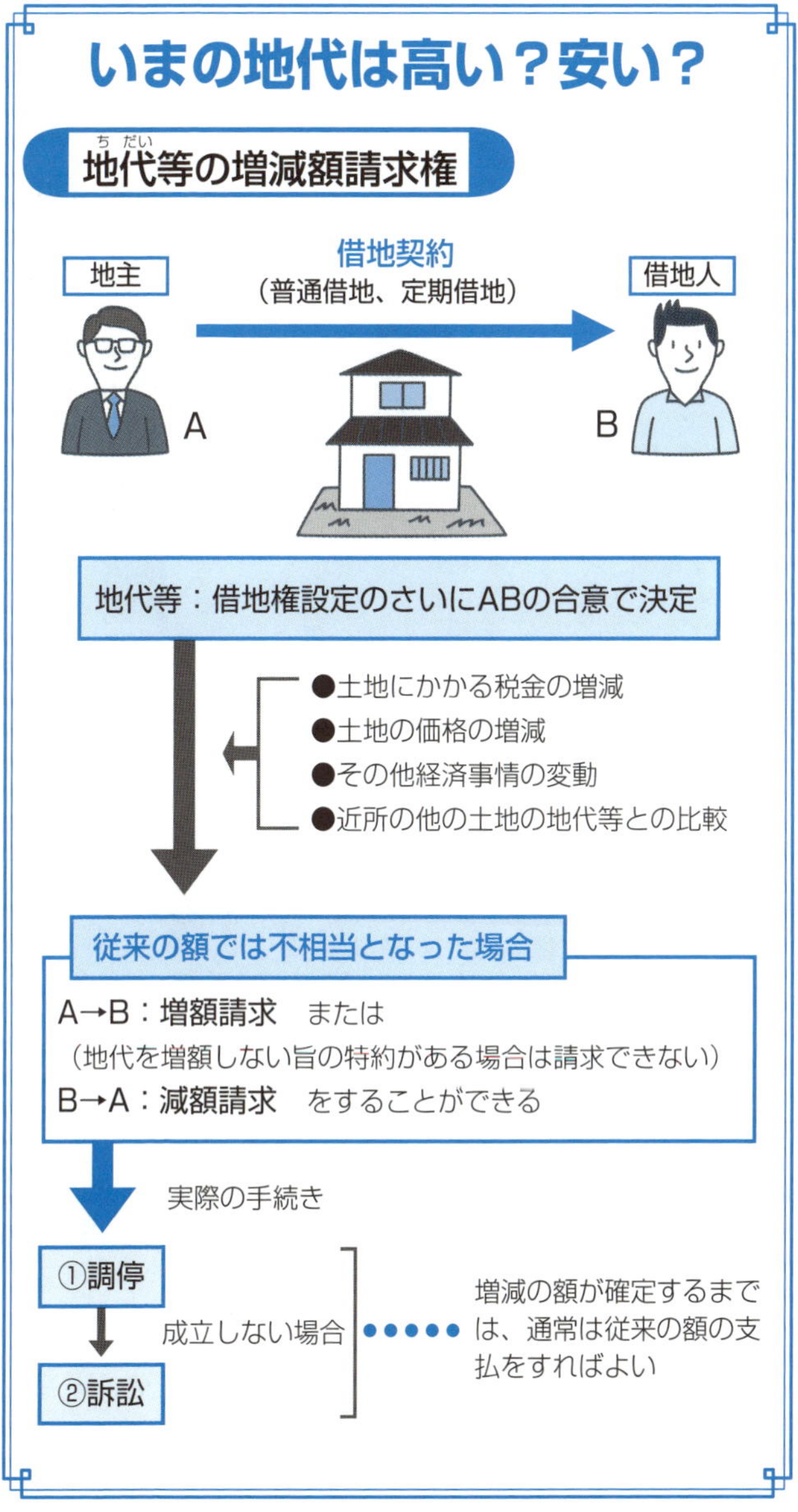
いまの地代は高い？安い？
地代《ちだい》等の増減額請求権
借地契約
（普通借地、定期借地）
地主
借地人
A
B
地代等：借地権設定のさいにABの合意で決定
●土地にかかる税金の増減
●土地の価格の増減
●その他経済事情の変動
●近所の他の土地の地代等との比較
従来の額では不相当となった場合
A→B：増額請求　または
（地代を増額しない旨の特約がある場合は請求できない）
B→A：減額請求　をすることができる
実際の手続き
①調停
成立しない場合
②訴訟
増減の額が確定するまでは、通常は従来の額の支払をすればよい

なお、双方の「相当と認める額」は、通常はもとの地代等の額の場合が多いです。この借地借家法11条の規定は、普通借地権の場合だけでなく、定期借地権の場合にも適用されます。

借家関係の法律上の分類

●普通借家、期限付借家・定期借家、既存借家

以下では借家《しゃくや》について説明します。

1992年から施行された借地借家法は、借家の存続期間に関して、2つの形式を規定しています。

まず、旧来の借家法で認められていた特別な存続保護のある建物賃貸借《たてものちんたいしゃく》に修正を加えた**普通借家**です（借地借家法26条～30条）。

そして、新たに期限付きの建物賃貸借を認めました（**期限付借家**、38条・39条）。さらに1999年には良質賃貸住宅供給促進特別措置法《りょうしつちんたいじゅうたくきょうきゅうそくしんとくべつそちほう》（2000年3月1日施行）により、「期限付借家《きげんつきしゃくや》」の38条につき「定期建物賃借権《ていきたてものちんしゃくけん》」制度として改正がなされ、新たな借家制度が追加されました。これを一般に**定期借家**と言います。

また、借地借家法施行前に設定された、**既存《きそん》借家《しゃくや》**については、賃貸人（家主）からの更新拒絶・解約申入れに関して、「なお従前《じゅうぜん》の例による」（借地借家法付則12条）と規定され、旧来の借家法により生じた効力がそのまま維持されることになります。

●本書の記述の順序

本書では、以下において、まず、借家の存続期間及び解約について、普通借家（1992年8月1日以降に契約された一般の借家）、期限付借家（同日以降に契約された借地借家法39条に言う借家）、定期借家（2000年3月1日以降に契約された同法38条に言う借家）の順に述べます。その後に借家一般に共通して適用される借家権の対抗力及び家賃の改定について述べることにします。

借家関係の分類

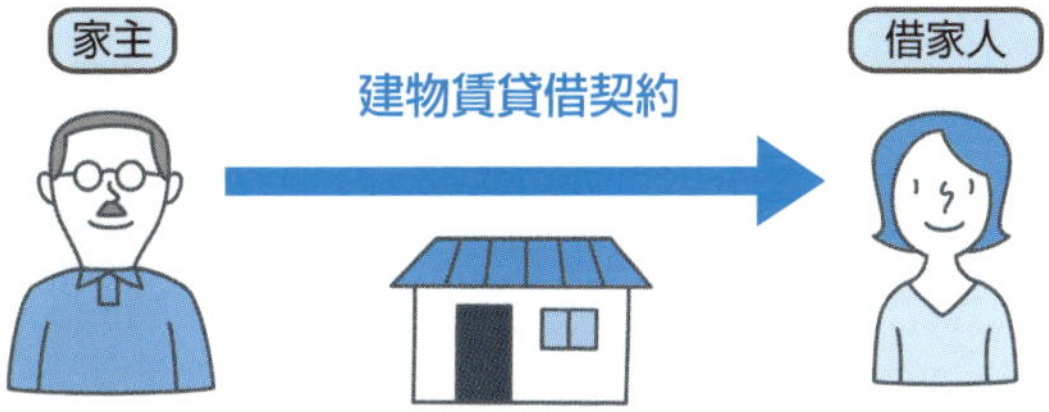

1992年8月1日以降に契約がなされる借家

→借地借家法を適用

③については2000年3月1日以降の契約

●更新が予定されているもの

------ ①普通借家（260ページ）

●更新が予定されていないもの

------ ②期限付借家（262ページ）

------ ③定期借家（264ページ）（2000年3月1日以降）

1992年8月1日より前に契約がなされた借家

（＝既存借家）

→家主からの更新拒絶、解約申入れについては、旧来の借家法にしたがう

●普通借家（更新が予定されているもの）のみ

なお、既存借家（1992年8月1日前に契約された借家）については、実際上は普通借家

の場合とほぼ同様と見てよいでしょう。

普通借家の法律関係

●普通借家の存続期間と解約

民法上の賃貸借《ちんたいしゃく》は、存続期間の定めがある場合にはその期間満了によって契約が終了し、その定めがない場合には各当事者が解約を申入れて、一定の猶予期間《ゆうよきかん》経過後に契約が終了します。

一方、借地借家法の賃貸借は借家人保護の特別の規定を設けています。まず、存続期間を定める場合には1年以上としなければなりません。1年未満の期間を定めたときには期間の定めのない建物賃貸借とみなされます（29条1項）。

次に、存続期間の定めのない場合には、各当事者において解約申入れをすることにより一定の猶予期間（家主からするときは6か月）の経過後に賃貸借は終了します（27条1項）。

●更新拒否における正当事由制度

それでは、上のことだけで直ちに契約が終了するかというと、そうではありません。

借地の場合と同様に**正当事由**の制度があります。まず、存続期間の定めのある賃貸借において家主の側から更新拒絶《こうしんきょぜつ》の通知をする場合には「正当な事由」が備わっていることが必要です。これが備わっていない場合には、契約が更新されたものとみなされます（**法定更新**《ほうていこうしん》、28条）。

次に、存続期間の定めのない賃貸借において家主の側から解約申入れをする場合も「正当な事由」が備わっていることが必要です。これが備わっていない場合には解約申入れの効力は生じません（28条）。

「正当事由」の存否は、①賃貸人（家主）と賃借人（借家人）の建物の使用を必要とする事

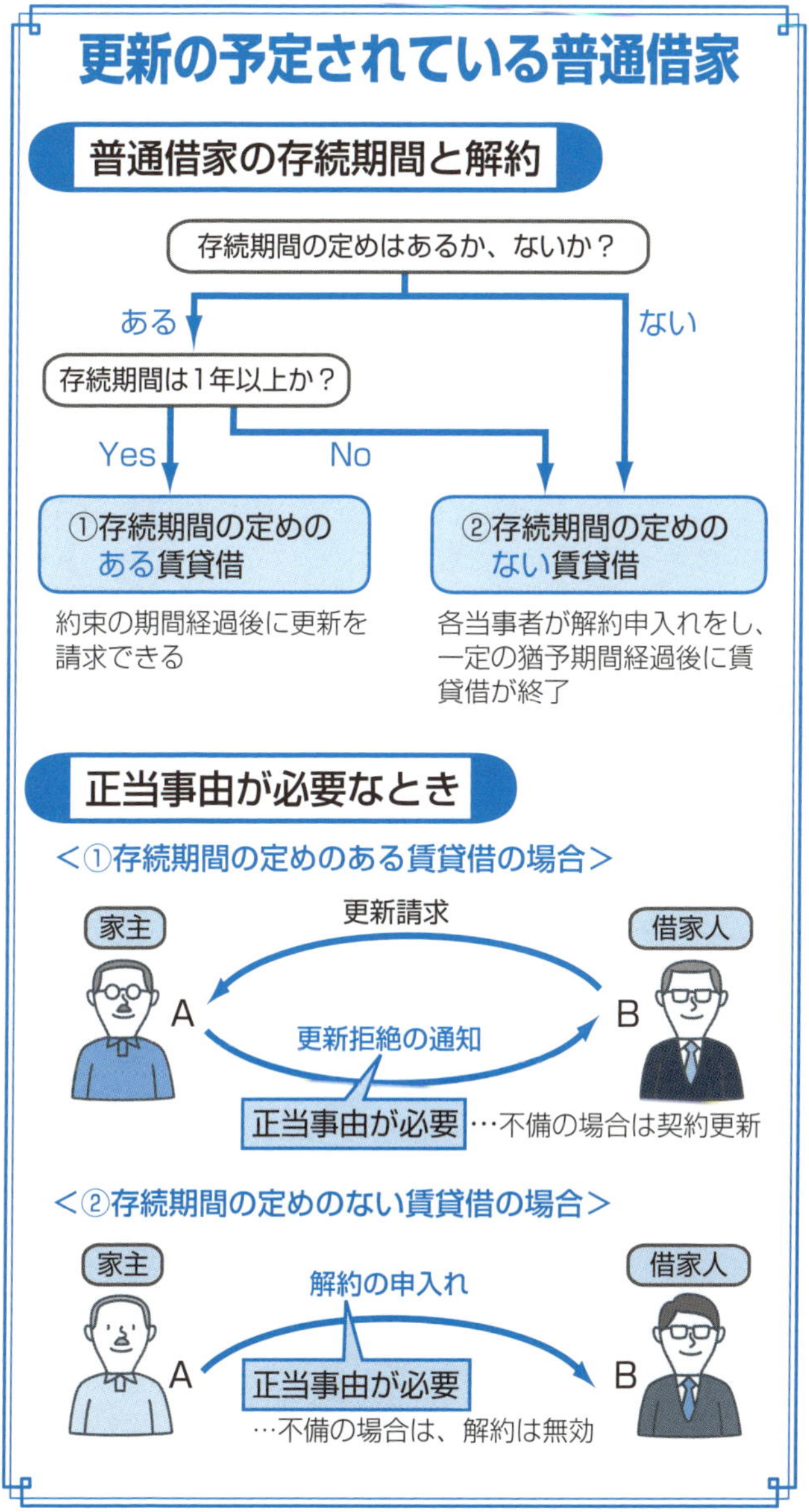

更新の予定されている普通借家
普通借家の存続期間と解約
存続期間の定めはあるか、ないか？
ある
ない
存続期間は1年以上か？
Yes
No
①存続期間の定めのある賃貸借
②存続期間の定めのない賃貸借
約束の期間経過後に更新を請求できる
各当事者が解約申入れをし、一定の猶予期間経過後に賃貸借が終了
正当事由が必要なとき
＜①存続期間の定めのある賃貸借の場合＞
家主
借家人
更新請求
A
B
更新拒絶の通知
正当事由が必要
…不備の場合は契約更新
＜②存続期間の定めのない賃貸借の場合＞
家主
借家人
解約の申入れ
A
B
正当事由が必要
…不備の場合は、解約は無効

情のほか、②賃貸借に関する従前の経過、建物の利用状況・建物の現状、及び③賃貸人から賃借人にする立退料《たちのきりょう》の申し出の有無・その内容を考慮して裁判所において決定されます（28条）。

期限付借家とはどのようなものか

●期限付借家とは

期限付借家《きげんつきしゃくや》とは、建物賃貸借に終期を付けたもので契約の更新《こうしん》のないものです。取り壊すことが決まっている建物の賃貸借で、必ず訪れるがいつ訪れるかわからない、**不確定期限《ふかくていきげん》**の付いた賃貸借です。なお、たとえば展覧会の期間だけ建物を賃借するような場合など、一時使用目的の建物賃貸借の場合にはこの規定は適用されません。

●期限付借家の要件

借地借家法は、法令または契約により一定の期間を経過した後に建物を取り壊すべきことが明らかな場合は、取壊しの時に賃貸借が終了する旨を定めることができる、と定めています（39条）。このとき、建物を取り壊すべき事由《じゆう》を記載した書面をもって契約をしなければなりません。

本条の適用があるのは、都市計画法*等の法令により建物を取り壊さなければならない場合や、定期借地契約《ていきしゃくちけいやく》等により借地期間満了時に建物を取り壊さなければならない場合です。ただし、後者は、22条・24条の定期借地契約（狭義の定期借地権と事業用借地権の場合）のみで、23条の建物譲渡特約付借地権《たてものじょうとくやくつきしゃくちけん》は、借地期間満了後も建物は取り壊されないので本条の適用はありません（254ページ）。賃貸人が老朽化した建物を近い将来建替えるために取り壊す計画があるといった場合には、本条の適用はありません。

なお、取壊しまでの「一定の期間」は必ずしも確定している必要はありませんが、法令または契約により客観的に相当と認められるおおよ

【都市計画法】 都市計画に関する行政法で1968年制定

その期間が示される必要があります。そして、たとえば3年後に取り壊すべきものと定めた場合において、実際に取り壊す時期が4年後になったときは、4年経過時が「建物を取り壊すこととなる時」であり、賃貸借が終了する時です。

取壊し予定の建物賃貸権

期限付借家

①一定の期間経過後に建物を取り壊すことが明らかな場合に適用

- 都市計画法などの法令の定めるとき
- 定期借地契約の期間満了時
  …ただし、狭義の定期借地権と事業用借地権に限る

②実際の建物取壊しのときに、賃貸借契約が終了する

③契約は書面によって行う

※一時使用目的の建物賃貸借の場合は適用されない

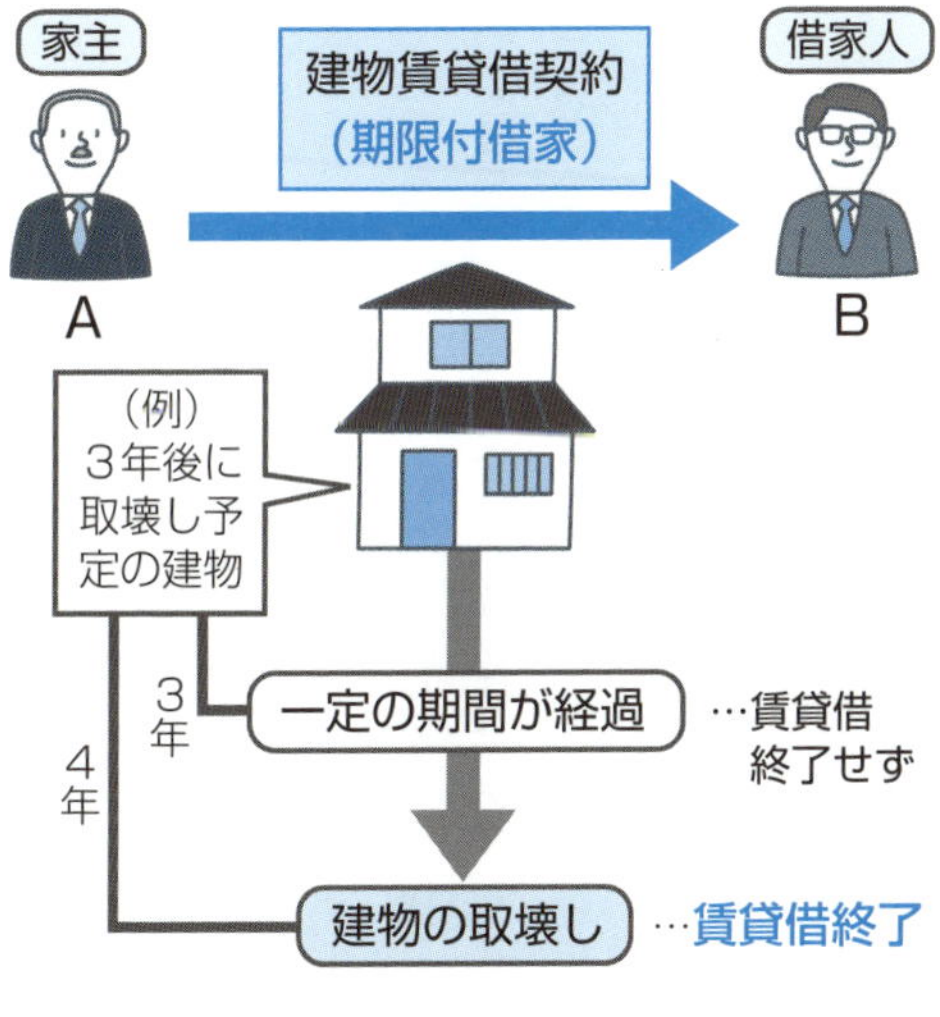
家主
建物賃貸借契約
（期限付借家）
借家人
A
B
（例）
3年後に
取壊し予
定の建物
3年
4年
一定の期間が経過
…賃貸借
終了せず
建物の取壊し
…賃貸借終了

定期借家とはどのようなものか

●定期借家は契約更新がない

定期借家《ていきしゃくや》は、258ページで述べたように、2000年3月1日から施行された制度です。公正《こうせい》証書《しょうしょ》など書面によって契約をするときに限り、契約の更新《こうしん》のない、期限の定めがある建物賃貸借契約、すなわち**定期借家契約**をすることができます（借地借家法38条1項）。たとえば、「6か月契約」とか「2年契約」とか「10年契約」とかを約すれば、その満了時に基本的に契約は終了し、更新がなされることはありません。

ただし、契約の終了する前に家主からの事前の通知が必要です（同条4項）。

●借家人からの中途解約

ところで、たとえば「2年契約」と定めた場合、普通借家では、その間、家主の側から解約することができないのはもちろんですが、他方、借家人の側でも、中途で（たとえば契約から1年経過後に）解約するときには、原則として、満了時までの家賃を支払う必要があると解することができます。しかし、実際の契約書では、借家人から○日前（たとえば30日前）までに解約の申入れを行うことにより中途《ちゅうと》解約《かいやく》ができるとされている場合が少なくありません。

定期借家については、床面積が200㎡未満の居住用建物において、転勤、療養《りょうよう》、親族の介護その他やむを得ない事情により、賃借人が建物を自己の生活の本拠として使用することが困難となったときは、建物の賃貸借の解約の申入れをすることができます。この場合に賃貸借は、解約の申入れの日から1月を経過することによって終了するとしました（同条5項）。契約書に特に定めがなくても、同規定により借家人に中途解約を認め、その保護を図ることとしたのです。

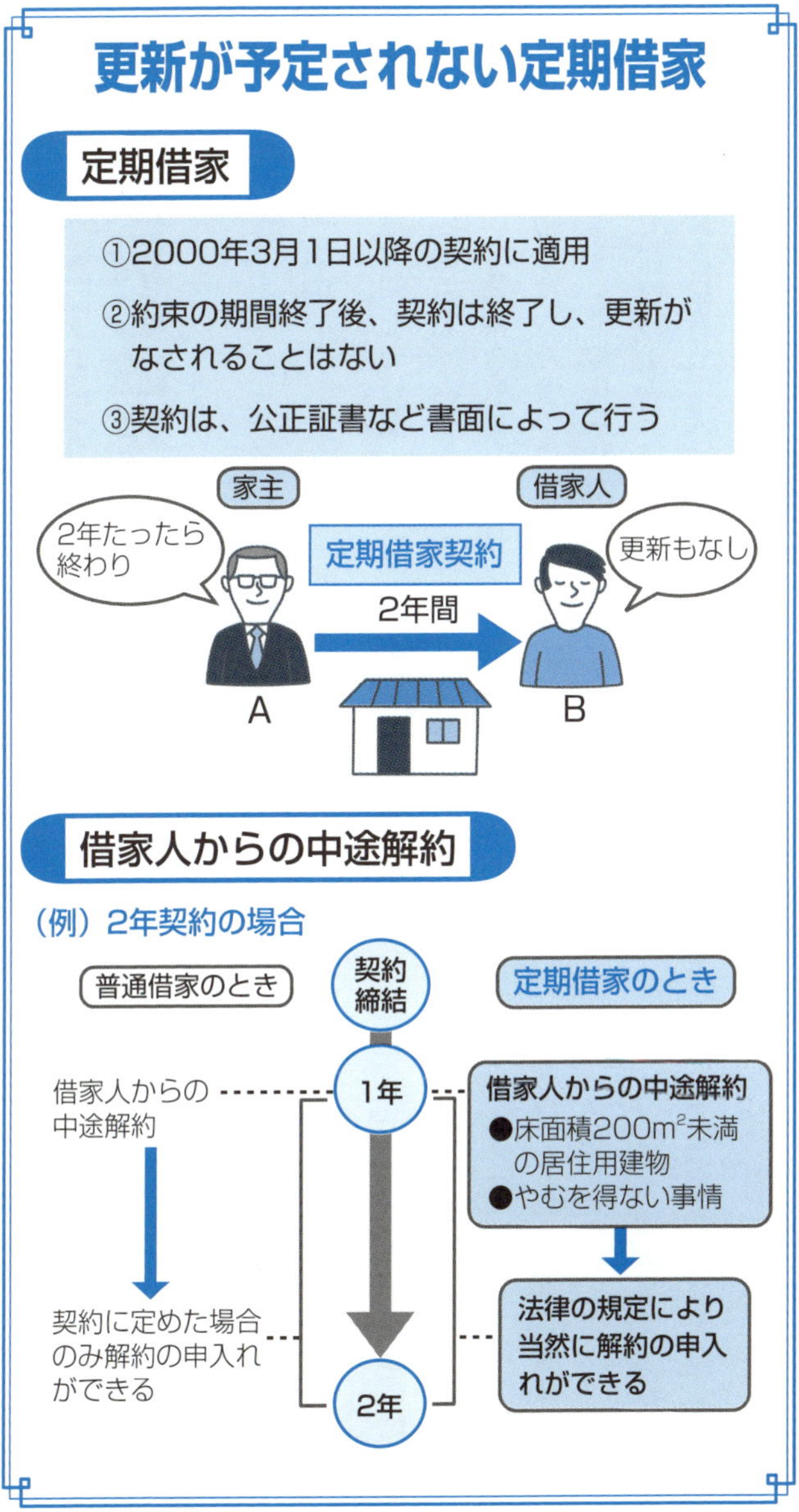

更新が予定されない定期借家
定期借家
①2000年3月1日以降の契約に適用
②約束の期間終了後、契約は終了し、更新がなされることはない
③契約は、公正証書など書面によって行う
家主
借家人
2年たったら終わり
更新もなし
定期借家契約
2年間
A
B
借家人からの中途解約
（例）2年契約の場合
普通借家のとき
契約締結
定期借家のとき
借家人からの中途解約
1年
借家人からの中途解約
●床面積200m²未満の居住用建物
●やむを得ない事情
契約に定めた場合のみ解約の申入れができる
法律の規定により当然に解約の申入れができる
2年

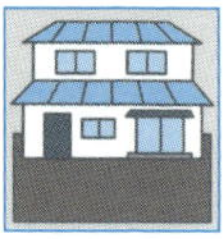

家主が変わった場合と家賃の改定

●借家権の対抗力

建物の賃貸借は、その登記《とうき》（民法605条）がなくても、建物の引渡《ひきわた》しがあったときは、その後その建物について物権を取得した者（もとの家主からその建物を買った者等）に対し、その効力を主張できます（借地借家法31条）。

建物の引渡《ひきわた》しに対抗力が認められることで、たとえば、賃貸人から賃借人への建物の引渡し後に、賃貸人が建物を第三者に売った場合、建物の所有権を取得した者は、原則として、新家主として旧所有者（旧家主）と賃借人との間の建物賃貸借関係を承継《しょうけい》します（605条の2）。賃借人は、新家主に追い出されることはありません。

●家賃増減額請求権

借地借家法は、建物の借賃《しゃくちん》（家賃）が土地もしくは建物に対する租税その他の負担の増減、土地もしくは建物の価格の上昇・低下その他の経済事情の変動により、または近辺の同種の建物の借賃に比較して不相当となったときは、契約の条件にかかわらず、当事者は将来に向かってその額の増減を請求することができる、と定めました（32条1項。なお、定期借家については38条7項）。

家賃額の増減の請求について訴えを提起しようとする者は、まず、調停《ちょうてい》の申立てをしなければなりません（民事調停法24条の2）。調停が成立しない場合にはじめて訴えの提起ができます。調停または裁判により家賃の増減の額が確定するまでは、増額の請求を受けた者（借家人）は、相当と認める額の家賃を支払えばよく、また、減額の請求を受けた者（家主）は、相当と認める額の家賃の支払を請求することができます（借地借家法32条2項・3項）。なお、双方の「相当と認める額」は、通常はもとの家賃の場合が多いです。

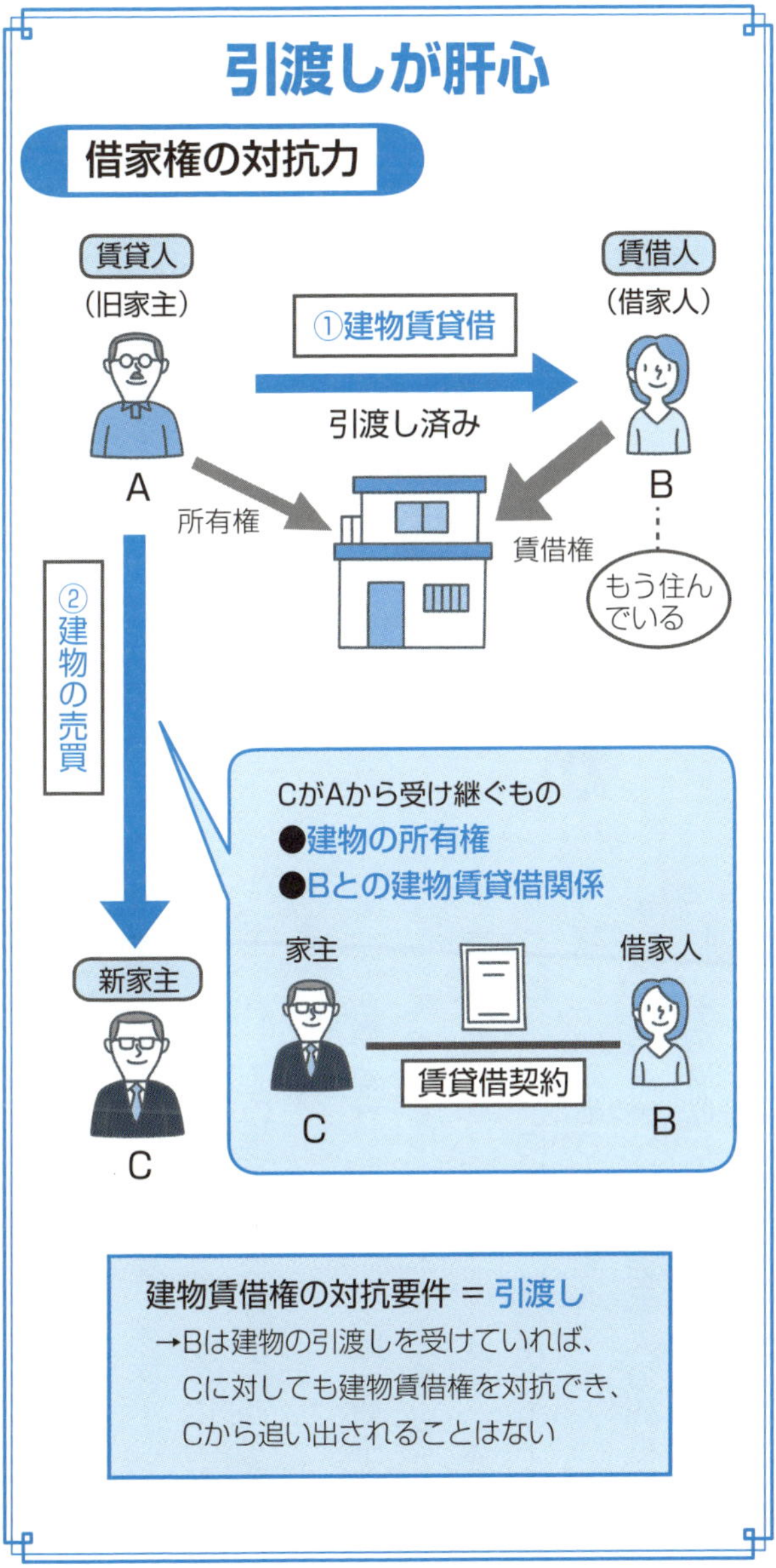
引渡しが肝心
借家権の対抗力
賃貸人
(旧家主)
①建物賃貸借
賃借人
(借家人)
引渡し済み
A
B
所有権
賃借権
もう住んでいる
②建物の売買
CがAから受け継ぐもの
●建物の所有権
●Bとの建物賃貸借関係
家主
借家人
賃貸借契約
C
B
新家主
C
建物賃借権の対抗要件 = 引渡し
→Bは建物の引渡しを受けていれば、
Cに対しても建物賃借権を対抗でき、
Cから追い出されることはない

第7章

家族法は何を定めているか

◉民法の「第4編 親族」と「第5編 相続」は、家族に関する法律（家族法）です。この部分は戦後（1947年）に全面改正され、その後も何度か改正されてきました。

◉「第4章 親族」は、主に夫婦と親子に関して規定しています。本書の第7章では、夫婦に関しては婚姻の成立要件と離婚について、親子に関しては法律上の子の種類について取り上げます。

◉「第5編 相続」は、被相続人の死亡により、その財産がどのように分けられるかについて規定しています。本書の第7章では、法定相続人と相続分、相続の承認と放棄、遺言などについて取り上げます。

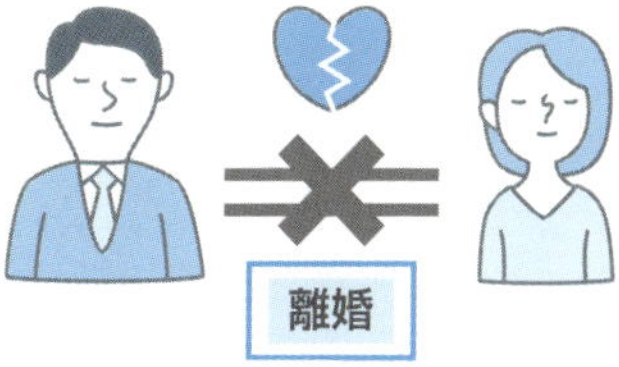

第７章の キーワード

- 婚姻成立の実質的要件
- 協議離婚・調停離婚・裁判離婚
- 実子と養子
- 嫡出子と非嫡出子
- 普通養子と特別養子
- 遺言相続と法定相続
- 相続の承認と放棄
- 遺言の方式
- 遺留分

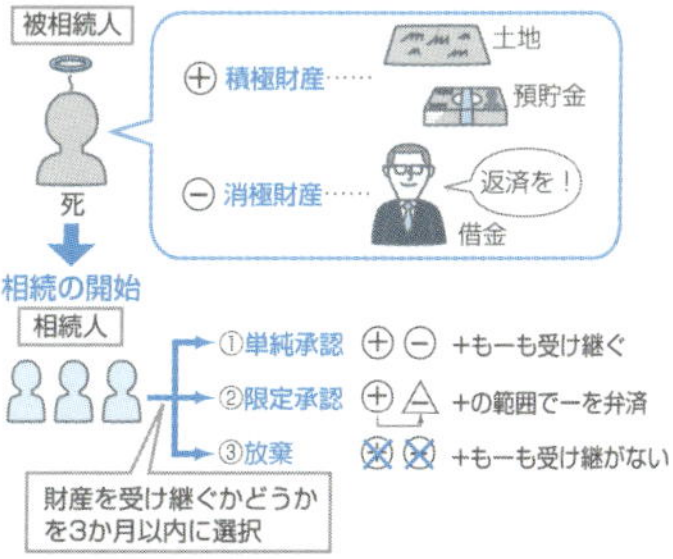

婚姻が成立するために必要な要件

●婚姻成立の要件

わが国の民法では、**法律婚主義**《ほうりつこんしゅぎ》を採用しています。これは、国家の定める一定の届出がなされた場合に婚姻《こんいん》が成立するという考え方で、結婚生活の事実があればよいとする**事実婚主義**《じじつこんしゅぎ》と対置します。このため、婚姻が有効に成立するためには、このあとに示す実質的要件のほか、**形式的要件**も満たさなければなりません。形式的要件とは、婚姻の届出のことです（739条）。

●婚姻成立の実質的要件

婚姻が有効に成立するためには、次の６つの**実質的要件**が必要です。

①当事者間に婚姻の意思の合致があること（742条）。

②婚姻適齢《こんいんてきれい》（男は18歳、女は16歳）に達していること（731条）。ただし、２０１８年の民法改正により、婚姻適齢は２０２２年４月１日から男女ともに18歳になります。

③重婚《じゅうこん》でないこと（732条）。

④女が再婚禁止期間《さいこんきんしきかん》（死別・離婚後１００日）を経過していること（733条）。ただし、この規定は、再婚後に生まれる子の父がどちらであるかの混乱を避けるためのものですから、死別・離婚の時に懐胎していなかった場合や、死別・離婚の前から妊娠し、再婚禁止期間内に出産した場合は、再婚できます。

⑤近親婚《きんしんこん》でないこと。つまり直系血族《ちょっけいけつぞくかん》間及び３親等《しんとう》内の傍系血族《ぼうけいけつぞくかん》間の婚姻等は禁止です（734条～736条、親等に関しては左ページ）。

⑥未成年者については父母の同意が必要です（737条）。

●夫婦財産の帰属・管理

夫婦の財産について、わが国は**夫《ふう》婦《ふ》別《べつ》財《ざい》産《さん》制《せい》**を原則としています。つまり、夫婦の一方が婚姻前から有した財産及び婚姻中に自分の名で得た財産はその者だけが所有する財産とされます。夫婦のいずれの所有か明らかでない財産のみが共有と推定されます（762条）。

家族生活のスタート地点

婚姻成立の要件

婚姻届

- 形式的要件
  =婚姻の届け出
- 実質的要件

①当事者間の意思の合致
②男は18歳、女は16歳*に達していること
＊2022年4月1日からは男女ともに18歳となる
③重婚《じゅうこん》でないこと
④女のほうが、死別・離婚の後100日経過していること（死別・離婚の時に懐胎していなかった場合等は除く）
⑤近親婚《きんしんこん》でないこと（下記の図参照）
⑥未成年者は父母の同意が必要

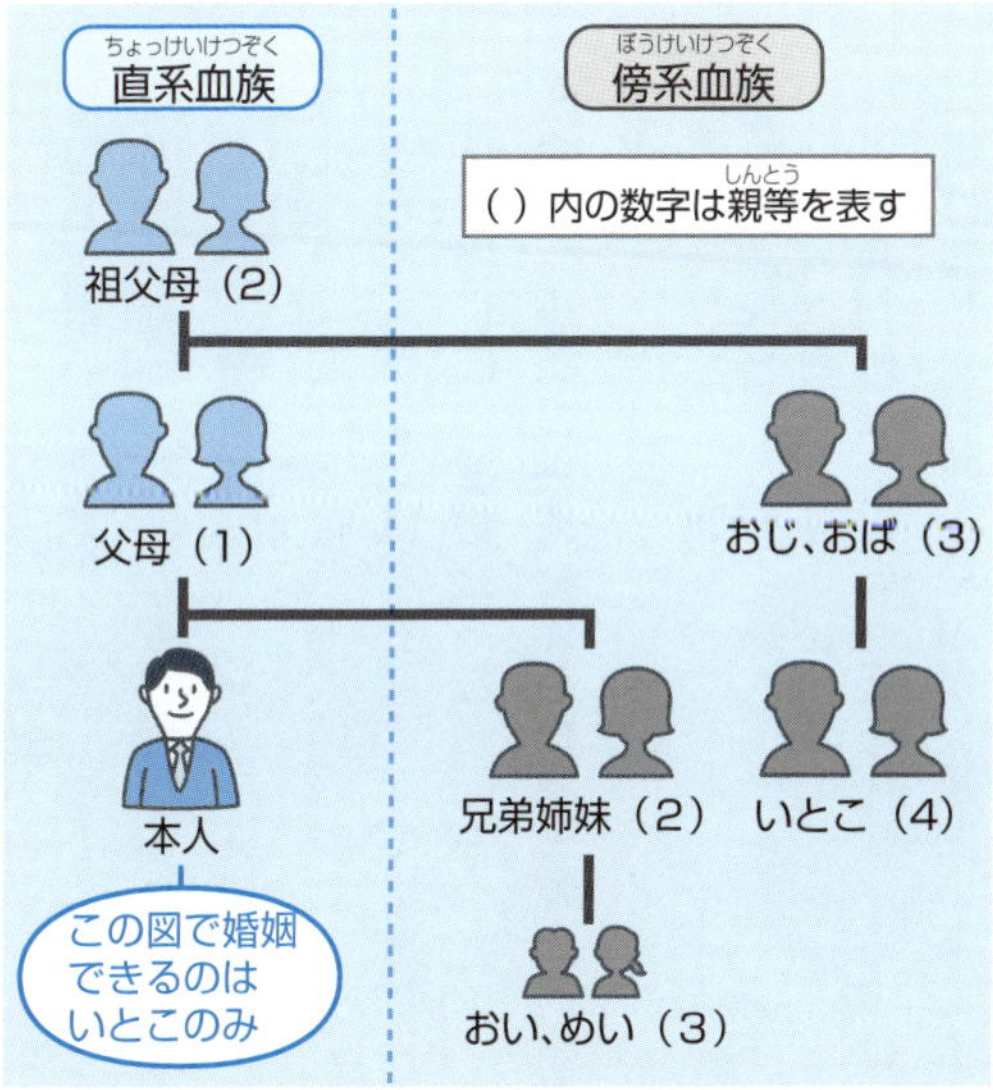
直系血族《ちょっけいけつぞく》
傍系血族《ぼうけいけつぞく》
（）内の数字は親等《しんとう》を表す
祖父母（2）
父母（1）
本人
この図で婚姻できるのはいとこのみ
おじ、おば（3）
兄弟姉妹（2）
いとこ（4）
おい、めい（3）

離婚が認められる場合

●婚姻の解消と離婚

婚姻《こんいん》は、夫婦の一方の死亡、または離婚《りこん》によって解消します。わが国の離婚制度は、夫と妻の合意のみによって離婚が認められる**協議離婚**《きょうぎりこん》（763条）を原則とし、実際上もこれが全離婚件数の約9割を占めています。この場合には、離婚届を出すことによって離婚が成立します（764条）。

離婚の協議が成立しないときは、離婚を望む夫婦の一方は、まずは家庭裁判所に離婚の調停《ちょうてい》を申し立てなければなりません（家事審判法18条）。調停の場で離婚の合意が成立すると**調停離婚**は成立し、その後に離婚が成立したことを報告する趣旨で離婚届を提出します。

さらに離婚の合意が成立しない場合に、家庭裁判所の職権で離婚の審判《しんぱん》がなされることがありますが（**審判離婚**）、これには異議の申立てをして無効にすることもできます。

そして調停または審判によっても離婚が成立しない場合に、離婚を望む夫婦の一方は、家庭裁判所へ離婚の訴えを提起できます（人事訴訟法2条1号、4条）。

●裁判離婚

家庭裁判所に離婚の訴えを提起する者は、次に掲げる法定の離婚原因が夫婦間にあることを立証しなければならず、これが裁判所に認められれば離婚（**裁判離婚**《さいばんりこん》）が成立します。

法定の離婚原因とは、①不貞行為《ふていこうい》、②悪意の遺棄《いき》、③3年以上の生死不明、④回復の見込みのない強度の精神病、⑤その他婚姻を継続しがたい重大な事由《じゆう》ですが（770条1項、左ページ参

話し合い、調停、裁判

離婚の方法

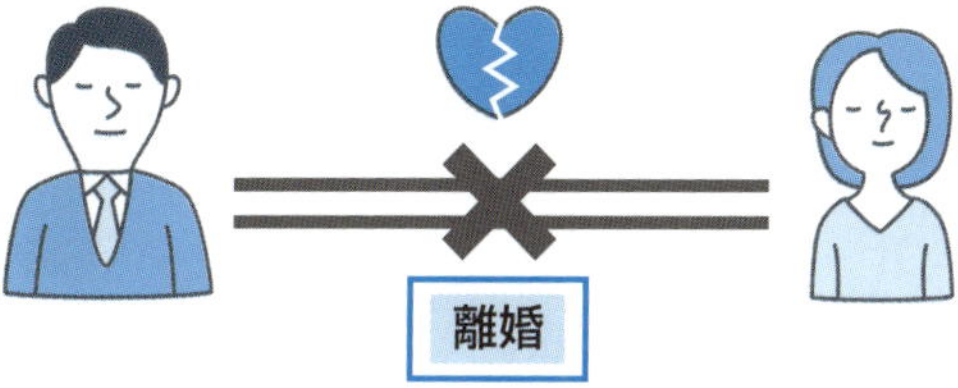

協議離婚：話し合いで双方が合意する

↓ 合意できず

調停《ちょうてい》離婚：家裁の調停の場で双方が合意する

↓

審判《しんぱん》離婚：家裁の職権で行う

↓ 異議申立て

裁判離婚：法定の離婚原因が認められると、判決により離婚が成立する

（調停離婚で合意できず → 裁判離婚）

法定の離婚原因

①不貞行為《ふていこうい》（配偶者以外の者との浮気）
②悪意の遺棄《いき》（一方的な家出、または追い出し）
③3年以上の生死不明
④回復の見込みのない強度の精神病
⑤その他婚姻を継続しがたい重大な事由

照）、裁判所は、上の①～④の事由があるときでも、一切の事情を考慮して婚姻の継続を相当と認めるときは、離婚の請求を棄却《ききゃく》することができます（同条2項）。

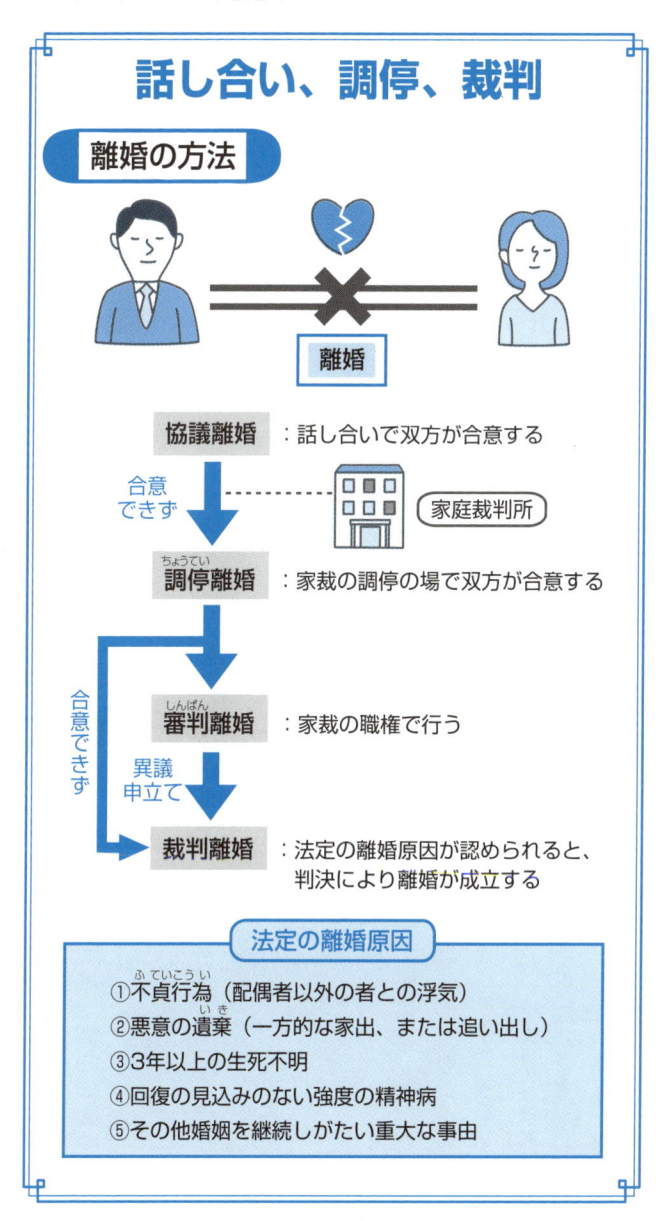

法律上の子の種類

●実子と養子

子は、法律上、**実子**《じっし》と**養子**《ようし》に大別できます。さらに、実子は嫡出子《ちゃくしゅつし》と非嫡出子《ひちゃくしゅつし》に分けられ、また、養子は普通養子と特別養子に分けられます。以下で、順番に説明していきましょう。

●嫡出子と非嫡出子

嫡出子とは、婚姻関係《こんいんかんけい》にある男女から生まれた子です。子の出生時に両親が夫婦関係にあれば、その子は嫡出子とされます。

非嫡出子（嫡出でない子）とは、婚姻関係にない男女から生まれた子です。この場合の母子関係は、母の＊**認知**《にんち》を必ずしも必要とせず、分娩《ぶんべん》出産《しゅっさん》という事実があれば当然に発生します。これに対し父子関係については、認知によって初めて発生します。

したがって、認知のない非嫡出子には、法律上は母はいますが父はいません。父が認知しない場合には、子等からの訴えにより裁判で認知を強制できます（787条）。

●普通養子と特別養子

まず、**普通養子**の養親子関係は、養親《ようしん》となるべき者と養子となるべき者との縁組《えんぐみ》（その旨の合意と届出）によって成立します。養子となるべき者が15歳未満のときは、その法定代理人がこれに代わって縁組の承諾を行います（797条）。普通養子の縁組によっては実親《じっしん》との親子関係は消滅しません。

これに対し、**特別養子**とは、法律上実親との関係を消滅させ、養親との間に実の親子と同様の関係を成立させる養子です。これは、養親と

上の親子関係を発生させること

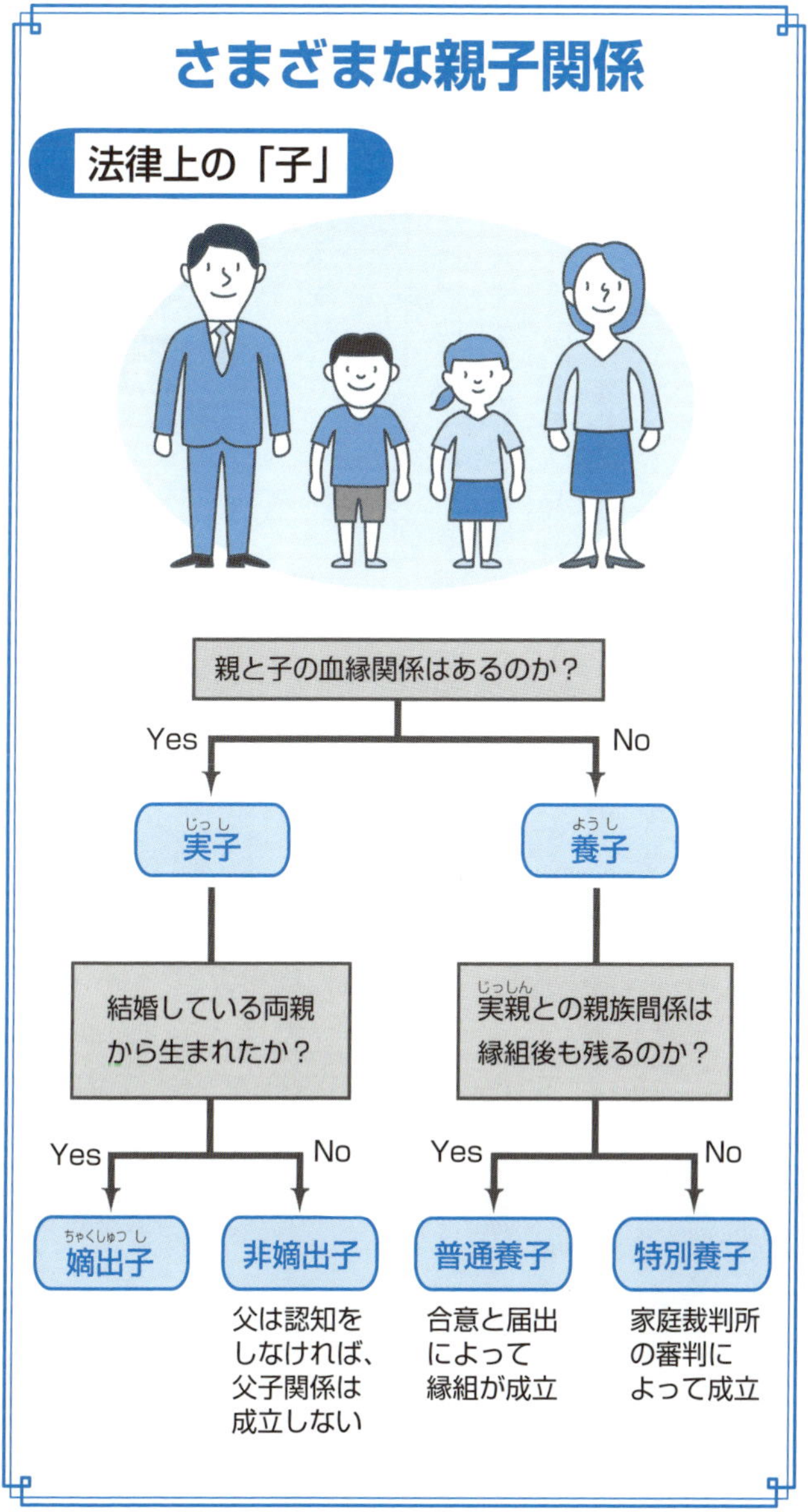
さまざまな親子関係
法律上の「子」
親と子の血縁関係はあるのか？
Yes
No
実子《じっし》
養子《ようし》
結婚している両親から生まれたか？
実親《じっしん》との親族間係は縁組後も残るのか？
Yes
No
Yes
No
嫡出子《ちゃくしゅつし》
非嫡出子
父は認知をしなければ、父子関係は成立しない
普通養子
合意と届出によって縁組が成立
特別養子
家庭裁判所の審判によって成立

なる者が家庭裁判所にその申立てをし、その審判によって成立します（817条の2）。養子となる者は6歳未満でなければなりません（817条の5）。

【認知】婚姻関係にない男女から生まれた子について、父または母が自分の子と認め、法律

相続財産の分け方

●遺言相続と法定相続

相続《そうぞく》は人の死によって開始します。亡くなった**被相続人《ひそうぞくにん》**に遺言《いごん》*があればそれにしたがって相続財産が分けられます（**遺言相続**）。遺言がない場合には、法定された**相続人**に相続分にしたがって分けられます（**法定相続**）。

●法定相続人とは

相続人の範囲と順位は民法で定められています。

まず、被相続人の配偶者《はいぐうしゃ》は常に相続人となります（890条）。これと並んで被相続人の一定範囲の血族《けつぞく》が次の順序で相続人となります。第一順位は、相続人の子（ないし孫等の直系卑属《ちょっけいひぞく》*）です（887条）。これらの者がいないときには、第二順位として被相続人の直系尊属《ちょっけいそんぞく》（父母など）が相続人となります（889条1項1号）。第一順位、第二順位の者がいないときは、第三順位として被相続人の兄弟姉妹が相続人となります（889条1項2号、同2項）。

●各相続人の相続分

第一順位の子（ないし直系卑属）が配偶者とともに相続人となるときは、相続分は2分の1ずつです（900条1号）。第二順位の直系尊属が配偶者とともに相続人である場合、相続分は配偶者が3分の2で、直系尊属が3分の1です（同条2号）。第三順位の兄弟姉妹が配偶者とともに相続人である場合、相続分は配偶者が4分の3で、兄弟姉妹が4分の1です（同条3号）。

なお、被相続人の死亡以前に相続人になるはずだった子、兄弟姉妹が死亡したときは、それ

【遺言】日常用語としては「ゆいごん」と言われるが、法律用語では「いごん」が一般的

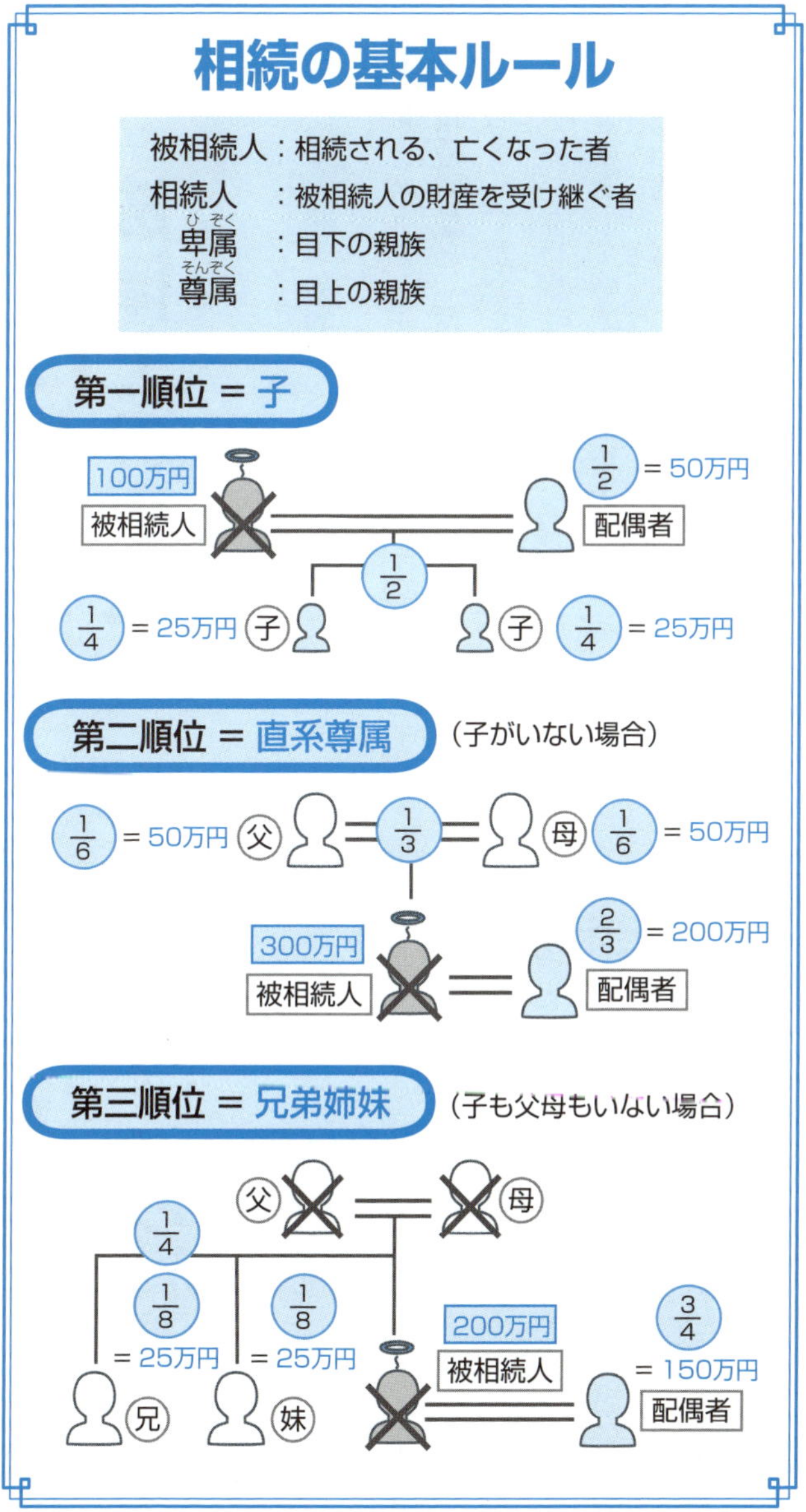
相続の基本ルール
被相続人：相続される、亡くなった者
相続人　：被相続人の財産を受け継ぐ者
卑属《ひぞく》　：目下の親族
尊属《そんぞく》　：目上の親族
第一順位 = 子
100万円
被相続人
1/2 = 50万円
配偶者
1/2
1/4 = 25万円 子
子 1/4 = 25万円
第二順位 = 直系尊属
（子がいない場合）
1/6 = 50万円 父
1/3
母 1/6 = 50万円
300万円
被相続人
2/3 = 200万円
配偶者
第三順位 = 兄弟姉妹
（子も父母もいない場合）
父
母
1/4
1/8 = 25万円
1/8 = 25万円
200万円
被相続人
3/4 = 150万円
配偶者
兄
妹

らの者の子（被相続人の孫、おい、めい）が、それらの者に代わって相続します。このことを

代襲相続《だいしゅうそうぞく》と言います。

【卑属】自分より後の世代に属する直系および傍系の血族。反対語が「尊属」

相続にともなう法律上の手続

●相続の承認・放棄

　被相続人《ひそうぞくにん》の相続財産には、受け継いでプラスとなる**積極財産**《せっきょくざいさん》と、マイナスとなる借金等の**消**《しょう》**極財産**《きょくざいさん》のすべてが含まれます。民法は、相続人が相続財産を受け継ぐかどうかは自らが自由に選択できるとして、次の3つの方法を定めました（915条1項）。

　まず1つは、**単純承認**《たんじゅんしょうにん》で、積極・消極のすべての財産を受け継ぐことです。次に**限定承認**《げんていしょうにん》とは、積極財産の範囲内で、消極財産にあたる被相続人の債務を弁済する方式での財産の承継《しょうけい》です。積極・消極のいずれの財産が多いか不明な場合には、限定承認をしておけば、たとえ消極財産が多くても被相続人の債務を相続人が負担することはありません。

　そして、承認せずに**放棄**《ほうき》する方法もあり、この場合には、積極・消極の財産のすべてを放棄します。

●遺産分割

　相続が開始すると同時に被相続人の財産については、相続人とその相続分が法定され、その相続人全員の共有となります。しかし、相続財産が具体的に分けられ個々の財産が各相続人に帰属するためには遺産分割の手続を必要とします。

　相続人であれば、原則としていつでも自由に遺産の分割を請求することができます（907条1項）。他の共同相続人はこれに応じなければなりません。分割の方法は、遺言《いごん》による被相続人の指定があればそれに従い（908条）、指定のない場合には相続人全員の協議によります（907条

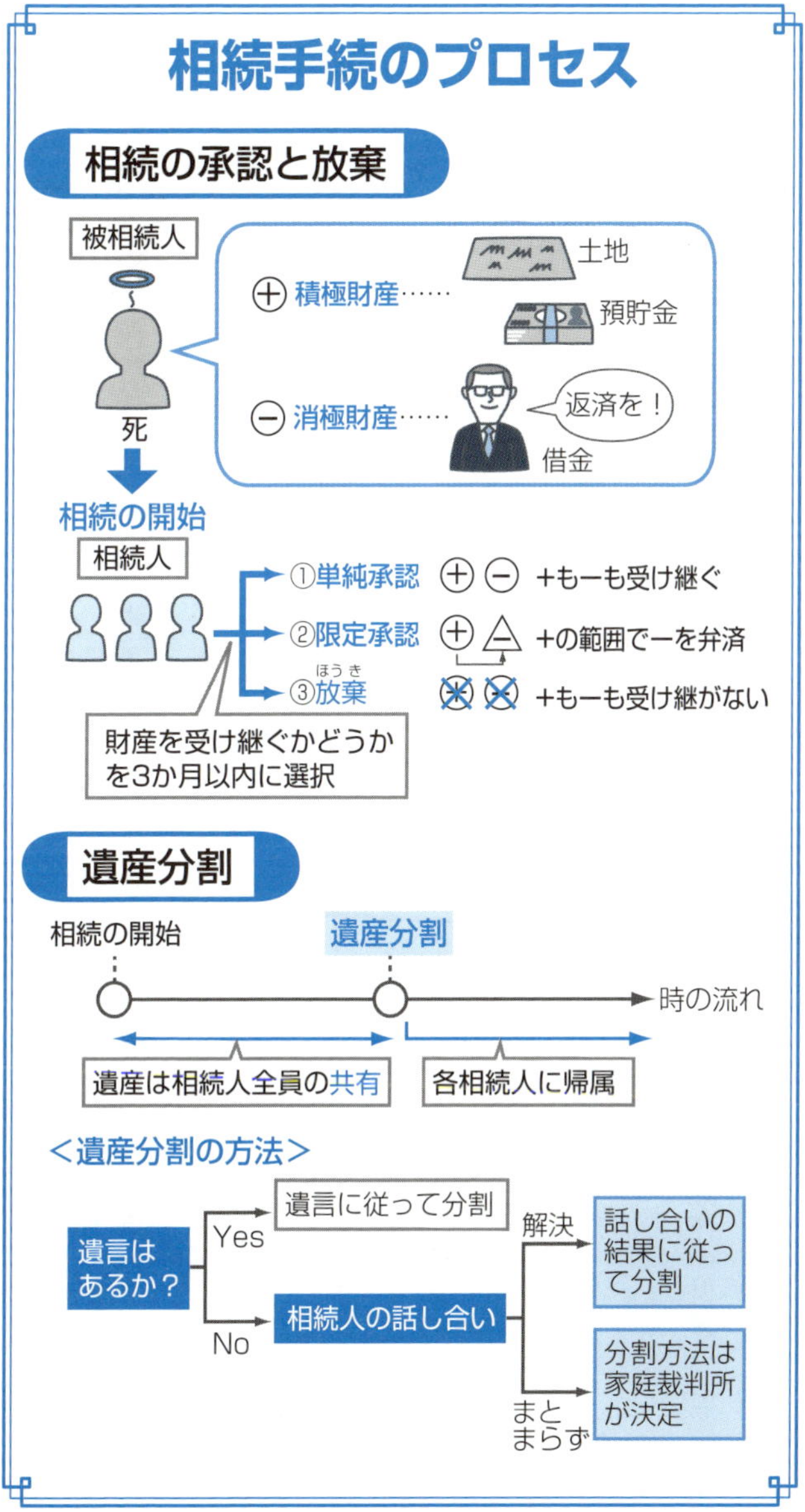
相続手続のプロセス
相続の承認と放棄
被相続人
死
⊕ 積極財産……
土地
預貯金
⊖ 消極財産……
返済を！
借金
相続の開始
相続人
①単純承認 +−も受け継ぐ
②限定承認 +の範囲で−を弁済
③放棄《ほうき》 +−も受け継がない
財産を受け継ぐかどうかを3か月以内に選択
遺産分割
相続の開始
遺産分割
時の流れ
遺産は相続人全員の共有
各相続人に帰属
<遺産分割の方法>
遺言はあるか？
Yes
遺言に従って分割
No
相続人の話し合い
解決
話し合いの結果に従って分割
まとまらず
分割方法は家庭裁判所が決定

1項）。協議が調《ととの》わないか協議することができない場合には、申立てに基づき家庭裁判所が決定します（907条2項）。この裁判所の決定は、法定相続分《ほうていそうぞくぶん》を考慮してなされます。

遺言とはどのようなものか

●遺言の方式

人は、生前に自分の財産を誰に対しても自由に贈与《ぞうよ》できるように、死後においても**遺言**《いごん》により誰に対しても自由に**遺贈**《いぞう》できます。ただ、「死人に口なし」ですから、死後に遺言者の意思をめぐって争いが生じないように、遺言は民法で定められている方式に従わなければなりません。その方式は、**普通方式**として3種、**特別方式**として4種あります（左ページ）。ここでは普通方式のみ紹介します。

まず、**自筆証書遺言**《じひつしょうしょいごん》とは、遺言者がその全文、日付および氏名を自書し、これに押印するものです（968条）。次に**公正証書遺言**《こうせいしょうしょいごん》とは、証人2人以上の立会のもとで遺言者が遺言の趣旨を公証人に口頭で述べ、公証人がこれを筆記する方式で作成されるものです（969条）。

そして**秘密証書遺言**《ひみつしょうしょいごん》とは、遺言者が、自分で書いたまたは他人に書いてもらった証書に署名・押印して、その証書を封じ、証書に用いた印章でこれに封印し、その上で遺言者が公証人及び2人以上の証人の前に封書を提出して、自己の遺言書である旨並びにその筆者の氏名及び住所を申し述べる方式で作成されるものです（970条）。

●遺留分の制度

本人の遺言を通じての死後の財産処分の自由については先に述べましたが、他方、遺族の期待や生活の保障も無視するわけにはいきません。そこで民法は、**遺留分**《いりゅうぶん》の制度を設け、兄弟姉妹以外の相続人、すなわち配偶者、子及び直《ちょっ》系《けい》尊属《そんぞく》のために遺産の一部をとどめておくこと

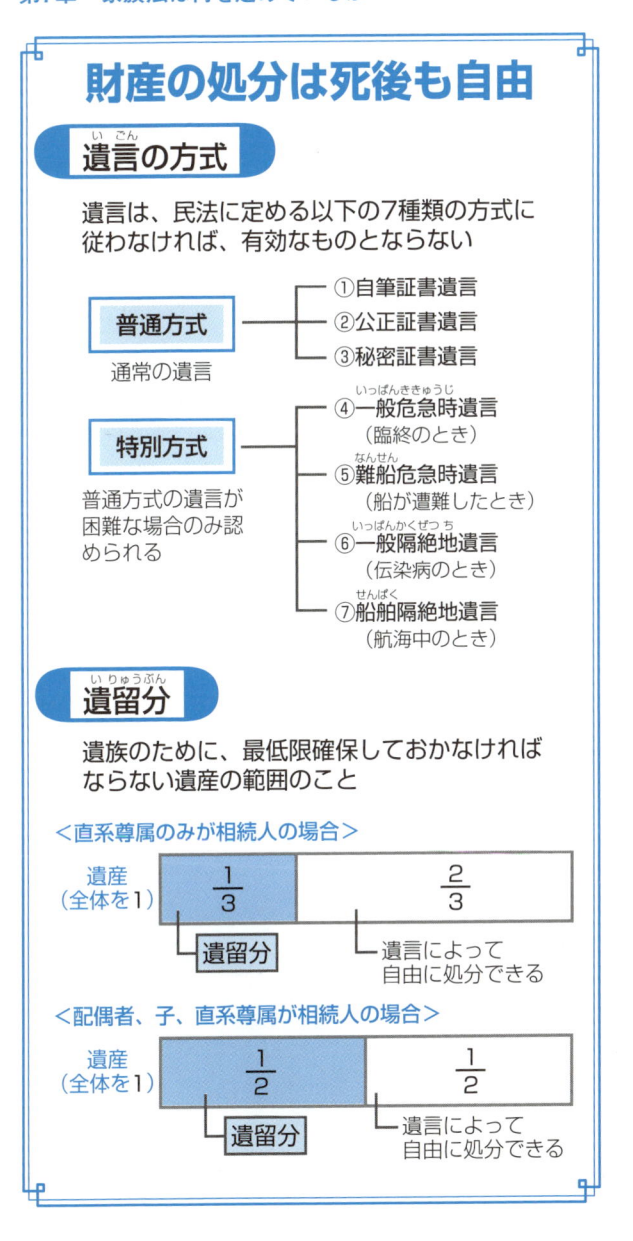

財産の処分は死後も自由

遺言《いごん》の方式

遺言は、民法に定める以下の7種類の方式に従わなければ、有効なものとならない

普通方式（通常の遺言）
- ①自筆証書遺言
- ②公正証書遺言
- ③秘密証書遺言

特別方式（普通方式の遺言が困難な場合のみ認められる）
- ④一般危急時遺言《いっぱんききゅうじ》（臨終のとき）
- ⑤難船《なんせん》危急時遺言（船が遭難したとき）
- ⑥一般隔絶地《いっぱんかくぜつち》遺言（伝染病のとき）
- ⑦船舶《せんぱく》隔絶地遺言（航海中のとき）

遺留分《いりゅうぶん》

遺族のために、最低限確保しておかなければならない遺産の範囲のこと

＜直系尊属のみが相続人の場合＞

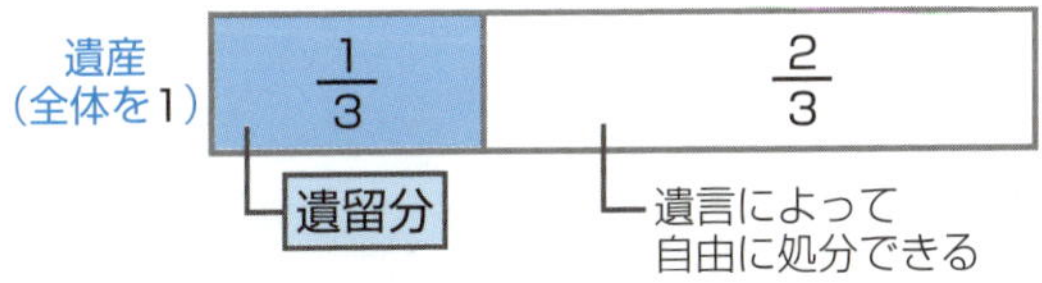
遺産
（全体を1）
1/3
2/3
遺留分
遺言によって
自由に処分できる

＜配偶者、子、直系尊属が相続人の場合＞

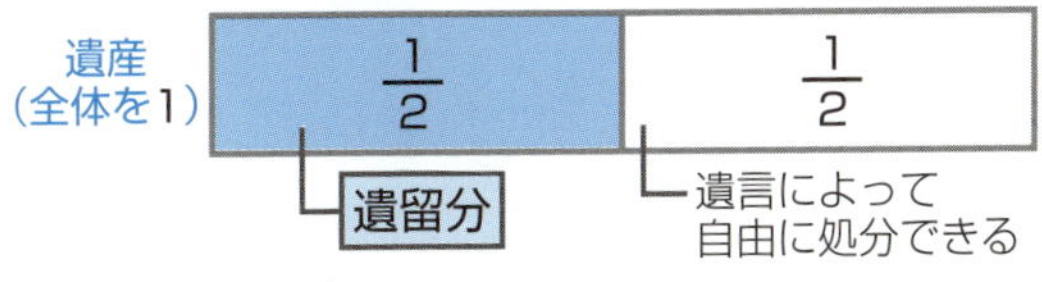
遺産
（全体を1）
1/2
1/2
遺留分
遺言によって
自由に処分できる

としました。

遺留分の割合は、直系尊属のみが相続人であるときは被相続人の財産の3分の1とし、その他の場合には、遺留分権利者全体で被相続人の財産の2分の1としました（1028条）。

さくいん

著者　**鎌野邦樹**（かまの・くにき）

1953年生まれ。早稲田大学法学部卒業。千葉大学教授を経て、現在、早稲田大学法科大学院教授（民法、土地住宅法等）。法務省法制審議会（建物区分所有法部会）委員、国土交通省各種委員会委員等を歴任。現在、東京都公益認定等審議会会長、千葉県都市計画審議会委員、行政書士試験委員等を兼務。著書に、『金銭消費貸借と利息の制限』（一粒社 1999年）、『マンション法』（共編著、有斐閣 2003年）、『コンメンタール マンション区分所有法　第3版』（共著、日本評論社 2015年）、『マンション法の判例解説』（共編著、勁草書房 2017年）、『不動産の法律知識　改訂版』（日経文庫 2017年）、『マンション法案内 第2版』（勁草書房 2017年）等がある。

イラスト　浜畠かのう
編集協力　中村俊宏
編集担当　斉藤正幸（ナツメ出版企画）

今日《きょう》から役立《やくだ》つ 民法《みんぽう》

2018年12月1日　初版発行
2019年6月20日　第2刷発行

著　者　鎌野邦樹《かまのくにき》
発行者　田村正隆

発行所　株式会社ナツメ社
東京都千代田区神田神保町1-52　ナツメ社ビル1F（〒101-0051）
電話　03（3291）1257（代表）　FAX　03（3291）5761
振替　00130-1-58661
制　作　ナツメ出版企画株式会社
東京都千代田区神田神保町1-52　ナツメ社ビル3F（〒101-0051）
電話　03（3295）3921（代表）
印刷所　ラン印刷社

ISBN978-4-8163-6547-8